KB097124

禮記新講

柳 正 基 講述

一信書籍出版社

著者의 所著書目

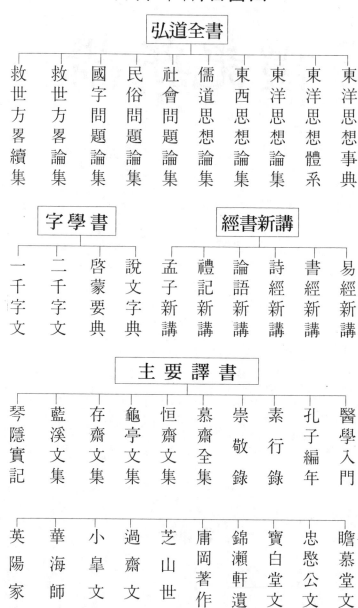

弘道全書
東洋思想事典
東洋思想體系
東洋思想論集
東西思想論集
儒道思想論集
社會問題論集
民俗問題論集
國字問題論集
救世方畧論集
救世方畧續集

字學書
一千字文
二千字文
啓蒙要典
說文字典

經書新講
易經新講
書經新講
詩經新講
論語新講
禮記新講
孟子新講

主要譯書
醫學入門
孔子編年
素行錄
崇敬錄
慕齋全集
恒齋文集
龜亭文集
存齋文集
藍溪文集
琴隱實記

瞻慕堂文集
忠愍公文集
寶白堂文集
錦瀨軒遺稿
庸岡著作集
芝山世稿
過齋文集
小皐文集
華海師全
英陽家錄

目　　次

禮記新講 序文

　唐代 初期人 孔顯達에 依하면 孔子가 逝去하신 後 七十 弟子들이 各其 들은 바를 撰述해서 『禮記』를 合成하였는데, 或은 舊禮의　意義를 記錄하고 或은 變禮의 所由도 收錄한 것이다고 하였고, 宋代 末期人 陳振孫에 依하면 漢儒가 『禮記』를 輯錄한 것이니, 이것은 勿論 一家의 言이 아니다. 「大蓋는 駁雜해서 純粹하지 않은데, 獨히 『大學』·『中庸』만은 孔子의 正傳이나, 專的으로 禮만 記述한 것도 아니다.」고 하였으니 『禮記』는 孔子의 敎訓을 받은 弟子들이 各其 撰述한 것이나, 그 記錄者의 이름은 傳來하지 않았다. 그런데 漢代의 訓詁學者는 그의 四十六篇을 編次하였는데, 가장 貴重한 『大學』과 『中庸』을 아무 價値도 없는 深衣와 投壺 등과 混同했으니 玉石도 區分하지 못했던 것이다.

　그러니 訓詁學者들은 斯道의 眞理엔 關心도 없었던 것이나,　漢代에는 訓詁學만 盛行하다가, 그 다음 唐代에는 詩文學이 得勢하였으니 斯道의 眞理는 더욱 더 晦滅했던 것이다. 그러나 天運이 循環하여　宋代에는 性理學이 發生해서 眞理를 硏究했던 程子는 『禮記』中에서 『大學』과 『中庸』을 表章한 데 따라서 朱子는 그것을 章句한 것이다.　그래서 『大學』과 『中庸』을 『論語』와 『孟子』에 對等시켜 「四書」로 通稱해 왔지마는 舊本에도 『大學』과 『中庸』은 各 單卷인데 『論語』와 『孟子』는 各 七卷이니, 이것을 現在에 活字本으로 續刊하는 데는 分量이 縣殊해서 均衡이 맞지 않는 것이다. 그러므로 이에 나는 經書新講에서　庸學二書를 『禮記新講』의 編首로 하였다.

　그러나 『禮記』 全部는 그 分量이 다른 經書보다 過多하니 이것도 亦

是 均衡이 맞지 않으므로 나는 現代의 人生社會에 必要없는 그 當時의 制度나 喪祭 등 禮節에 關한 것들은 除外하였으니, 그것은 檀弓, 王制, 曾子問, 文王世子, 郊特牲, 内則, 玉藻, 明堂位, 喪服小記, 大傳, 小儀, 雜記, 喪大記, 奔喪, 問喪, 閒傳, 三年問, 深衣, 投壺, 鄕飮酒義, 燕義, 聘義, 喪服四制 등 二十篇이다. 그러니 選拔해 新講한 것은 二十篇인 것이다. 그리고 卷末에는 「孝經」을 附錄으로 하였으니, 그것은 分量이 적어서 新講에서 續刊本이 될 수 없는데 지금 人道를 喪失하고 悖倫犯罪가 續出하는 이 社會를 救出하는 데는 必要한 眞理가 있기 때문이다.

『大學』은 總一七五三字로서 眞理가 昭明한 二千四百年 前의 글이니 最小最昭하고 最古最高한 指導者書인 것이다. 이에는 三綱領 八條目이 있으니 明德으로 修己해서 親民으로 治人하여 至善한 理想世界를 建設하는데, 修己에는 格物致知하는 哲學으로서 知性을 啓發하고 誠意 正心하는 宗敎로서는 德性을 修鍊하며, 修身 齊家하는 倫理로써 人情을 涵養하고 治國 平天下하는 政治로서는 平和를 保障하는 것이다. 그런데 人類世界에 五聖으로 말하면 老子와 Socrates는 哲學的 聖者라면 釋迦와 Jesus Christ는 宗敎的 聖者로서 倫理도 兩全하였지마는 孔夫子는 哲學과 宗敎를 兼修했을 뿐만 아니라, 倫理와 政治 등 四者를 兼全한 것이다.

『中庸』은 天과 地의 間에서 心과 身의 合으로 生存하는 人間에서는 永遠히 變易없는 眞理인 것이다. 그러므로 程子는 「不偏한 것을 中이라 하고 不易한 것을 庸이라 한다.」고 하였으니 中이란 兩極線이 合一하는 空間的인 地點이고, 庸이란 永遠히 不易하는 時間的인 連續線이다. 希臘의 Platon이나 Aristoteles도 最上의 德은 中庸에 있다는 것을 말하였으나 排中律에 依하여 兩極의 主義로만 分化해서 鬪爭하는 西洋世界에서는 中庸이 容認되지 않았다. 그래서 中心에서 外界로만 進出해 온 近代思想은 物質文明은 建設하였으나, 그것이 至今은 自壞作用을 하게 되니 그의 禍難을 防止하는 方道는 오직 中庸의 眞理에 있는 것이다.

그런데 『禮運』에는 「仁者는 義의 本이다.」고 하고, 또 「禮者는 義의

實이다.」고 하였으니, 仁에서는 義가 나오고 義에서는 禮가 나온 것이다. 三者는 서로 分離할 수가 없는 有機的 關係가 있는 것이다. 그런데 『樂記』에는 「天高하고 地卑한데 萬物이 各殊함에는 禮制가 行하고, 流動해서 不息하고 合同해서 變化함에는 音樂이 興하였다. 春生하고 夏長함은 仁이고 秋收하고 冬藏함은 義이니, 義는 樂에 가깝고 義는 禮에 가깝다. 樂이란 敦和로 率神해서 天에 따르고, 禮란건 別宜로 居鬼해서 地에 따른다. 그러므로 聖人은 作樂해서는 天에 應하고, 制禮해서는 地에 配했으니 禮樂이 兼備해서 天地의 道가 行한 것이다.」고 하였다.

그러니 仁義禮는 全體로 生長한 것인데, 禮樂은 對待로 相補하는 것이다. 그래서 仁義禮樂 四者가 儒道의 體用이 되었으니, 仁義는 內在한 精神的 本體고, 禮樂은 外表한 制度的 實用이다. 人間에는 天賦한 仁心이 있으니 그에서는 義理가 나오고, 義理로서는 禮節을 行하면 서로가 和樂하게 되는 것이다. 이 四者를 植物에 比하면 仁은 種根이고, 義는 幹莖이며, 禮는 枝條이고, 樂은 花實이며, 人體에 比하면 仁은 頭部고, 禮는 胴體며, 義는 神經이고, 樂은 氣息이다. 그리고 또 圓形으로 말하면 仁은 中點이고, 禮는 圓規인데 義는 中點에서 圓規로의 直線이고, 樂은 그 直線과 直線과의 空間이며, 三角으로 말하면 仁은 頂點이고, 禮는 底邊인데, 義는 그 左右의 直線이고 樂은 直線의 相間이다.

그러니 儒道에서는 格物 致知하는 哲學으로서 誠意 正心하는 宗敎로 修行하여 仁義의 精神이 確乎하게 成立되면 禮樂의 制度로써 修身 齊家하는 倫理의 德行으로 治國 平天下하는 政治를 遂行하는 것이다. 그래서 國家의 元首는 仁道로 處事하고, 相臣은 義務를 極盡히 해서 上意를 下達하고 下情을 上通하면 國民은 禮節을 지켜서 모두가 和樂하게 되는 것이다. 그런데 또 樂記에는 「音樂이란 同和하는 것이고, 禮儀란 別異하는 것이니 同和하면 相親하고, 別異하면 相敬해지나 音樂만 즐기면 墮落이 되고, 禮儀만 지키면 疎遠해지니 人情으로 合하고 敬意로 行하는 것이 禮樂의 事爲인 것이다.」고 하였으니, 禮樂은 陰陽의 關係로써 相補하는 것이다.

옛적에 聖王과 賢臣은 仁義의 精神으로써 禮樂을 制作하여 人民大衆은 禮樂의 制度에 따라서 仁義의 精神을 깨치게 했던 것이다. 그러니 仁義는 內容이고 禮樂은 形態라, 內容없는 形態는 無益할 뿐 아니라 有害한 것이다. 그러므로 孔夫子께서는 「人間으로서 不仁하다면 禮儀에 어찌 하며, 人間으로서 不仁하다면 音樂에 어찌 할까.」라고 하셨고 『禮運』에는 「禮란 것은 義의 實이니 義理에만 合하면 비록 先生의 禮가 아니더라도 可히 義理로써 制禮할 수도 있는 것이다.」고 하였으니, 根本이 없는 枝葉은 枯死하는 것처럼 仁心이 없는 禮儀는 假飾이 되고, 根本만 있으면 枝葉은 自生하는 것처럼 義理만 있으면 禮節은 自生하는 것이다.

그런데 元來에 仁道의 根本이 없이 枝葉으로만 發展해서 法治만 해온 西洋의 近代思想은 民衆을 搾取하고 壓迫하는 君主 貴族에 對抗해서 自由 平等을 渴求하는 鬪爭을 正義로 하였다. 그래서 封建制度를 打破하고 民主主義로 革命하였으나 그의 執權者는 資本主義와 合作해서 無産大衆을 搾取하는 새 貴族이 되었다. 그에서 發生한 共産主義는 資本主義를 打倒하고 革命했던 것이나, 그의 執權者는 獨裁로 一貫해서 國民大衆을 壓迫하는 새 帝王이 되었다. 그러면 그들 民主 貴族과 共産帝王이 封建時代에 君主貴族보다 더 善良한 點이 무엇인가. 그것은 오직 惡이 惡에 對한 鬪爭으로 勢力을 均衡하는데 不過한 것이다.

魯나라 哀公이 問政함에 對해서 孔子는 「文武의 政策은 書籍에 실려 있으나 그 人材가 있어야만 政治가 되지 그 人材가 없으면 政治가 안됩니다.」고 하였으니, 이것이 絶對로 不動하는 政治의 眞理다. 왜냐하면 私慾만 追求하는 民衆을 平治하고, 不斷히 發生하는 問題에 對處하는 爲政者는 반드시 至公無私한 仁道的 精神으로 언제나 臨機應變하는 創意的 能力을 가진 人材가 아니면 안 되기 때문이다. 그러므로 古代希臘에는 直接民主主義로 混亂이 莫甚했던 것이나, 近代 歐美에는 間接民主主義로 國家가 發達되었으니 그것은 人材를 選出해서 政治했기 때문이나, 至今은 人材가 不在하고 暴力이 亂舞하니 이에 法治主義는 限界에 到達한 것이다.

民主國家의 行政府는 法律대로만 實行하는 것이 그의 任務지마는 國

利民福을 目的으로 한 立法의 主旨는 모르고, 機械的으로만 作動하는 官吏들은 常識으로는 通치 않으니 모든 것을 法規化 한데서 法律이 洪水처럼 增加해서 그것이 도리어 生民을 束縛하는 作用을 하게 된 것이다. 그러므로 最近에 美國 플로리다洲의 로튼 칠레스 知事는 法治主義의 弊害를 自覺하고, 常識이 通하는 더 나은 社會를 만들기 爲해 三千五百 種이나 되는 法規를 即時로 廢止하기를 宣言하고, 또 敎育, 保健, 土地, 環境, 輸送 등에 關한 二萬八千七百五十 種이나 되는 法規를 96年까지 그 殆半이나 廢止하기로 했다는 新聞報道가 있으니, 그것을 可能케 하는 길은 오직 仁道의 敎育에만 있는 것이다.

元來에 民主主義는 議會 本位로 國家의 政治問題는 오직 議會에서 理論으로만 解決하는 것이고, 또 議會政治는 政黨本位의 人頭 數로써 決定하니 그의 立法은 언제나 與黨本位로 行政府에 有利하도록 만드는 것이다. 그러므로 까다로운 法規를 만들어서 庶民의 事業에 干涉하니 그런 法規를 廢止하자는 데는 모두들 贊同하는 것이다. 그런데 이러한 民主主義만 模範으로 해온 韓國에서는 與黨이 自黨에 有利한 立法을 하려 하니 野黨에서는 議會에 出席도 하지 않을 뿐만 아니라 아예 國會를 開院도 못하도록 野黨議員은 議長團을 監禁하였으니 그들은 國事를 妨害한 것이다. 그래도 月給만은 다 찾아갔으니 지금 世界에 이러한 民主國家가 어디 또 있을까. 참으로 寒心痛嘆할 일인 것이다.

그러므로 나는 이러한 民主主義의 弊害를 矯正하기爲해서 일찍부터 「國師院制度」의 創設을 主唱해 온 것이다. 監視하는 者는 열이라도 盜賊질 하는 者 하나를 當할 수 없고, 正論하는 者는 萬이라도 權力 잡은 者 하나를 못當하는 것이라, 國家의 興亡은 오직 執權者의 善惡에 달렸으니 지금 民主主義의 病弊를 고치는 方道는 오직 與野黨을 廢止하고서 國師院을 創設하여 無偏無黨하고 至公無私한 人材를 養成함에 있는 것이다. 그런데 最近에 地方長官을 選擧한 日本의 選擧民들은 政黨의 勢力을 排除하였으니, 이것이 西方에 派黨本位의 法治主義는 沒落하고 東方의 民生本位의 德治思想이 出現할 前兆가 아닌가.

元來에 鬪爭을 正義로 하는 西洋世界에서는 비록 善德이 있는 哲人이라도 勢力이 있는 俗人과의 鬪爭에는 勝利할 수가 없기 때문에 派黨

과 法律로만 政治를 해온 것이다. 그러나 至今은 그의 弊害가 露出된 時代가 되었으니 이제사 民生本位 德治主義의 東洋思想이 必要하게 되었다. 그런데 『禮記』에 있는 三個의 綱領 八個의 條目과 仁義의 精神, 禮樂의 制度가 있으니 이것이 西洋政治의 虛點을 補充하는 東洋思想인 것이다. 무릇 時代의 變化에는 반드시 正에서 反으로 合하는 辨證法的 法則이 있는 것이니, 近代의 民主貴族과 共産帝王은 東洋의 仁道思想을 抹殺해 왔지마는 東洋의 仁道思想은 西洋의 物質文明을 土臺로 해서 東洋의 精神文化를 建設하려는 것이니, 本書는 그의 大道를 闡明한 것이다.

西紀一九九五年　乙亥新綠節

講述者 柳　正　基　書

朱子의 大學章句序

大學之書 古之大學 所以敎人之法也. 蓋自天降生民 則
旣莫不與之 以仁義禮智之性矣 然其氣質之禀 或不能齊是
以 不能皆有 以知其性之所有 而全之也. 一有聰明睿智
能盡其性者 出於其間 則天必命之 以爲億兆之君師 使之
治而敎之 以復其性 此伏羲神農黃帝 堯舜 所以繼天立極
而司徒之職 典樂之官 所由設也. 三代之隆其法 寖備然
後 王宮國都 以及閭巷 莫不有學 人生八歲 則自王公以
下 至於庶人之子弟 皆入小學 而敎之以 灑掃應對進退之
節 禮樂射御書數之文 及其十有五年 則自天子之元子衆
子 以至公卿大夫元士之適子 與凡民之俊秀 皆入大學 而
敎之 以窮理正心 脩己治人之道 此又學校之敎 大小之節
所以分也. 夫以學校之設其廣如此 敎之之術 其次第節目之
詳 又如此 而其所以爲敎 則又皆本之人君 躬行心得之餘
不待求之 民生日用彝倫之外. 是以當世之人無不學 其學
焉者無不有 以知其性分 之所固有 職分之所當爲 而各俛
焉 以盡其力 此古昔盛時 所以治隆於上 俗美於下 而非
後世之所能及也 及周之衰 賢聖之君不作 學校之政不脩
敎化陵夷 風俗頹敗 時則有若孔子之聖 而不得君師 之位
以行其政敎 於是獨取先王之法 誦而傳之 以詔後世 若曲

禮 少儀 內則 弟子職諸篇 固小學之支流餘裔 而此篇者則
因小學之成功 以著大學之明法 外有以極其規模之大 而
內有以盡其節目之詳者也. 三千之徒 蓋莫不聞其說 而曾
氏之傳 獨得其宗 於是作爲傳義 以發其意 及孟子沒而其
傳泯焉 則其書雖存而知者鮮矣. 自是以來 俗儒記誦詞
章之習 其功倍於小學 而無用 異端虛無寂滅之敎 其高過
於大學 而無實 其他權謀術數 一切以就功名之說 與夫百
家衆技之流 所以惑世誣民 充塞仁義者 又紛然雜出乎其
間 使其君子不幸 而不得聞大道之要 其小人 不幸而不得
蒙至治之澤 晦盲否塞 反覆沈痼 以及五季之衰 而壞亂極
矣. 天運循環 無往不復 宋德隆盛 治敎休明 於是河南程
氏兩夫子出 而有以接乎孟氏之傳 實始尊信此篇 而表章
之 旣又爲之次其簡編 發其歸趣 然後古者大學 敎人之法
聖經賢傳之指 粲然復明於世 雖以熹之不敏 亦幸私淑而
與 有聞焉 顧其爲書 猶頗放失 是以忘其固陋 采而輯之
間亦竊附己意 補其闕略 以俟後之君子 極知僭踰 無所逃
罪 然於國家化民成俗之意 學者脩己治人之方 則未必無
小補云.

淳熙己酉二月甲子 新安朱熹序.

大學이란 書는 옛적 太學에서 人材를 敎育하는 要法이다. 대개 天이
人間을 내리심으로부터 이미 仁義禮智의 性을 賦與하지 않음이 없으나
그 氣質을 稟受하였음이 같지 않기 때문에 能히 그 性의 所有한 것을
알아서 完全히 하지 못한 것이다. 그런데 특히 聰明叡智가 特出해 能
히 그 性을 다한 者가 그 間에서 出現하면 天은 반드시 그를 命해서 億
兆蒼生의 君師가 되게 하사 그로 하여금 政治하고 敎育해서 그의 性을
回復하게 한 것이니 이것이 伏義, 神農, 黃帝, 堯帝, 舜帝이시다. 그래

서 天命을 받아 登極하셔서 司徒(敎育)의 職과 典樂(音樂)의 官을 設置하게 된 것이다.

三代(夏殷周)의 盛時에는 그의 制度가 漸次로 俱備된 然後로는 國都에서 村落에 이르기까지 어디나 學校를 세워서 人生이 八歲만 되면 王公으로부터 庶民에 이르기까지 그 子弟들은 모두 小學에 入學해서 掃除하고 應對하며 行動하는 節次와 禮와 樂, 射와 御, 書와 數 等의 文行을 가르치고, 十歲가 되면 王子의 元子와 衆子로부터 公卿의 元子와 嫡子와 凡民의 俊子에 이르기까지 모두 太學에 入學해서 窮理하고 正心하며 修己해서 治人하는 道理를 가르쳤으니, 이것이 學校 敎育에 大小의 節이 區分된 것이다.

그래서 學校의 設備가 이처럼 廣大하고 敎育하는 方法에 그 順序와 節目의 詳細함이 또한 이와 같으니 그 敎育하는 所以는 모두 人君이 躬行에서 心得한 바에 根本해서 民生이 日用하는 人倫의 外에는 求하지 않았던 것이다. 그러므로 當代 사람들은 배우지 않은 者가 없고, 그 배운 者는 그 性分의 固有한 바와 職分의 當爲할 바를 알아서 各其 다 勉勵해서 힘을 다하지 않음이 없었으니 이것이 옛적 盛時의 上位에는 法治가 隆正하고 下民에는 風俗이 純美한 所以였으니 後世에는 可及할 바가 아니었던 것이다. 周代가 降衰해서 賢聖한 人君이 나지 않고, 學校의 政策도 되지 않아서 敎化는 衰亡하고 風俗은 頹敗했던 것이다. 그 때에는 孔子같은 聖人이 있어서도 君師의 位를 얻지 못하여 그 政敎를 施行하지 못하시와 오직 先王의 道만 取用하셔서 그것을 傳承하사 後世를 가르쳤던 것이다. 曲禮, 少儀, 內則, 弟子職 등 諸篇은 實로 小學의 支流에서 나온 것이고, 此篇은 小學의 成功에 因해서 大學의 明法을 나타낸 것이니 外로는 그 規摸의 大를 極하였고, 內로는 그 節目의 詳을 다한 것이다. 孔子의 三千弟子는 모두 다 그의 說을 들었던 것이나 獨히 曾子가 그의 宗旨를 傳하였으니 이 大學에서 그의 意旨를 發明한 것이다. 그의 傳說을 받은 孟子가 沒한 後로는 失傳이 되어 이 冊은 비록 있어도 아는 者가 드물었던 것이다. 그 後로는 俗儒들의 記誦詞章의 習이 그 功은 小學보다 倍나 더해도 所用이 없고, 異端들의 虛無寂滅한 敎가 그 高는 大學보다 過하였어도 實益은 없으며, 그 사이로

權謀術數로 功名을 求하는 說과 百家衆技의 類가 惑世誣民해서 仁義를 妨害하는 者들이 또한 그 間에 雜出해서 그 君子로 하여금 不幸하게 大道의 要를 듣지도 못하게 하고 그 小人으로 하여금 不幸하게 至治의 澤을 받지도 못하게 하여 모두를 蒙昧하고 否塞해져서 거듭 거듭 痼疾에만 빠져 들어 五季(唐代의 衰亡後 後梁, 後唐, 後晋, 後漢, 後周)에 와서는 混亂함이 極度에 達했던 것이다.

그러나 天運은 循環해서 모두가 回復이 되니 宋代의 德治가 隆盛하사 政治와 敎育이 다시 밝아졌다. 이 때 河南에 程氏의 두 夫子(明道와 伊川)가 出現하사 孟子의 傳統을 接承해서 비로소 本書를 尊信하사 『禮記』中에서 表章하고, 또한 그의 簡編을 다시 해서 그의 歸趣를 發明한 然後에야 옛적의 大學에 敎育하던 法과 聖經과 賢傳의 旨가 燦然하게 世上에 밝혀졌으니, 비록 나같은 不敏한 者로도 多幸히 私淑해서 알게 되었다.

本書를 보니 자못 錯簡이 있기 때문에 固陋함을 무릅쓰고 編輯하는 데 間或 나의 意見도 붙여서 厥略을 補充해서 後世에 君子를 기다리노니 極히 僭濫한 罪를 免할 수 없음을 알지마는 國家의 化民하고 成俗하는 意志와 學者의 修己하고 治人하는 方道에 조금이나마 도움이 없지는 않으리라고 생각한다.

南宋孝宗十六年(西紀 1169年) 己酉二月甲子日 新安 朱熹 序한다.

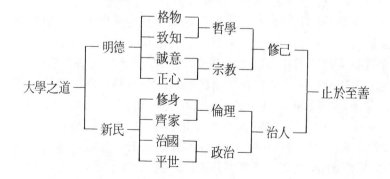

第一編　大　學

【題言】本書는 孔夫子의 大思想을 曾子(名은 參)가 傳承해서 그 門人
이 記述한 것이니 世界 最高의 指導者學이다.
　　本書는 『禮記』內에 있던 것을 宋代에 程子(名은 顥)가　抽出했는데
朱子(名은 熹)가 改編해서 傳註한 것이다.

1

　　大學之道 在明明德 在親民 在止於至善. 知止而后有定
定而后能靜 靜而后能安 安而后能慮 慮而后能得 物有本
末 事有終始 知所先後 則近道矣. 古之欲明明德於 天下
者 先治其國 欲治其國者 先齊其家 欲齊其家者　先修其
身 欲修其身者 先正其心 欲正其心者 先誠其意 欲誠其
意者 先致其知 致知在格物. 格物而后知至　知至而后意
誠 意誠而后心正 心正而后身修 身修而后家齊 家齊而后
治國 治國而后天下平. 自天子以至於庶人 壹是皆以修身
爲本. 其本亂而末治者否矣 其所厚者薄 而其所薄者厚未
之有也 此謂知本 此謂知之至也.

【字解】① 道(도)―머리(首)로는 目的地를 그리면서 발로는　걸어가
　　(辵)는 「길」이니 「理想」,「眞理」,「方向」,「方法」,「思想」 等 數
　　多한 뜻을 가진 것.
② 德(덕)―바른(直) 마음(心)으로 가(彳)는 것이니 良心으로 貫行하
　　는 것.
③ 親(친)―서 있는(立) 나무(木)는 언제라도 보(見)니 「親」한 것.

④ 慮(려)—범(虍)을 생각(思)하니 언제 올른지 겁나서 將來를「念慮」 하는 것.

⑤ 國(국)—領土(口), 人民(口), 權力(戈) 등 三要素를 合一(一)한 「나라」.

⑥ 格(격)—나무(木)는 모두(各) 日光을 向해서「바르게 커 올라가 (至)」는 것.

⑦ 壹(일)—선비(士)가 神前에 바치는 祭器(豆)를 덮(冖)으니 誠心이 「專一」한 것.

⑧ 否(부)—아니(不)라고 말(口)하니「부정」하는 것.

⑨ 厚(후)—아들(子)에게 말함(曰)은 心情이「두터」(厚)운 것이니 이 것이 物件이「두터운」것도 뜻함.

⑩ 薄(박)—地面에 물(水)이 퍼져(尃) 나가니 얇은 것인데 풀(艹)잎 이 넓(溥)으니「얇은」것.

【語解】① 明德(명덕)—明한 知로써 行하는 德.

② 親民(친민)—百姓들을 親愛하는 것인데, 程子는 親民을 新民이라 고 改釋하였음.

③ 至善(지선)—지극히 最善한 것.

④ 知止(지지)—그칠 때를 아는 것.

⑤ 格物(격물)—事物에 格해서 그 理致를 研究하는 것.

⑥ 天子(천자)—天의 子로서 人世를 다스리는 王.

⑦ 庶人(서인)—普通 사람.

【通釋】大學의 道는 明德을 밝히(明)는 데 있고 親民을 함에 있으며, 至 善한 社會를 建設함에 있는 것이다. 知止한 後에야만 定하게 되고, 定 한 後에야만 靜하게 되며, 靜한 後에야만 安하게 되고, 安한 後에야만 思慮할 수 있고, 思慮한 後에야만 能히 發見해서 얻는(得) 바가 있는 것이다. 自然界의 物에는 本과 末이 있고, 人間界의 事에는 終(成功) 과 始(着手)가 있는 것이니, 그의 先後할 바(所)를 알(知)아야만 事理 (道)에 가까(近)운 것이다.

옛적에 天下에 明德을 밝히려(欲)는 者는 먼저 그 國家를 다스리고, 그 國家를 다스리려는 者는 먼저 그 家庭을 整齊하게 하며, 그 家庭을 整齊하게 하려는 者는 먼저 그 自身을 다스리(修)고, 그 自身을 다스리려는 者는 먼저 그 心情을 바루(正)며, 그 心情을 바루려는 者는 먼저 그 意志를 誠하게 해야 하고, 그 意志를 誠하게 하려는 者는 먼저 그 知能을 致해야 하니, 知能을 致하는 方法은 事物에 格해야만 되는 것이다.

그래서 物이 格한 後에야만 知에 至하고, 知에 至한 後에야만 意가 誠해지며, 意가 誠한 後에야만 心이 正해지고, 心이 正해진 後에야만 身이 修해지며, 身이 修해진 後에야만 家가 齊해지고, 家가 齊해진 後에야만 國이 治해지고, 國이 治해진 後에야만 天下가 平하게 되는 것이니, 위로는 天子에서부터 아래로는 庶民에 이르기까지 專一(壹) 하게 修身을 根本으로 해야만 하는 것이니, 그 根本이 亂해지고는 그 結末이 治해질 수가 없는(否) 것이다. 그 厚待해야 할 者에게 薄待하는 者는 그 薄待해도 될 者에 厚待하는 者는 있지(有) 않는(未) 것이니, 이것(此)을 知本이라(謂) 하고 이것을 知에 至한다고 하는 것이다.

【餘說】 이에 明明德, 新民, 止於至善은 三綱領이라 하고, 格物, 致知, 誠意, 正心, 修身, 齊家, 治國, 平天下는 八條目이라고 하니 이것이 救世 安民하는 孔夫子의 根本思想이다. 『大學』은 이것을 經文으로 해서 以下에 全篇은 모두 이 內容을 說明한 것이다. 그러므로 朱子는 本書를 注解하는데 以上을 經一章으로 하고, 以下를 傳十章으로 分類하였는데 格物 致知에 關한 것이 없다고 해서 이 經文의 末尾에 「此謂知本 此謂知之至也」라고 二句를 떼어 내서 「此謂知本」은 程子가 衍文이라고 했다 하고, 「此謂知之至也」는 句下에 自說을 붙여서 「補亡章」으로 하였으니 그것은 다음과 같은 것이다.

「가만히 程子의 뜻을 取해서 補完하노니, 所謂 致知는 格物에 있다고함은 自身의 知를 致하려면 物에 即해서 그의 理를 窮究해야만 한다. 대개 人物의 靈에는 모두 知가 있고 天下의 物에는 모두 理가 있으나, 오직 그 理를 窮究하지 않았기 때문에 그 知를 다하지 못한 것이다. 그러므로 大學의 始敎에는 반드시 學者로 하여금 모든 天下의 物에 即해서 모두 己知한 理로 因하여 더욱 窮究해서 그의 極點에까지 이르게 해서 오랫동안 用力하는 데 이르면 一朝에 豁然하게 貫通하게 되어 모든 事物의 表裏와 精粗에 이르러 心의 全體와 大用이 모두 밝아질 것이니, 이것을 格物이라 하고 이것을 知之至라 한다.」고 한 것이다.

朱子가 傳文을 十章으로 한 것은 ①明明德 ②新民 ③止於至善 ④本末 ⑤補亡 ⑥誠意 ⑦正心修身 ⑧修身齊家 ⑨齊家治國 ⑩治國平天下 等으로 分類한 것이다. 그외 原本은 後漢代에 鄭玄(字는 康成)이 編注한 것이니, 그것은 注釋이 不充分할 뿐만 아니라 編次로 不合理한 것이다.

曾子의 門人이 위의 經文을 아래 敷演한 것이 『大學』의 全篇인데「所謂誠其意者」에서 「此以後世不忘也」까지가 「大畏民志 此謂知本」까지의 中間에 揷入된 것은 確實히 錯簡으로 된 것이다. 그러므로 朱子가 이것을 다음에 「所謂修身在正其心者」의 위로 編入한 것은 當然한 것이다.

그러나 朱子가 章節을 나누는데「康誥曰克明德」에서 「皆自明也」까지를 傳之首章으로 「釋明明德」이라 하고, 「湯之盤銘」에서 「君子無所不用其極」까지를 傳之二章으로 「釋新民」이라 하며, 「詩云邦畿千里」에서 「與國人交止於信」의 다음에다 위에 있는 「詩云瞻彼淇澳」에서 「此以後世不忘也」까지의 二節을 갖다 넣어서는 傳之三章으로 「釋止於至善」이라 하고, 「子曰聽誦」에서 「此謂知本」까지는 傳之四章으로 「釋本末」이라 해서 「此謂知之至也」란 文字만 傳之五章으로 「蓋釋格物致知之 義而今亡矣」라고 해서 補亡한 것이다. 그러나 이에 나는 오직「康誥曰克明德」에서 「此謂知本」까지만 올려다가 解釋하는 바이다.

2

康誥曰 克明德. 大甲曰 顧諟天之明命 帝典曰 克明峻德 皆自明也. 湯之盤銘曰 苟日新 日日新 又日新. 康誥曰 作新民. 詩曰 周雖舊邦 其命惟新 是故君子無所不用其極. 詩云 邦畿千里 維民所止. 詩云 緡蠻黃鳥 止于丘隅. 子曰 於止 知其所止 可以人而不如鳥乎. 詩云 穆穆

文王 於緝熙敬止. 爲人君止於仁 爲人臣止於敬 爲人子
止於孝 爲人父止於慈 與國人交止於信. 子曰 聽訟吾猶
人也 必也使無訟乎 無情者不得盡其辭 大畏民志 此謂知
本.

【字解】① 克(극)—「이겨서」란 것은 能히라는 뜻.

② 諟(시)—이 말(是言)이란 뜻.

③ 峻(준)—높(夋)은 山이니 크다는 뜻.

④ 盤(반)—즐겁(般)게 목욕하는 「그릇」(皿).

⑤ 銘(명)—金屬칼로 名言을 「새긴」 것.

⑥ 苟(구)—「苟且」히 한 것은 假定詞.

⑦ 止(지)—지나갔(그쳤)으니 머물러 있는 것.

⑧ 於(어)—「어디에」란 前置詞.

⑨ 緝(즙)—실오리(糸)를 모아(咠)서 「이은」 것.

⑩ 訟(송)—公言으로 判決해 주기를 要求하는 「소송」.

【語解】① 康誥(강고)—「書經」 周書의 篇名.

② 明德(명덕)—德性을 闡明하는 것.

③ 太甲(태갑)—湯王의 孫子인데 「書經」 商書의 篇名.

④ 帝典(제전)—「書經」 벽두에 있는 帝堯의 史籍.

⑤ 湯之盤銘(탕지반명)—商나라 湯王의 목욕탕에 새긴 글.

⑥ 詩曰(시왈)—「詩經」에는 말하되 詩云과 같음.

⑦ 邦畿(방기)—나라를 세운 首都.

⑧ 緡蠻(민만)—꾀꼬리(黃鳥) 우는 소리의 表音.

⑨ 丘隅(구우)—언덕(丘) 구석(隅).

⑩ 穆穆(목목)—文王의 德이 深重하다는 形容詞.

⑪ 君子(군자)—天下의 君이 되어 百姓을 子로 親愛하는 人格者.

【通釋】康誥에는 「能히 明德을 하라.」고 하고, 太甲에는 「이 말(諟)에

天의 命令을 돌아보(顧)라」고 했으며, 堯典에는「能히 높은(峻) 德을 밝히라.」고 하였으니, 이것은 모두 自己의 理性을 闡明하라는 것이다.

湯王의 盤銘에는「萬若(苟)에 날로 새로(新)우려거든 날로 날로 새롭게 하고, 또 날로 새롭게 하라.」고 하고, 康誥에는「백성(民)을 새롭게 만들(作)라.」고 했으며, 詩經에는「周가 비록 옛 나라나 그 天命은 새롭도다.」(大雅文王篇)고 하였다. 그러므로 君子는 그의 極(至高한 理想)을 쓰지 않은 바가 없느니라. 그런데 또 詩經에는「京畿地方 千里인 인데 百姓 사는(止) 곳(所)이로다.」(商頌玄鳥之篇)고 하고, 또 詩經에는「노래하는 꾀꼬리는 산 구석에 그쳐 있다.」(小雅緡蠻之篇)고 하였는데, 孔子께서는「그 그칠 곳에 그칠 줄을 알았는데 사람으로서 가히 새만 못해(不如)서 될까.」라고 하였다. 또 詩經에는「穆穆하신 文王께선 언제라도(緝) 밝(熙)게 敬에 그치(止)셨다」고 하였으니, 文王께서는 人君이 되어서(爲)는 仁에 止하고, 人臣이 되어서는 敬에 止하며, 人子가 되어서는 孝에 止하고, 人父가 되어서는 慈에 止하며, 國人과 더불어서 사귀(交)는 데는 信에 止하셨다.

孔子께서 말씀하시되,「訴訟을 聽聞하는 데는 나(吾)도 남(人)과 같지(猶)마는 반드시(必) 하여금(使) 訟事가. 없게 하는 것이다.」고 하셨으니, 事實에 없는 것(無情者)은 그 말(其辭)을 다 꾸며대지(盡)를 못하도록 크(大)게 民志를 畏服시켜야만 하니 이것을 ‘知本’이라 한다.

【餘說】이에「康誥曰」「太甲曰」「帝典曰」等의 三句는 모두 明德을 말한 것이고,「盤銘曰」「康誥曰」「詩云」等 三節은 모두 新民을 말한 것이니, 다음에「詩云」두 節은 다「知其所止」를 말한 것이다. 첫째는 明德해서 다음에 新民하는 데는 그의 止할 바를 知해야만 하는 것이다. 그런데 끝으로「子曰聽訟」의 一節은 政治問題인데 왜 여기다가 부쳤는가. 이것이 조금 異常하기 때문에 朱子는 이 短節만으로써 本末을 解釋한 것이라고 한 것이다.

3

所謂誠其意者 母自欺也 如惡惡臭 如好好色 此之謂自謙 故君子必愼其獨也 小人閒居爲不善 無所不至 見君子而后 厭然揜其不善 而著其善 人之視己 如見其肺肝然則何益矣. 此謂誠於中 形於外 故君子必愼其獨也. 曾子曰 十目所視 十手所指 其嚴乎. 富潤屋 德潤身 心廣體胖 故君子必誠其意. 詩云 瞻彼淇澳 菉竹猗猗 有斐君子 如切如磋 如琢如磨 瑟兮僩兮 赫兮喧兮 有斐君子 終不可諠兮. 如切如磋者 道學也. 如琢如磨者 自修也. 瑟兮僩兮者 恂慄也. 赫兮喧兮者 威儀也. 有斐君子 終不可諠兮者 道盛德至善 民之不能忘也. 詩云 於戲 前王不忘 君子賢其賢而親其親 小人樂其樂而利其利 此以沒世不忘也.

【字解】 ① 母(무)—그리하지 말라는 뜻이니 有가 없어진 無와도 通用함.

② 惡(악)—마음(心)이 나쁜(亞) 것이니 그것을 「미워」한다는 뜻으로는 音이 「오」고 그것을 「어찌」할까의 뜻으로는 音이 「오」다.

③ 謙(겸)—自己의 立場에서 남의 立場을 兼해서 말(言)하니 「겸손」한 것.

④ 閑(한)—門前에 樹木으로 「막아」서 「한가로운」 것이니 門 사이로 달(月)빛이 비치는 밤이 「한가로운」 閒字와도 通用하는 것.

⑤ 揜(엄)—掩으로도 쓴다. 손(手)으로 덮어서 「가리우」는 것.

⑥ 胖(반)—肉體(月)의 半을 땅에 대고 누우니 「편안」한 것.

⑦ 淇(기)—其水는 江이름.

⑧ 澳(오)—물(水) 구비에 깊(奧)은 「구석」.

⑨ 菉(록)—「녹두」란 名詞로서 그 색깔을 形容한 것.

⑩ 斐(비)—左右對稱(非)으로 된 文彩를 뜻한 것.

⑪ 磋(차)—差異가 나는 石面을 「가는」 것.

⑫ 瑟(슬)—비파란 名詞지만 여기서는 嚴密함을 形容함.

⑬ 僩(한)—閒人은 能力이 있으니 그의 「씩씩한」 것.

⑭ 喧(훤)—모두들 말(言)을 펴(宣)니 名聲이 「시끄러운」 것. 諠으로 도 쓴다.

⑮ 赫(혁)—붉(赤)게 「빛나는」 것. 赤은 大와 火의 合字임.

⑯ 恂(순)—본마음(心)을 지키(旬)니 「믿는」 것.

⑰ 慄(률)—가시 돋힌 밤(栗)송이같은 마음(心)은 「겁나는」 것.

【語解】 ① 自謙(자겸)—자신(自)을 낮추(謙)어서 높아지니 快한 것.

② 小人(소인)—작은(小) 自身의 私利만 爲해서 큰 社會의 公益을 害 치는 사람.

③ 厭然(암연)—싫어하는 듯한 것이나 감춘다는 뜻으로 音은 암(暗) 으로 通함.

④ 曾子(증자)—孔子의 首弟子로서 本書의 主人公이나 그의 말을 引用 했으니 本書는 그 弟子가 記錄한 것.

⑤ 猗猗(의의)—猗字는 奇異한 짐승(犬)이니 柔盛해 보이는 것.

⑥ 於戲(오호)—嗚呼라는 感歎詞.

⑦ 前王(전왕)—周나라 文王과 武王.

【通釋】 그 意志를 誠實하게 한다고 말한 바(所謂)는 自己를 속이(欺) 지 말라(毋)는 것이니, 惡은 惡臭처럼 싫어(惡)하고 善은 好色처럼 좋 아(好)하는 이것(此)을 自謙이라고 말한다. 그러므로 君子는 반드시 그 홀로 있을 때를 삼가하는 것이다.

　小人은 혼자 있을(閒居) 때는 못할 짓이 없이(無所不至) 不善을 하 다가도 君子를 본 後에는 그 善行만 나타내(著)나니, 남(人)들이 自身 을 보는(視)데 體内에 들어 있는 肺와 肝처럼 알고 있는데 숨긴들 무슨 有益이 있을까. 이것이 中心에 篤實(誠)한 것은 반드시 外形에 드러나 는 것이라고 말하는 것이기 때문에 君子는 반드시 그 홀로 있을 때를 삼가하는 것이다. 그러므로 曾子는「十目이 보는 바고 十手가 가르키 는 바니 그 嚴正한 것이다.」고 하였다. 致富하면 집(屋)이 潤澤해지고 有德하면 몸(身)이 潤澤해서 마음이 넓(廣)어지고 몸이 편안해 지나니 그러므로 君子는 반드시 그 意志를 誠實하게 하는 것이다.

　『詩經』에는 「저 淇水가에 구석(澳)을 보니 푸른 대가 茂盛하도다. 文彩(斐)있는 君子는 樹木을 切磋하듯 金石을 琢磨하듯 工夫해서 瑟하고도 僩하며 赫하여서 喧하니 그 君子는 마침내(終) 잊을(諼) 수가 없도다.」(衛風淇澳之篇)고 하였으니 切磋하는 것은 道를 배우는 것이고, 琢磨라는 것은 스스로 닦는 것이며, 瑟한다는 것은 恂慄함이고　赫喧한다는 것은 威儀함이며, 文彩있는 君子는 마침내 非難할 수 없다는 것은 盛德과 至善을 百姓들이 能히 잊을 수가 없는 것이다.

　또『詩經』에는「아아(於戲)! 前王은 잊지(忘) 못한다.」고 하였으니 君子는 그 賢者를 賢者로 對하고, 그 親者를 親者로 對하나 小人은 그 享樂만 幸樂으로 알고 그 私利만 利益으로 아는 이것을 죽을 때까지(没世) 잊지 못하기 때문이다.

【餘説】 무릇 誠意란 것은 自己의 良心을 속이지 않고, 惡은 惡臭처럼 싫어하고 善은 好色처럼 좋아하는 것이다. 이것을 本書에서는 「自謙」이라고 하였는데 朱子는 「謙은 快也요 足也라.」고 하였으나, 説文上으로는 謙에 快하다, 足하다는 意味는 없는 것이다. 謙은 兼言이니 惡惡과 好善을 兼해서 言한 것이니 易卦에서 「謙은 地中有山이다.」고 했다. 낮은 地 아래 높은 山이 있다는 것은 自身을 낮추는 데서 人格이 높아지는 것이 謙德이다. 謙德이 있는 者는 決코 自欺하지 않는 것이다.

　그러한 君子는 반드시 愼其獨하는 것이니, 따라서 閑居에는 不善을 하다가도 他人에게는 善行만 자랑하는 小人은 되지 않는 것이다.

　그리고 또 切磋琢磨한 工夫를 해서 「赫兮喧兮한 有斐君子는 終不可諼兮라.」고 한 淇澳의 詩에 對해서 朱子의 説에 「喧은 盛大한 것이고, 諠은 忘也.」라고 하였으니 説文上으로 보면 喧이나 諠이나 다 같이 「시끄러운」뜻이다. 그런데 諠이 어째서 忘이란 뜻이 되는가 하면 『詩經』本文에는 諼字로 있는 것이 이에 引用된 데서 諠字로 되었으니, 諼은 忘也이기 때문에 諠은 忘也로 解釋한 것이다.

　諼은 爰言이니 이에 말 뿐인 것은 「속이는 것」이다. 그 말을 行하지 못하는 것은 「잊어 먹을」수도 있으니 忘이란 뜻으로도 轉注될 수가 있는 것이다. 誼은 宣言인데 어찌 忘으로 使用할 수가 있을까. 그러므로 「赫兮誼兮」를 보기에 빛나고 듣기에 소리 높다고 하고「終不可誼兮」는 有斐君子를 끝내「시끄러운」評은 없다는 뜻으로 해석하였다.

그러나 이에 問題가 있으니 왜 잘못 引用된 字도 盲從해서 無理한 注解를 했는가 하는 것이다. 이것이 眞理는 無視하고 權威만 尊重해서 우리 東洋文化를 衰退하게 만든 根源인 것이다. 우리 東洋學에서 必要한 漢字는 五千字 程度만 알아도 다 通할 수가 있는 것인데, 說文의 眞理도 모르는 權威있는 學者가 文字를 濫造해서 그 十倍나 增加했을 뿐만 아니라 經書를 解釋하는 데도 臆測으로 可當치도 않는 뜻을 만들어서 每字에 數多한 他意가 되었으니, 그래서 漢字 배우기가 極難하게 된 것이다. 그래서 記憶力만으로 學者가 된 그들에겐 創造力이 全然 없었던 것이다. 그러므로 記誦詞章으로 文學만 해왔으니 東洋의 文化는 四千年來로 退步의 一路로만 내려 온 것이다.

4

所謂修身在正其心者 身有所忿懥 則不得其正 有所恐懼 則不得其正 有所好樂 則不得其正 有所憂患 則其不得其正. 心不在焉 視而不見 聽而不聞 食而不知其味 此謂修身在正其心 所謂齊其家在修其身者 人之其所親愛而辟焉 之其所賤惡而辟焉 之其所畏敬而辟焉 之其所哀矜而辟焉 之其所敖惰而辟焉 故好而知其惡 惡而知其美者 天下鮮矣. 故諺有之曰 人莫知其子之惡 莫知其苗之碩此謂身不修 不可以齊其家.

【字解】① 忿(분)—마음(心)이 나누(分)어졌으니「분이」나는 것.
② 懥(치)—마음(心)이 障碍(𢽳)를 받으니「성을 내는」것.
③ 恐(공)—마음(心)이 威脅에 싸였으니(卬)「두려운」것.
④ 懼(구)—四方을 돌아 보니(瞿) 마음(心)에「겁이 나는」것.

⑤ 憂(우)—마음(心)이 가서(夂) 发(愛의 略字)하는 것이 덮여(冖)져 얼굴(百)에 나타나니 「걱정」하는 것.

⑥ 患(환)—마음(心)에 잊혀지지 않고 꿰(串)어져 「걱정」이 되는 것.

⑦ 見(견)—사람(人)이 눈(目)을 뜨면 「보이는」 것.

⑧ 視(시)—精神(示)을 들여서 보는(見) 것.

⑨ 聞(문)—耳門에 音波가 와서 「듣기」는 것.

⑩ 聽(청)—마음(心)이 바로(直) 귀(耳)에 가서 잘(壬) 「듣는」 것.

⑪ 辟(벽)—法令(卩)으로 罪人을 부르니 君, 法, 罪, 刑, 邪, 除, 避, 壁, 偏 等의 數多한 뜻이 있으나 여기서는 偏僻하다라는 뜻임.

⑫ 矜(긍)—이제(今) 창(矛)을 가지고 「자랑」한다는 뜻이 있으니 武器가 없는 者는 불쌍히 보는 것.

⑬ 敖(오)—出의 略字와 放의 合字니 眞理를 벗어나(出) 放縱해서 노는 것.

⑭ 惰(타)—肉體(月)에 왼쪽(左) 手足은 힘이 적으니 마음(心)에 힘이 없어 게으른 것.

【通釋】 修身은 그 마음을 바루는(正) 데에 있다고 말하는 것은 自身에 성나는(忿懥) 바가 있으면, 그 正을 얻을 수가 없고 겁나는(恐懼) 바가 있어도 그 正을 얻을 수가 없으며, 걱정(憂患)하는 바가 있어도 그 正을 얻을 수가 없나니 마음(心)이 있지 않으면 보아(視)도 보이지(見) 않고 들어도(聽) 들리지(聞) 않으며 먹어(食)도 그 맛(味)을 알지 못하나니, 이것이 修身함은 그 마음을 바르게 함에 있다고 말한 것이다.

그리고 또 齊家함이 그 몸을 닦는(修) 데 있다고 말하는 것은 사람이 그의 親愛하는 바에 偏僻하기도 하고, 그의 賤惡하는 바에 偏僻하기도 하며, 畏敬하는 바에 偏僻하기도 하고 그의 哀矜하는 바에 偏僻되기도 하며 그의 敖惰하는 바에 偏僻하기도 하니, 그러므로 좋아해도 그 惡함을 알고 미워해도 그 美함을 아는 者는 天下에 드문 것이다. 그러므로 俗談(諺)에는 「사람들은 그 자식의 惡함은 알지 못하고 그 穀苗가 크는(碩) 것도 알지 못한다.」는 말이 있다. 이것이 자신을 닦지(修) 않으면 그 家庭을 편하(齊)게 할 수도 없다는 것이다.

【餘説】 위에는 「所謂誠其意者」라는 一章이 있는데 다음은 「所謂修身在正其心者」만 있고 「所謂正心在誠其意者」는 없으니, 感情의 作用이 不正하고 偏僻한 것을 矯正하는 方法으로서는 반드시 誠意가 없어서는 안되는 것이다. 格物과 致知는 哲學的인 理論이고 誠意와 正心은 宗教的인 修行이다. 哲學的 理論에는 分析的인 論理法이 있으니 그것은 易道로 對待하고 配合하는 것이고, 宗教的 修行에는 統一的인 信仰心이 있으니 이것은 天神을 敬畏하고 崇拜하는 것이다. 그런데 宗教의 信仰心은 반드시 哲學的 論理法에 依據하지 않으면 그것은 迷信이 되어 社會에 有害하게 되는 것이고, 哲學的 論理法은 반드시 宗教的 信仰心으로 實行하지 않으면 그것은 空論이 되어 人生에 無益한 것이다.

要컨대 正心하는 方法은 오직 誠意에 있는 것이니, 誠意가 없이는 正心이 되지 않는 것이다. 誠意란 것은 「如惡惡臭하고 如好好色해서」 惡을 버리고 善을 取하는 意志가 誠實하게 一貫하는 것이니 그것이 正心이 되는 것이다. 人間은 一種의 動物이라, 그의 動物的인 本能은 언제나 그의 個體的인 私慾만 爲해서 作用하는 것이니, 그것을 人間的인 理性으로서 全體的인 公益을 爲하는 方向으로 實行하도록 하는 誠意로 一貫해야만 正心이 되는 것이다. 그런데 西洋哲學은 宗教的인 誠意가 없고 西方宗教는 哲學的인 致知가 없으니 그들의 哲學과 宗教는 서로 各其 分離해서 共通한 眞理가 없으므로 人生社會의 公共福利를 爲하는 正心은 될 수가 없는 것이다.

5

所謂 治國必先 齊其家者 其家不可教 而能教人者無之 故君子不出家而成教於國. 孝者所以事君也 弟者所以事長也 慈者所以使衆也. 康誥曰 如保赤子 心誠求之 雖不中不遠矣 未有學養子而后嫁者也. 一家仁 一國興仁 一家讓 一國興讓 一人貪戾 一國作亂 其機如此 此謂一言僨事 一人定國 堯舜帥天下以仁 而民從之 桀紂帥天下以暴 而民從之 其所令反其所好 而民不從 是故君子有諸己

而后求諸人 無諸己而后非諸人 所藏乎身不恕　而能喻諸
人者 未之有也 故治國在齊其家. 詩云桃之夭夭　其葉蓁
蓁 之子于歸 宜其家人 宜其家人 而后可以教國人. 詩云
宜兄宜弟. 宜兄宜弟 而后可以教國人. 詩云　　其儀不忒
正是四國. 其爲父子兄弟足法 而后民法之也 此謂治國在
齊其家.

【字解】 ① 孝(효)—爻(효)와 子의 合字니 자식(子)된 자는 반드시 본
　받아(爻=效)야만 될 것은 父母에게 孝道하는 것.

② 悌(제)—아우(弟)가 兄에게 대한 마음(心)이니 「공경」하는 것.

③ 慈(자)—이(玆) 마음(心)은 所生을 保護하는 動物의 本能이니 「자
　정」.

④ 嫁(가)—女子가 他家로 「시집가는」 것.

⑤ 仁(인)—二와 人(인)의 合字니 二人稱인 相對者를 爲해 주는 心情
　이니 「착한」 마음.

⑥ 讓(양)—相對者에게 큰(襄) 말(言)로써 「사양」하는 것.

⑦ 憤(분)—權威를 꾸미(賁)는 사람(人)은 성을 잘 내니 그것은 理性
　을 잃은 것.

⑧ 帥(솔)—언덕(阜) 위에 서서 머리에 수건(巾)을 쓴 아랫 사람들을
　거느리는 「將帥」니 장수란 名詞로는 音이 「수」이다.

⑨ 桀(걸)—叛逆者(舛)를 나무(木)로 만든 형틀에 올려서 罰주는 것
　이니 夏나라 暴君의 諡號.

⑩ 紂(주)—손목(寸)을 捕繩(糸)으로 묶은 것이니 殷나라 暴君의 諡號.

⑪ 暴(폭)—고기를 잡아 배를 갈라(共) 버팀개를 쳐(水)서 햇빛(日)에
　말리니 「잔인」한 것.

⑫ 諸(제)—말(言)이란 것(者)은 모두 다 表示하니 「여럿」이란 뜻이나,
　여기에서는 그의 音을 빌려서 「之於」 두 字의 뜻으로 쓴 前置詞.

⑬ 喩(유)—말(口)로써 통하(俞)도록 「비유」하는 것.

⑭ 忒(특)—마음(心)만으로 주살(弋)을 쏴서 飛鳥를 잡으려는 것이니

「어긋난」것.

【語解】① 赤子(적자)—아직 옷도 안 입은 어린 아이.
② 夭夭(요요)—예쁘다는 形容詞.
③ 蓁蓁(진진)—풀잎이 무성한 形容詞.
④ 宜兄宜弟(의형의제)—兄 노릇함이 마땅하고 아우됨이 마땅한 것.
⑤ 貪戾(탐려)—貪欲하고 橫暴한 것.

【通釋】 나라(國)를 다스리는 데는 반드시 먼저 그 집(家)을 편(齊)하게 함에 있다고 하는 바(所謂)는 그 家人도 教育하지 못하면서 能히 他人을 教化하는 者는 없는 것이다. 그러므로 君子는 집을 나가지 않아도 나라에 教化가 되는 것이다. 孝란 것은 人君을 섬기는 所以가 되고 悌라는 것은 長者를 섬기는 所以가 되며, 慈란 것은 衆人을 부리는 所以가 되는 것이다. 康誥에는 「百姓을 赤子처럼(如) 保護하라.」고 하였으니 誠心으로 求한다면 비록 的中하지는 못한다고 해도 멀지(遠)는 않을 것이다. 아이(子) 기르기(養)를 배운 뒤에야만 시집가(嫁)는 者는 있지 않은 것이니 誠心으로만 하면 治國을 할 수가 있는 것이다.

　最高의 指導者에 一家만 仁하면 一國이 다 그 仁에 일어나(興)고 一家가 讓하면 一國이 다 그 讓에 일어나며, 그 一人이 貪戾하면 一國이 混亂해지나니 그 動機가 이러한(如此) 것이다. 그러니 一言이 謀事를 敗(僨)하게도 하고 一人이 國家를 定하게도 만드는 것이다. 堯舜은 仁으로써 天下를 거느리니(帥) 百姓들은 그에 따랐고, 桀紂는 暴으로써 天下를 거느려도 百姓들은 그에 따랐던 것이다. 그러니 그 治者의 命令하는 바가 그의 好行하는 바에 反對가 되면 백성들은 따르지(從) 않는 것이다. 그러므로(是故) 君子는 自己가 可能한 것만을 남에게 하기를 要求하고, 또 自己가 不爲한 것만을 남이 했다고 非難하는 것이니, 自身이 容恕하는 마음을 가지지 않고서 能히 남을 깨우치(喩)는 者는 있지 않은 것이다. 그러므로 治國하는 것은 齊家함에 있다는 것이다.

　『詩經』에는 「복숭아(桃)꽃 예쁜(夭夭)데 그 잎(葉)도 茂盛(蓁蓁)하다. 그 女子가 시집가(子歸)서 그 집사람(家人) 되게 했다.」(周南桃夭

篇)고 하였으니, 그 집사람이 되게 한 後에야만 可히 國人을 가르칠 수
가 있는 것이고, 또「兄이 됨에 마땅하고(宜) 아우됨에 마땅하다.」(小
雅蓼蕭篇)고 하였으니 兄이 되고 弟가 됨에 서로 宜當하게 한 然後에야
만 可히 國人을 가르칠 수가 있는 것이며, 또「그 禮儀에 어김(忒)없
어 四方나라 바루(正)운다.」(曹風鳲鳩篇)고 하였으니, 그 父子兄弟에
足히 法이 될만해야 國民들도 法을 받을 것이니 이것이 治國은 齊家함
에 있다고 말한 것이다.

【餘説】 무릇 國家란 것은 三要素로 成立된 勢力集團이니 그 勢力으로
만 國民을 支配한다면 그것은 搾取하고 抑壓하는 作用만 하게 되는 것
이다. 그러므로 西洋의 政治思想에는 君主主義와 貴族主義의 害毒이 甚
大했던 것이다. 그러므로 國民의 勢力으로 그것을 除去하는 民主主義
가 登場해서 三權을 分立하고 政黨이 對立하는 制度를 만들었으나, 그
것이 資本主義와 結託해서 國民을 搾取하니 그의 缺點을 타고 共産主
義가 登場해서 分配를 平等하게 한다는 것이 도리어 獨裁主義로 強行
해서 國民을 抑壓했던 것이다. 그래서 民主國家에서는 새로운 貴族이
出現하였고, 共産主義에서 새로운 帝王이 登場한 것이다.

　그러면 새 貴族 새 帝王이 옛 貴族 옛 帝王보다 나은 點이 무엇인가.
도리어 더욱 非人間化된 것이니 이에서 필요한 것은 오직 人間性의 回
復이다. 그러므로『大學』의 政治思想은 오직 人道主義 倫理主義에 있
는 것이니, 人道 倫理는 修身齊家에 根據한 것이다. 治國하는 方道는
齊家에 있고 齊家하는 方道는 修身에 있으며, 修身하는 方道는 正心에
있으니, 正心으로 修身齊家하는 倫理精神으로 治國하는 것이 王道思想
이다. 周나라 成王은 康叔께 封土하면서「若保赤子하면 惟民은 其 康
乂하리라.」고 하였으니, 百姓들을 赤子처럼 保護하는 이 것이 政治의
原則이다. 爲政者가 이러한 倫理精神으로만 하면 그의 風化로 國民은
모두 安定되는 것이다.

6

所謂平天下在治其國者 上老老而民興孝 上長長而民興
弟 上恤孤而民不倍 是以君子有絜矩之道也. 所惡於上 毋
以使下 所惡於下 毋以事上 所惡於前 毋以先後 所惡於
後 毋以從前 所惡於右 毋以交於左 所惡於左 毋以交於
右 此之謂絜矩之道. 詩云 樂只君子 民之父母. 民之所
好 好之 民之所惡 惡之 此之謂民之父母. 詩云 節彼南
山 維石巖巖 赫赫師尹 民具爾瞻. 有國者不可以不愼 辟
則爲天下僇矣.

【字解】① 恤(휼)—피(血)를 보고 不忍한 마음(心)으로 「걱정해주는」
　　것.
② 孤(고)—외(瓜)처럼 땅에 버려져 있는 아이(子)니 「외로운」 것.
③ 倍(배)—音는 否의 變字로서 親해져 一體가 됐던 相對人을 拒否하
　　니 「背叛」하는 것은 서로 나눠져서 하나가 둘이 되니 「배」란 뜻이
　　된 것.
④ 絜(혈)—散亂(手)한 실(糸)을 칼(刀)로 끊어서 풀어 깨끗이 整理하
　　는 것.
⑤ 矩(구)—矢(시)는 화살이니 直線이고, 巨(거)는 큰 것이나 上下四
　　方의 四角形을 만드는 「曲尺」.
⑥ 只(지)—나누(八)어서 다른 條件으로 말(口)하니 「다만」이란 뜻.
⑦ 師(사)—언덕(阜)처럼 높은 大將 아래 눌려 있는(帀) 軍衆이란 뜻
　　과 둘러 있는 弟子 위에 높은 「스승」이란 뜻을 兼한 자.
⑧ 僇(육)—새 날개(翏)를 창(戈)으로 쳐서 「죽이는」 戮字에서 左便
　　에 人字를 붙여 戮을 當하는 사람을 뜻하고 右便에 戈은 略한 것.

【語解】① 絜矩(혈구)—正方形(矩)을 造成(絜)하는 것이니 下에서 上
　　으로, 上에서 下로, 右에서 左로, 左에서 右로 四線을 그으면 正方

形이 되는 것.
② 巖巖(암암) — 높은 石山에 바위층을 形容한 것.
③ 赫赫(혁혁) — 빛이 찬란하다는 形容詞.

【通釋】 天下를 平定함은 그 國家를 다스림에 있다고 말한 바는 在上者가 老人을 老人으로 尊待하면 百姓들에게 孝道하는 風이 일어나고, 在上者가 長者를 長者로 尊待하면 百姓들에 恭遜(弟)하는 風이 일어나며, 在上者가 孤獨한 者를 걱정해 주면 百姓들은 背叛(倍)하지 않을 것이다.

그러므로 君子는 「絜矩之道」가 있는 것이니 自己가 上者에게 싫어하는 바로는 下者를 부리(使)지 말고, 下者에게 싫어하는 바로는 上者를 섬기(事)지 말며, 前者에게 싫어하는 바로는 後者에게 하지 말고, 後者에게 싫어하는 바로는 前者에게 하지 말며, 右者에게 싫어하는 바로는 左者에게 하지 말고, 左者에게 싫어하는 바로는 右者에게 하지 않는 이것을 「絜矩之道」라고 하는 것이다.

『詩經』에는 「즐겁도다(樂只) 君子여! 百姓의 父母시다. 百姓이 좋아하는 바를 좋아하고, 백성이 싫어하는 바를 싫어하는 이것을 百姓의 父母라고 하는 것이다.」(小雅南山有臺之篇)고 하고, 또 「마디(節) 가진 저 南山엔 岩石層이 높으도다. 赫赫하신 太師尹氏 民은 모두(具) 보(瞻)고 있다.」고 하였으니, 爲政者(有國者)는 삼가(愼)지 않으면 안 되는 것이다. 萬若에 偏僻(辟)하다면 天下 사람의 죽임(僇)이 될(爲) 것이기 때문이다.

【餘說】 무릇 人間社會에는 어디나 다 在上者의 바람에 一般民은 따라가는 것이다. 이것이 風化의 法則이니 在上者가 孝悌를 하면 一般民도 孝悌를 하고, 在上者가 慈愛를 하면 一般民도 慈愛를 하는 것이다. 그러므로 在上한 指導者(君子)는 반드시 絜矩之道로만 處事를 해야 하니 絜矩之道란 것은 自己가 싫어하는 것은 남에게 하지 않는 「己所不欲勿施於人」 하는 것이니, 在上者 在前者 在左者들에게 自己가 싫어하는 일은 在下者 在後者 在右者들에게 施行하지 않는 것이다. 이러한 君子는 百姓들을 保護해 주는 父母가 되는 것이니, 조금이라도 偏僻한 私心이

있다면 國民의 批判을 받는 것이다. 이것이 人道主義 政治倫理이니 政治倫理는 오직 修身齊家에만 根據가 있는 것이다. 그러므로 個人主義 西洋思想에는 政治倫理의 根據가 없는 것이다. 修身齊家하는 心情은 없고 政治 權力만 掌握한 者는 비록 倫理規定만 들어 就任宣誓를 한다고 해서 百姓들을 子息처럼 愛護하는 處事를 保障할 수는 없는 것이다. 그러나 民主主義 制度에 依해 私利를 圖謀하는 者는 嚴斷되었으니 오랫동안 그의 訓練을 받아 온 西洋諸國에서는 指導者들이 善化가 된 것이다. 그래서 西洋人은 制之於外해서 以養其內하여 善化된 것이나, 그 反對로 東洋人은 家庭制度를 排棄하고 民主主義만 主唱하는 바람에 無法天地가 된 것이다. 그러므로 우리 나라는 家庭情神을 延長하지 않으면 國家政治가 될 수 없는 것이다.

7

詩云 殷之未喪師 克配上帝 儀監于殷 峻命不易. 道得衆則得國 失衆則失國 是故君子先愼乎德 有德此有人 有人此有土 有土此有財 有財此有用. 德者本也 財者末也 外本內末 爭民施奪. 是故財聚則民散 財散則民聚 是故言悖而出者 亦悖而入 貨悖而入者 亦悖而出. 康誥曰 惟命不于常 道善則得之 不善則失之矣. 楚書曰 楚國無以爲寶 惟善以爲寶. 舅犯曰 亡人無以爲寶 仁親以爲寶

【字解】 ① 易(역·이)—日과 月(勿의 變字)이 서로 「바뀌」어 가는 것이니 그것은 「쉽게 되는」 것.

② 愼(신)—眞心이니 「삼가」하는 것.

③ 本(본)—나무(木) 「뿌리」를 一로써 表示한 것.

④ 末(말)—나무(木) 위(上)는 「끝」인 것.

⑤ 聚(취)—𠈌(여러 사람)을 取(취)하니 「모으는」 것.

⑥ 散(산)—고기(月)를 縱橫(丰)으로 끊(攵)으니 「흩어」지는 것.

⑦ 悖(패) ― 孛(패)는 彗星인데 妖氣를 뜻한 것이니 妖氣의 心은 「거슬리는」 것.

⑧ 貨(화) ― 어떤 物品(貝)으로나 다 化할 수 있는 「돈」.

⑨ 寶(보) ― 그릇(缶)에 玉貝를 담아 두니 그것은 집(宀)의 「보배」.

⑩ 舅(구) ― 舊의 略字인 臼(구)와 男의 合字니 나이 많은(舊) 男子인데, 外叔, 丈人, 媤父 等의 뜻으로 共用하는 것.

【語解】 ① 喪師(상사) ― 民衆(師)을 잃어버린(喪) 것.

② 上帝(상제) ― 最高의 主宰神.

③ 峻命(준명) ― 높은 天의 命.

④ 楚書(초서) ― 楚語란 冊.

⑤ 舅犯(구범) ― 晋文公의 舅에 子犯.

⑥ 亡人(망인) ― 逃亡하고 없는 사람인데 文公을 뜻함.

【通釋】 『詩經』에는 「殷나라는 民心을 얻어 上帝에게 配했으니 例(儀)를 보(監)면 天命을 얻기 어렵(不易)도다.」고 하였으니, 道가 民心을 얻으면 國權을 얻고 民心을 잃으면 國權을 잃는 것이다. 그러므로 君子는 먼저 德行을 삼가(愼)해야 하니 有德하기만 하면 도와 주는 사람이 있고, 도우는 사람이 있으면 土地도 있을 것이며, 土地가 있으면 産物이 있는 것이고, 産物이 있으면 使用하게 되는 것이다. 그러니 德이란 것은 根本이고 財란 것은 末端이라 그 根本은 外로 버리고, 그 末端은 內로 취하면 百姓들이 서로 爭奪하게 되는 것이다. 그러므로 財만 聚하면 民은 散해지고 財를 散하면 民은 聚하게 되는 것이다.

　그러므로 말을 거슬러(悖) 내는(出) 者는 또한 거슬리는 말이 들어오(入)고, 財貨를 거슬러서 取하는 者는 또한 그 財貨도 거슬러서 나가는 것이다. 康誥에는 「오직 天命은 一定(常)한 것이 아니다.」고 했는데 道가 善하면 天命을 얻는(得) 것이고, 善하지 않으면 天命을 잃는 것이다. 楚書에는 「楚나라에는 寶物이라고 할 것이 없으나, 오직 善만을 寶物로 하는 것이다.」고 하였고, 舅犯은 말하되 「亡人은 寶物이라 할 것은 없으나 오직 仁에 親하는 것을 寶物로 했던 것이다.」고 하였다.

【餘説】『詩經』「大雅文王之篇」에는 「儀監于殷에 駿命不易라.」고 하였는데, 『大學』에서 引用하는 데는 「儀監于殷에 峻命不易라.」고 하였으니 宜는 儀로, 駿은 峻으로 잘못 쓴 것이다. 그래도 大意는 通하나 微旨는 過한 것이다. 宜는 當爲로써 말한 것이니 儀로서 存在한 것은 아니고, 駿은 走行해서 변하는 것이니 峻으로 形容한 것은 아니다. 그러나 殷나라의 道는 六百年來로 民心을 얻었기 때문에 國家를 얻었던 것이 紂王에 와서는 民心을 잃고서 國家를 잃게 된 것이니, 그의 引用한 本意에는 過誤가 없는 것이다. 그래도 引用한 것이 그 原文과 틀려서는 안 되는 것인데, 古書에서 經典을 引用한 것이 原文과 틀린 것이 許多하나 後世에 學者들은 그 틀린 것을 그대로 尊重해 온 것이다.

　그런데 國家에는 반드시 財政을 支出해야 하고, 財政에는 納稅로 收入해야 하니 國民이 納稅를 하는 것은 오직 政治의 資金으로만 必要한 것이고, 國家의 使命은 오직 國民의 安寧秩序를 維持함에 있는 것이다. 그러니 爲政者는 오직 爲民하는 德行에만 努力해야지 決코 爲己하는 私利에 關心해서는 안 되는 것이다. 그러니 德行에만 힘을 쓰면 財用은 따라오는 것이니, 德行은 根本이고 財用은 末端이라 君子는 반드시 德行에만 힘을 써서 國家가 善治되면 그것이 自己의 私利도 되는 것이다. 그러니 小人은 財用에만 힘을 쓰다가 國家에 害毒을 주니 結局은 自己도 亡身하는 것이다. 그러므로 爲政者는 언제나 「惟善을 爲寶」하고 「仁親을 爲寶」하는 것이다.

8

秦誓曰 若有一介臣 斷斷兮 無他技 其心休休焉　其如有容焉. 人之有技若己有之 人之彦聖 其心好之 不啻若自其口出. 寔能容之 以能保我子孫黎民 尚亦有利哉. 人之有技 媢疾以惡之 人之彦聖違之 俾不通 寔不能容 以不能保我子孫黎民 亦曰殆哉. 唯仁人放流之 迸諸四夷 不與同中國 此謂唯仁人 爲能愛人 能惡人. 見賢而不能擧 擧而不能先 命也 見不善而不能退 退而不能遠 過也. 好人

之所惡　惡人之所好　是謂拂人之性　菑必逮夫身. 是故君子
有大道　必忠信以得之　驕泰以失之.

【字解】 ① 臣(신)—위의 一은 君, 아래 一은 民인데, 그 民과 君을 左
에 丨으로써 結合하는 데 右에 口로써 下에 民情과 上에 君意를 丨
로써 올리고 내리는 任務를 가진 臣下.

② 啻(시)—國家에 임금(帝)이 말(口)한 命令은 다시 異議할 수 없으
니 그「뿐」인 것.

③ 寔(식)—집(宀)은 이것(是)이「참으로」사람이 사는 곳.

④ 媢(모)—女子는 머리에 덮어 쓰는(冒) 冠을 쓰지 않는데「妬忌」하
는 것.

⑤ 疾(질)—화살(矢)처럼 外部에서 들어온 寒疾을 뜻함.

⑥ 俾(비)—낮은(卑) 사람(人)으로「하여금」일을 시키는 것.

⑦ 保(보)—바보(呆)는 自立할 能力이 없으니 後見人이「봐주는」것.

⑧ 迸(병)—사람들이 같이(幷) 있다가 가(辶)니「흩어져 가는」것.

⑨ 擧(거)—두 손(手)이 서로 더불어(與)서 物件을「드는」것.

⑩ 拂(불)—아니(弗)라고 손(手)으로「떨쳐버리는」것.

⑪ 菑(재)—開墾한 田地가 雜풀(艹)로 덮혔으니 凶年이 되어서 災害가
된 것.

⑫ 逮(체)—짐승 꼬리(氺)를 손으로 잡았(⺕)으니「미쳐간」것.

⑬ 忠(충)—中心을 다해서 남을 도우는 것.

⑭ 信(신)—사람(人)이 말(言)한 것은 반드시 實行하는 것.

⑮ 驕(교)—높(喬)은 말(馬)을 타고 낮은 데 있는 사람을 깔보니「교
만」한 것.

【語解】 ① 秦誓(진서)—『書經』의 最終篇名인데, 秦穆公이 反省한 誓
言.

② 斷斷(단단)—칼날(斤)로써 실(㡭)을「끊는」것인데, 두 字를 거듭
해서 맺고 끊는 것을 形容한 것.

③ 休休(휴휴)─사람(人)이 나무(木) 그늘에서 「쉬니」 氣分이 「아름
다운」 것인데, 두 字를 거듭해서 아름다움을 形容한 것.

④ 黎民(여민)─黎는 검은 기장인데 數量이 많기 때문에 머리 검은 衆
民을 뜻함.

【通釋】 秦誓에 말하되, 「萬若에 一介의 臣下가 있어서 끊은 듯(斷斷兮)
다른 技能은 없지마는 그 마음(心)만은 아름답(休休焉)게 包容性이 있
어서 남이 技能 있음을 자기 技能처럼(若) 알고, 남이 彦聖함을 自己
彦聖처럼 알고서 그 마음껏 좋아해(好)함을 말로 할 뿐 아니라(啻) 참
으로(寔) 能히 包容하니 能히 그의 子孫 黎民을 保全할 것이기에 그것은
有利한 것이다. 그와는 反對로 남의 技術있는 것을 妬忌해서 싫어하고
남이 彦聖함을 어기어서 하여금 不通하게 함은 참으로 能히 包容하지
못하니 能히 그의 子孫 黎民을 保全할 수가 없을 것이다. 그것은 危殆
하다고 할 것이다.」고 하였다.

오직 仁人만이 나쁜 者를 追放하고 流刑보내 四方에 野蠻地로 흩어
버려서 中國에는 더불어(與) 같이(同) 살게 하지 못하게 하는 것이니,
이것이 仁人이라야만 能히 愛人하고 能히 惡人도 한다고 말(謂)하는 것
이다.

나쁜 者는 賢者를 봐도 能히 薦擧하지도 아니하고, 薦擧해도 能히 任
命을 急先하지도 아니하며, 不善을 봐도 能히 退斥하지도 아니하고, 退
斥을 해도 能히 過失을 隔遠하지도 않으며, 사람들이 싫어하는 것은 좋
아하고 남들이 좋아하는 것은 싫어하는 이것들은 人間性을 拒否(拂)한
다고 말하는 것이니, 반드시 災殃(菑)이 그 自身에 미쳐(逮) 올 것이다.

그러므로 君子에는 大道가 있으니 忠臣으로만 하면 得利할 것이나 驕
泰하기만 하면 損失이 될 것이다.

【餘説】 前章에서는 康誥의 「惟命不于常」을 引用하고서 「道善則得之 하
고 不善則失之矣라.」는 本旨를 말하였는데, 朱子의 註에서는 「道善」에
道字를 言也라고 解釋하였으니, 그래서 「말만 잘 하면 得利하고 잘못
하면 損失한다.」는 뜻이 된다면 이것은 正道가 아닌 것이다. 그리고 다

음은 楚書와 舅犯의 善과 仁을 寶로 한다는 말을 引用하고, 또 秦誓의 말을 引用하였는데 이 內容은 오직 마음만 善하면 子孫 黎民을 保全할 수 있지마는 마음이 惡하면 子孫 黎民을 保全하지 못한다는 것이다. 그리고 한 말은 「오직 仁人만이 惡者를 放流해서 中國에는 같이 살지 못하게 四方에 멀고 먼 곳으로 離散시키는 이것이 仁人만이 能히 愛人하고 惡人도 한다는 뜻이다.」고 하였다.

그리고 이어서 「見賢而 不能擧 擧而不能先命也 見不善而不能退 退而不能遠過也」라는 一節에서 朱子는 「命」을, 鄭玄은 「慢」, 程子는 「怠」로 고쳐야 한다고 하였으나 「어느 것이 옳은 줄은 모르겠다.」고 하였다. 그러므로 先儒가 吐를 다는 데도 「擧而不能先이 命也오.」 「退而不能遠이 過也」라고 한 것이다. 그런데 命字가 慢字나 怠字와는 近似하지도 않은 것을 어찌 고친다는 말인가. 더구나 命의 字義에는 慢이나 怠의 뜻이 있을 리도 없는 것이다. 그러므로 나는 이것을 「薦擧해도 能히 任命을 急先으로 하지 않고 退斥해도 能히 過誤를 遠隔하지 않는다.」고 解釋하니 두 個의 也字가 조금 걸리지마는 也者로 보고 이 全部를 主語로 해서 다음에 「好人之所好 惡人之所好」로 連結시키면 意味가 通하지 않을까.

9

生財有大道 生之者衆 食之者寡 爲之者疾 用之者舒 則財恒足矣. 仁者以財發身 不仁者以身發財 未有上好仁 而下不好義者也. 未有好義 其事不終者也. 未有府庫財 非其財者也. 孟獻子曰 畜馬乘 不察於鷄豚 伐氷之家 不畜牛羊 百乘之家 不畜聚斂之臣 與其有聚斂之臣 寧有盜臣此謂國不以利爲利 以義爲利也. 長國家而務財用者 必自小人矣 彼爲善之. 小人之使爲國家 菑害竝至 雖有善者亦無如之何矣 此謂國不以利爲利 以義爲利也.

【字解】① 寡(과)—物件을 나누어(頒) 주는 집(宀)에는 남는 財物이 「적어진」 것.

② 疾(질)—傷寒한 病은 「빨리」 變化해 가는 것.

③ 舒(서)—客地에 갔다가 내 집(予舍)으로 돌아와 쉬니 마음이 「조용」한 것.

④ 恒(항)—하늘(一)에서 땅(一)으로 햇(日)빛이 뻗쳐(亘) 온 것처럼 마음(心)이 「언제나」 一貫한 것.

⑤ 發(발)—활(弓)로 화살(癶)을 쏘아서 나가(癶)니 「放射」하는 것.

⑥ 府(부)—客地에서 부(付)쳐 오는 物品을 두는 집(广)이니 「府庫」.

⑦ 庫(고)—車집(广)이니 「車庫」.

【語解】① 孟獻子(맹헌자)—魯나라 賢大夫의 仲孫蔑.

② 畜馬乘(축마승)—말(馬)을 길러(畜)서 타는(乘) 「선비집」.

③ 伐氷之家(벌빙지가)—얼음(氷)을 쳐(伐)서 喪祭에 쓰는 집(家)이니 卿大夫 以上의 身分.

④ 聚斂之臣(취염지신)—百姓을 搾取해서 財物을 모으는 臣下.

⑤ 義·利(의와 이)—自身(我)이 羊처럼 順從해서 公益을 爲하는 德은 義고, 벼(禾)를 칼(刀)로 베어다가 私有하는 事는 利이니 서로 反對概念인 것.

⑥ 百乘之家(백승지가)—車百臺를 가진 權臣 집.

【通釋】財産을 모으는 데는 大道가 있으니 生産하는 者는 여럿(衆)이고, 消費(食)하는 者는 적으(寡)며, 製造(爲)하는 데는 빨리(疾)하고, 使用하는 者는 느리게(舒) 하면 財物은 恒常 豐足할 것이다.

仁者는 財物로써 自身을 發展시키고, 不仁者는 自身으로써 財物을 發展시키나니, 在上者가 仁을 좋아(好)하는 데 在不者가 義를 좋아하지 않는 者는 있지 않고 義를 좋아하는 데 그 일이 成功(終)하지 못하는 者도 있지 않으니, 그리고서 府庫의 財物이 그의 所用이 아닌 者도 있지 않는 것이다.

孟獻子는 말하되, 「士者(畜馬乘)는 닭(鷄)이나 돼지(豚)같은 것은 살피지(察) 아니하고, 大夫(伐氷之家)는 소(牛)나 羊같은 것은 기르(畜)지 않으며 權臣(百乘之家)에는 搾取하는 臣下를 기르지 아니 하나니, 搾取하는 臣下를 두기보다는 차라리(寧) 盜臣을 두라.」고 하였으니 이것은 國家의 爲政者는 私利로써는 利益으로 알지 않고 公義로서만 利益으로 한다는 것을 말한 것이다.

　國家에 首長이 되어서 財用에만 힘을 쓰(務)는 者는 반드시 스스로 小人이니, 그(彼)는 그것을 善이라 해도 그런 小人으로 하여금 國家를 다스리게 한다면 災害가 아울러 와서(幷至) 비록 善人이 있다고 해도 또한(亦) 어찌할(如之何) 수가 없게 될 것이니, 이것을 國家의 爲政者는 私利로써는 利益으로 알지 아니하고 公義로써만 利益으로 한다고 한 것이다.

【餘說】이에 治國 平天下란 것은 政治의 事業인데, 政治의 事業은 반드시 經濟의 土垈 위에서만 成立되는 것이다. 政治와 經濟는 언제나 結託되어 있는 것이니, 爲政者가 倫理的 精神이 없으면 반드시 經濟的 私利만 圖謀하는 것이다. 그러므로 現代의 民主主義는 資本主義와 結託된 것이고, 共産主義는 獨裁主義와 合作한 것이니 그래서 資本家는 生産大衆을 無慈悲하게 搾取하고, 共産黨은 全體 國民을 無慈悲하게 抑壓했던 것이다. 民主主義는 비록 大衆을 搾取한다고 해도 國民을 抑壓하지는 않지마는 共産主義는 實로 國民을 抑壓하는 데 따라 搾取도 한 二重의 罪惡을 지었기 때문에 至今은 滅亡된 것이다.

　그러니 이제부터는 經濟的 利權만을 追求하던 爲政者가 倫理的 義務에로 精神革命을 하지 않으면 新時代를 指導할 수가 없을 것이다. 그러므로「生之者는 衆하고 食之者는 寡하며, 爲之者는 疾하고 用之者는 舒하는」生産의 大道로써 國民經濟를 恒足하게 해야만 할 것이다. 그래서 以身發財하던 爲政者는 以財發身하는 人間性을 回復해야만 하니 國家를 統治하는 方道는 오직「不以利爲利하고 以義爲利하는」데만 있는 것이다. 爲政者가 私利만 圖謀하면 그것은 반드시 國家를 害毒하고 自身도 敗亡하게 되는 것이니 그와는 反對로 公義만 實行하면 그것이 반드시 國家에 有功해서 自身의 私利도 되는 것이다.

朱子의 中庸章句序

　　中庸何爲而作也　子思子憂道學之失其傳而作也. 蓋自上
古聖神繼天立極　而道統之傳有自來矣　其見於經則　允執
厥中者　堯之所以授舜也　人心惟危　道心惟微　惟精惟一　允
執厥中者　舜之所以授禹也. 堯之一言至矣盡矣　而舜復益
之以三言者　則所以明夫堯之一言　必如是而後　可庶幾也.
蓋嘗論之　心之虛靈知覺　一而已矣　而以爲有人心　道心之
異者　則以其或生於形氣之私　或原於性命之正　而所以爲
知覺者不同. 是以或危殆而不安　或微妙而難見耳. 然人
莫不有是形　故雖上智不能無人心　亦莫不有是性　故雖下
愚亦不能無道心　二者雜於方寸之間　而不知所以治之　則
危者愈危　微者愈微. 而天理之公　卒無以勝夫人欲之私矣.
精則察夫二者之間　而不雜也　一則守其本心之正　而不離
也　從事於斯　無少間斷　必使道心　常爲一身之主　而人心
每聽命焉　則危者安　微者著　而動靜云爲　自無過不及之差
矣. 夫堯舜禹　天下之大聖也　以天下相傳　天下之大事也
以天之大聖　行天下之大事　而其授受之際　丁寧告戒不過
如此　則天下之理　豈有以加於此哉. 自是以來　聖聖相承
若成湯文武之爲君　皋陶伊傅周召之爲臣　旣皆以此　而接
夫道統之傳　若吾夫子　則雖不得其位　而所以繼往聖　開來

學 其功反有賢於堯舜者 然當是時 見而知之者 惟顏氏 曾
氏之傳 得其宗 及曾氏之再傳 而復得夫子之孫子思 則去
聖遠而異端起矣 子思懼夫愈久而愈失其眞也 於是推本堯
舜以來相傳之意 質以平日所聞父師之言 更互演繹 作爲
此書. 以詔後之學者 蓋其憂之也深 故其言之也切 其慮
之也遠 故其說之也詳 其曰天命率性 則道心之謂也 其曰
擇善固執 則精一之謂也 其曰君子時中 則執中之謂也 世
之相後千有餘年 而其言之不異 如合符節 歷選前聖之書
所以提挈綱維 開示蘊奧 未有若是之明且盡者也. 自是而
又再傳 以得孟氏 爲能推明是書 以承先聖之統 及其沒而
遂失其傳焉. 則吾道之所寄 不越乎言語文字之間 而異端
之說 日新月盛 以至於老佛之徒出 則彌近理而大亂眞矣.
然而尚幸此書之不泯 故程夫子兄弟者出 得有所考 以續
夫千載不傳之緒 得有所據 以斥夫二家似是之非. 蓋子思
之功 於是爲大 而微程夫子 則亦莫能因其語 而得其心也.
惜乎其所以爲說者不傳 而凡石氏之所輯錄 僅出於其門人
之所記. 是以大義雖明 而微言未析 至其門人 所自爲說
則雖頗詳盡 而多所發明 然倍其師說 而淫於老佛者 亦有
之矣. 熹自蚤歲 即嘗受讀 而竊疑之 沈潛反復 蓋亦有年
一旦恍然似有得其要領者 然後乃敢會衆說 而折其衷 既
爲定著章句一篇 以俟後之君子 而一二同志 復取石氏書
刪其繁亂 名以輯略 且記所嘗論辨取舍之意 別爲或問 以
附其後然後 此書之旨 支分節解 脉絡貫通 詳略相因 巨
細畢舉 而凡諸說之同異得失 亦得以曲暢旁通 而各極其
趣 雖於道統之傳 不敢妄議 然初學之士或有取焉 則亦庶
乎行遠升高之一助云爾.
　　　　淳熙己酉春 三月戊申 新安朱熹序.

【譯解】『中庸』은 어찌해서 지었는가? 子思 先生게서 道學이 傳하지 못할까 걱정하사 지은 것이다. 대개 上古에 聖明하신 神人이 天道를 繼承하사 最高의 王位에 登極하셔서서 道統을 傳함이 그에서 由來했던 것이다. 그것이 『書經』에 나타난 데는 「允執厥中」(믿고 그 中을 잡으라.) 라고 한 것은 堯帝가 大舜에게 주신 말씀이고, 「人心은 惟危하고 道心은 惟微하니 오직 精一하게 믿고 그 中을 잡으라.」고 한 것은 舜帝가 大禹에게 주신 말씀이다. 그 堯帝의 「允執厥中」이란 一言만으로도 極盡하지마는 舜帝가 다시 「人心惟危 道心惟微 惟精雅一」이란 三言을 添加한 것은 堯帝의 一言은 반드시 그렇게 해야만 可能(展幾)하기 때문이다.

대개 論한다면 心體는 虛靈하나 知覺은 다 同一한 것이다. 그런데도 人心과 道心이 두 가지가 있다고 하신 것은 그것이 或은 形氣(肉體)의 私에서 나고, 或은 性命(心理)의 正에서 왔기 때문에 그의 知覺함이 不同한 것이다.그러므로 或은 危殆해서 不安하고,或은 微妙해서 難見한 것이다. 그러나 人間은 누구나 다 이 形體가 있기 때문에 비록 上智라도 人心이 없을 수 없고, 또한 그 理性을 가졌기 때문에 비록 下愚라도 또한 道心이 없을 수도 없는 것이니 이 두 가지가 心性의 間에 섞여 있는 데서 다스릴 바를 알지 못하면 危殆한 것은 더욱 危殆해지고, 微妙한 것은 더욱 微妙해져서 天理의 公正함이 마침내 人心의 私邪함을 이기지 못하게 되는 것이다.

그러니 精하게만 하여 그 二者의 間을 살펴서 섞이지 않게 하고, 一하게만 하여 그 本心의 正을 지켜서 떠나지 않게 하라는 것이다. 이렇게 함에 從事하여 조금도 間斷함이 없게 하여 반드시 道心으로 하여금 언제라도 一身의 主宰가 되게 해서 人心은 每事를 그의 命令대로만 하게 하면 危者는 安해지고, 微者는 著해져서 動作과 言辭가 自然히 過度하고 不及한 差誤가 없게 될 것이다. 그런데 堯舜禹는 天下의 大聖이고, 天下를 相傳함은 天下의 大事이니 天下의 大聖으로써 天下의 大事를 遂行하는데 그 授受할 때에 叮嚀하게 告戒하심이 이에 不過하였은 즉, 天下의 理致가 어찌 이에 더할 것이 있을까.

그로부터서 聖人이 서로 承繼하셨으니 殷나라 湯王, 周나라 文武는

王이 되셨고 皐陶, 伊尹, 傅説, 周公, 召公 등은 臣下가 되어서 모두이 告戒로써 그 道統의 傳함을 連接하셨다. 그러나 우리 孔子 같은 이는 비록 그 高位는 얻지 못했어도 過去의 聖道를 이어 받고 來世에 學者를 가르쳤으니 그의 功績은 도리어 堯舜보다도 나은 것이다.그러나 當時에 보고서 안 者는 오직 顏回와 曾參이 傳함이 그 主宗을 얻은 것이다. 그리고 曾子의 再傳에서 다시 夫子의 孫에 子思가 出現하사 聖人의 때가 멀어져서 異端이 發生하니 子思는 더욱 오래 가면 더욱 그 眞理를 잃을까 걱정해서 이에 堯舜 以來로 相傳해 온 그 本意를 미루고平日에 들은 父師의 말씀에 依해서 다시 演繹해서 本書를 지으셨다.

그래서 後世에 學者들을 가르쳤으니 대개 그의 憂患하심이 深甚했기 때문에 그의 言詞하심도 切實하고, 그의 心慮하심이 久遠하기 때문에 그의 説明하심도 詳細하였다. 그「天命率性이라.」고 하였음은 道心을 말한 것이고, 그「擇善固執이라.」고 하였음은 精一을 말한 것이며, 그「君子時中이라.」고 하였음은 執中을 말한 것이니 그 世代의 相距가 千餘年이나 되었는데도 그 言旨가 無異함이 符節을 合한 듯하다. 先聖의 書를 歷選하사 綱要된 點을 提擧해서 深奧한 것을 開示한 바가 이처럼極明한 것은 있지 않았다. 그 後에 再傳해서 孟子가 나사 本書를 推明해서 先聖의 道統을 繼承했으나 그의 没後에는 失傳됐던 것이다.

그래서 吾道가 남은 것은 言語文字의 間에 不過한데, 그 때 異端의 説이 날로 新出해서 달로 盛行하여 老子 佛陀의 信徒가 生出할 때 이르러서는 더욱 眞理에 가까운 듯해도 크게 眞理를 混亂했던 것이다. 그러나 多幸히 本書가 傳來했기 때문에 程明道 程伊川 兄弟가 出現하사 그에 考究한 바가 있어서 千載 동안이나 傳하지 못했던 道統을 繼承하였다. 그래서 依據한 바를 얻어서 老佛二家의 似而非함을 排斥 하셨으니 대개 子思의 功이 이에서 드러났다. 萬若에 程子가 없었다면 또한 그의 文言에 固着해서 그의 眞理를 얻지는 못했을 것이다. 그런데 可惜하게도 그의 所説이 不傳됐더니 石子重의 輯録한 것이 겨우 그 門人의 記録에서 나왔으므로 大意는 비록 明白해도 微旨는 未解하였는데 그 門人의 説한 바는 비록 詳細해서 發明한 바 있어도 그의 師説을 등지고 老佛에 빠진 點도 있는 것이다.

　나(熹)는 早年부터 受學할 때 가만히 疑心이 나서 反復해 研究한 지가 또한 몇 年이 되었으나 一朝에 환하게 要領을 얻은 듯한 적이 있은 然後에 敢히 衆説을 모아 折衷해서 章句 一篇을 著述하여 後世에 君子를 기다리는 바이다. 그리고 一二의 同志와 더불어서 다시 石氏의 書를 가지고 그의 繁亂함을 除去하고는 「輯略」이라고 題名하고, 또한 일찍이 論辨해서 取捨한 뜻을 記録해서는 別로 「或問」을 지어서 그 뒤에 添附한 然後에야만 本書의 主旨에 支分을 節解하여 脉絡이 貫通하고 巨細가 畢擧하였다. 그래서 諸説의 同異와 得失이 또한 條暢하고 旁通해서 各其 다 歸趣를 다하였으니 비록 道統을 傳하는 데는 敢히 妄議를 할 수가 없으나 初學의 士가 或是나 取하는 바가 있다면 아마 行遠하고 昇高하는 데는 一助가 될 것이다.

宋孝宗 十六年 己酉三月 戊申

新安 朱 熹 序

第二編 中 庸

【題言】 中은 空間的으로 不偏하는 合一點이고, 庸은 時間的으로 不易하는 延長線이니, 中庸은 人生의 福利를 爲한 原則인데, 本書는 孔子가 말씀하신 中庸의 眞理를 그의 孫에 子思가 闡明한 典籍인 것이다.

1

天命之謂性 率性之謂道 脩道之謂教 道也者 不可須臾
離也 可離非道也 是故君子戒愼乎其所不睹 恐懼乎其所
不聞 莫見乎隱 莫顯乎微 故君子愼其獨也 喜怒哀樂之未
發謂之中 發而皆中節謂之和 中也者 天下之大本也 和也
者 天下之達道也 致中和 天地位焉 萬物育焉.

【字解】 ① 天(천)—象形字로 보면 人이 四肢를 벌리고 선 大字의 위에
　　　一로써 表示한「大空」. 指事字로 보면「二人」以上이 結合한 社會
　　　生活에서 모두가 共通한「民心」. 會意字로 보면「一大」한 自界界에
　　　遍在한「眞理體」. 轉注字로 보면 無形한 精神界의 根源인「主宰者」.
② 命(명)—口令으로「하여금」하는 것.
③ 性(성)—自然界에서 生有한 理心.
④ 道(도)—머리(首)로는 目的地를 向해서 발로는 걸어가(辶)는「길」
　　　이니 理想 眞理 路線 原則 등 數多한 뜻이 있음.
⑤ 教(교)—아이(子)를 본받(爻)도록 매쳐서(攵)「가르치」는 것.
⑥ 戒(계)—창(戈)을 두 손으로 잡(廾)고 敵이 올까봐「경계」하는 것.
⑦ 臾(유)—사람(人)이 두 손(臼)을 잡고 서 있는 것이니 相對者에 잘
　　　　　보이려고「暫間동안」取한 態度인데 須字와 結合하였음.

42

⑧ 睹(도)—눈(目)이란 것(者)은 「보는」 것.

⑨ 顯(현)—머리(頁) 털(絲)이 햇빛(日)에 샅샅이 「드러난」 것.

⑩ 中(중)—口를 左右의 兩端에서 丨으로써 表示한 것이 「가운데」.

⑪ 和(화)—벼(禾) 이삭이 팰 때는 껍질이 갈라졌던 것이 受精한 뒤에 한덩어리로 「合해」져 結實하는 것.

【語解】 ① 天命(천명)—天(自然)의 命을 받아 生命으로 태어나는 것.

② 未發(미발)—아직 發表되지 않은 것.

③ 中節(중절)—中道로 調節하는 것.

④ 中和(중화)—中點으로 和合하는 것.

⑤ 達道(달도)—通(達)하는 길(道).

【通釋】 天命을 받아서 난 것을 性이라 하(謂)고 그 性에 따르(率)는 것을 道라 하고 그 道를 닦는(脩) 것을 敎라고 한다. 道란 것(者)은 暫時(須臾)도 떠나(離)서는 안 될 것이니, 떠날 수 있다면 그것은 道가 아닌(非) 것이다. 그러므로 君子는 남이 보지(睹) 않는 곳(所)에서 戒愼하고, 남이 듣(聞)지 않는 곳에서 恐懼하나니라. 숨기(隱)는 것보다 더 나타나(見)는 것은 없고, 微小한 것보다 더 드러나(顯)는 것도 없기 때문에 君子는 그 혼자(獨) 있을 때도 삼가(愼)하는 것이다. 喜와 怒, 哀와 樂의 感情이 아직 發表되지 않는 것을 中이라고 말하고, 發表해서(而) 다 中節하는 것을 和라고 말하니 中이란 것(也者)은 天下의 大本이고, 和라는 것은 天下의 達道라, 中和를 이룬(致) 데서 天地는 그 位置에 있고 萬物은 다 자라나(育)는 것이다.

【餘說】 前篇에 『大學』의 道는 明明德 新民 止於至善에 있었는데 本篇에 『中庸』의 要는 天과 性, 道와 敎에 있는 것이다. 道의 大原은 天에서 由來한 것이니 天의 理想에 人의 原則이 있는 것이다. 人間의 敎育이란 것은 道理를 修行하는 것이고, 道理를 認識하는 것은 天命한 理性에 있는 것이다. 그러니 人間의 敎育은 天命한 理性을 闡發하는 것이다. 그러므로 「敎育」이란 西歐語에는 「抽出하다」는 動詞語根에 抽象

名詞語尾를 붙여 名詞化된 것이니,　英語의 Educe-tion과 獨逸語의 Erziehen-ung은 그의 例인 것이다. Socrates가「너 自身을 알라.」고 主唱한 것도 天命한 理性을 自覺시키는 이것을 敎育의 目的으로 한 것이다.

　그러나 西洋의「學」은 logos니 logos는「言」하는 것이나, 東洋의「學」은 道니 道는「行」하는 것이다. 言하는 logos는 理論만을 能事로 하지마는 行하는 道는 實踐만을 目的으로 한 것이다. 그러므로「道란 것은 暫時라도 떠나서는 안 되니, 떠난다면 道가 아니다.」고 子思는 말씀하셨다. 이에 道란 것은 人의 道니 人道는 交通하는 것이고, 交通은 相對가 있는 것이나, 相對가 없이 獨在할 때도 人道는 있는 것이니,「君子는 남들이 보지도 듣지도 못하는 곳에서도 겁을 내고 삼가하나니, 祕密히 한 것도 사람들은 알게 되기 때문이다.」고 하였다. 그런데 喜怒哀樂 등의 感情이 外的으로 發表되지 않을 때 內在하는 理性은 中에 있어서 感情의 作用을 調節하는 것이니, 이 中節하는 것을 和라고 하는 것이다. 그러니 天地는 中和로 存在한 것이고, 萬物은 中和로 生成하는 것이다.

2

　仲尼曰 君子中庸 小人反中庸 君子之中庸也 君子而時中 小人之中庸也 小人而無忌憚也 子曰　中庸其至矣乎 民鮮能久矣 子曰 道之不行也 我知之矣 知者過之　愚者不及也 道之不明也 我知之矣 賢者過之 不肖者不及也 人莫不飮食也 鮮能知味也 子曰 道其不行矣夫　子曰　舜其大知也與 舜好問而好察邇言 隱惡而揚善 執其兩端 用其中於民 其斯以爲舜乎 子曰 人皆曰予知 驅而納諸罟擭陷阱之中 而莫之知辟也 人皆曰予知 擇乎中庸 而不能期月守也.

【字解】① 仲(중)―伯과 季의 가운데(中) 난 사람(人).

② 尼(니)―尸에 匕(比)한 것이니 가다가 그쳐 있는 뜻이나, 佛教가 들어온 뒤에 比丘尼의 音譯으로써 女僧을 뜻하게 되었음.

③ 忌(기)―自己의 用心에 어긋난 것을 「싫어하」는 것.

④ 憚(탄)―單一한 用心에 어긋난 것을 「꺼리는」 것.

④ 肖(초)―작은(小) 肉體(月)가 큰 父母를 닮아서 「같은」 것이니 「작다」는 뜻도 있음.

⑤ 邇(이)―내가 相對로 가니 너(爾)에 對한 距里는 「가까운」 것.

⑦ 舜(순)―모두 어긋난(舛) 모든 百姓을 손(爪)으로 덮어(冖)서 愛護하던 聖王의 諡號.

⑧ 驅(구)―馬가 區의 사이를 「달려가」는 것.

⑨ 罟(고)―고기를 잡아서 옛(古) 生命으로 만드는 그물(网).

⑩ 攫(화)―손(手)으로 잡(隻)는 것이나, 짐승을 잡는 「덫틀」을 뜻함.

⑪ 陷(함)―언덕(阜) 밑에 호박(臼)같이 땅을 파서 무엇(勹)이 「빠지는」 것.

⑫ 阱(정)―언덕 밑에 우물(井)같이 깊이 파놓은 「함정」.

【語解】① 仲尼(중니)―叔梁紇의 가를 孟皮의 仲으로, 微在外 尼丘山에 祈禱해서 誕生하신 孔子의 字.

② 時中(시중)―어느 때(時)나 中道로 가는 것.

③ 不肖(불초)―父母를 닮지(肖) 않은(不) 것이니 「같지」 못한 것.

④ 邇言(이언)―가까운(邇) 말(言)이란 것은 「누구나 다 아는 말」.

⑤ 期月(기월)――一個月 期限.

【通釋】孔夫子께서 말씀하시되, 「君子는 中庸대로 하고 小人은 中庸에 反對한다. 君子가 中庸대로 한다는 것은 어느 時나 中으로 하는 것이고, 小人이 中庸에 反對한다는 것은 忌憚없이 自由로 하는 것이다.」고 하시고, 또「中庸은 그 至善한 것이라, 사람들(民)이 그를 能한 者가 드물어(鮮)진지가 오래 됐다.」고 하시며, 또「中庸의 道가 行해지지 못함을 나(我)는 알았(知)으니 知者는 中庸에서 지나(過)가고 愚者는 中

庸에도 못미치(不及)며 그 道가 밝아(明)지지 않음을 나는 알았으니 賢者는 그에서 지나가고 不肖者는 그에로 못미친 것이다. 사람들은 飮食하지 않는 者가 없지마는 能히 그 맛(味)을 아는 者는 드물다.」고 하시고, 또「中庸의 道는 그 實行되지 못할 것인가!」고 하셨다.

　그리고 또「帝舜은 그 큰 知者이시니 그는 묻기(問)를 좋아하시고 邇言도 살피기(察)를 좋아하시며, 남의 惡은 숨겨(隱) 주고 남의 善은 추슬러(揚) 주시어 그 兩極을 잡아서 그 中道로 百姓을 指導(用) 하셨으니 이것이 그 帝舜이 된 所以인 것이다.」고 하고, 또「사람들은 모두 다 내(予)가 아노라고 하지마는 自身을 몰아(驅)다가 罟擭陷阱 있는 죽을 곳으로(諸) 들어(納)가게 된 것을 避(辟)할 줄은 알지 못(莫)하고, 사람들은 모두 다 내가 아노라고 하지마는 中庸을 가려서 한 달 동안(期月)도 지키지는 못한다.」고 말씀하셨다.

【餘説】 이것은 子思가 中庸에 對한 夫子의 말씀을 六條나 引用한 것이다. 이에 ①中庸은 君子의 道이니 小人은 反對하는 것이고, ②中庸은 至善한 道인데 世俗은 降衰한 것이며, ③賢知者는 過度하고, 不肖者는 不及하니, ④中庸의 道는 不行할 것인가고 말씀하시고, 다음은 ⑤大舜은 中庸의 道로 따르사 帝王이 되셨으나 俗人은 中庸의 道를 모르고 死地로 나아간다는 뜻을 말씀하셨다. 그런데 朱子는 이것을 理解하는 데 무엇을 標準으로 해서 이 六條를 모두 六章으로 分斷하였는가. 무릇 章이란 것은 여러 節을 合한 것이고, 節이란 것은 여러 句를 合한 것인데 第五章은「道其不行矣夫」란 單句도 一章으로 하고는 篇尾에 第二十章은 長長 七百七十字를 一章으로 하기도 했으니 全然 分類한 意味가 없는 것이다.

　要컨대 中庸이란 過度하고 不及함이 없는 것이라면 그의 標準은 무엇인가 하면, 그것은 오직 人生社會의 公共福利에 있는 것이다.　希臘에 Aristoteles도 幸福을 目的으로 한 中庸의 德을 말하였는데, 勇氣의 德은 强暴과 卑怯, 節制의 德은 貪慾과 無慾, 寬仁의 德은 濫施와 吝嗇의 그 사이에 있다고 하였으니, 그의 中庸은 生한 것이 아니라 死한 것이고, 佛敎에도 中道가 있으나 그것은 善惡을 超越한 것이라, 人生에는 無益한 것이다. 그러나 孔夫子의 中庸은 오직 惡을 버리고 善으로 가는 데 있는 것이다. 人生의 福利에 有益한 것만이 美德이 되는 것이니 그의 空間的 時間的인 形便에 따라서만 判斷되는 것이고, 決코 抽象的으로 善惡을 判斷해서는 안 되는 것이다.

3

子曰 回之爲人也 擇乎中庸 得一善 則拳拳服膺 而弗失之矣 子曰 天下國家可均也 爵祿可辭也 白刃可蹈也 中庸不可能也 子路問强 子曰 南方之强與 北方之强與 抑而强與 寬柔以敎 不報無道 南方之强也 君子居之 衽金革 死而不厭 北方之强也 而强者居之 故君子和而不流 强哉矯 中立而不倚 强哉矯 國有道 不變塞焉 强哉矯 國無道 至死不變 强哉矯.

【字解】①回(회)—한 地點(口)에서 四方으로 線을 그었으니 그의 周圍를 「도는」 것이나, 顔子의 이름.

② 拳(권)—손(手)을 말아(卷) 들이니 「주먹을 쥔」 것.

③ 辭(사)—罪人을 다스리(辭)는데 原告와 被告가 서로 理由를 「말」하니 問題가 解決되는대는 良心的으로 「사양」을 해야 하는 것.

④ 刃(인)—칼 도(刀)字에 、으로써 表示한 것이 「칼날」.

⑤ 蹈(도)—발(足)을 올렸다가 내리(舀)니 「밟는」 것.

⑥ 與(여)—두 손으로 잡아(舁)서 「더불어」 「주는(与)」 것인데, 여기서는 疑問語助詞인 歟의 뜻으로 쓴 것.

⑦ 衽(임)—裧의 略字니 옷(衤) 全體에서 가장 重要(任)한 「옷깃」.

⑧ 死(사)—뼈(歹)로 變(化)하니 「죽는」 것.

⑨ 流(류)—물(水)이 흘러(㐬)가니 한 쪽으로만 가는 것.

⑩ 矯(교)—높은(喬) 데서 화살(矢)을 쏘니 「힘이 센」 것.

⑪ 倚(의)—사람(人)은 기이(奇)한 데만 「쏠리」는 것.

⑫ 變(변)—말(言)을 주고(糸) 받으(糸)니 話題가 「달라지」는 것.

⑬ 塞(색)—집(宀)을 짓는데 외를한 틈(共)에 흙(土)으로 「막는」 것.

⑭ 焉(언)—本是는 누른 빛 鳳凰의 象形字였으나, 그것은 泰平盛世에 만 나오는 吉鳥니 亂世에 「어찌」 나올까고 해서 疑問詞가 된 것.

【語解】 ① 拳拳(권권)—주먹 속에 꼭 쥐고 있는 形容詞.

② 服膺(복응)—가슴(膺) 속에 간직(服)하는 것.

③ 爵祿(작록)—벼슬(爵)을 해서 받는 봉급(祿).

④ 子路(자로)—仲由의 字. 孔子의 弟子.

⑤ 袵金革(임금혁)—鐵製의 甲冑를 입은 것.

【通釋】 夫子께서 말씀하시되, 「顔回의 사람됨(爲人)은 中庸을 가려 (擇)서 한 善을 잡으(得)면 꼭 가슴에 간직(服膺)해서 잃지(失) 않았 다.」고 하시고, 또 「天下國家를 平(均)하게 다스릴 수도 있고, 爵祿을 辭讓할 수도 있으며 白刃을 밟을(蹈) 수도 있으나 中庸은 能할 수가 없 다.」고 하셨다. 子路가 強에 對해서 물(問)으니 夫子께서 「南方人의 強 이냐(興), 北方人의 強이냐. 그렇지 않으(抑)면 中庸의 強이냐. 寬柔 로 教育해서 無道한 者에도 報復하지 않는 것은 南方人의 強한 것이니, 그것은 君子에 該當(居)한 것이고, 武裝을 해(袵金革)서 戰爭하여 죽 어(死)도 싫어하(厭)지 않는 것은 北方人의 強한 것이니, 그것은 強者 에 該當한 것이다. 그러므로 中庸의 君子는 兩極을 中으로 和하고 流 해서 兩極으로 가지는 않으니 強함이다, 굳세게(矯)도. 中立해서 기대 지(倚) 않으니 強함이다, 굳세게도. 나라가 平和해도 現實에 墮落돼서 막히(塞)지 아니하니 強함이다, 굳세게도. 나라가 混亂해서 죽어도 그 志操는 變하지 않으니 強함이다, 굳세게도.」라고 말씀하셨다.

【餘説】 여기도 夫子의 말씀 세 가지를 引用했는데, ①顔回는 中庸의 德을 實行했다는 것과 ②智(可均)仁(可辭)勇(可蹈)의 分化된 專門보 다는 그의 中庸이 더욱 어렵다는 것과 ③南北 兩極의 強보다는 全體 中庸의 強함이 더욱 굳세다는 것을 말씀하신 것이다. 그런데 이 세 가

지도 朱子는 모두 各其 한 章씩 三章으로 나누었다. 이에 引用한 夫子의 말씀은 勿論 하나의 全體로 된 것이 아니고 各個를 集合한 것이지마는 모두 「中庸」으로 共通한 것인데, 그것을 모두 分章한 것은 무엇 때문인지 모르겠다.

顏子는 西方의 極端으로는 나가지 아니하고, 오직 中庸의 德을 遂行하는 데만 拳拳服膺했던 것이다. 그런데 智로만 發達한 者는 國家를 平治할 수가 있고, 仁에만 特長한 者는 爵祿도 辭讓할 수 있으며, 勇에만 過度한 者는 白刃도 可蹈할 수 있지마는 그것을 全部 다 合한 中庸은 可能한 것이 아니다. 그리고 또 南方人에는 寬柔以教해서 不報無道하는 者도 있고, 北方人에는 衽金革하여 死而不厭하는 者도 있지마는 中庸의 君子는 和合만 하지 分流는 않으며, 中立해서 偏倚하지는 않는 것이다. 世上이 泰平하다고 幸樂만 하지 아니하고, 世上이 無道하다고 變節도 하지 않는 이것이 가장 强한 것이니, 要는 人生의 道理대로만 하라는 것이다.

4

子曰 素隱行怪 後世有述焉 吾弗爲之矣 君子遵道而行 半途而廢 吾弗能已矣 君子依乎中庸 遯世不見知而不悔 唯聖者能之 君子之道費而隱 夫婦之愚 可以與知焉 及其至也 雖聖人亦有所不知焉 夫婦之不肖 可以能行焉 及其至也 雖聖人亦有所不能焉 天地之大也 人猶有所憾 故君子語大 天下莫能載焉 語小 天下莫能破焉 詩云 鳶飛戾天 魚躍于淵 言其上下察也 君子之道 造端乎夫婦 及其至也 察乎天地.

【字解】① 素(소)—生(坐의 略字)糸는 「흰색」이니 그것이 織物의 「바탕」.

② 怪(괴)—손(又)으로 흙(土) 일 하는 것을 마음(心) 속으로 생각만

하는 것은 「괴이」한 것.

③ 述(술)―朮(출)은 食用하는 秫과 藥用하는 茶의 兩義가 있으니 人生에 必要한 것을 따라가(辵)니 무엇을 「만드는」 것.

④ 遵(준)―높은(尊) 사람이 가는(辵)대로 「따르」는 것.

⑤ 途(도)―내(余)가 가(辵)는 「길」이니 道字와 同一함.

⑥ 遯(돈)―돼지(豚)가 쫓겨서 가(辵)니 「피해서 가는」 것.

⑦ 悔(회)―每事를 心中에서 反省하니 「뉘우치는」 것.

⑧ 費(비)―財物(貝)을 버렸으(弗)니 「使用한」 것.

⑨ 愚(우)―원숭이(禺) 마음(心)이니 「어리석」은 것.

⑩ 憾(감)―먼저 마음(心)과는 다르게 느끼(感)니 「유감되는」 것.

⑪ 鳶(연)―弋鳥의 合字니 「솔개」를 뜻한 것.

⑫ 飛(비)―날개(飞)쳐서 올라가(升)니 「나는」 것.

⑬ 躍(약)―꿩(翟)의 발(足)처럼 「뛰는」 것.

【語解】① 素隱(색은)―본래(素) 숨은(隱) 것이나, 그래서는 文義가 不通하기 때문에 朱子는 『漢書藝文志』에 依據해서 素를 索(색)으로 고쳐서 「찾는」 뜻으로 하였음.

② 行怪(행괴)―異常(怪)하게 行動하는 것.

③ 遯世(돈세)―世上을 逃避(遯)한 것.

④ 費而隱(비이은)―費도 形而下的 現實에서 消費하며 生活하는 物質界이고, 隱은 形而上的 理想으로 硏究하고 努力하는 精神界다.

⑤ 夫婦之愚(부부지우)―愚昧한 庶民.

⑥ 造端(조단)―처음 끝(端)을 만드(造)니 「始發하는」 것.

【通釋】 夫子께서 말씀하시되, 「남의 祕密(隱)을 索出하고 異常(怪)케 行動하는 것을 後世에는 하는 者가 있(有述焉)어도 나는 하지 않는다. 君子가 理想(道)을 따라(遵) 가(行)다가 中途에서 그만둔다(廢) 해도 나(吾)는 그만두지(已) 않노라. 君子는 中庸에 依해서 遯世를 하여 남들이 알아(知) 주지(見) 않아도 後悔하지 않는 것은 오직(唯) 聖者만이 可能한 것이다.」고 말씀하셨으니 君子의 道는 現實(費)的이고도 理

想(隱)的인 것이다.

　이 君子의 道는 愚夫愚婦들도 가히 알 수가 있는 것이나, 그 至高處에 及해서는 비록 聖人이라도 또한(亦) 알지 못하는 바가 있고, 一般庶民들도 能히 다 할 수가 있지마는 그 至高處에 及해서는 비록 聖人이라도 또한 하지 못할 것이 있으니, 天地의 理致가 偉大함에 人間은 오히려 遺憾이 있는 것이다. 그러므로 君子는 偉大한 것을 말한다면 天下에다 收容(載)하지 못할 것도 있고, 微小한 것을 말한다면 天下에서 分析(破)할 수 없는 것도 있느니라. 『詩經』에는 鳶은 날아(飛)서 하늘(天)에 돌(戾)고, 魚는 뛰어(躍) 소(淵)에 있다.」(大雅旱麓之篇)고 하였으니 이 말은 上과 下의 差等을 살핀(察) 것이다. 君子의 道는 夫婦의 生活에서 始發하여 그의 終極(至)에 가서는 天地를 洞察하는 것이다.

　【餘説】 子思는 「中庸」을 發題한 緒言을 쓴 뒤에는 夫子의 말씀을 열가지나 連續해서 引用하고는 「君子之道는 費而隱이다.」고 해서 費하는 現實界와 隱하는 理想界를 説明했으니 이에 비로소 意味가 나타난 것이다. 그런데도 日本 東京 岩波文庫의 『子思子』內 「中庸」 譯書에는 「素隱行怪」에서 「察乎天地」까지를 全部 다 孔子의 말을 引用한 것으로 보고, 또한 「費而隱」을 説明하는데 「(世亂해서 道에) 費하면 바로 (君子는) 隱해서(벼슬을 안한다)」 云云하였으니 全然히 哲學的 意味가 없어진데 따라서 子思가 『中庸』을 쓴 目的을 喪失하게 만든 것이다.

　그런데 朱子도 「素隱行怪」를 註釋하는 데 「深究隱僻之理 而過爲詭異之行」이라고 하였으니 行怪가 詭異之行임에는 틀림이 없지마는 素隱이 隱僻之理를 深究하는 것이라고 한 말은 不當한 것이다. 왜냐하면 무릇 學問이란 것은 隱在한 眞理를 探究하는 것이 目的인데, 孔子가 그것을 反對했을 理는 萬無하기 때문이다. 朱子가 이러한 註釋을 했기 때문에 從來에 漢學者들은 格物致知하는 眞理에는 關心하지 아니하고 오직 孔子의 權威만 빌어서 出世하는 데만 專力을 했던 것이다. 隱在한 眞理는 探究하지 안하고 顯在한 文章만 記誦해 왔으니 儒家는 世世代代로 衰亡해 온 것이다. 漢唐 以來로 「其書雖存이나 知者鮮矣라가」, 宋代에 와서 中興하는데 代表者인 朱子도 亦是 錯誤가 있으니 그의 影響은 至

大한 것이다.

5

> 子曰 道不遠人 人之爲道而遠人 不可以爲道 詩云 伐
> 柯伐柯 其則不遠 執柯以伐柯 睨而視之 猶以爲遠　故君
> 子以人治人 改而止 忠恕違道不遠 施諸己而不願 亦勿施
> 於人 君子之道四 丘未能一焉 所求乎子 以事父未能也
> 所求乎臣 以事君未能也 所求乎弟 以事兄未能也 所求乎
> 朋友 先施之 未能也 庸德之行 庸言之謹 有所不足 不敢
> 不勉 有餘 不敢盡 言顧行 行顧言 君子胡不慥慥爾.

【字解】① 柯(가)—나무(木)가 뻗어나가(可)는 「가지」니　그것으로써
「도끼자루」를 만드는 것.

② 睨(예)—아이(兒)의 눈(目)이나 「흘겨보는」 것.

③ 改(개)—自身(己)을 매로 쳐(攴)서 잘못을 「고치」는 것.

④ 丘(구)—「언덕」의 象形字인데 孔子의 이름.

⑤ 求(구)—사람이 사는 데는 첫째(一)로　물(水) 이것(丶)을 「要求」
하는 것.

⑥ 謹(근)—씀바귀(堇)처럼 어렵게 말(言)하니 「삼가하는」 것.

⑦ 盡(진)—드디어(聿) 불(火)에 타서 그릇(皿)의 물이 蒸發해서 「다
없어지」는 것.

⑧ 慥(조)—마음(心)을 가지(造)고 「言行을 篤實하게」 하는 것.

【通釋】夫子께서 말씀하시되, 「眞理(道)는 人生에 멀지(遠) 않은 것이
니 사람이 眞理를 探究하는(爲)데 人生에 멀리 한다면 眞理라고 할 수
없는 것이다. 『詩經』에는 「도끼자루(柯) 치(伐)는 데는 그 標準이 멀
지 않다.」(豳風伐柯篇)고 하였으니, 도끼자루를 가지(執)고서　도끼자
루를 치는데 힐끗(睨)이 보면서도 오히려(猶) 먼 줄로 아는 것이다. 그

러므로(故) 君子는 사람으로써(以) 사람을 다스리(治)다가 改過를 하면 그만두(止)는 것이다. 忠과 恕는 人道에 멀지 않으니 남이 自己에게 베풀(施)어서 願하지 않는 것은 또한 남(人)에게도 베풀지 말라.

君子의 道는 네 가지가 있으니 나는 하나도 能하지 못했노라. ① 子息에게 要求하는 바로써 父母 섬기(事)기를 能치 못하였고, ② 臣下에게 要求하는 바로써 人君 섬기기를 能치 못했으며, ③ 弟에게 要求하는 바로써 兄 섬기기를 能치 못하였고, ④ 朋友에게 要求하는 바로써 먼저 베풀지(先施)를 能치 못했노라. 그러니 언제나(庸) 德을 行하고 언제나 말을 삼가(謹)해서 不足한 바가 있으면 敢히 힘쓰(勉)지 안하지 못하고, 有餘한 것이 있으면 敢히 다하(盡)지 아니하여 言은 行을 돌아보고, 行은 言을 돌아보고 해야만 하니 君子가 어찌(胡) 篤實(慥慥)하지 아니해서 될까.」고 하셨다.

【餘說】 이것은 모두 孔夫子의 말씀이다. 무릇 道라는 것은 오직 人生을 爲해서만 必要한 것이라, 人生에 無益한 것은 人道가 아닌 것이다. 그러므로 「道不遠人이라, 人之爲道 而遠人이면 不可以爲道라.」고 하신 것이다. 孔子는 이에 豳風伐柯篇의 詩를 引用해서 「執柯伐柯」로써 「以人治人」을 말씀하셨으니 이것은 主體의 理想으로써 客體와 同和해 가는 人道를 說明하신 것이다. 自身이 가진 柯柄으로써 새로 柯柄을 만드는 것처럼 自身이 가진 人道로써 남을 人道로 만드는 것이니 이에 必要한 것이 忠恕인 것이다. 忠恕라는 것은 「施諸己 而不欲을 亦勿施於人하는」 것이니, 「庸德之行하고 庸言之謹하며」 「言顧行하고 行顧言하여」 篤實하게 行하는 것이다.

이것이 우리 東方의 人道思想이다. 그런데 이와는 正反對로 西洋의 思想은 古來에 神本位의 宗教와 近代에 物本位의 科學이 서로 對立해서 鬪爭하는 것이다. 그러니 이 兩極을 調和시키는 데는 반드시 人本位의 哲學이 中間에 介在해야만 할 것인데, 西洋의 哲學이 中世에는 宗教의 侍婢가 되었다가 現代에는 科學의 從僕이 되었다. 그래서 空然히 理論을 爲한 理論만 하는 것이니 그것은 人本位의 當爲原則이 없기 때문이다. 그러니 그의 宗教, 哲學, 科學 등이 分化된 西洋 思想으로써는 人生 社會의 公共福利를 圖成할 道가 없는 것이라, 이것이 孔子의 말씀하신「人之爲道而遠人이니」道라고 할 수 없는 것이다. 그러므로 「光明은 東方에서」라고 西方의 智者들은 말한 것이다.

6

君子素其位而行 不願乎其外 素富貴 行乎富貴 素貧賤 行乎貧賤 素夷狄 行乎夷狄 素患難 行乎患難 君子無入 而不自得焉 在上位不陵下 在下位不援上 正己而不求於 人 則無怨 上不怨天 下不尤人 故君子居易以俟命 小人 行險以徼幸 子曰 射有似乎君子 失諸正鵠 反求諸其身 君子之道 辟如行遠必自邇 辟如登高必自卑 詩曰 妻子 好合 如鼓瑟琴 兄弟旣翕 和樂且耽 宜爾室家 樂爾妻帑 子曰 父母其順矣乎.

【字解】① 陵(릉)―阜先夂의 三合이니 먼저(先) 쉬엄쉬엄 올라 간(夂) 두던(阜)이 높으니 山처럼 높이 쓴「帝王의 墓」라는 뜻이나, 높이 올라서 내려다 보니 아랫사람을「업신여기」는 뜻도 된 것.

② 援(원)―손(手)으로 이에(爰)「붙들」고「올라가려」는 것.

③ 怨(원)―夕(歹의 略字)와 巳(㔾의 變字)를 합한 夗(원)은 죽(歹)을 마디(㔾)를 겪고 마음(心)에「한이 맺힌」것.

④ 尤(우)―犬(개 견)字에 한쪽 다리를 굽히고 앉아서「짖으」니 상대를「탓하는」것.

⑤ 險(험)―여러(僉) 언덕(阜)이 중첩했으니「험한」것.

⑥ 徼(요)―가(彳)서 흰(白) 光明을 내쳐(放) 두기를「要求하」는 것.

⑦ 鵠(곡)―긴 부리(告)를 가진 새의 이름이니, 그 긴 부리로써 目標物을 맞춰 쪼는 것처럼 화살로 마추는 一點을 正鵠이라 함.

⑧ 鼓(고)―장구(壴)를 치는(攴) 것.

⑨ 翕(흡)―새의 양쪽 날개(羽)가 그 몸에 들어붙(合)는 것.

⑩ 帑(노)―婦人(女)이 또(又) 포목(巾)을 짜니 그「子孫」에게 옷을 입히기 爲한 것.

⑪ 耽(탐)―귓(耳)밥이 늘어진(尤) 사람은 福祿이 있어「즐기」는 것.

【語解】 ① 夷狄(이적)―東方北方의 未開民族.

② 正鵠(정곡)―화살을 쏘아서 맞추는 一點.

③ 瑟琴(슬금)―비파(瑟)와 거문고(琴) 소리가 서로 調和되는 것.

④ 妻帑(처노)―아내(妻)와 子孫(帑)들.

【通釋】 君子는 그의 位置대로 處行해서 그 以外의 것은 願하지 않는 것이다. 그 位置가 본래(素) 富貴했다면 그 富貴한대로 處行하고, 본래 貧賤했다면 그 貧賤한대로 處行하며, 본래 夷狄에 있다면 夷狄인대로 處行하고, 본래 患難이 있다면 그 患難대로 處行하나니, 君子는 어느 處地에 들(入)어가도 自得하지 않음이 없는 것이다. 남의 上位에 있어서는 下位에 있는 者를 업신여기(凌)지 아니하며, 下位에 있어서는 上位에 있는 者를 잡으(援)려 하지 아니하고 오직 自己만 바르게 하지 남(人)에게 要求하지 않으면 怨望이 없을 것이니, 上으로는 天을 怨望하지 아니하고, 下에서는 人을 탓하(尤)지도 않는 것이다. 그러므로 君子는 平易(이)하게 살아(居)서 天命만 기다리(俟)나, 小人은 冒險을 해서 僥幸을 求(徼)하는 것이다.

　夫子께서는「弓道(射)는 君子의 道에 近似함이 있으니, 그 正鵠(諸)에 맞추지 못(失)하면 反省해서 自身의 責任을 求하는 것이다.」고 하셨으니 君子의 道는 譬하면 遠地에 가(行)려면 반드시 近地(邇)에서(自) 가고, 高處에 오르(登)려면 반드시 卑處에서 가는 것과 같은(如) 것이다. 『詩經』에는「妻子들이 好合함은 瑟과 琴을 치는 듯이, 兄과 弟가 이미 合해 和樂함을 耽求하니 너 家庭을 잘 다스(宜)려 너의 妻子 즐겨(樂)한다.」고 하였는데, 夫子께서는 이 詩에 對하여「父母는 그것을 順하리라.」고 말씀하셨다.

【餘説】 이에「素其位而行」이란 것은 現實에 滿足하는 것이고, 「不願乎

其外」라는 것은 不當한 欲求를 하지 않는 것이다. 무릇 人間의 幸福이란 오직 滿足하는 心情에 있는 것이니 不當한 欲求를 해서는 不幸하게만 되는 것이다. 現在에 富貴한 者도 그에 滿足하지 아니하고 더욱 더 富貴하려고 한다면 그것이 不當함은 勿論이고 貧賤한 者도 그 現實에 不滿해서 각중에 富貴하려고만 貪欲한다면 그것은 반드시 社會的으로 爭亂이 되는 것이다. 왜냐하면 富貴는 모두 다 追求하는 것이니 서로가 衝突이 되기 때문이다. 그러니 現實에 滿足해서 즐거운 마음으로 努力만 不怠하면 將來에는 富貴가 될 수도 있는 것이다.

그런데 또 未開한 社會(夷狄)에 살면서도 그에 不滿해서 다른 사람을 無視하거나 患難을 當해서 意氣가 沮喪해서 努力을 하지 않는다면 夷狄을 教化시킬 수도 없고, 患難을 克服할 수도 없는 것이다. 그러므로 勿論 어떠한 環境에 處해서도 現實에서 自得해서 創造的인 努力을 해야만 되는 것이다. 그래서 上位에 있어서는 下者를 無視하지 아니하고, 下位에 있어서는 上者를 侵犯하지 아니하여 自身만 修正하고 他人은 非難하지 아니하면 上下의 秩序가 서서 怨聲이 없어질 것이니 이것이 「居易而俟命」하는 것이다. 그러므로 孔子께서는 君子의 道를 弓道에다가 比喩하였으니 正鵠을 못 맞춘 것은 自己의 責任이지 남을 탓하지는 않는 것과 같다는 것이다.

7

子曰 鬼神之爲德 其盛矣乎 視之而弗見 聽之而弗聞 體物而不可遺 使天下之人 齊明盛服 以承祭祀 洋洋乎 如在其上 如在其左右 詩曰 神之格思 不可度思 矧可射思 夫微之顯 誠之不可揜如此夫 子曰 舜其大孝也與 德爲聖人 尊爲天子 富有四海之内 宗廟饗之 子孫保之 故大德必得其位 必得其祿 必得其名 必得其壽 故天之生物 必因其材而篤焉 故栽者培之 傾者覆之 詩曰 嘉樂君子 憲憲令德 宜民宜人 受祿于天 保佑命之 自天申之

故大德者必受命.

【字解】① 遺(유) ─ 貴한 것이 가(辵)고 없으니 「빠진」 것.

② 度(도) ─ 집(广) 안에 二十(廿) 손이(又) 있으니 食口가 二十人이라 그 程度의 數字는 세보아야만 하니, 「헤아린다」는 뜻으로는 音이 「탁」이다.

③ 射(사) ─ 自身이 寸法을 지켜서 「활을 쏘는」 것이니 「쏘아서 맞혔다」는, 뜻으로는 音이 「석」.이고 生命을 죽이는 것은 「싫다」는 뜻으로는 音이 「역」이다.

④ 矧(신) ─ 화살(矢)을 끌어(引) 당기는 것도 싫은데 「하물며」 죽이는 것일까.

⑤ 饗(향) ─ 鄕人들이 모여서 食事를 하는 「향연」.

⑥ 壽(수) ─ 士者의 한(一) 말(口)과 工人의 한(一) 칫수(寸)는 「오래 사는」 것.

⑦ 篤(독) ─ 竹馬로 놀던 옛 親友와는 情誼가 「돈독」한 것.

⑧ 培(배) ─ 草木을 심고 그 뿌리에 흙(土)을 높이 모아서 「북돋우는」 것.

⑨ 傾(경) ─ 사람(人)이 머리(頁)를 한쪽으로 匕(比)해서 「기운」 것.

⑩ 申(신) ─ 左에 ⺽과 右에 ⺽이 中間에 縱線(丨)이 「뻗친」 것이니, 이것은 陽節에서 陰節로 變化하는 七月을 뜻한 것임.

⑪ 嘉(가) ─ 북(壴)을 치면서 讚詞를 加하는 것.

【語解】① 鬼神(귀신) ─ 鬼는 人의 亡靈이고, 神은 人의 生靈이니 陰氣와 陽氣의 作用을 뜻한 것.

② 齊明(제명) ─ 精神이 같(齊)게 統一되어 밝(明)아지는 것.

③ 盛服(성복) ─ 盛裝한 祭服.

④ 洋洋(양양) ─ 海洋처럼 廣濶하다는 形容詞.

⑤ 憲憲(헌헌) ─ 法度가 있다는 形容詞.

⑥ 令德(영덕) ─ 아름다운(令) 德性.

⑦ 宗廟 (종묘) ― 帝王의 祖先祠堂.

【通釋】 夫子께서 말씀하시되, 「鬼神의 하는 德은 그 盛大한 것이다. 보려해 (視)도 보이지 (見)도 아니하고, 들으려 (聽) 해도 들리지 (聞)도 아니하나 모든 物의 體가 되어서 빠진 (遺) 것이 없으니, 天下 사람으로 하여금 齊明하고 盛服해서 祭祀를 받들면 洋洋하게 그 위에 있는 (在) 듯 (如)도 하고 그 左右에 있는 듯도 하니, 『詩經』에는 「神은 이른 (格)다고 生覺할 (度) 수도 없는 것인데, 하물며 (矧) 맞출 (射) 수가 있을손가.」 (大雅抑篇)고 하였으니, 무릇 微小한 것이 드러나 (顯)고 誠心은 덮을 (掩) 수가 없음이 이러한 (如此) 것이다.」고 하시고, 또 「帝舜은 그 大孝이신 저 (與) 德으로는 聖人이 되셨고 尊하기는 天子가 되셨으며, 富하기는 四海의 內를 가지셨는데 宗廟에서 尊享하고 子孫들도 保全되시었다. 그러므로 大德은 반드시 그 位를 얻 (得)고 그 祿을 얻으며, 그 名을 얻고 그 壽도 얻는 것이다. 그러므로 天이 生物을 하는 데는 반드시 그 材質에 因해서 篤實하기 때문 (故)에 努力 (栽)하는 者는 북돋우 (培)고 惰怠 (傾)한 者는 엎어 (覆) 버리는 것이다. 『詩經』에는 「즐겁도다 君子시여. 憲憲하신 그 令德은 指導者됨이 마땅 (宜)하니, 天에서 (于) 受祿하사 保佑하는 命있으니 天이 거듭 (申) 하셨도다.」 (大雅板篇)고 하였으니 大德者는 반드시 天命을 받는 (受) 것이니라.」고 하셨다.

【餘說】 鬼神에 對해서 張橫渠는 「陰陽二氣의 良能이라.」고 말하고, 二氣에 對해서 朱子는 「鬼란 것은 陰의 靈이고, 神이란 것은 陽의 靈이니 一氣로 말하면 伸해서 온 것은 神이라 하고 歸해서 간 것은 鬼라고 하나, 그의 實은 一物이다. 그의 德은 性과 情의 功効라고 말함과 같은 것이다.」고 하였다. 鬼神은 보지도 듣지도 할 수 없는 無形한 存在지마는 어디나 다 遍在한 것이다. 그런데 引用한 抑篇의 詩에 「神之格思는 不可度思온 矧可射思아.」고 한 것을 朱子의 註에는 思를 語辭라 하고, 射를 厭이라고 하였으나 思는 그 뜻대로 「射를 맞춰 取한다.」고 해도 意味는 通하는 것이다. 그리고 「微之顯과 誠之不可掩」이란 것은 隱微한 鬼神에 對해서 誠心을 다하는 것은 誠意正心하는 宗敎的인 修行

인 것이다.

大舜은 大孝로써 大德이 있고, 聖人으로서 天子가 되시와 宗廟에서 尊享되고 子孫들도 保全되었으니, 公的으로 大德이 있는 者는 반드시 私的으로 大利도 있는 것이다. 그러나 不德한 小人이 政治의 權力을 잡는다면 그는 반드시 私的인 權益만 圖謀하다가 公的인 政事를 誤導해서는 國家에 害毒을 주니 自身도 滅亡하게 되는 것이다. 그러므로 하나님이 人間을 生하는 데는 반드시 그의 事行에 따라서 禍福을 주기 때문에 善德에 努力하는 者는 반드시 保佑해 주고, 利權만 貪求하는 者는 반드시 顚覆해 버리는 것이다. 그러니 「鬼神의 德은 그 盛大한 것이니라」. 神은 天神이고 鬼는 人鬼이니 人鬼의 報告에 따라서 天神은 審判하는 것이 아닌가.

8

子曰 無憂者 其唯文王乎 以王季爲父 以武王爲子 父作之 子述之 武王纘大王 王季 文王 之緖 壹戎衣而有天下 身不失天下之顯名 尊爲天子 富有四海之內 宗廟饗之 子孫保之 武王末 受命周公成文武之德 追王大王 王季上祀先公 以天子之禮 斯禮也 達乎諸侯大夫 及士庶人 父爲大夫 子爲士 葬以大夫 祭以士 父爲士 子爲大夫 葬以士 祭以大夫 期之喪 達乎大夫 三年之喪 達乎天子 父母之喪 無貴賤一也.

【字解】① 文(문)—머리(亠)로 다스리(乂)는 것이니 「글월」.
② 武(무)—창(戈)의 날(丿)을 왼쪽에 틀어얹고 싸움을 그치(止)게 하는 「武力」.
③ 纘(찬)—도와(贊)서 잇는(糸) 것.
④ 戎(융)—창(戈) 열(十)을 갖추어서 戰爭을 하는 것.
⑤ 追(추)—언덕(阜) 너머로 뒤따라 가는(辵) 것이니 「뒤늦게 하는」

것.

⑥ 葬(장)—山에 풀(艹)과 풀(艹) 속으로 죽은 시체(死)를「묻는」것
　이니, 音은 藏이다.

⑦ 父(부)—事理를 分別(八)해서 家庭을 다스리는「아버지」.

⑧ 母(모)—𠃌(女자를 擴大한 것)字 속에 쓴 子(아이)字의 발 끝까지
　다 나왔으니「어머니」가 된 것.

【語解】① 文王(문왕)—周나라 初代의 王이니 姓은 姬고 名은 昌인데
　聖德이 있어 西伯이 되어 殷紂의 暴政때 그의 治化가 天下의 三分之
　二에 波及한 聖王.

② 武王(무왕)—文王의 長子로서 名은 發이니 武力으로써 殷紂를 征服
　하고 天下를 統一했는데 武는 諡號.

③ 周公(주공)—武王의 弟로서 名은 旦.

④ 戎衣(융의)—武裝하는 것.

⑤ 大王(대왕)—文王의 祖考.

⑥ 王季(왕계)—文王의 先親.

⑦ 先公(선공)—돌아간 남의 先親의 稱號.

⑧ 大夫(대부)—벼슬 階級에 붙이는 名稱.

⑨ 三年喪(삼년상)—没後 二週期까지 喪服을 입는 것.

【通釋】夫子께서 말씀하시되,「걱정(憂) 없는 이는 그 오직(唯)　文王
이시다. 王季를 父로 하고 武王을 子로 해서 父가 始作하시고 子가 繼
承하셨으니까. 武王은 大王 王季, 文王의 系統(緒)을 이어(纉)서 한번
武裝(戎衣)으로 天下를 統一하시와 自身은 天下에 드러(顯)난 名聲을
얻으(不失)사 尊하기는 天子가 되시고, 富로는 四海의 內를　가지(有)
시며, 宗廟에서 尊享을 받고 子孫도 保全하셨다. 武王은 晚年(末)에 天
命을 받아 王이 되시고, 周公은 文武의 德을 이루어(成)서 大王 王季
를 追尊하사 위로 그 先公을 奉祀하는 데는 天子의 禮로써 하셨는데 그
의 制禮는 諸侯 大夫와 士庶人에까지 達하였으니, 그 父는 大夫고 子
는 士라면 葬事에는 大夫의 禮로 하고, 祭祀는 士者의 禮로 하며,그 父

는 士고 子는 大夫라면 葬事에는 士者의 禮로 하고 祭祀에는 大夫의 禮
로 하는 것이다. 그런데 期年喪은 大夫에 達하고 三年喪은 天子에 達
하나니, 父母의 喪에는 貴賤이 없이 다같은(一) 것이다.」고 하셨다.

【餘説】 周文王은 堯舜의 時代에 后稷官이었던 棄의 後孫이 西戎의 地
方에 世居하다가 野蠻族이 侵入하니 古公에 亶父가 岐山 아래로 와서
建國하고 國號를 周라고 한 것이다. 그곳이 至今은 陝西省岐山縣인데,
그의 孫이 文王이니 殷紂의 때에 西伯이었던 것이다. 그의 子에 武王
이 殷紂를 征服하고는 鎬京에다가 都邑을 하니 그 곳은 至今에 陝西省
長安縣의 西北인데, 그 때는 西紀前一一二二年이었다. 武王의 子에 成
王은 幼年에 即位하니 周公이 攝政을 했던 것이다. 成王의 曾孫에 穆
王까지는 天下가 잘 다스려졌으나 穆王의 玄孫에 厲王은 暴君이고, 厲
王의 孫에 出王은 愚暗해서 犬戎이 侵入하니 그것을 避해서 洛邑으로
東遷하여 다음 平王때부터는 春秋時代가 된 것이다.

孟子는 滕文公에게 「옛적에 大王이 邠에 살 때 狄人이 侵入해 오니
그것을 避해서 岐山下로 가서 살았으니, 그것은 擇地를 해서 取한 것이
아니라, 不得已 했던 것이니, 萬若에 善政만 한다면 後世에 子孫이 반
드시 王者가 될 것입니다.」고 하고, 또 「大王이 邠에 살 때는 狄人이
侵入하니 皮幣로써 섬겨도 免할 수가 없고, 犬馬로써 섬겨도 免할 수가
없고, 珠玉으로 섬겨도 免할 수가 없어서 그 元老들에게 말하되, 「狄人
이 欲求하는 것은 우리 土地라, 나는 들으니 〈君子는 養人하는 것으로
써 害人하지는 않는다.〉고 하였으니, 당신들은 人君이 없음을 걱정마시
오. 나는 옮겨 가겠다.」고 하고는 邠을 떠나 岐山下로 가니, 邠人들은
古公을 「仁人이라.」고 해서 모두 따라 갔다.」는 것이다.

9

子曰 武王 周公 其達孝矣乎 夫孝者 善繼人之志 善述
人之事者也 春秋脩其祖廟 陳其宗器 設其裳衣 薦其時食
宗廟之禮 所以序昭穆也 序爵 所以辨貴賤也 序事 所以

辨賢也　旅酬下爲上　所以逮賤也　燕毛　所以序齒也　踐其
位　行其禮　奏其樂　敬其所尊　愛其所親　事死如事生　事亡
如事存　孝之至也　郊社之禮　所以事上帝也　宗廟之禮　所以
祀乎其先也　明乎郊社之禮　禘嘗之義　治國其如示諸掌乎.

【字解】① 事(사)―하나(一)의 計劃(中)에 따라 손(∃)으로 鉤取(亅)
하는「일을 하는」것이니, 윗사람을 爲해서 일하는 것은 「섬기」는
것.

② 禮(례)―神(示)前에 祭物(豊)을 올리는 「禮式」이니, 또한 남에게
그의 心情(示)을 贈物(豊)로써 表示하는 「禮儀」라는 뜻도 됨.

③ 辨(변)―辛은 罪人이니 原告와 被告가 서로 제가 옳다고 主唱하는
것을 判斷(刀)하는 것.

④ 旅(려)―깃발(𤕟) 아래로 모인 여러 사람(众)이니 「軍隊」라는 뜻
에서, 또한 客地로 다니는 「나그네」란 뜻도 되었으나, 여기서는「여
럿」이란 뜻.

⑤ 踐(천)―발(足)을 작게(戔) 옮겨 「밟아가」는 것.

⑥ 郊(교)―邑(阝)과 邑이 交한 「거리」.

⑦ 社(사)―土地의 示(神)에게 祭祀하는 곳.

⑧ 禘(체)―帝의 示(神)에게 올리는 「大祭」.

⑨ 嘗(상)―맛(旨)을 崇尙하는 것이니, 秋收해서 新穀을 올리는 祭.

【語解】① 宗器(종기)―先代로부터 傳來하는 貴重한 器具.

② 昭穆(소목)―宗廟의 位次니 左位는 昭, 右位는 穆이라 함.

③ 旅酬(여수)―旅는 衆을 뜻하고, 酬는 酌을 주고 받는 것.

④ 燕毛(연모)―燕은 「제비」나, 音이 宴(연)으로 通해서 宴會에는 毛
髮의 色으로써 長幼의 坐次를 하는 것.

⑤ 郊社(교사)―郊에서는 祭天하고, 社에서는 祭地하는 것.

【通釋】 夫子께서 말씀하시되, 「武王과 周公은 그 達孝시다. 그의 孝란

것은 잘(善) 先人의 뜻(志)을 잇(繼)고, 잘 先人의 일(事)을 짓(述)는 것이니, 春秋로는 그의 祖廟를 修하고 宗器를 陳하며, 衣裳을 設하고 時食을 薦하셨다. 宗廟의 禮는 昭穆을 序次한 所以고, 爵位를 序함은 貴賤을 分辨하는 所以며, 事業을 序함은 賢愚를 分辨하는 所以고, 旅酬하는데 下者가 上者를 爲하는 것은 貴에서 賤으로 가는 所以며, 宴會하는데 毛髮을 座次로 하는 것은 年齒를 順序로 한 것이다. 그 位를 踐하고, 그 禮를 行하며, 그 樂을 奏하고, 그의 尊할 바를 敬하고, 그의 親할 바를 愛하며, 死亡者를 섬기기를 生存者를 섬기 듯이(如) 하는 것이 孝의 至極한 것이다. 郊社의 禮는 上帝를 섬기는 所以인 것이고, 宗廟의 禮는 그의 先祖를 祭祀하는 所以인 것이니, 郊社의 禮와 禘嘗의 義를 明白하게 안다면 治國하기는 그 손바닥(掌)을 보이(示)는 것처럼 쉬울 것이다.」고 말씀하시었다.

【餘說】 이 「夫孝者는 善繼人之志하고 善述人之事者也라.」 「事死如事生하고 事亡如事存함이 孝之至也라.」는 孔子의 말씀이 一理가 있음은 否認할 수가 없지마는, 우리 나라 先賢들은 이 敎訓만 充實하게 實行해서 死亡者를 爲하는 일만 하고, 生存者를 爲하는 일은 하지 않았기 때문에 世世代代로 衰退의 一路로만 내려왔던 것이다. 그러므로 近代에 西洋思潮가 들어오자 儒家는 餘地없이 敗亡한 것이다. 그러므로 偉大한 孔子의 思想이 이러한 缺點 때문에 敗亡하게 됨을 나는 痛嘆하는 것이다. 그러니 이 缺點을 除去하지 않으면 孔子의 眞理는 復活할 수가 없는 것이다.

　그런데 「明乎郊社之禮와 禘嘗之義하면 治國은 其如示諸掌乎인저.」고 하신 말씀은 郊社의 禮와 禘嘗의 義를 儀式的으로 行하기만 하면 治國하기가 쉽다는 뜻이 아니라, 그의 眞理만 明確하게 認識하는 것이 治國하는 思想的 根原이 된다는 것을 뜻한 것이다. 왜냐하면 治國하는 것은 오직 精神的인 事業인데, 「郊社의 禮와 禘嘗의 義」가 그에 必要하기 때문이다. 精神的 事業은 無形한 神을 尊奉하는 것이니, 有形한 物에 貪着하지 않는 것이고, 治者가 有形한 物을 貪求하지 않는 것이 民生의 事業을 하는 第一要件이 되는 것이다. 그러므로 古來로 暴君 愚主는

모두가 有形한 物에만 貪着해서 無形한 神은 尊奉하지 않았음이　그의
眞理를 實證하는 것이다.

10

> 哀公問政　子曰　文武之政　布在方策　其人存　則其政擧
> 其人亡　則其政息　人道敏政　地道敏樹　夫政也者　蒲盧也
> 故爲政在人　取人以身　脩身以道　脩道以仁　仁者人也　親
> 親爲大　義者宜也　尊賢爲大　親親之殺　尊賢之等　禮所生
> 也　在下位不獲乎上　民不可得而治矣　故君子不可以不脩
> 身　思脩身不可以不事親　思事親　不可以不知人　思知人　不
> 可以不知天　天下之達道五　所以行之者三　曰　君臣也　父
> 子也　夫婦也　昆弟也　朋友之交也　五者天下之達道也　知
> 仁　勇　三者天下之達德也　所以行之者一也　或生而知之　或
> 學而知之　或困而知之　及其知之　一也　或安而行之　或利
> 而行之　或勉强而行之　及其成功一也.

【字解】① 政(정)―百姓들을 바르(正)도록 매를 쳐(攴)서 指導하는
「정치」.

② 息(식)―스스로(自) 마음(心)을 가진 것은 「숨을 쉬」고 살았는 데
있고, 사는 데는 일을 해야 하니 일하다가 「쉬는」 뜻이 되고, 쉬는
것은 일을 하다가 두는 것이니 「그친」다는 뜻이 되는 것.

③ 存(존)―才와 子의 合字니 아이(子)의 本質(才)은 나서 크니 자라
나서 「있는」 것이니, 亡의 反對語이다.

④ 殺(쇄)―창(殳)으로써 나무(木)를 쳐서(乂) 죽이니, 생명이 점점
없어지는 것.

⑤ 在(재)―才와 土의 合字니 土地의 本質(才)은 物件이 「있는」 場所
를 뜻함.

⑥ 等(등)―대(竹)가 커 올라간(土←之) 마디 칫수(寸)니 「등급」.

⑦ 思(사) — 本是는 頭腦(囟)의 마음(心)으로 「생각」하는 뜻으로 된 것이나, 囟가 田으로 變했으니 밭(田)에서 生産하는 것처럼 創造的인 「생각」.

⑧ 朋(붕) — 本是는 한 마리(月)가 날면 또 한 마리(月)가 날아서 떼지우는 「붕새」를 뜻한 것이 같이 다니는 「벗」이란 뜻으로 쓰이니, 붕새는 鳥字를 덧붙여서 鵬으로 썼음.

⑨ 友(우) — 又(손)에 손(又) 잡은 親密한 「벗」을 뜻하니, 朋字와는 意味가 다른 것.

【語解】 ① 哀公(애공) — 魯나라 임금.

② 方策(방책) — 方은 四角形이고 策은 대쪽版이니, 紙物을 創造하기 전에 書冊이었던 것.

③ 蒲盧(포로) — 蒲는 부들이고 盧는 蘆의 略字로서 갈대이니, 이것들은 쉽게 나서 쉽게 크는 植物이니 땅에는 어디가나 蒲蘆가 나서 크는 것처럼, 人間이 있는 데는 어디서나 政治가 있다는 뜻임.

④ 勉强(면강) — 强하려고 힘쓰(勉)는 것.

【通釋】 魯哀公이 政治를 물으니 孔子께서 말씀하시되, 「文과 武의 政治를 하는 方法은 모든 書籍에 펴져 있으(布在)니 그 人材만 있으면 그 政治가 되(擧)마는 그 人材가 없으(亡)면 그 政治는 끝장(息)이다. 人間의 道는 政治함에 敏速하고, 土地의 道는 草木에 敏速하니 그 政治란 것은 蒲蘆와 같은 것이다. 그러므로(故) 政治를 하는 것은 人材에 있는(存) 것이고, 人材를 取하는 데는 그 脩身한 者를 取하는 것인데 脩身을 함에는 道로써 하고, 脩道를 함에는 仁으로써 하는 것이다.

仁이란 것은 人이니 人이 되는 데는 父母를 親하는 것이 重大하고 義란 것은 宜함이니 賢者를 높이(尊)는 것이 重大하니, 父母를 親함이 殺(쇄)지고 賢者를 높(尊)이는 差等이 있는 데서 禮가 發生하는 것이다. 下位에 있어(在)서 上者에게 信任을 얻지(獲) 못하면 百姓을 다스릴(治) 수가 없는 것이다. 그러므로 君子는 脩身을 하지 않아서는 안 되고, 脩身을 하려면 事親을 하지 않아서도 안 되며, 事親을 하려면 知人

을 하지 않아서는 안 되고, 知人을 하려면 知天을 하지 않아서도 안 되는 것이다.

天下에는 達道가 五種이 있으나 그것을 行하는 것은 六種이다. 말하자면 君과 臣, 父와 子, 夫와 婦, 兄과 弟, 朋友와의 關係이니 이 다섯 가지는 天下의 達道인 것이고, 知와 仁과 勇이란 것은 天下의 達德이니, 그것을 實行하는 所以는 하나(一)인 것이다. 或은 生來에 아는 (知) 者도 있고, 或은 學問해 아는 者도 있으며, 或은 困하게 努力해서 아는 者도 있으나 알고 나면 다 같은(一) 것이고, 或은 自然대로 편(安)하게 行하고, 或은 利를 알아서 努力을 하며, 或은 勉強해서 行하기도 하나 成功하는 데는 다같은 것이다.」고 말씀하셨다.

【餘説】 무릇 土地가 있는 데는 반드시 植物이 나는 것처럼 人間이 있는 데는 반드시 政治가 있는 것이니, 政治가 없는 無秩序 狀態에서는 人間이 살 수가 없기 때문이다. 그러므로 政治하는 것은 오직 秩序를 세우는 것이고, 秩序를 세우는 者도 반드시 人材가 아니면 안 되는 것이니, 人材란 것은 오직 仁義의 道를 遂行하는 哲人을 指稱하는 것이다. 옛적 君主時代에 執權者가 恣意로써 處事할 때는 勿論이고, 只今 民主制度로 執權者는 機械的으로 作動하는 現代에 있어서도 政治는 亦是 人材가 있어야만 되는 것이니, 人材가 없이는 混亂하게 되는 것이다. 爲政者가 仁義의 公心으로써 國利民福을 爲해 주면 秩序가 서지마는 利慾의 私心으로써 權謀術數만 能事로 하니 混亂해지는 것이다.

仁이란 것은 人間的인 것이니 親親하는 家庭에서 始發하는 것이고, 義하는 것은 當爲事인 것이니 尊賢해서 團合하는 中心으로 하는 것이다. 무릇 社會에는 賢者를 中心으로 해야만 團結이 되는 것이니, 賢者는 公益만 爲하기 때문이고, 무릇 人間에게는 報恩하는 心情이 있어야만 公德이 되는 것이니 孝道는 그의 始點인 것이다. 그러니 在下者가 在上者에게 報恩하는 公德이 있어야만 民衆을 다스릴 수 있는 것이다. 그런데 天下에 達道는 君과 臣, 父와 子, 夫와 婦, 兄과 弟, 自身과 朋友 등의 다섯 가지 人間 關係니, 知·仁·勇의 三德으로써 實行하는 것이 人材가 되는 要件인 것이다. 그런데 人間의 天稟에는 仁·知·勇에 各其 差等이 있지마는 努力만 하면 누구나 다 成就가 되는 것이다.

11

子曰 好學近乎知 力行近乎仁 知恥近乎勇 知斯三者 則 知所以脩身 知所以脩身 則知所以治人 知所以治人 則知 所以治天下國家矣 凡爲天下國家有九經 曰 脩身也 尊賢 也 親親也 敬大臣也 體羣臣也 子庶民也 來百工也 柔遠 人也 懷諸侯也 脩身則道立 尊賢則不惑 親親則諸父昆弟 不怨 敬大臣則不眩 體羣臣則士之報禮重 子庶民則百姓 勸 來百工則財用足 柔遠人則四方歸之 懷諸侯則 天下畏 之.

【字解】① 知(지)—的을 맞추는 화살(矢)처럼 理에 맞는 말(口)은「아 는」것.

② 勇(용)—솟아오르(甬)는 힘(力)은「용기」인 것이니, 刀와 男의 合 字로 보는 것은「만용」이 되니 不當한 것.

③ 斯(사)—그것(其)이 끊겨(斤)져 있는 것은「이 것」.

④ 經(경)—길이로 바르게 선(巠) 줄(糸)은 變함이 없으니 永遠한「原 則」이니, 가로로 往來하는「緯」의 相對語.

⑤ 尊(존)—추장(酋)에 對한 法度(寸)는「높이」는 것.

⑥ 賢(현)—臣下가 손(又)으로 가진 財産은「賢明한」것.

⑦ 惑(혹)—이것인지 저것인지 모르(或)는 마음(心)은「미혹」한 것.

⑧ 昆(곤)—比해서 말(日)해「첫째」가는 것이니「伯兄」이란 뜻이 되 고「後孫」이란 뜻도 됨.

⑨ 眩(현)—눈(目)이 가물가물(玄) 하게 보이는「현기증」.

⑩ 羣(군)—君이 있는 것처럼 秩序가 있는 羊의 무리는「떼지은」것.

【通釋】夫子께서 말씀하시되,「배우기(學)를 좋아(好)하는 것은 知에 가까워지고, 힘을 써(力) 實行하는 것은 仁에 가까워지며, 부끄러움(恥)을 아는 것은 勇에 가까워지나니 이(斯) 세 가지만 알면(則) 脩身할 바를 알게 되고, 脩身할 바를 알면 治人할 바도 알게 되며, 治人할 바를 알게 되면 天下國家를 다스릴(治) 줄을 알게 될 것이다.」하셨다. 무릇(凡) 天下國家를 다스리는 데는 九經이 있으니 脩身하는 것, 尊賢하는 것, 親親하는 것, 大臣을 恭敬하는 것, 羣臣을 體得하는 것, 庶民을 子愛하는 것, 百工을 聚來케 하는 것, 遠人을 柔順케 하는 것, 諸侯가 懷德케 하는 것 等이다.

　脩身을 하면 人道가 서(立)는 것이고, 尊賢을 하면 疑惑이 없어지는 것이며, 親親을 하면 諸父와 兄弟들이 怨望하지 아니하고, 大臣을 恭敬하면 眩迷하지 않을 것이며, 羣臣을 體得하면 士者의 報禮가 重해질 것이고, 庶民을 子愛하면 百姓들이 忠誠을 勸할 것이며, 百工이 聚來하면 器用이 豊足하게 될 것이고, 遠人을 柔順하게 하면 四方에 國人들이 歸一하게 될 것이며, 諸侯를 懷德하게 되면 天下 사람들이 모두 다 두려워(畏)할 것이리라.

【餘說】要컨대 好學만 하면 知가 發達되는 것이고, 力行만 하면 仁이 成就되는 것과 自身의 知行이 不足해서 過誤가 있었다면 그것을 羞恥로 알고, 改過하면 그것은 勇이 되는 것이니 이 三者가 다 된다면 脩身하는 所以도 알 것이고, 脩身하는 所以만 알면 治人하는 所以도 알 것이니 治人하는 所以만 알면 天下國家를 다스리는 所以도 알 것이다. 그런데 天下國家를 다스리는 데는 아홉 가지 原則(九經)이 있으니 ①脩身 ②尊賢 ③親親 ④敬大臣 ⑤體群臣 ⑥子庶民 ⑦來百工 ⑧柔遠人 ⑨懷諸侯인 것이다.

　그래서 脩身만 하면 人道를 알 것이고 尊賢을 하면 賢明한 그의 指導에 따르게 되니 疑惑됨이 없게 되는 것이다. 그런데 親親을 하면 그의 一族이 和合하게 되니 齊家가 되고, 敬大臣 하면 그의 國家에 秩序가 서게 하니 治國이 되는 것이다. 그리고 高官이 되어서는 體群臣 하면 士者들이 報禮를 해서 모두 一體가 되고, 子庶民 하면 百姓들이 忠誠

하기를 모두 勸할 것이다. 그래서 來百工 하면 人生에 必要한 物資를 生産할 것이니 物資가 豊富하게 될 것이고, 柔遠人 하면 四方에 百姓들이 모여 들어서 天下가 一家로 될 것이고, 懷諸侯 하면 爭覇하는 戰爭이 없어지고, 天下가 和平해서 그의 大德을 모두가 敬畏할 것이다.

12

齊明盛服 非禮不動 所以脩身也 去讒遠色 賤貨而貴德 所以勸賢也 尊其位 重其祿 同其好惡 所以勸親親也 官盛任使 所以勸大臣也 忠信重祿 所以勸士也 時使薄斂 所以勸百姓也 日省月試 旣廩稱事 所以勸百工也 送往迎來 嘉善而矜不能 所以柔遠人也 繼絶世 舉廢國 治亂持危 朝聘以時 厚往而薄來 所以懷諸侯也 凡爲天下國家有九經 所以行之者一也.

【字解】① 脩(수)―修字와 通用해서 「닦는」 것을 뜻하나, 彡은 形態를 뜻하니 形態를 닦는 것은 修로 쓰고, 月은 乾脯를 뜻하니 乾脯로써 先生께 드리고, 人事를 닦는 것은 脩로 쓰는 것.

② 讒(참)―毚은 큰 토끼(毚) 속에 작은 토끼(兔)가 들어서 作用하는 것이니 惡者가 善者를 「헐뜯는」 것.

③ 賤(천)―財物(貝)이 적으(戔)니 「천대」받는 것.

④ 貴(귀)―中一貝의 三合字니 中道로 一貫해서 쓰는 財物(貝)은 「귀한」 것.

⑤ 任(임)―北方(壬)은 生活條件이 나쁘기 때문에 거기에 사는 사람(人)은 많은 일이 「맡겨진」 것.

⑥ 斂(염)―여럿(僉)이 흩어진 것을 매로 쳐(攵)서 「거두어」 들이는 것.

⑦ 省(성)―적(少)게 눈(目)을 떠서 「살피」는 것.

⑧ 試(시)―법(式)에 맞는 말인지 알아보는 것이니 「시험」.

⑨ 往(왕)—가는(彳) 것만 主로 하니 勇往하는 것.

【語解】① 旣稟(기품)—이미(旣) 타(稟)온 것은 報酬인데 이것을 鄭
玄의 註에는 旣를 餼(희)로, 稟을 廩으로 解釋하여 모두들 이렇게
배워왔기 때문에 音을 「희름」으로 썼지마는 本字의 音義대로 써도
不當할 理는 없음.
② 稱事(칭사)—일 한(事) 實績을 달아(稱)서 그에 相當하게 「報酬」
를 준(旣稟) 것.
③ 朝聘(조빙)—天子께 朝覲하고 諸侯들을 招聘하는 것.

【通釋】①齊明하게 盛服으로 禮가 아니고는 動하지 아니하는 것은
修身하는 所以고, ②讒人을 버리고 美色을 멀리 하며 財貨를 賤視하고
德行을 尊重함은 勸賢하는 所以며, ③그 爵位를 尊待하고 그 俸祿을
愛重하며 그 好惡을 같이(同)함은 親親하기를 勸하는 所以고, ④官事
를 盛大히 하여 使命을 適任하는 것은 大臣을 勸하는 所以며, ⑤忠誠
과 信義에 俸祿을 厚待하는 것은 士者를 勸하는 所以고, ⑥農閒期(時)
에만 賦役시키고 租税는 적(薄寡)게 거두(斂)는 것은 農民들의 生産을
勸獎하는 所以인 것이다.
또 ⑦날(日)로 點檢하고 달(月)로 試驗해서 그 功績(事)에 相當(稱)
하게 俸給(旣稟)을 주는 것은 百工들의 生産意欲을 勸獎하는 所以고,
⑧가는(往) 者는 보내(送)고 오는(來) 者는 맞으(迎)며 善者는 嘉尚해
주고 無能은 同情(矜)해 주는 것은 遠人을 柔和시키는 것이고, ⑨끊어
(絶)진 世系는 이어(繼) 주고 廢해진 國家는 일으켜(擧) 주며, 混亂한
것은 다스리고 危殆한 것은 붙들어(持) 주며 定時로써 朝聘하는 데는
가는 者는 厚待하고 오는 者는 信用(薄)하는 것은 諸侯를 懷柔하는 所
以인 것이니, 무릇 天下國家를 統治하는(爲)데 原則은 九條지마는 實
行하는 所以는 同一한 것이다.

【餘説】此章은 前章에 繼續된 것이나 合録해서는 分量이 過多하기 때
문에 分章을 한 것이다. 前編 『大學』에서는 格物, 致知, 誠意, 正心의

다음에 修身이 있었으나 此編『中庸』에서는 「好學은 近乎知하고, 力行을 近乎仁하고, 知恥는 近乎勇이라.」는 孔夫子의 말씀을 引用하고서 「知斯三者則知所以脩身이고, 知所以治夫下國家라.」고 하였으니 「好學近乎知」는 格物致知고 「力行近乎仁」은 誠意正心이니 「知恥近乎勇」으로써 脩身齊家를 通해 治國平天下로 나아가는 것이다. 그러니 「知所以治天下國家矣」까지는 夫子의 말씀일 것이나, 다음에 「凡爲天下國家 有九經曰」 以下는 子思의 말씀인 것이다. 그러나 從來의 註釋書에는 그 以下에 全部를 孔子 말씀의 連續으로 보았으니, 그러면 子思의 所著는 거의 없는 셈이 아닌가.

13

凡事豫則立 不豫則廢 言前定則不跲 事前定則不困 行前定則不疚 道前定則不窮 在下位不獲乎上 民不可得而治矣 獲乎上有道 不信乎朋友 不獲乎上矣 信乎朋友 有道不順乎親 不信乎朋友矣 順乎親有道 反諸身不誠 不順乎親矣 誠身有道 不明乎善 不誠乎身矣 誠者 天之道也 誠之者 人之道也 誠者 不勉而中 不思而得 從容中道 聖人也 誠之者 擇善而固執之者也.

【字解】① 豫(예)―象字에다가 予字를 붙여서 다른 生物을 害치지 않는 「큰 코끼리」란 뜻인데, 將來를 생각하는 「미리」 한다는 뜻으로 쓰는 것.

② 跲(겁)―足이 合해서 「엎더지」는 것.

③ 困(곤)―나무(木)가 口 속에 들었으니 「곤란」한 것.

④ 疚(구)―오래(久)된 병(病).

⑤ 窮(궁)―몸(躬)이 구멍(穴) 속에 들었으니 「궁한」 것.

⑥ 矣(의)―화살(矢)이 한 方向으로(厶) 나가서 目標에 가서 「그치」니 文章이 그치는 語助詞.

⑦ 也(야)―作用하는 힘(力)이 숨(乚)었으니 뜻없는 語助詞.
⑧ 誠(성)―말(言)한 것을 이룰(成) 때까지 一貫해 努力하는 「성심」.
⑨ 擇(택)―여럿 中에서 좋은(幸) 것을 보(目)고 손(手)으로 가리는 것.

【通釋】 무릇 일(事) 하는 데는 미리(豫) 計劃을 하면(成立이 되고 미리 하지 않으면 안 되는(廢) 것이며, 말(言)은 먼저(前) 定하면 失敗(跲)하지 않고 일은 먼저 定하면 困하지 않으며, 行을 먼저 定하면 病되지 않고 道는 먼저 定하면 窮하지 않는 것이다. 남의 下位에 있어서 上者에게 信任을 얻지 못하면 百姓을 다스릴 수 없는 것이니, 上者에게 信任을 얻는 데는 方道가 있으니 朋友에게 信用이 없으면 上者에게 信任을 얻을 수가 없는 것이고, 朋友에게 信用을 받는 것도 方道가 있으니 親戚에게 順從하지 않으면 朋友에게 信用을 얻을 수도 없는 것이며, 親戚에게 順從하는 데도 方道가 있으니 自身에게 反省해서 誠心이 없으면 親戚에게 順從할 수도 없는 것이고, 自身에게 誠心이 있는 데도 方道가 있으니 善惡을 밝(明)게 알지 못하면 自身에게 誠心도 날 수 없는 것이다. 誠이란 것은 天이 道고 誠하게 함은 人의 道니, 誠이란 것은 努力(勉)하지 않아도 適中이 되고, 생각(思)하지 않아도 得하여 從容하게 通理에 맞는(中) 者는 聖人이고, 誠하게 함은 善德만 가려서 固執하는 것이니라.

【餘説】 무릇 人間의 일은 하나(一)의 目的에 計劃하는 말(口)과 作業하는 손(⇒)으로써 欲求해서 取(丿)하는 것이기 때문에 「事」字는 一口⇒丿의 四合으로 造成된 것이다. 말(口)하는 것은 理性이고 손(⇒) 쓰는 것은 動作이니 動作은 반드시 미리(豫) 理性으로써 命令해야만 되는 것이다. 왜냐하면 理性은 將來할 結果를 미리 아는 能力이기 때문이다. 그러므로 「凡事豫則立」인 것이다.

그런데 人間社會는 하나의 有機體니 이것은 立體이기 때문에 반드시 上下와 內外가 있으니 平等化하면 社會는 破綻되어 混亂하게 되는 것이다. 그러므로 「在下位하여 不獲乎上이면 民不可得而治矣라.」는 것이다.

自身이 下位에 있는데 治者는 上位에 있고, 自身이 內位에 있는데 朋友는 外位에 있으니 그것이 結合하는 것은 親親하는 家庭에서 始發하는 것이다. 그런데 理性으로써 善惡을 判斷해서 去惡就善하는 誠이 人道의 大本인 것이다.

14

> 博學之 審問之 愼思之 明辨之 篤行之 有弗學 學之弗能 弗措也 有弗問 問之弗知 弗措也 有弗思 思之弗得弗措也 有弗辨 辨之弗明 弗措也 有弗行 行之弗篤 弗措也 人一能之 己百之 人十能之 己千之 果能此道矣 雖愚必明 雖柔必强 自誠明 謂之性 自明誠 謂之敎 誠則明矣 明則誠矣 唯天下至誠爲能盡其性 能盡其性 則能盡人之性 能盡人之性 則能盡物之性 能盡物之性 則可以贊天地之化育 可以贊 天地之化育 則可以與天地參矣.

【字解】① 博(박)―十分을 다 펼쳤(尃)으니 「넓은」 것.
② 審(심)―집(宀)을 찾는데 번지(番)를 「살피」는 것.
③ 愼(신)―眞心으로 「삼가」하는 것.
④ 弗(불)―弓은 生物을 잡는 활이니 그것은 不善하기 때문에 두 線(∥)을 그어서 「否定」하는 뜻인데, 이 字와 通用하는 不은 위에 하늘(一)로 올라가(↑)니 地上을 「否定」하는 것.
⑤ 措(조)―지난(昔) 때 손(手)에 들었던 것을 땅에 「놓아두는」 것.
⑥ 果(과)―나무(木) 위에 달려 있는 덩어리(田)는 「과일」이니 그것은 結實한 것이기 때문에 原因에 對한 結果란 뜻으로 轉註되었는데, 또 그것이 「果然」이란 뜻으로 再轉된 것.
⑦ 必(필)―마음(心)에서 一方으로 뻗쳐(丿) 가니 將次는 「반드시」어떻게 된다는 것.

【通釋】널리(博) 배우(學)고 찾아(審) 물(問)으며 삼가(愼) 생각(思)하고 밝(明)게 分辨하며 篤實해서 實行하라. 배우지 않을지언정 배운다면 能하지 않고는 그만두지(措) 아니하고, 묻지 않을지언정 물어서 알지(知) 못하고는 그만두지 않으며, 생각지 않을지언정 생각한다면 얻지 안하고는 그만두지 아니하고, 分辨하지 않을지언정 分辨해서 明白하지 않으면 그만두지 아니하며, 行하지 않을지언정 行해서 篤實하지 않으면 그만두지 않아야만 하니, 남들은 한 번에 能한다면 自己는 百번을 하고, 남들은 열 번에 能한다면 自己는 千번을 하라. 果然 그리만 한다면 비록 愚해도 반드시 明해질 것이고, 비록 柔해도 반드시 強해질 것이다.

　스스로 誠해서 明한 것은 性이라고 하고, 스스로 明해서 誠한 것은 教라고 하니 誠하면 明해지고 明하면 誠해지는 것이라, 오직 天下에 至誠만이 能히 그 理性을 다(盡) 發展시키는 것이다. 그래서 能히 그 理性을 다 發展시킨다면 能히 남의 理性도 다 理解할 수가 있을 것이고, 能히 남의 理性을 다 理解할 수 있다면 能히 萬物의 性能도 다 理解할 수 있을 것이며, 能히 萬物의 性能도 다 理解한다면 可히 天地의 化育을 도울(贊) 수가 있을 것이고, 可히 天地의 化育을 도운다면 可히 天地에 參與할 것이다.

【餘説】朱子의 章句에는「哀公問政」에서「雖柔必強」까지 七百八十字를 合一해서 第二十章으로 分章하고서 다음은「自誠明」에서「明則誠矣」까지 二十字만 第二十一章으로 하고, 또 다음은「唯天下至誠」에서「與天地參矣」까지 六十字를 第二十二章으로 分章하였다. 무릇 分類란 것은 多數가 混在해서 認識하기가 어려우니 그것을 同類끼리 區分해서 體系化하여 理解하기가 쉽도록 하기 爲한 것인데, 數多한 異説이 混合되어 있는 것은 第二十章으로 하고서 誠으로 共通한「自誠明」以下의 二十字와「唯天下至誠」以下의 六十字는 二章으로 各其 나누었으니 分類한 理由를 全然 알 수가 없는 것이다.

　그런데 어디서 어디까지가 引用한 孔子의 말씀이고 子思의 解説인지 區別이 없는 것이다. 第二十章의 附説에는「이것은 孔子의 말씀을 引

用한 것이라.」고 하였으니 이 七百八十字나 되는 全文이 모두 孔子의 말씀을 引用한 것이라면, 子思가 所著한 것은 무엇인가. 그러나 第二十一章의 附說에는 「이것은 子思가 上章에 夫子의 天道, 人道의 뜻을 받아서 立言한 것이다.」고 하였으나 第二十二章에는 「言天道也」라고 하였으니, 이것은 子思의 말씀인데 왜 二章으로 나누었는지 意味가 없는 것이다. 그러므로 나는 「哀公問政」에서부터 「與天地參矣」까지를 五章으로 分釋하였으니 「哀公問政」 以下, 「子曰好學近乎知」 以下, 「齊明盛服」 以下, 「凡事豫則立」 以下, 「博學云」 以下 등인 것이다.

15

> 其次致曲 曲能有誠 誠則形 形則著 著則明 明則動 動則變 變則化 唯天下至誠爲能化 至誠之道 可以前知 國家將興 必有禎祥 國家將亡 必有妖孽 見乎蓍龜 動乎四體 禍福將至 善必先知之 不善必先知之 故至誠如神 唯天下至誠 爲能經綸天下之大經 立天下之大本 知天地之化育 夫焉有所倚 肫肫其仁 淵淵其淵 浩浩其天 苟不固聰明聖知達天德者 其孰能知之.

【字解】① 致(치)—매를 쳐(攵)서 이르(至)게 하니, 일을 해서 「이루는」 것.

② 曲(곡)—曰에 ‖(두 線)을 내리그어서 否定하니 한 말(曰)이 否定(‖)을 받아서 「굽어」져도 反理는 있으니, 그것을 專門으로 해서 一家를 成就하는 것이 「致曲」.

③ 著(저)—풀(艹)이란 것(者)은 땅 속에 든 種子가 萌動해서 地上으로 「나타나」는 것.

④ 禎(정)—곧은(貞 : 정) 神(示)이 주는 「상서」를 뜻함.

⑤ 妖(요)—예쁜(夭) 계집(女)이 「아양 부리는」 것이니 나쁜 조짐.

⑥ 孽(얼)—辛(罪)이 싹터(艹) 싸여(自) 된 아이(子)니 不倫의 庶子.

⑦ 蓍(시)―늙은(耆) 풀(艹)이니 神과 通하는 占치는 算대.

⑧ 綸(륜)―秩序(侖)있는 실(糸)이 차례로 「풀려나오」는 것.

⑨ 肫(준)―肉(月)이 모였(屯)으니 살이 쪄서 「厚한」 것.

⑩ 苟(구)―草(艹)한 글귀(句)니 아직은 完成된 것이 아니고 假定한 것.

【語解】① 至誠(지성)―至極誠心.

② 禎祥(정상)―福이 올 징조.

③ 妖孽(요얼)―禍가 올 징조.

④ 經綸(경륜)―天下를 다스리는 方策을 세운 것.

⑤ 化育(화육)―天地自然이 生物을 化生해서 育成하는 것.

⑥ 肫肫(준준)―厚하고도 厚하다는 뜻의 形容詞.

⑦ 淵淵(연연)―깊고도 깊다는 뜻의 形容詞.

⑧ 浩浩(호호)―大洋처럼 넓다는 뜻의 形容詞.

【通釋】 그 다음은 致曲이니 무엇이나 한 가지(曲)만 專門으로 하면 能히 誠이 있게 되고, 誠하면 形하며 形하면 著하고, 著하면 明하며 明하면 動하고, 動하면 變하며 變하면 化하나니, 오직 天下에 至誠이라야만 能히 變化할 수 있는 것이다. 至誠의 道는 可히 前知하게 되나니 國家가 장차로 興盛하려면 반드시 禎祥이 있고, 國家가 장차로 衰亡하려면 반드시 妖孽이 있나니, 그것이 占하는 蓍龜에 보이(見)고 行하는 四肢에 動하는 것이다. 禍福이 將次로 오려고 하면 좋은 것(善)도 반드시 먼저 알고 나쁜 것(不善)도 반드시 먼저 알기 때문에 至誠은 神과 같은 것이다.

　오직 天下에서 至誠한 者만이 能히 天下의 大政을 經綸하고, 天下의 大本을 세우며 天地의 化育을 알 수 있는 것이다. 그러(夫)면 어찌(焉) 偏僻(倚)함이 있으리오. 肫肫한 그의 仁은 그 淵처럼 淵淵하고, 그 天처럼 浩浩하니 萬若(苟)에 聰明과 聖知가 天德에 達하는 者가 아니라면 그것을 뉘(孰) 能히 알리오.

【餘説】 이에 「致曲」이라는 말은 「구비(曲)에 이르(致)는 것」이니 그것은 한 局面이고, 한 部分을 자세(曲)하게 알아 成就(致)하는 것이다. 그러니 致曲은 部分的인 것이라, 全體的으로 能盡其性하고 能盡人性하며 能盡物性해서 與天地參하는 그의 다음인 것이다. 그래서 曲은 誠으로, 誠은 形으로, 形은 著로, 著는 明해서, 明은 動하고, 動은 變하고, 變은 化하니 이것이 모두 至誠으로 變化하는 것이다. 至誠은 精神이 統一이 되니 그것이 神明으로 通하여 興亡을 前知할 수 있다는 것이다.

그래서 至誠으로 通神한 者만이 能히 天下의 大道를 經綸하고, 天下의 大本을 樹立하며 天下의 化育을 悟得할 것이니, 그것은 至公無私해서 偏僻함이 없는 것이다. 그런데 大道를 經綸하는 것은 肫肫한 그 仁이고, 大本을 樹立하는 것은 淵淵한 그의 知며, 化育을 悟得하게 되면 浩浩한 그 天으로 通하는 것이니, 이것은 聰明聖知가 天德으로 達하는 者가 아니고는 알 수가 없다는 것이다. 그런데 「爲經綸天下之大經」에서 「其孰能知之」까지는 朱子의 章句에서 第三十二章으로 한 것이나, 이것은 「唯天下至誠」을 말한 것인데 어째서 「是以聲名」에서 「故曰配天」의 節下에 編入이 되었는가. 이것이 不當하기 때문에 나는 이것을 빼다가 「至誠如神」의 아래다 編入하였다.

16

誠者 自成也 而道 自道也 誠者 物之終始 不誠無物 是故君子誠之爲貴 誠者 非自成己而已也 所以成物也 成己 仁也 成物 知也 性之德也 合外內之道也 故時措之宜也 故至誠無息 不息則久 久則微 微則悠遠 悠遠則博厚 博厚則高明 博厚所以載物也 高明所以覆物也 悠久所以成物也 博厚配地 高明配天 悠久無疆 如此者 不見而章 不動而變 無爲而成 天地之道 可壹言而盡也 其爲物不貳 則其生物不測.

【字解】① 自(자)—사람의 코를 象形한 字니 코는 受胎해서 맨처음에 生기는 것이기 때문에 그로「부터」全體가 모두 形成해서 出生하면 코가 自身을 代表하는 것이기 때문에「스스로」란 뜻이 되니, 코란 글字로는 畀(줄 비)字를 덧붙여서「鼻」를 쓰게 된 것.

② 物(물)—勿은 旗幅이 드리워진 象形字니 緊急한 事件이 나면 이기를 들어 오라고 하니, 다른 일은「말라」는 뜻인데 사람에게 가장 貴重한「物件」은 牛나, 牛만 特稱하지 말(勿)고 汎稱하는 것.

③ 成(성)—戊(茂)성할 때를 丁(當)했으니 形體가 完成된 것.

④ 宜(의)—집(宀)에는 財産이 또(且) 많은 것이「마땅한」것.

⑤ 徵(증)—微字 속의 口를 빼고 壬(정)字를 넣어서 비록 微賤해도 착(壬)하기만 하면 出世할「조짐」이 있는 것.

⑥ 悠(유)—마음(心)으로 생각하는 바(攸)는「오래」가는 것.

⑦ 覆(부)—다시(復) 덮는(襾) 것인데,「엎친다」는 뜻으로는 音이「복」.

⑧ 章(장)—音樂의 十節을 一章으로 하니「빛나는」것.

⑨ 測(측)—물(水) 깊이를 法(則)度로써「재는」것.

【通釋】 誠이란 것(者)은 自身을 完成하는 것이고, 그의 道는 自身이 行(道)하는 것이다. 誠은 事物이 始해서 終하는 것이니, 誠하지 않으면 事物은 없는 것이다. 그러므로 君子는 誠이 貴重한 것이다. 誠은 自己를 完成할 뿐(而己)만 아니라, 外物도 成就하는 所以인 것이다. 成己는 仁이고 成物은 知이니 이것이 性의 德이고 內外를 合하는 道理이다. 그러므로 언제나(時) 措置하는 것이 모두 그 宜當함을 얻는 것이다. 그러므로 至誠은 休息함이 없는 것이니 休息하지 않으면 오래(久) 가고, 오래 가면 徵兆가 있고 徵兆가 있으면 悠遠하며 悠遠하면 博厚해지고, 博厚해지면 高明해지는 것이다.

　博厚한 地球는 載物하는 所以고, 高明한 天體는 覆物하는 所以며, 悠久한 時間은 成物하는 所以인 것이니, 博厚하는 것은 下地에 配하고 高明한 것은 上天에 配하며, 悠久한 것은 永遠(無疆)한 것이다. 이와 같은 것은 보이(見)지 않아도 빛(章)이 나고, 動하지 않아도 變化돼 가며, 하는 바 없어(無爲)도 成就가 되는 것이다. 天地의 道는 可히 한 말로써 다(盡) 할 수가 있으니 그 物理가 됨은 둘(弍)이 아닌즉(則) 그 生物하는 것도 無量(不測)한 것이다.

【餘說】 위에는 「誠이라는 것은 天의 道고 誠하게 하는 것은 人의 道다.」고 하였으니, 天道를 模範하는 것이 人道인 것이다. 그런데 誠으로써 自成하는 道는 自勉하는 것이니 誠의 道에는 物이 生하는 것이다. 物에는 始와 終이 있는데 誠함은 終하는 目的을 爲해서 始하는 것은 手段인 것이다. 誠道는 成己하는 것이 目的이고 成己함은 成物하는 것이 目的이니, 永遠하게 連續해 나가는 것이다. 그러므로 至誠은 無息이니 그 것은 長久하고 徵現해서 悠遠하고 博厚하며 高明한 것이다. 悠遠한 것은 天時이고 博厚한 것은 地球이며 高明한 것은 天體인 것이니, 天體와 地球의 空間的 世界에서 時間的 世界가 展開해 가는 것이다. 空間的 世界에는 無量한 物體가 存在하는데 時間的 世界에는 無窮한 生物이 生沒하는 것이다.

17

天地之道 博也 厚也 高也 明也 悠也 久也 今夫天 斯昭昭之多 及其無窮也 日月星辰繫焉 萬物覆焉 今夫地 一撮土之多 及其廣厚 載華嶽而不重 振河海而不洩 萬物載焉 今夫山 一卷石之多 及其廣大 草木生之 禽獸居之 寶藏興焉 今夫水 一勺之多 及其不測 黿鼉鮫龍魚鼈生焉 貨財殖焉 詩曰 惟天之命 於穆不已 蓋曰 天之所以爲天也 於乎不顯 文王之德之純 蓋曰 文王之所以爲文也 純亦不已.

【字解】 ① 繫(계)―車에 멍를 받쳐(니) 실(糸)로 「매다는」 것.
② 撮(찰)―손(手)으로 가장(最) 좋은 것을 「추려」서 「모은」 것.
③ 振(진)―손(手)이 움직여(辰)서 「떨치는」 것.

④ 嶽(악)―山 위에 또 山이 있어 獄처럼 된 巨大한 山이니, 山 위에 丘가 있는 岳과 같은 字.

⑤ 洩(설)―구멍으로 물(水)을 끌어(曳)가니「새는」것.

⑥ 藏(장)―좋은(臧) 物件을 풀(艹)로 덮어서「감추는」것.

⑦ 勺(작)―작은(丶) 物件을 담는(勹) 그릇이니 一合의 十分之一.

⑧ 黿(원)―큰(元)자라(黽).

⑨ 鼉(타)―나쁜(單) 水族이니「악어」.

⑩ 蛟(교)―水陸에 出入하는「교룡」.

⑪ 龍(용)―髟은 용의 象形字인데, 길다란 肉身(月)이 空中으로   서(立)서 올라가는 것.

⑫ 鼈(별)―자라니 鱉로도 씀.

⑬ 蓋(개)―大地는 풀(艹)에 덮인 것처럼 여러 가지를 合(盍)해서 共通한 것.

⑭ 於(어)―깃발(扩)을 꽂은(冫) 곳이니「어디에」라는 前置詞.

【語解】① 昭昭(소소)―햇빛(日)이 나(召)서 밝고 밝다는 形容詞.

② 華嶽(화악)―草木으로 빛나(華)는 山嶽.

③ 禽獸(금수)―上空에 나는 새(禽)와 地上에 사는 짐승(獸) 등 動物.

④ 寶藏(보장)―감춰(藏)져 있는 보배(寶).

⑤ 於穆(어목)―「和穆한 德에서」란 뜻이 되니 그것을 感嘆해서   於에 嗚의 音을 假用한 感嘆詞.

【通釋】 天地의 道는 博하고도 厚하며 高하고도 明해서 悠하고도   久한 것이니, 이에(今) 그(夫) 天은 이(斯) 昭昭함이 많은 것이나 그의 無窮한 데 이르러(及)서는 日月星辰이 매달려(繫) 있어서 萬物을 덮어(覆) 주고, 이제 그 地는 한덩어리(撮) 흙(土)이 많이 쌓였으니 그의 廣厚한 데 미쳐(及)서는 華岳을 싣고 있어도 무거운(重) 것도 아니고, 河海가 물결쳐도 새나가지도 않으며 萬物을 싣(載)고 있는 것이다. 그리고 또 이에 그 山은 한덩어리(卷) 돌이(石)많은 것이나, 그것이 廣大한데 미쳐서는 草木이 그에서 나(生)고 禽獸가 그에서 살(居)며 寶藏도 그

속에서 나는(興) 것이고, 이제 그 水는 一勺이 많이 모인 것이나 그 無量(不測)한데 미쳐(及)서는 黿鼉, 蛟龍, 魚鼈이 나고, 財貨를 産出(殖)하는 것이다.

『詩經』에는「天의 命을 받으시와 和穆하기 變함없다(不已).」고 하였으니 대개(蓋) 말(曰)하면 天은 天이 되는 所以가 있고, 또 「아아(於乎)! 드러나(顯)지 않을손가. 文王의 德이 純一함이여」(周頌維天之命篇)고 하였으니 대개 말하면 文王이 文王되는 所以는 純一해서 말지(已) 않기 때문이다.

【餘説】要컨대 天에는 光明이 있고 地에는 物質이 있는데, 그것이 運行해서는 時間이 悠久하게 가는 것이다. 天의 光明은 日月星辰이니 그것은 萬物을 덮는 것이고, 地의 物質은 山海土地인데 그것은 萬物을 싣고 있는 것이다. 그런데 山岳에는 草木禽獸와 寶藏이 있는 것이고, 河海에는 蛟龍魚鼈과 財貨가 나는 것이다. 그런데 이 自然世界를 말한 다음에는 文王의 德을 稱頌하는 『詩經』의 句節을 引用하였는데, 朱子의 章句에는 이것을 合해서 第二十六章으로 하고 그의 註에는 이것이 「天道를 말한 것이다.」고 하였으니, 어찌해서 文王의 德을 稱頌한 것이 天道일까.

18

大哉聖人之道 洋洋乎 發育萬物 峻極于天 優優大哉 禮儀三百 威儀三千 待其人然後行 故曰苟不至德 至道不凝焉 故君子尊德性 而道問學 致廣大 而盡精微 極高明而道中庸 溫故而知新 敦厚以崇禮 是故 居上不驕 爲下不倍 國有道 其言足以興 國無道 其黙足以容 詩曰 既明且哲 以保其身 其此之謂與 子曰 愚而好自用 賤而好自專 生乎今之世 反古之道 如此者 烖及其身者也 非天子 不議禮 不制度 不考文 今天下 車同軌 書同文 行同倫 雖

有其位 苟無其德 不敢作禮樂焉 雖有其德 苟無其位 亦
不敢作禮樂焉.

【字解】① 優(우)―남(人)의 근심(憂)까지 근심해 주는 사람은「넉넉
한」사람.

② 儀(의)―옳은(義) 사람(人)이 되는「行動」.

③ 威(위)―약한 女子에게 도끼(戉)를 들이대니「무서운 힘」이란 뜻
이 된 것.

④ 凝(응)―물이 얼었(冫)는지 疑心할만치 液體가 固體로「어는」것.

⑤ 精(정)―벼를 찧어서 푸른 빛(靑)이 나는 쌀(米)로 만든 것은「정
한」것.

⑥ 微(미)―彳뷔(豈의 略字) 攴의 三合字니 친(攴)들 어찌(豈) 갈(彳)
까. 쳐도 갈 건덕지도 없으니 極히「미소」한 것.

⑦ 崇(숭)―山의 宗이니「높은」것.

⑧ 默(묵)―暗黑한데 形體를 보지 못한 개(犬)는 짖지 않으니「묵묵」
한 것.

⑨ 哲(철)―말(口)을 꺾어(折)서 簡單한 要點만 말하니「착한」것.

⑩ 專(전)―남의 손목(寸)을 끄(叀)니「임의로」하는 것.

⑪ 哉(재)―불(火)이 난데 창(戈 : 재)을 잡았으니「재해」인데, 灾와
災도 音義가 같음.

⑫ 議(의)―옳은(義) 말(言)을 求해서「의논」하는 것.

⑬ 軌(궤)―九는 几의 變字고 几는 기대는 상이니 車바퀴가 기대 굴러
가는「궤도」.

【語解】① 優優(우우)―有餘하다는 形容詞.

② 德性(덕성)―認識하는 知性에 相對되는 行性.

③ 温故(온고)―옛 傳統(故)에 安定(温)하는 것.

④ 自用(자용)―自己意思만 使用하는 것.

⑤ 自專(자전)―自己欲求만 專力하는 것.

⑥ 議禮(의례) ─ 禮節을 議論하는 것.
⑦ 制度(제도) ─ 法律을 制定하는 것.
⑧ 考文(고문) ─ 風俗을 改革하는 것.

【通釋】 偉大하도다 聖人의 道여! 洋洋하게 萬物을 發育하시니 높(峻)기가 天에까지 達(極)하였다. 優優함이 偉大하도다. 禮儀는 經禮이니 그의 種類가 三百이고 威儀는 曲禮이니 그의 條目이 三千이나 되는데, 그것은 모두 그 人間이 있은(待) 뒤에야만 實行되는 것이다. 그러므로 (故)「萬若(苟)에 至德이 아니라면 至道는 成立(凝)되지 않는다.」고 말하는 것이다. 그러므로 君子는 德性을 높여(尊)서 問學을 말하(道)고 廣大를 이루어(致)서 精微를 다(盡)하며, 高明을 極해서 中庸을 말하(道)고 溫故해서 知新하고 敦厚하게 崇禮하느니라.

그러므로(是故) 上位에 있어(居)도 驕慢하지 아니하고, 下者가 되어선 背叛(倍)하지 아니하며, 나라에 秩序(道)가 있으면 그 言論이 足히 興起를 시키고 나라에 秩序가 없으면 그 沈默이 足히 容納이 되나니 『詩經』에는「이미 밝(旣明)고, 또 착해(且哲)서 그 自身을 保全한다.」고 하였으니 그것(其)은 이것(此)을 말한(謂) 것이다. 夫子께서는「愚하면서 自用하기만 좋아(好)하고 賤한데도 自尊하기만 좋아 하며, 今世에 살(生)면서도 古道로만 돌아가(反)는 이러한(如此) 者는 그 自身에 災害가 미칠(及) 것이다.」고 말씀하셨다.

天子가 아니고는 議禮하지 아니하고 制度하지 아니하며, 考文하지 않느니라. 至今에 天下는 車가 軌를 같이(同) 해서 交通을 하고, 文字를 다 같이 쓰(書)며 倫理도 다 같이 行하는 것이다. 그러니 비록 그 官位가 있어도 萬若(苟) 그 德行이 없다면 敢히 禮樂을 만들지 못하고, 비록 그 德行이 있어도 萬若에 그 官位가 없다면 또한 敢히 禮樂을 만들지 못하는 것이다.

【餘説】 聖人의 道는 上天의 道에서 由來하였으니, 上天의 萬物을 發育하는 것처럼 聖人은 萬民을 發育하는 것이다. 禮儀三百과 威儀三千은 萬民을 發育하는 方道이니 그것은 오직 人生問題를 解決하는 人道主義

인 것이다. 人道主義를 修行해서 指導者가 된 것을 君子라고 하니, 君子는 問學을 方道로 해서 德性을 尊重해야 하는데「致廣大而盡精微」는 道問學하는 것이고,「極高明而道中庸」하는 것은 尊德性하는 것이다. 그래서 社會的으로 指導事業을 하는 데는「溫故而知新」하고「敦厚而崇禮」를 해야 하니, 溫故하는 것은 傳統的인 美德을 保守하는 것이고, 知新해서는 外來的인 長點을 採用하는 것이며, 敦厚는 厚德함을 敦行함이고 崇禮는 禮儀로 尊重하는 것이다.

그래서 남의 上者가 되어서는 下者에게 驕慢하지 아니하고, 남의 下者가 되어서는 上者에게 背叛하지 않는 이것이 君子의 實行要件인 것이고, 君子가 主義主唱을 하는 데는 國家現實을 鑑案해서 治世에는 그의 經綸을 말해서 社會에 寄與해야 하지마는 亂世에는 그것이 通하지 않으니 沈默해야만 自身을 保全할 수 있다는 것이다. 愚者는 自己所見대로만 하면 亡할 일도 하는 것이니 반드시 賢者의 意見을 들어야만 하고, 現在한 世上에서 사는 者는 時代에 合當하게 處世해야지 古道만을 固執한다면 不利하게 되는 것이다. 그런데「非天子면 不議禮, 不制度, 不考文이라.」는 말을 西歐化한 現代人은「天子의 外에는 議禮, 制度, 考文을 할 權利가 없다.」고 解釋하였으니 그것은 義務主義의 東洋思想을 모르기 때문이다. 不은 勿이 아니라 이 三者는 天子의 權力이 아니면 實施가 되지 않으니 하지 않는(不)다는 뜻이다.

19

子曰 吾說夏禮 杞不足徵也 吾學殷禮 有宋存焉 吾學周禮 今用之 吾從周 王天下有三重焉 其寡過矣乎 上焉者 雖善無徵 無徵不信 不信民弗從 下焉者 雖善不尊 不尊不信 不信民弗從 故君子之道 本諸身 徵諸庶民 考諸三王而不繆 建諸天地而不悖 質諸鬼神而無疑 百世以俟聖人而不惑 質諸鬼神而無疑 知天地 百世以俟 聖人而不惑 知人也 是故君子 動而世爲天下道 行而世爲天下法 言

而世爲天下則　遠之則有望　近之則不厭　詩曰　在彼無惡
在此無射　庶幾夙夜　以永終譽　君子未有不如此　而蚤有譽
於天下者也.

【字解】① 說(설)—즐겁(兌)게 말하(言)는 것.

② 杞(기)—구(枸) 기자지마는 여기서는 夏王의 後裔가 있는 國名.

③ 宋(송)—殷王의 後裔가 있는 國名.

④ 周(주)—입(口)을 써(用)서 말을 하면 모든 것을 「두루」 다 알 수
있다는 뜻이나, 여기서는 文王의 天下名.

⑤ 善(선)—本是는 羊字 밑에 縱畫의 兩쪽으로 言字 둘을 썼던 것이
略化된 것이니, 羊처럼 順從하는 말은 「착」한 것.

⑥ 從(종)—本是는 人만이 사람에 사람이 「따른」다는 뜻으로 썼는데,
辵字를 덧붙여서 「따라 간다」는 뜻이 된 것.

⑦ 謬(유)—말(言)이 높이 나(翏)는 것은 「그릇된」 것.

⑧ 質(질)—財物(貝)의 斤量(所)으로 측정하는 「바탕」이니 「저당」한
다는 뜻이 된 것.

⑨ 俟(사)—사람(人)이 그쳐(矣)서 「기다리」는 것.

⑩ 動(동)—重力으로 「움직이」는 것.

⑪ 望(망)—좋은(壬) 달(月)이 없어(亡)졌으니 다시 뜨기를 「바라는」
것.

⑫ 蚤(조)—또 뛰는(叉) 벌레(虫)는 「벼룩」인데, 아침 일찍 뛰니 「일
찍」이라는 뜻으로 轉注된 것.

⑬ 夙(숙)—凡과 夕의 合字니 아직 안샜기에 「일찍 한」 것.

【語解】① 夏禮(하례)—夏나라 때의 禮.

② 殷禮(은례)—殷나라 때의 禮.

③ 周禮(주례)—周나라 때의 禮.

④ 三重(삼중)—위에 말한 議禮, 制度, 考文을 가리킴.

⑤ 三王(삼왕)—禹王, 湯王, 文王을 가리킴.

【通釋】 夫子께서 말씀하시되,「나는 夏禮를 말(説)할 것이나 杞에서 徵할 수가 없고, 내가 殷禮를 배우려는데 宋나라가 있으나 나는 周禮를 배워서 只今 쓰고 있으니 나는 周나라를 따(從)르리라.」고 하셨다. 天下에 王이 되어서는 三重으로 다스려서 그 過失을 적(寡)게 하셨다. 그러한 옛적(上)에 先王은 비록 善해도 實證(徵)할 수 없으니 實證이 없다고 不信하며 不信하니 百姓은 따르지 아니하며, 지금(下)에 聖人은 비록 善하게 해도 尊位가 없으니 尊位가 없다고 不信하며 不信하니 百姓이 따르지 않는 것이다.

그러므로 夫子의 道는 自身에 根本해서 庶民에 實證이 되니, 이것은 三王에 考察해도 誤謬가 없고 天地에 對比해도 悖反이 없으며, 鬼神에게 質問해도 疑心이 없고 百世間에 聖人을 기다려 봐도 迷惑됨이 없는 것이다. 鬼神에게 質問해도 疑心이 없음은 天道를 아는 것이고 百世間에 聖人을 기다려 봐도 迷惑되지 않음은 人道를 아는 것이다. 그러므로 君子는 世上에서 動하면 天下의 道가 되고, 世上에서 行하면 天下에 法이 되며, 世上에서 言하면 天下에 則(즉)이 되나니 멀리(遠) 있으면 바래(望)서 보고, 가까(近)이 있어도 싫어(厭)하지 않는 것이다. 『詩經』에는 「저기(彼)서도 밉지(惡) 않고, 여기(此)서도 싫지(射) 않아 밤(夜)과 낮(夙)에 언제(庶幾)라도 그 名譽를 길이 한다」(周頌振鷺篇)고 하였으니 君子가 이러하게(如此) 하고도 일찍이(蚤) 天下에 名譽가 있지 않음은 없는 것이다.

【餘説】 무릇 禮制나 法制나 風俗은 權力을 가진 王者가 아니면 改革을 시킬 수가 없는 것이고, 또한 事理를 아는 哲人이 아니면 改正할 수도 없는 것이다. 그러므로 哲人으로서 政治를 하는 天子는 事理도 알고 權力도 가졌기 때문에 이것이 可能한 것이다. 그런데 이 세 가지 中에서 가장 根本이 되는 것은 禮制이기 때문에 孔子는 이 禮制를 말씀한 것이다. 春秋時代에는 벌써 天子는 오직 權力을 가진 王者일 뿐이고, 事理를 아는 哲人은 아니었기 때문에 夏殷周의 古禮를 알아서 그에 依據하여 改制를 하려 하셨던 것이다. 그런데 天下를 統治하는 王者는 議禮, 制度, 考文의 세 가지로 하셨는데 그것은 百姓들의 過誤가 적게 하기 爲함인

데, 百姓들은 옛적에 王者도 實證이 없다고 해서 信從하지 않고 지금에 孔子는 尊嚴하게 여기지 않아 信從하지 않으나 그의 眞理는 「考證三王而不謬하고 建諸天地而不悖하며 質諸鬼神而無疑하고 百世以俟聖人而不惑한」 것이니, 그의 行動이 天下에 道法이 되어서 일찍이 名聲이 있었다는 것이다. 그러니 子思는 夫子의 말씀을 引用하고서 自身의 思想을 말한 것인데, 옛적 先輩가 懸吐를 하는 데는 孔子의 말씀인지 子思의 말씀인지 區別이 없을 뿐만 아니라 日本人의 翻譯을 한 데도 거의 全部를 孔子의 말씀으로 했으니 이 아니 重大한 問題인가.

20

仲尼祖述堯舜 憲章文武 上律天時 下襲水土 辟如天地之無不持載 無不覆幬 辟如四時之錯行 如日月之代明 萬物竝育而不相害 道竝行而不相悖 小德川流 大德敦化 此天地之所以爲大也 唯天下至聖 爲能聰明叡知 足以有臨也 寬裕溫柔 足以有容也 發强剛毅 足以有執也 齊莊中正 足以有敬也 文理密察 足以有別也 溥博淵泉 而時出之 溥博如天 淵泉如淵 見而民莫不敬 言而民莫不信 行而民莫不說 是以聲名洋溢乎中國 施及蠻貊 舟車所至 人力所通 天之所覆 地之所載 日月所照 霜露所隊 凡有血氣者 莫不尊親 故曰配天.

【字解】① 律(률)―사람이 行(彳)할 條目을 붓(聿:률)으로 記錄한 法.
② 襲(습)―龍은 貴重하니 衣로써 「덮는」 것.
③ 幬(도)―길이가 긴(壽) 베(巾)로써 「덮는」 것.
④ 錯(착)―옛(昔) 金으로 새 물건을 「바꾸」는 것인가.
⑤ 竝(병)―立과 立의 合字니 「아울러」 섰는 것.
⑦ 害(해)―家庭(宀)을 散亂(丰)하게 만드는 말(口)은 「해」만 되는 것.
⑦ 毅(의)―돼지가 怒해서 털이 선(豙) 것처럼 창(殳)을 세워 집고

「일어서는 모양」.

⑧ 溥(보) ― 땅 위에 물(水)이 퍼져 나가(尃)니「넘치는」것.

⑨ 泉(천) ― 바위 속에서 白水가 솟아 오르는「샘」.

⑩ 說(열) ―「즐겁」(兌)게 말(言)하는 것.

⑪ 溢(일) ― 물(水)을 더욱(益) 부으니「넘치는」것.

⑫ 蠻(만) ― 얼키고 설킨(䜌) 뱀같은 벌레(虫)가 득실거리는 地方의 野蠻人.

⑬ 貊(맥) ― 百 가지 豸(無足虫치)가 있는 野蠻國.

⑭ 隊(대) ― 두던(阜)에 列로 나눠져(八) 뛰어다니는 멧돼지(豕)의「떼서리」나 여기서는 밑에 土字를 덧붙인 墜字의 뜻으로서「떨어지는」것.

【語解】① 祖述(조술) ― 祖業을 繼述한 것.

② 憲章(헌장) ― 法度(憲)를 文彩(章)내는 것.

③ 天時(천시) ― 一年四時의 變遷.

④ 水土(수토) ― 地球上에 있는 水와 土.

⑤ 叡知(예지) ― 슬기롭(叡)게 아는(知) 것.

⑥ 文理(문리) ― 文化의 理致.

⑦ 密察(밀찰) ― 精密하게 觀察하는 것.

⑧ 尊親(존친) ― 尊敬하고도 親密한 것.

【通釋】仲尼께서는 帝堯와 帝舜의 大道를 祖述하시고 文王과　武王의 事業을 憲章하시며, 위로는 天時를 模法(律)하고 아래로는 水土를 順行(襲)하셨으니, 譬(辟)하면 天은 위에서 덮(覆幬)고 地는 아래서 신(持載)지 않음이 없음과 같(如)고, 또 四時는 서로 바꿔(錯) 가(行)고 日月은 서로 바꿔(代) 밝음(明)과 같은 것이다. 萬物은 같이(並) 자라(育)도 서로(相) 害하지 아니하고, 思想(道)은 같이 行해도 서로 悖하지 아니하니 小德은 各其 다 自活(川流)하고 大德은 全體를 包括(敦化)하니, 이것이 天地의 造化가 偉大한 所以인 것이다.

　그러니 오직(唯) 天下에 至聖만이 能히 聰하고 叡知함이 足히　臨民

할 수 있고, 寬裕하고 溫柔함은 足히 包容할 수 있으며, 發強하고 剛
毅함은 足히 執義함이 있고, 齊莊하고 中正함은 足히 敬愼함이 있으며
文理를 密察함은 足히 分別함이 있는 것이다. 그러한 至聖의 德이 넓고
(溥博)도 깊(淵泉)어서 어느 때(時)나 나타나(出)니 넓기는 天과 같고
깊기는 淵과 같아서 보이(見)면 百姓들은 尊敬하지 않음이 없고, 말(言)
하면 百姓들은 信用하지 않음이 없으며, 行하며는 百姓들이 즐거워(説)
하지 않을 수 없는 것이다. 그러므로 그의 名聲은 中國에 넘쳐(溢)서
野蠻地方(蠻貊)에 까지흘러가(施及)서 舟車가 行하는 곳과 人力이 通
하는 곳과 天이 덮는 곳, 地가 실은 곳, 日月이 비치(照)는 곳, 霜露가
내리(隊)는 곳에 무릇 血氣를 가진 人間들은 尊親하지 않음이 없기 때
문에 「配天」이라고 한다.

【餘説】 이 한 章은 「祖述堯舜하시고 憲章文武하시며, 上律天時 하시고
下襲水土하신 仲尼의 偉德이 能히 配天하게 되었음을 叙述한 것이다.
그런데 朱子의 章句에는 三十章과 三十一章으로 兩分하였으니 나는 그
의 意味를 모르겠다. 子思가 仲尼를 配天하였음은 自己의 祖考라고 過
讃한 것이 아니라, 人類의 師表로서 公評한 것이다. 왜냐하면 그 後 二
千五百年이 지난 今日에 와서도 人類를 救濟할 偉大한 思想家이기 때문
이다.
　지금의 西洋文明은 世界人類의 生活에 至大한 惠澤을 주었음에 反해
서 西洋思想은 人類의 生存에 重大한 威脅을 하고 있는 것이다. 왜냐하
면 西洋思想은 競爭을 美德으로 하고 鬪爭을 正義로 하며 戰爭을 常事
로 하는 것이기 때문이다. 數百年來로 發達해 온 物質文明을 短時日內
로 破壞할 뿐만 아니라 地球上에 있는 모든 生命을 全部 다 没殺하는
危險性을 가지고 있으니 이 아니 可恐할 일인가. 一時的으로 物質的인
利慾만 追求하는 그것이 結局은 人間을 地獄으로 驅使하는 것이다.
　그러므로 東洋思想은 그와 反對로 精神的인 仁義만 勵行해서 平和世
界를 建設하려는 것이니 이것이 孔夫子의 根本思想이다. 「萬物은 並育
해도 相害하지 아니하고, 衆道는 並行해도 相悖하지 아니하는」 이것이
그의 目的이니 仁義는 그의 方道인 것이다. 仁은 二人이 서로 扶助하

는 것이고, 義는 羊我가 모두 順從하는 것이니 仁을 中心으로 해서 義
로 實行하는 社會에는 相害하고 相悖함이 있을 理가 없는 것이다. 그런
데 또 聰明睿知한 知와 寬柔溫柔한 行, 發强剛毅한 勇과 齊莊 中正한
體에 文理密察한 用으로써 中庸의 道로만 가면 되는 것이다.

21

詩曰 衣錦尙絅 惡其文之著也 故君子之道 闇然而日章
小人之道 的然而日亡 君子之道 淡而不厭 簡而文 溫而理
知遠之近 知風之自 知微之顯 可與入德矣 詩云 潛雖伏
矣 亦孔之昭 故君子內省不疚 無惡於志 君子所不可及者
其唯人之所不見乎 詩云 相在爾室 尙不愧于屋漏 故君子
不動而敬 不言而信 詩曰 奏假無言 時靡有爭 是故君子
不賞而民勸 不怒而民威於鈇鉞 詩曰 不顯惟德 百辟其刑
之 是故君子篤恭 而天下平 詩云 予懷明德 不大聲以色.
子曰 聲色之於以化民末也 詩曰 德輶如毛 毛猶有倫 上
天之載 無聲無臭 至矣.

【字解】① 錦(금)―金처럼 빛나는 布帛이니「비단」.
② 絅(경)―실(糸)오라기가 가늘고도 드문(冋)「얇은 布木」.
③ 闇(암)―音은 暗의 略字로서 어둡(暗)게 門을 닫고「가만히」하는
    것.
④ 的(적)―흰(白) 점(丶)을 둘러 싼(勹) 圖形으로 된 弓道의 標的이
    나, 여기서는 火변으로 쓴 灼字로서「빛나는」것.
⑤ 潛(잠)―물(水)에 잠겨(朁) 들어가는 것.
⑥ 伏(복)―사람(人)이 서 있는 옆에 개(犬)는「엎드렸」는 것.
⑦ 愧(괴)―鬼에 홀린 것처럼 心情이「부끄러운」것.
⑧ 漏(루)―尸는 屋의 略字로서 집(尸) 안에 물(水)방울이 떨어지니
    비(雨)가「새는」것.

⑨ 鈇(부)— 人夫가 나무를 베는 데 쓰는 鐵製의 「도끼」.

⑩ 鉞(월)— 鐵製의 도끼(戊).

⑪ 輶(유)— 酋長의 車輛은 빨리 가니 「가벼운」 것인가.

⑫ 臭(취)— 개(犬) 코(自)는 「냄새」를 잘 맡는 것.

【語解】 ① 內省(내성)— 內心으로 反省하는 것.

② 屋漏(옥루)— 집(屋)에 비가 새는(漏) 어두운 「한쪽 구석」.

③ 奏假(주가)— 鄭玄은 「奏를 演奏라 하고 假를 大也라.」고 했는데, 朱
子는 「奏를 進也라 하고 假는 格이라.」고 하였으나, 商王 中宗의 享
祀 때 音樂 「演奏를 假借하여」라는 뜻으로 解釋함이 어떠할까.

④ 百辟(백벽)— 모든(百) 임금(辟).

⑤ 聲色(성색)— 物質의 形狀(色)과 作動(聲).

【通釋】 古詩에는 「비단(錦) 옷(衣)을 가리(絅)었다.」고 하였으니 그것
은 文彩가 너무 나타나(著)는 것을 싫어했(惡)기 때문이다. 그러므로
君子의 道는 어두운 듯(闇然)해도 날로 빛(日章)이 나타나나 小人의 道
는 빛나는 듯(灼若)해도 날로 亡해진다. 君子의 道는 淡해도 싫지(厭)
않고 簡해도 문채(文) 나며, 따뜻(溫)하게 다스리(理)나니 먼데(遠)서
가까워(近)짐을 알고 바람(風)이 오는(自) 곳을 알며 微小한 것이 顯
著해짐을 알아서 可히 더불어(與) 德으로 들어(入) 가는 것이다.

『詩經』에는 「잠겼(潛)는 것이 안 보여(伏)도 또한 밝(昭)게 아는 거
다.」(小雅正月篇)고 하였으니, 君子는 反省해도 無缺(不疚)함은 그의
뜻에 惡이 없기 때문이다. 君子를 可及할 수가 없는 것은 그 오직 사람
들이 보지(見) 않는 곳(所)에 있는 것이다. 또 詩에는 「너의 집(爾室)
을 살펴 보(相)니 숨은 데(屋漏)도 無愧하다.」(大雅篇)고 하였으니, 그
러므로(故) 君子는 不動해도 尊敬하고 不言해도 信用해 주는 것이다. 또
詩에는 「奏樂해서(假) 無言하니 그엔(時) 다툼(爭)이 없는(靡)거다.」
(商頌列祖篇)고 하였으니, 그러므로 君子는 賞주지 않아도 百姓들이 勸
善하고 怒하지 않아도 百姓들은 刑罰(鈇鉞)을 두려워 하는 것이다.

『詩經』에는 「안 드러난(不顯) 그의 德에 모든 人君 模範한다.」(周頌

烈文篇)고 하였으니, 그러므로 君子는 篤恭하는 데서 天下가 泰平해지
는 것이다. 또 詩에는「내가 明德을 품었(懷)음은 聲色으론 안 보인다.」
(大雅皇矣篇)고 한 데 對하여 夫子께서는「聲色이 百姓을 教化함에는
末端이다.」고 말씀하셨는데, 또 詩에는「德은 輕하기가 털(毛) 같(如)
도다.」고 하였으니, 털도 오히려 形態(倫)가 있지마는 하늘은 空虛해
서 소리(聲)도 냄새(臭)도 없이 至高한 것이다.

第三編　禮運

1

昔者仲尼　與於蜡賓　事畢　出遊於觀之上　喟然而嘆　仲尼之嘆　蓋嘆魯也　言偃在側曰　君子何嘆　孔子曰　大道之行也　與三代之英　丘未之逮也　而有志焉　大道之行也　天下爲公　選賢與能　講信脩睦　故人不獨親其親　不獨子其子　使老有所終　壯有所用　幼有所長　矜寡孤獨廢疾者　皆有所養　男有分　女有歸　貨惡其棄於地也　不必藏於己　力惡其不出於身也　不必爲己　是故謀閉而不興　盜竊亂賊而不作　故外戶而不閉　是謂大同. 今大道既隱　天下爲家　各親其親　各子其子　貨力爲己　大人世及以爲禮　城郭溝池以爲固　禮義以爲紀　以正君臣　以篤父子　以睦兄弟　以和夫婦　以設制度　以立田里　以賢勇知　以功爲己　故謀用是作　而兵由此起　禹湯文武成王周公　由此其選也　此六君子者　未有不謹於禮者也　以著其義　以考其信　著有過　刑仁講讓　示民有常　如有不由此者　在埶者去　衆以爲殃　是謂小康.

【字解】① 蜡(사) — 벌레(虫)가 옛날(昔)처럼 된「十二月에 萬神을 合祀하는 祭名이니 夏代에는 淸祀, 殷代에는 嘉平, 周代에는 蜡, 秦代에는 臘으로 變遷된 것.

② 畢(필) — 밭(田)에 汚物을 쳐다(芈)가 버리니 일을「마치」는 것.

③ 觀(관) — 황새(雚)가 물에 가서 보(見)니 혼자 主觀的으로만 보는 것인데, 道士가 內觀으로「修道하는 곳」을 뜻하나, 또한 宮門의 左

右에 「높은 臺」도 뜻하니 主觀的으로 멀리를 널리 보는 뜻인듯.

④ 喟(위) ―胃口니 탄식하는 發聲을 形容한 것.

⑤ 偃(언) ―사람(人)이 엎드리(匽 : 언)니 「자빠진다」는 뜻이 되었으나, 여기서는 孔子 弟子의 子遊의 이름.

⑥ 溝(구) ―冓(구)는 木材를 縱橫으로 쌓은 象形字인데, 水路가 縱橫으로 둘러 있는 것.

⑦ 棄(기) ―ㅗ은 亡의 變字니 汚物을 나무로 만든 器具(其)로 쳐다 「버리는」 것.

⑧ 埶(세) ―땅(坴)을 잡았(丸)으니 그 地位(坴)를 獲得(丸)해 있는 勢力家.

⑨ 殃(앙) ―죽은 뼈(歹)가 다했(央)으니 「재앙」.

【通釋】 옛적(昔)에 孔子께서 蜡祭에 손님(賓)으로 參與하고 行事를 마친(畢) 뒤에 나와(出)서 宮門의 옆(左右) 높은 臺 위(上)에 노시(遊)다가 喟然히 嘆息하시니, 孔子의 嘆息하심은 대개(蓋) 魯나라를 嘆息하신 것이다. 子遊가 곁(側)에 있다가 말하되, 「君子께서는 무엇(何)을 嘆息하나이까.」고 하니 孔子께서 「大道가 行해졌던 때(堯舜)와 與)三代(夏殷周의 時代)를 나(丘)는 及(逮)見하지는 못했어도 마음(志)에는 있노라. 大道가 行할 때는 天下가 公平해서 賢者를 選奉하고, 能者를 相對(與)해서 信義를 講하고 和睦을 修했던 것이다. 그러므로 사람들은 獨히 그 父母(親)만 孝親하지 안하고 그 子息만 慈愛하지 않으며, 老者로 하여금 해서는 歸終한 바가 있게 하고, 壯者로 하여금 해서는 登用되는 바 있게 하며, 幼者로 하여금 해서는 長成되는 바 있게 하고, 寡婦, 孤兒, 홀아비(獨)와 廢疾者들을 불쌍히(矜) 여겨서 다 養育받게 하며, 男子는 職分이 있고 女子는 家事(歸)를 보게 하였다. 財貨는 땅(地)에 버려(棄)짐은 싫어(惡)해도 반드시 自己의 私有(藏)로는 하지 않고 體力은 自身에서 나지(出) 않음을 싫어해도 반드시 自己의 私用으로만 하지 아니하였다. 그러므로(是故) 陰謀는 閉해져 일어나(興)지 아니하고, 竊盜나 亂賊들이 發生(作)하지 않았던 것이다. 그러므로 門(戶)을 열어 두고 닫지(閉) 않았으니 이것을 「大同」이라고 한다.

그런데 그 後로는 그 大道가 이미(旣) 숨어(隱)져서 天下는 一家의 所有로 되어 各其 自己의 父母만 孝親하고, 各其 自己의 子息만 慈愛하며, 財貨나 體力은 自己만 爲하니 大人이 世上에 나와(及)서 禮를 만들(爲)고 城郭과 溝池를 構築해서는 防禦(固)를 하며, 禮義로써 紀綱으로 해서 君臣間을 嚴正하게 하고, 父子間을 敦篤하게 하며, 兄弟間을 親睦하게 하고, 夫婦間을 和合하게 하며, 制度를 設置하고, 田里를 建立하며, 勇知를 崇尙(賢)하고, 功績을 誇示(爲己)하기 때문에 權謀가 作用해서 兵器가 그에서 일어났던 것이다. 그런데 禹王, 湯王, 文王, 武王, 周公, 成王 등은 그中(由此)에서 特出(選)하였으니, 이 六君子는 禮에 삼가하지 않음이 없었던 것이다. 그래서 그 義를 나타내(著)고 그 信을 생각(考)하며, 罪過가 있어서 나타나면 仁을 法 받고 讓을 講하게 하여 百姓들에게 常道가 있음을 보이고, 萬若 그렇게 하(由)지 않는 者가 있는데 그가 勢力家라면 除去하였으니 그 者가 民衆의 災殃이 되기 때문이니, 이것을 「小康」이라고 한다.」고 말씀하셨다.

【餘說】 中國의 康南海(名은 有爲)는 이 『禮運』篇을 註解하는 序文에서 「本書는 孔子의 微言眞傳이고 萬國의 無上寶典으로서 天下群生의 起死하는 神方이다.」고 極口로 稱讚하고, 이것을 發見한 것이 그의 功績으로 自負하였다. 그러나 이것이 『大學』『中庸』의 書를 發見해서 章句한 朱子의 功績만은 못한 것이다. 왜냐하면 大學은 救世安民의 方法이고, 中庸은 人生事理의 要領이지마는 禮運에 大同小康의 說은 그러한 方法도 없고 그러한 要領도 아니기 때문이다. 大道를 行해서 天下가 爲公한 大同時代는 堯舜時代의 以前이라면 大道가 隱해서 天下가 爲家한 小康時代에 禹湯文武周公成王은 三代의 英이다. 大同世界에 「選賢與能하고 講信脩睦함」은 勿論 平和社會를 建設함에 必要한 것이지마는 이것을 可能하게 하는 데는 「格物致知해서 誠意正心하는」 大學의 方法도 必要한 것이고, 또한 「率性脩道해서 至誠無息하는」 中庸의 要領도 必要한 것이니, 이것이 小康時代에서 大同世界로 가는 方道인 것이다.

그리고 「人不獨親其親하고 不獨子其子하며」 「貨不必藏於己하고 力不必爲己하는」 至公無私한 것이 所望스럽기는 하지마는 地點에는 遠近이 있으니 人間에는 親疎가 있게 됨은 必然한 事勢이니 「大人이 世及以爲禮해서 以正君臣하고 以篤父子하며, 以睦兄弟하고, 以和夫婦하는」 것이 當爲의 原則이다. 禹湯文武周公成王은 近小한 親戚에서부터 遠大한 世人에까지 擴大해서 治平을 하셨으므로 孔夫子의 思想도 이에다가 根據했던 것이다.

2

言偃復問曰 如此乎禮之急也 孔子曰 夫禮 先王以承天之道 以治人之情 故失之者死 得之者生 詩曰 相鼠有體 人而無禮 人而無禮 胡不遄死 是故夫禮 必本於天 殽於地 列於鬼神 達於喪祭射御冠昏朝聘 故聖人以禮示之 故天下國家可得而正也 言偃復問曰 夫子之極言禮也 可得而聞與 孔子曰 我欲觀夏道 是故之杞而不足徵也 吾得夏時焉 我欲觀殷道 是故之宋而不足徵也 吾得坤乾焉 坤乾之義 夏時之等 吾以是觀之 夫禮之初 始諸飮食 其燔黍捭豚 汙樽而抔飮 蕢桴而土鼓 猶若可以致其敬於鬼神 及其死也 升屋而號 告曰皋某復 然後飯腥而苴熟 故天望而地藏也 體魄則降 知氣在上 故死者北首 生者南鄉 皆從其初.

【字解】① 急(급)—及의 變字와 心의 合字니 마음(心)이 먼저 미처 (及)가니 급한 것.
② 相(상)—눈(目)으로 나무(木)의 「얼굴」을 「보는」 것이 人間과 樹木은 「서로」 「도와」서 살기 때문에 人君을 도우는 「정승」이란 뜻으로 쓰니 다섯 가지 意味가 있는 것.
③ 遄(천)—끝(耑)까지 갔으(辵)니 「빠른」 것.
④ 胡(호)—먼(遠)데 있는 邊方에 未開한 「오랑캐」니 「어찌」 그리 갈

까.

⑤ 殽(효) ─ 짐승을 잡은(殳) 고기 안주(肴)들이 여러 가지 「뒤섞여」 「어지러운」 것.

⑥ 冠(관) ─ 法度(寸)있게 머리(元)에 덮어(冖) 쓰는 「모자」.

⑦ 昏(혼) ─ 해(日)가 西山의 풀 밑(氐)으로 내려가고「어두워지는」 것인데, 氐字 아래 一을 略한 것이니, 옛적에는 어두울 때 婚禮를 했기 때문에 여기서는 婚禮를 뜻함.

⑧ 聘(빙) ─ 理由가 막혀(甹)서 몰라 들으(耳)려고 「모셔 오는」 것.

⑨ 燔(번) ─ 食物을 火氣에다가 番番이 「굽는」 것.

⑩ 捭(패) ─ 손(手)으로 낮(卑)게 치니 「패는」 것.

⑪ 汙(와) ─ 물(水)이 있는 곳(于)이니 「웅덩이」인데 塵埃가 날아와 앉아서 「더럽다」는 뜻으로는 音이 「오」다.

⑫ 抔(부) ─ 두 손(手)으로 안(不)새도록 「움켜잡는」 것.

⑬ 蕢(괴) ─ 풀(艹) 덩굴로 만든 貴한 그릇이니 「둥구미」.

【語解】 ① 坤乾(곤건) ─ 坤은 地, 乾은 天을 象徵하는 卦字인데 殷代의 歸藏易에는 坤을 乾 위에 놓았던 것.

② 汙樽(와준) ─ 물 고인 「웅덩이」.

③ 蕢桴(괴부) ─ 土鼓를 치는 「막대기」.

④ 土鼓(토고) ─ 흙(土)으로 만든 북(鼓).

⑤ 皐復(고복) ─ 사람이 殞命하면 屋上에 올라가(皐)서 某를 돌아오라(復)고 세 번 부르는 것.

⑥ 體魄(체백) ─ 사람이 죽으면 靈魂은 天上으로 올라가고, 體魄은 地下로 내려가는 것.

⑦ 腥飯(성반) ─ 물에 불은 생쌀이니 死者의 입에 채우는 것.

⑧ 苴熟(저숙) ─ 익은(熟) 고기를 꾸러미(苴)에 싸서 같이 埋葬하는 것.

⑨ 南鄉(남향) ─ 南쪽을 向(鄉)하는 것.

⑩ 北首(북수) ─ 北쪽을 首로 하는 것.

【通釋】 子遊가 다시(復) 물으되 「이처럼(如此) 禮가 急한 것입니까.」

고 하니 孔子께서 말씀하시되, 「그 禮란 것은 先王께서 天道에서 받아 人情을 다스리는 것이기 때문에 禮를 失한 者는 죽고 得한 者는 사는 것이다. 『詩經』(鄘風相鼠篇)에는 「쥐(鼠)도 보(相)니 體가 있는데 人으로서 禮가 없을까. 人으로서 禮가 없다면 어찌(胡) 빨리(遄) 안죽을까.」고 하였으니, 그러므로 禮는 반드시 天에 根本해서 地에 布在(殽)하고 鬼神에 列하여 喪禮, 祭禮, 射禮, 御禮, 冠禮, 婚禮, 朝禮, 聘禮 등이 있기 때문에 聖人은 禮로써 보이(示)고서 天下國家를 可히 바르게 하였던 것이다.」고 하셨다.

　그리고 子遊가 또다시 「先生님(夫子)께서 禮를 極言하셨으니 可히 얻어(得) 듣게(聞) 해주시겠습니까?」고 물으니 孔子께서 「나는 夏禮를 보려고(欲觀) 해서 杞에 갔는데 實徵하기에는 不足하였으나 나는 夏時(曆法)는 얻었으며, 나도 殷禮를 보려고 宋에 갔는데 實徵하기에는 不足하였으나 나는 易卦(坤乾)를 얻었으니 易卦의 義와 曆法의 等을 나는 이(是)에서 보았(觀)노라. 무릇 禮의 처음은 飮食에서 始發해서 기장(黍)을 익히(燔)고 돼지(豚)를 잡으(捭)며, 汗樽에서 抔飮하고 蕢桴로써 土鼓치는데도 오히려(猶) 可히 鬼神에게 致敬할만 하였다. 그리고 죽을 때는 屋上에 올라(升)가서 큰소리(號)로 「某가 돌아(復)오소.」라고 告한 然後에 飯腥하고 苴熟하기 때문에 天을 바라보(望)고 地에 감추(藏)어서 體魄이 내려가면 魂氣는 올라간 것이다. 그래서 死者는 北으로 머리(首)를 두고, 生者는 南으로 머리를 向하나니 이것이 모두 그 始初에 따른(從) 것이다.

【餘說】禮라는 것은 天의 道를 받아서 人의 情을 다스리는 것이니, 天의 道는 理性이고 人의 情은 善惡으로 갈라지는 것이다. 그러니 善惡으로 갈라지는 感情을 理性으로 統制해서 惡을 善으로 變化시키는 이것이 禮의 使令인 것이다. 善의 根本은 仁이고, 仁의 行動은 禮니 仁은 心中의 一點이나 禮는 行動의 條目이다. 理性에는 知性과 德性이 있으니 知는 善惡을 判斷하는 能力이고, 德性은 惡을 버리고 善을 行하는 것이다. 그러니 仁의 一點은 善의 根本이고 禮의 條目은 善의 實行이다.

　그런데 禮의 行動은 飮食하는 生活에서 始作해서 冠昏朝聘과 喪祭射

御에 이르기까지 모두 禮의 條目을 規定한 것이다. 그래서 모든 人間이 다 그 條目대로만 實行하면 社會는 平和하게 되고, 社會가 平和해지면 모든 人間이 다 幸福한 것이다. 그러므로 先王은 禮로써 天下를 다스렸던 것이다. 罪惡의 原因을 防止하는 禮로써 統治하면 國家는 平治되지마는 罪惡의 結果만 刑罰하는 法으로 強制해서는 天下가 平靜할 수가 없는 것이니, 禮治라는 것은 王道政治라 하고 法治하는 것은 覇道라고 하는 것이다.

3

昔者先王未有宮室 冬則居營窟 夏則居橧巢 未有火化食草木之實 鳥獸之肉 飲其血 茹其毛 未有麻絲 衣其羽皮 後聖有作 然後脩火之利 范金合土 以爲臺榭宮室牖戶 以炮以燔 以亨以炙 以爲醴酪 治其麻絲 以爲布帛 以養生送死 以事鬼神上帝 皆從其朔 故玄酒在室 醴酸在戶 粢醍在堂 澄酒在下 陳其犧牲 備其鼎俎 列其琴瑟管磬鐘鼓 脩其祝嘏 以降上神 與其先祖 以正君臣 以篤父子 以睦兄弟 以齊上下 夫婦有所 是謂承天之祜 作其祝號 玄酒以祭 薦其血毛 腥其俎 孰其殽 與其越席疏布以冪 衣其澣帛 醴酸以獻 薦其燔炙 君與夫人交獻 以嘉魂魄 是謂合莫 然後退而合亨 體其犬豕牛羊 實其簠簋籩豆鉶羹 祝以孝告 嘏以慈告 是謂大祥 此禮之大成也.

【字解】① 窟(굴)—屈(굴)은 掘의 略字니 구멍(穴)을 판(掘) 것이니 「땅굴」.
② 橧(증)—曾(증)은 層의 略字니 나무(木) 위에 층(層)을 만든 것.
③ 巢(소)—나무(木) 가지가 올라간 속(臼)에 지은 「새집」.
④ 茹(여)—풀(艹)같은(如) 것을 「먹는」 것.
⑤ 范(범)—範과 通해서 模型을 뜻함.

⑥ 榭(사)—나무(木)로 지은 활쏘는(射) 집이니 鍊武臺.

⑦ 牖(유)—나무조각(片)으로 만든 외쪽 문(戶) 크(甫)기만한 「광창」.

⑧ 炮(포)—무엇으로 싸(包)서 불(火)에다 「굽는」 것.

⑨ 烹(팽)—물에 불(火)기운을 通(亨)「삶는」 것.

⑩ 炙(자)—고기(夕)를 불(火)에다가 「굽는」 것.

⑪ 酪(락)—牛·羊 등의 젖을 精煉해서 단지(酉)에 담은 것.

⑫ 醆(잔)—조금(戔) 맑은 술(酉).

⑬ 粢(자)—쌀(米)로 만든 떡 다음(次)에 「제삿밥」.

⑭ 醍(제)—좋은(是) 술(酉)이니 淸酒.

⑮ 澄(징)—물(水) 속에 티끌이 가라앉고 위에 물이 올라(登)서 「맑아진」 것.

⑯ 俎(조)—쏫은 肉이고 且는 쌓아 올리는 것이니 肉을 且하는 祭器.

⑰ 祜(고)—옛(古) 神(示)이 주는 福.

⑱ 冪(멱)—幕을 덮는(冖) 것.

⑲ 澣(한)—물(水)줄기(幹)에 때를 「씻는」 것.

⑳ 鉶(형)—金刑으로 만든 「국그릇」을 뜻함.

【語解】① 犧牲(희생)—義牛(犧)와 生牛(牲)를 神前에 드리는 것.

② 鼎俎(정조)—飮食을 익히는 솥과 肉類를 꿰는 祭器.

③ 琴瑟(금슬)—거문고(琴)와 비파(瑟)의 和聲한 樂器.

④ 管磬(관경)—竹製의 管과 石製의 磬.

⑤ 祝嘏(축가)—宗廟의 祭 때 告하는 辭니 祝은 神前에, 嘏는 主人께 하는 것.

⑥ 祝號(축호)—神에게 祈禱하는데 부르(號)는 것.

⑦ 澣帛(한백)—깨끗하게 씻은(澣) 布帛.

⑧ 合莫(합막)—靈魂(莫)과 冥合하는 것.

⑨ 簠簋(보궤)—竹製의 器皿으로서 簠는 稻粱, 簋는 黍稷을 담는 祭器.

⑩ 籩豆(변두)—籩은 竹製고, 豆는 木製로써 圓形으로 높은 祭器.

【通釋】옛적(昔者)에 先王은 아직 宮室이 없어서 겨울(冬)에는　土窟

속에 살고 여름(夏)이면 나무 위(榕巢)에 살며 아직 불도 發見하지 못
해서 草木의 實이나 鳥獸의 肉을 먹고 그의 피(血)를 마시(飮)며 그의
털(毛)을 取(茹)해 쓰며 아직 麻絲 등 織物도 없어서 鳥羽와 獸皮를 옷
으로 했던 것이다. 그 後에 聖人이 나서(作)서 그 後로 불을 쓰는(修
火) 利를 알고 土中에 있는 金屬도 使用(范)해서 臺榭와 宮室의 牖戶
를 만들었다. 그래서 불로써 炮도 하고 燔도 하며 烹도 하고 炙도 하여
醴酪도 만들고 麻絲도 지어서 布帛을 짰던 것이다.

　그래서 生者를 기르(養)고 死者를 보내(送)며, 鬼神과 上帝를 섬기
는 데는 모두 그 朔日을 따랐(從)던 것이다. 그러므로 玄酒(淡水)는 室
에 있고 醴醆은 戶에 있고 粢醍는 堂에 있고 澄酒는 下에 있는데, 그의
犧牲을 陳設하고 그 鼎俎를 具備하여 琴瑟 管磬 鐘鼓 등 樂器를 치면서
그 祝嘏를 올려 上神과 先祖를 降臨하게 하였다. 그래서 君臣間은　正
하게, 父子間은 篤하게, 兄弟間은 睦하게 해서 上下의 秩序를 같게(齊)
하고, 夫婦間에도 그 職所가 있게 하니 이것이 天의 福(祜)을　받는다
고 한 것이다.

　그런데 祝號를 하면서 玄酒로써 祭祀하는데 그의 血毛를 드리고, 그
의 俎에는 生 것(腥)을 쓰고 그의 肴로는 익힌(熟) 것을 쓰며, 그래서
(與) 그 越席(蒲席) 疏布로써 덮(冪)고 灂帛을 입(衣)고 醴醆을 드리
며 燔炙(번적)을 올리고 人君과 夫人은 바꿔 드려(交獻)서 魂魄을 讚
美(嘉)하나니, 이것을 合莫이라고 한다. 그렇게 한 然後에는　물러나와
合烹해서 犬豕牛羊의 고기를 簠簋籩豆鉶羹에 담아서 祝에는 孝告하고
嘏에는 慈告하나니, 이것을 大祥이라고 하는 이것이 禮의 大成인 것이다.

【餘説】이에「昔者先王」이란 것은 有巢氏를 指稱한 것이다.　옛적『三
墳』의 書에는「有巢氏가 나서 사람으로 하여금 木巢와 土窟에　살도록
하고 鳥獸의 肉과 草木의 實을 모아서 食用하게 하니 天下의　九頭(人
皇氏의 九兄弟)가 모두 다 有巢氏에게로 歸服하였다.」는 記錄이 있는데,
『韓非子』五蠧篇에는「上古의 世에는 人民이 적고 禽獸는 많아서 人民
은 禽獸와 虫蛇의 害를 이기지 못할 때 聖人이 나시어 樹木을 얽어 매
서 巢室을 만들어 여러 動物의 侵害를 避하니 百姓들이 즐거워 해서 하

여금 天下의 王으로 모셨으니 號를 有巢氏라고 했다.」고 하였다.

　그리고 또 『路史』(宋代때 羅泌의 所撰) 禪通紀에는 「有巢氏는 六龍을 御駕하고 日月에 從明하니 이를 古皇이라 한다.」고 말하였으니 物質的으로 生活하는 文化에서는 아직 草昧未開하였으나, 그 때 벌써 精神的으로 指導하는 文化가 始發했던 것이다. 그 後에 聖人이 나서는 麻絲를 生產해서 衣生活을 하고 穀粒을 火熟해서 食生活을 하며 宮室을 建築해서는 住生活을 하게 된 것이다. 그래서 物質的으로 生活文化를 創建한 그 때부터 위로 天神과 先靈을 崇奉하여 「以正君臣하고 以篤父하며 以睦兄弟하고 以和夫婦하는」 道德文化의 基礎가 形成되었던 것이다.

4

孔子曰 嗚呼哀哉 我觀周道 幽厲傷之 吾舍魯何 適矣 魯之郊禘 非禮也 周公其衰矣 杞之郊也禹也 宋之郊也契 也 是天子之事守也 故天子祭天地 諸侯祭社稷 祝嘏莫敢 易其常古 是謂大假 祝嘏辭說 藏於宗祝巫史 非禮也 是 謂幽國 醆斝及尸君 非禮也 是謂僭君 冕弁兵革 藏於私 家 非禮也 是謂脅君 大夫具官 祭器不假 聲樂皆具 非禮 也 是謂亂國 故仕於公曰臣 仕於家曰僕 三年之喪 與新 有昏者 期不使 以衰裳入朝 與家僕雜居齊齒 非禮也 是 謂君與臣同國 故天子有田 以處其子孫 諸侯有國 以處其 子孫 大夫有采 以處其子孫 是謂制度 故天子適諸侯 必 舍其祖廟 而不以禮籍入 是謂天子壞法亂紀 諸侯非問疾 弔喪 而入諸臣之家 是謂君臣爲謔 是故禮者 君之大柄也 所以別嫌明微儐鬼神 考制度 別仁義 所以治政安君也.

【字解】① 舍(사)―흙(土)으로 지은 집에 ㅅ 이것은 지붕이고 口는入

口이니, 象形에 會意를 合한 字인데 또한 轉注해서 「버린다」는 뜻이 되었으니 토담집은 移徙하면 버리기 때문임.

② 適(적)—하나뿐(啻)인 目的地로 「가는」(辵) 것이니 目的地에 「맞는」 뜻도 된 것.

③ 禹(우)—全(一) 中國에 足跡(禸)이 遍歷신 王의 諡號.

④ 契(설)—三 이러한 크(大)기의 조각을 칼(刀)로써 내려(丨) 끊어서 두 사람이 한쪽씩 가지는 「계약」한 符切이지마는 여기서는 偰과 卨로 通해서 帝舜의 臣下 이름이니 音은 「설」임.

⑤ 斝(가)—吅와 斗의 合字니 吅의 形狀으로 酒의 斗量을 담는 玉잔을 뜻함.

⑥ 僭(참)—일찍이 下位에 潜在(朁)했던 사람(人)이 上位에 있는 사람을 侵犯하는 것.

⑦ 脅(협)—肉體(月)에서 힘이(劦) 모여 있는 「갈빗대」.

⑧ 臣(신)—위의 一은 君이고 아래의 一은 民인데, 君과 民을 連結하는 丨의 中間에 口가 上下로 ¦線이 上意를 下達하고 下情을 上通하는 「신하」.

⑨ 僕(복)—집에서 雜多(業)한 일을 하는 사람(人)이니 「종」.

⑩ 裳(상)—下半身에 겹쳐(尙) 입는 옷(衣)이니 「치마」.

⑪ 采(채)—나무(木) 위에 彩色잎을 손(爪)으로 따는 「일」이니 그 地方 일 보는 「采邑」.

⑫ 謔(학)—말(言)로만 해롭(虐)게 하는 「우스개」.

⑬ 嫌(혐)—女子를 兼했으니 「혐의」가 있는 것.

⑭ 儐(빈)—貴賓을 接待하는 案內人.

【語解】① 幽厲(유려)—周나라 十代王에 厲王과 十二代王에 幽王을 幷稱한 것이니 暴君과 愚主.

② 郊禘(교체)—天子가 郊에서 上天에 올리는 大禘.

③ 社稷(사직)—社는 土神이고 稷은 穀神이니 豊年을 祈願하는 祭壇.

④ 周公(주공)—魯나라에 所封한 伯禽의 父. 文王의 子.

⑤ 大嘏(대가)—大福을 비는 祝詞.

⑥ 冕弁(면변)─면류관과 고깔.
⑦ 兵革(병혁)─武器와 甲胄.

【通釋】 孔子 말씀하시되, 「아아! (嗚呼) 슬프다. 나(我)는 周道를 보(觀)면 幽厲가 傷心되니 내(吾)가 魯나라를 버리(舍)면 어디(何)를 갈(適)까마는 魯에서 郊禘를 지내는 것은 禮가 아니니 周公의 道는 衰했기 때문이다. 그러니 杞에서 郊禘함은 禹의 道가 衰한 것이고, 宋에서 郊禘함은 契의 道가 衰했기 때문이라, 이 郊禘는 天子만이 지킬(守) 일(事)이기 때문에 天子는 天地에 祭祀하고 諸侯는 社稷에 祭祀하는 것이다.」고 하셨다.

그러니 祝嘏는 그가 지켜오던 옛(古) 것을 敢히 바꾸(易)지 못하는 이것을 大嘏라고 말한다. 祝嘏의 辭說을 宗祝巫史가 감추(藏)는 것은 非禮니, 이것은 나라를 어둡(幽)게 한다 하고 醆斝로써 君位만 지키(尸)는 것은 非禮이니 이것은 君을 僭稱하는 것이라고 말하며, 冕弁과 兵革을 私家에 감추고 있는 것은 君을 脅迫하는 것이라고 말하며, 大夫가 官에 있으면 祭器는 빌리(假)지 않고 聲樂을 모두(具)는 것도 非禮이니 이것은 나라를 騷亂시킨다고 말하는 것이다. 그러므로 公(國君)에 벼슬(仕)하는 者는 臣이라 하고, 家(權臣)에 벼슬하는 者는 僕이라고 한다.

三年喪과 新昏者는 一個月(期)間은 使役을 하지 않고 喪服으로 朝會에 가거나 家僕들과 雜居해서 齊齒하는 것은 非禮이니 이것을 君과 臣이 同國이라고 말하는 것이다. 그러므로 天子는 田이 있어서 그의 子孫을 處하게 하고, 諸侯는 國이 있어서 그의 子孫을 處하게 하며, 大夫는 采가 있어서 그의 子孫을 處하게 하는 이것을 制度라고 말하는 것이다. 그러므로 天子가 諸侯에 가면 반드시 그 祖廟를 버리고서 禮籍으로써 들어가지 않는 이것은 天子가 壞法하고 亂紀한다고 하는 것이다. 諸侯는 問病이나 吊喪이 아니고서 諸臣의 家에 들어가는 이것은 君臣이 우스게(謔)한다고 말한다. 그러므로 禮란 것은 人君이 가진 큰 權柄이니 이것이 嫌疑를 分別하고 隱微를 闡明하며 鬼神을 引導하고 制度를 考定하여 仁義를 崇尙하는 것이 政治하고 安君하는 所以인 것이다.

【餘説】孔子는 周道를 尊奉하였는데 幽厲가 그것을 破壊하였으므로 그것을 恨嘆하신 것이다. 厲王은 好利하는 榮夷公을 登用하니 芮良夫 召虎 등이 그것을 諫止해도 듣지 않고 奢侈하고 暴虐하니 諸侯들은 朝會에 오지 아니하고 國民들이 모두 非謗하니 王은 衛巫를 시켜 그들을 監視시켜 告發하여 모두 죽이므로 敢히 말하는 者가 없었으나, 그 後 三年만에 百姓들이 叛擊해 오니 王은 彘로 逃亡가서 죽었고, 幽王은 美女인 褒似를 寵愛해서 伯服을 生하니 太子로 封했던 宜臼와 그의 母에 申后까지 廢位하니 申后가 犬戎과 結托해서 侵攻해 와 王을 驪山 下에서 죽이고 宜臼가 即位해서 平王이 된 뒤에 東遷하여 東周가 되었다.

그런데 이 禮運篇의 冒頭에 大同의 説을 儒家에서는 道家의 説이라고 해서 排棄했던 것이나, 此篇의 内容에는 儒家의 禮만을 陳述하였으니 道家의 説이라고 할 수는 없는 것이다. 特히 此章의 内에서 「天子有田하여 以處其子孫하고 諸侯有國하여 以處其子孫하며 大夫有采하여 以處其子孫하는 等의 制度를 어찌 道家에서 만들었을 理가 있을까. 此篇의 著者는 알 수가 없다 해도 儒家인 것만은 無疑한 事實이나, 孔子께서는 大同의 説을 言及하셨음이 決코 矛盾된 것은 아니다. 왜냐하면 孔子의 思想은 中庸에 있으니 그의 上極에는 道家의 思想과도 共通한 點이 있기 때문이다.

5

故政不正 則君位危 君位危 則大臣倍 小臣竊 刑肅而俗敝 則法無常 法無常而禮無列 禮無列 則士不事也 刑肅而俗敝 則民弗歸也 是謂疵國 故政者 君之所以藏身也 是故夫政必本於天 殽以降命 命降于社之謂殽地 降于祖廟之謂仁義 降于山川之謂興作 降於五祀之謂制度 此聖人所以藏身之固也 故聖人參於天地 並於鬼神 以治政也 處其所存 禮之序也 玩其所樂 民之治也 故天生時而地生財 人其父生而師教之 四者君以正用之 故君者立於無過之地

也 故君者所明也 非明人者也 君者所養也 非養人者也 君
者所事也 非事人者也 故君明人則有過 養人則不足 事人
則失位 故百姓則君以自治也 養君以自安也　事君以自顯
也 故禮達而分定 故人皆愛其死而患其生　故用人之知去
其詐 用人之勇去其怒 用人之仁去其貪 故國有患 君死社
稷 謂之義 大夫死宗廟 謂之變.

【字解】① 危(위)─人의 變字인 ㇏과 厂과 卩의 變字인 㔾의 三合字
니 사람(㇏)이 바우덤(厂) 위에 올라 있는데 그 바우덤이 갈라(㔾)
졌으니 「위태」한 것.

② 倍(배)─픕는 否의 變字로서 한마음이었던 두 사람(亻)이 相對者를
拒否하고 갈라지니 「背叛한다」는 뜻이 되고, 하나가 둘이 되었으니
倍한 뜻이 된 것.

③ 肅(숙)─깊은 소(淵)에 긴 장대(丨)를 손(⺕)으로 잡고 있으니 氣
分이 嚴肅한 것.

④ 敝(폐)─베(巾)를 매로 쳐(攴)서 「떨어진」 것.

⑤ 疵(자)─이(此) 병(疒)은 「허무집」.

⑥ 樂(락)─나무(木)로 만든 상 위에 管(白)絃(絲) 樂器로써 音樂(악)
을 하니 「즐거운」 것인데, 즐거운 것을 「좋아하는」 뜻으로는 音이
「요」.

⑦ 愛(애)─엎은 손(爪)으로 덮(冖)는 마음(心)이 가(夂)니 「사랑하
는」 것이고, 또한 「아끼」는 뜻도 되는 것.

⑧ 患(환)─마음(心) 속을 꿰었(串)으니 「걱정」하는 것.

⑨ 詐(사)─잠깐(乍) 말(言)을 만들어서 「속이는」 것.

⑩ 貪(탐)─이제(今) 재물(貝)을 보고 欲心을 내서 「탐하는」 것.

⑪ 變(변)─사람이 말(言)을 주(糸)고 받(糸)으니 話題가 變해 가는
것.

【語解】① 殽地(효지)─땅(地) 위의 모든 物件이 섞여(殽) 있는 것.

② 興作(흥작)―일으켜(興)서 지은(作) 것.
③ 五祀(오사)―木의 神, 火의 神, 土의 神, 金의 神, 水의 神 등에 對한 祭.
④ 宗廟(종묘)―王家(宗)의 祠堂(廟).

【通釋】 그러므로(故) 政治가 不正하면 君位가 危殆하고 君位가 危殆하면 大臣들이 背叛(倍)하고 小臣들은 竊取하며 刑罰이 嚴肅해서 風俗이 頹廢하면 法律이 無常하고 法律이 無常하면 禮制가 無序(列)하며 禮制가 無序하면 士者가 그 職務(事)를 않는 것이다. 刑罰이 嚴肅해서 風俗이 頹廢하여 百姓이 歸化하지 않는 이것은 國家의 缺點(疵)이기 때문에 政治란 것은 人君이 自身을 감추(藏)는 所以인 것이다. 그러므로 무릇(夫) 政治는 반드시 天에 根本해서 雜多(殷)하게 降命하나니, 社稷에 降命하는 것은 殷地라 하고 祖廟에 降命하는 것은 仁義라고 하며, 山川에 降命하는 것은 興作이라 하고, 五祀에 降命하는 것은 制度라고 하는 것이니, 이것이 聖人이 굳(固)게 藏身하는 所以인 것이다.

그러므로 聖人은 天地에 參하고 鬼神에 並하여 政治를 하는 것이다. 그의 位置(所存)에 處함은 禮의 秩序고 그의 趣味(所樂)를 玩함은 民을 治하는 것이다. 그러므로 天은 時間을 生하고 地는 財物을 生하며 사람은 父가 生하고 師가 敎하나니 이 四者를 人君은 바로 써야(正用)만 그가 無過한 땅(地)에 설 것이다. 그러므로 人君은 밝힘(明)을 받는 것이지 남(人)을 밝히는 것은 아니고, 人君은 기름(養)을 받는 것이지 남을 기르는 것은 아니며, 人君은 섬김(事)을 받는 것이지 남을 섬기는 것은 아니다. 그러므로 人君이 남을 밝히면 過失이 되고 남을 기름에는 不足한 것이며, 남을 섬기면 失位가 되는 것이다.

그러므로 百姓들은 人君을 模法(則)해서 自治하고 人君을 尊養해서 自安하며, 人君을 奉事해서 自顯하는 것이다. 그러므로 禮가 達해야 本分이 定해지기 때문(故)에 사람들은 모두(皆) 그 죽기(死)를 아끼(愛)고 그 살기(生)를 생각(患)하는 것이다. 人材의 知를 쓰는(用)데는 그 詐는 버리고 人材의 勇을 쓰는 데는 그 怒를 버리며, 人材의 仁을 쓰는 데는 그 貪을 버려야 하니 그래서 國家에 患難이 있으면 人君은 社稷

을 爲해서 죽는 것을 義라고 말하고, 大夫는 宗廟를 爲해서 죽는 것을 變이라고 하는 것이다.

【餘說】무릇 國家는 하나의 全體이니 그 全體를 圓圖로 表象하면 君主는 그의 中心이고, 政治는 主體로 作用하니 그 主體는 三角으로 表象하면 君主는 그의 頂上이다. 圓圖의 中心에 있는 君主가 一方으로만 偏向한다면 國家는 반드시 기울어지는 것이고, 三角의 頂上에 있는 君主가 物慾化해서 不正하다면 政治는 반드시 무너지는 것이다. 그러므로 「政不正 則君位危하고 君位危 則大臣은 倍하고 小臣은 竊하는」 것이다. 그래서 大臣 小臣들이 亂版이 되면 刑罰만 嚴肅히 해서 風俗이 頹敝해지니 「法無常하고 禮無列하게」 되는 것이다.

그러므로 政治는 반드시 天道에 根本해서 命令을 내려야만 하기 때문에 聖人은 天道를 알아서 政治하신 것이다. 天은 時間的인 光明을 주고 地는 空間的인 財物을 주어서 人은 父母에서 태어났으나 師傅에게 道理를 배워야만 참다운 人間이 되는 것이다. 人間이 되는 道理는 物理가 아니라 人道인 것이니, 人道란 것은 天道에서 온 精神的인 眞理인 것이다. 精神的인 眞理란 것은 社會的인 結合을 하는 것이니 人君은 社會的인 結合의 中心體인 것이다. 그의 中心體는 반드시 明해야 하니 그 明하게 하는 方法은 오직 모든 人民이 所明함에 있는 것이다.

6

> 故聖人耐以天下爲一家 以中國爲一人者 非意之也 必
> 知其情 辟於其義 明於其利 達於其患 然後能爲之 何謂
> 人情 喜怒哀懼愛惡欲 七者弗學而能 何謂人義 父慈 子
> 孝 兄良 弟弟 夫義 婦聽 長惠 幼順 君仁 臣忠 十者謂
> 之人義 講信脩睦 謂之人利 爭奪相殺 謂之人患 故聖人
> 之所以治人七情 脩十義 講信脩睦 尙慈讓 去爭奪 舍禮
> 何以治之 飮食男女 人之大欲存焉 死亡貧苦 人之大惡存

焉 故欲惡者 心之大端也 人藏其心 不可測度也 美惡皆
在其心 不見其色也 欲一以窮之 舍禮何以哉 故人者 其
天地之德 陰陽之交 鬼神之會 五行之秀氣也 故天秉陽
垂日星 地秉陰 竅於山川 播五行於四時 和而後月生也
是以三五而盈 三五而闕 五行之動 迭相竭也 五行四時十
二月 還相爲本也 五聲六律十二管 還相爲宮也 五味六和
十二食 還相爲質也 五色六章十二衣 還相爲質也.

【字解】① 耐(내)—法度(寸)로 해서(而)「견디는」것.

② 辟(벽)—罪人(辛)을 불러(召)다가 法庭을「여는」것.

③ 義(의)—羊처럼 我가 全體의 公道에 따르는 것이니, 人間關係를 뜻
하는 것.

④ 測(측)—물(水) 깊이를 法則대로「측량」하는 것.

⑤ 窮(궁)—몸(躬)이 구멍(穴) 속에 들어갔으니 窮困해서 그것을 免
해 나오려고 窮理하는 것.

⑥ 竅(규)—흰(白) 日光이 내쳐(放) 通하는「구멍」.

⑦ 播(파)—손(手)으로 씨앗을 나누(釆)어 밭(田)에「뿌리는」것.

⑧ 盈(영)—그릇(皿)에다 이에(乃) 또(又) 더 넣으니「가득찬」것.

⑨ 迭(질)—어떤 職務를 잃고(失) 가(辵)니「갈리는」것.

⑩ 竭(갈)—무거운 짐을 지고 어찌(曷) 설(立)까「힘을 다하는」것.

【語解】① 五行(오행)—水火木金土.

② 四時(사시)—春夏秋冬.

③ 三五(삼오)—十五日.

④ 五聲(오성)—宮商角徵(치)羽.

⑤ 六律(육률)—黃鐘, 太簇, 姑洗, 蕤賓, 夷則, 無射 등 陽聲이니 大
呂, 夾鐘, 仲呂, 林鐘, 南呂, 應鐘 등 陰聲을 合稱한 것은 十二律.

⑥ 十二管(십이관)—十二律과 같음.

⑦ 五味(오미)—酸苦辛鹹甘.

⑧ 六和(육화)—酸苦辛鹹甘滑.

⑨ 十二食(십이식)——一年 十二個月의 食物.

⑩ 五色(오색)— 青赤黄白黑.

⑪ 六章(육장)—五色에다 또 玄色을 더한 것.

⑫ 十二衣(십이의)——一年 十二個月의 衣服.

【通釋】 그러므로(故) 聖人은 能히(耐) 天下를 一家로 하고, 中國을 一人으로 한 것은 意欲으로만 하는 것이 아니라, 반드시 人間의 그 情을 알고 그 義를 열며 그 利에 通(明)하고, 그 患에 達한 然後에만 可能한 것이다. 그러면 무엇을 人의 情이라고 하는가 하면 喜怒哀懼愛惡欲 등 일곱 가지는 안 배워도 되는 本能이고, 또 무엇을 人의 義라고 하는가. 父는 慈하고 子는 孝하며 兄은 良하고 弟는 悌하며 夫는 唱하고 婦는 聽하며 長은 惠하고 幼는 順하며 君은 仁하고 臣은 忠하는 등 열 가지를 人의 義라고 말(謂)하는 것이다. 信을 講하고 睦을 脩함은 人의 利라 하며 爭奪하고 相殺함은 人의 患이라고 하는 것이다. 그러므로 聖人이 사람의 七情은 治化하고 十義는 脩行하며 信을 講하고 睦을 脩하며 辭讓을 崇尚하고 爭奪을 除去하는 所以니 禮를 버린다면 어찌 可能(治)할까.

飲食과 男女에는 人間의 大欲이 있는 것이고 死亡과 貧苦에는 人間의 大惡(오)가 있는 것이다. 그러므로 欲求하고 憎惡하는 것은 人心의 大端이라, 사람이 그러한 心情을 감춰(藏) 가졌음은 測量할 수가 없는 것이다. 善과 惡이 다 그 心中에 있으나 그 形色에는 보이(見)지 않으니 그것을 合一하려고 窮理한다면 禮를 버리고 무엇으로 할까. 그러므로 人間이란 것은 天地의 合德이고 陰陽의 交合이며 鬼神(魂魄)의 會體고 五行의 秀氣다. 그러므로 天은 陽體로서 日星이 비치고 地는 陰體로서 山川이 있으며 四時에는 五行이 配屬(播)되었는데, 日에 和해서 月이 生하니 그것(是)은 十五日만에 盈했다가 十五日만에 缺(闕)해지는 것이다. 五行은 動해서 서로 바뀌(迭)니 그것이 四時에 十二月로 서로 根本이 되어 돌아가는 것이다. 그런데 또 五聲은 六律에 十二管으로 서로 連續해서 돌아가고, 五味는 六和에 十二食으로 서로 因緣해서 돌아가며, 五色은 六章에 十二衣로 서로 因緣해서 돌아가는 것이다.

【餘説】 要컨대 聖人이 中國을 一人으로 하고 天下를 一家로 해서 治國平天下를 하는 데는 반드시 人間의 感情作用을 認識하고 義理 倫理를 勵行해서 講信 脩睦함이 有利함을 알고 爭奪相殺함이 患難됨을 避하는 方道로써 禮의 重要性을 말한 것이다. 그런데 講信脩睦하는 것은 愛心의 所産이고, 爭奪相殺하는 것은 欲心의 作用인데 欲心의 作用은 飲食男女에 根本한 것이고, 愛心의 所産은 家庭倫理에서 始發하는 것이다. 飲食男女만 欲求해서 爭奪相殺하는 것을 防止하는 方道는 오직 家庭倫理로 愛護해서 講信脩睦함에 있는 것이다.

그런데 父慈子孝하고 兄良弟悌하며 夫唱婦聽하고 長惠幼順하며 君仁臣忠하는 十義는 바로 五倫이니, 이것은 堯舜 때부터 내려온 것이나 喜怒哀懼愛惡欲 등 七情이란 것은 此篇에서 비로소 나온 것이다. 그러면 人間의 感情은 오직 이 七種 뿐인가 하면 이 外에도 愧가 있는 것이다. 그런데 왜 愧는 빼두고 七情만 말했는가 하면 七情은 惡하게 作用하는 것이니 이것은 「治」해야 하지마는 愧情만은 善하기만 하니 治할 必要가 없기 때문이다. (이 問題에 對해서는 拙著 弘道全書 第二編 『東洋思想體系』 內 第三章 「儒道의 思想體系」 第三節 人性論 參照)

7

故人者天地之心也 五行之端也 食味別聲被色而生者也 故聖人作則 必以天地爲本 以陰陽爲端 以四時爲柄 以日星爲紀 月以爲量 鬼神以爲徒 五行以爲質 禮義以爲器 人情以爲田 四靈以爲畜 以天地爲本 故物可擧也 以陰陽爲端 故情可睹也 以四時爲柄 故事可勸也 以日星爲紀 故事可列也 月以爲量 故功有藝也 鬼神以爲徒 故事可守也 五行以爲質 故事可復也 禮義以爲器 故事行有考也 人情

以爲田 故人以爲奧也 四靈以爲畜 故飮食有由也 何謂四
靈 麟鳳龜龍 謂之四靈 故龍以爲畜 故魚鮪不淰 鳳以爲
畜 故鳥不獝 麟以爲畜 故獸不狘 龜以爲畜 故人情不失
故先王秉蓍龜 列祭祀 瘞繒 宣祝嘏辭説 設制度 故國有
禮 官有御 事有職 禮有序 故先王患禮之不達於下也　故
祭帝於郊 所以定天位也 祀社於國 所以列地利也 祖廟
所以本仁也 山川 所以儐鬼神也 五祀 所以本事也　故宗
祝在廟 三公在朝 三老在學 王前巫而後史 卜筮瞽侑 皆
在左右 王中 心無爲也 以守至正.

【字解】① 被(피)—몸에 가죽(皮)처럼 옷(衣)을「입는」것.
② 柄(병)—丙은 南쪽이니 陽動하는 데 쓰는 木製의「자루」.
③ 徒(도)—달려(走) 가(辵)기만 하는「무리」.
④ 藝(예)—풀(艹)을 가지(丸)고 땅(坴)에다「심」는 것인데, 그것을
　　잘 되도록 말(云)하는「재간」.
⑤ 奧(오)—집(宀) 내부를 나눠(釆) 만든 방 중에 큰(大)「안방」.
⑥ 鮪(유)—힘이 있는(有) 고기(魚)니「상어」.
⑦ 淰(심)—念水가 어째서「고기가 놀라는」것을 뜻이 될까.
⑧ 獝(귤)—짐승(犬)에게 창이 들어 오(矞)니「놀라는」것.
⑨ 狘(월)—짐승(犬)에게 도끼(戉)를 들이대니「놀라 달아나는」것.
⑩ 蓍(시)—오래 묵은(老) 풀(艹) 떨기에서 솟아난 대궁으로 밝게(日)
　　알려고「점치는 기구」.
⑪ 瘞(예)—病(疒)들어 죽은 것을 땅(土)에 갖다(來)가「묻는」것.
⑫ 繒(증)—깁실(糸)로 일찍이(曾) 짠「비단」으로 드리는「폐백」.
⑬ 巫(무)—위의 一은 天, 아래의 一은 地, 가운데 ㅣ은 人인데, 鬼를
　　따라(从)서 쫓아내는「무당」.
⑭ 筮(서)—神으로 通하는 무당(巫)처럼 댓가지(竹)로써「占치는」것.
⑮ 瞽(고)—치는(鼓) 소리만을 눈(目)으로 하는「장님」.

112

⑯ 侑(유)—사람(人)이 있어(有)서 「도와 주는」 것.

【通釋】 그러므로 人間이란 天地의 中心이고 五行의 端合으로서 맛(味)을 먹(食)고 소리(聲)로 알(別)며 옷(色)을 입(被)고 사는(生) 것이기 때문에 聖人이 出現(作)하면 반드시 天地를 根本으로 하고 陰陽을 端緒로 하며, 四時를 回柄으로 하고 日星으로써는 紀年으로 하며, 月朔으로써는 數量으로 하고 鬼神으로써는 使徒로 하며, 五行으로써는 本質로 하고 禮義로써는 器具로 하며, 人情으로써는 田地로 하고 四靈으로써는 養畜으로 하는 것이다.

天地를 根本으로 하기 때문에 物을 可히 들(擧)고 陰陽을 端緒로 하기 때문에 情을 可히 보(睹)는 것이며, 四時를 回柄으로 하기 때문에 事를 可히 勸하고 日星을 紀年으로 하기 때문에 事에 可히 列하며 月朔을 數量으로 하기 때문에 功을 심음(藝)이 있고, 鬼神을 使徒하기 때문에 事를 可히 지키(守)며, 五行을 本質로 하기 때문에 事를 可히 回復할 수 있고, 禮義를 器具로 하기 때문에 事를 考할 수 있으며, 人情을 田地로 하기 때문에 人間을 中心(奧)으로 하고, 四靈을 養畜으로 하기 때문에 飮食이 由來하는 것이다.

그러면 무엇을 四靈이라고 하는가 하면 麟鳳龜龍을 말하는 것이다. 그러므로 龍을 養畜하기 때문에 魚鮪도 놀라지(淰) 아니하고, 鳳을 養畜하기 때문에 鳥類도 놀라지(獝) 않으며, 麟을 養畜하기 때문에 獸類도 놀라지(狘) 아니하고, 龜를 養畜하기 때문에 人情을 잃지(失) 않는 것이다. 그러므로 先王은 蓍龜를 잡아(秉)서 祭祀의 幣帛에 列하고, 祝嘏의 辭說을 宣唱하며 制度를 設하기 때문에 國에는 禮가 있고 官에는 御가 있으며, 事에는 職이 있고 禮에는 序가 있는 것이다. 그러므로 先王은 禮가 下民에까지 達하지 않을까 걱정(患)하셨던 것이다.

그러므로 上帝를 郊에서 祭祀하는 것은 天位를 定하는 所以고, 社稷을 國에서 祭祀하는 것은 地利를 列하는 所以며, 祖廟는 仁을 本으로 하는 所以고, 山川은 鬼神을 尊祀(儐)하는 所以며, 五祀는 事爲를 本으로 하는 所以다. 그러므로 宗祝은 廟에 있고 三公은 朝廷에 있으며, 三老는 學校에 있는 것이다. 王의 前에는 巫가 主導하고, 後에는 史가

記錄하며 龜卜과 筮占, 樂官(瞽)과 輔助(伯)들이 모두 左右에 있는데 그 가운데 王은 마음이 無爲해서 至正만 지키는 것이다.

【餘説】무릇 人間은 天地의 中心에서 五行의 合精으로 出生해서 衣食하고 感覺하면서 살아가는 것이다. 그런데 人類를 代表하는 最高의 人格은 聖人이니, 그는 天地의 本體에서 陰陽이 作用하는 根源의 眞理에 通達해서 人間의 當爲할 原則대로 實行하는 것이다. 日月은 空間的 世界를 回轉하고, 四時는 時間的 世界를 循環하는데 人間的 世界에는 禮義의 原則으로 人情을 培養하는 것이다. 天地의 生物하는 原理는 仁이니 仁은 生命의 種子이다. 그 씨앗에서 根幹이 올라오니 이것은 義고, 그 줄기에서는 枝條가 나오니 이것은 禮며, 그 가지에서는 花葉이 되니 이것은 樂이다.

　그런데 自然의 世界에 있는 動物의 中에는 四靈이 있으니 陸上에 있는 獸類의 最高는 麟이고, 鳥類의 最高는 鳳이며, 水中에 있는 甲虫類의 最高는 龜이고, 爬虫類의 最高는 龍이다. 麟과 鳳은 人間의 泰平聖世에 出現하는 것이고, 龜와 龍은 動物의 靈感長壽를 象徵하는 것이다. 그러니 이 四靈은 人間의 世界를 爲해서 가장 貴重한 動物인 것이다. 그런데 動物의 世界에서 進化된 人間의 世界는 반드시 上天의 世界로 通해야 하는 것이다. 그러므로「郊에서 上帝에게 祭祀하는 것은 天位를 定하는 것이고, 國에서 社稷에게 祭祀하는 것은 地利를 列하는 것이다.」고 하였다. 그리고 또 家廟에서는 祖先을 모시고 山川에서는 鬼神을 받들며 五祀에서는 生業을 하는 것이다.

8

故禮行於郊　而百神受職焉　禮行於社　而百貨可極焉　禮行於祖廟　而孝慈服焉　禮行於五祀　而正法則焉　故自郊社祖廟山川五祀　義之脩　而禮之藏也　是故夫禮　必本於大一分而爲天地　轉而爲陰陽　變而爲四時　列而爲鬼神　其降曰

命 其官於天地 夫禮 必本於天 動而之地 列而之事 變而
從時 協於分藝 其居人也曰養 其行之以貨力辭讓 飲食冠
昏喪祭射御朝聘 故禮義也者 人之大端也 所以講信脩睦
而固人肌膚之會 筋骸之束也 所以養生送死事鬼神之大端
也 所以達天道順人情之大竇也 故唯聖人爲知禮之不可以
已也 故壞國喪家亡人 必先去其禮 故禮之於人也 猶酒之
有蘗也 君子以厚 小人以薄 故聖王脩義之柄 禮之序 以
治人情 故人情者 聖王之田也 脩禮以耕之 陳義以種之 講
學以耨之 本仁以聚之 播樂以安之 故禮也者義之實也
協諸義而協則 禮雖先王未之有 可以義起也 義者 藝之分
仁之節也 協於藝 講於仁 得之者强. 仁者 義之本也 順之
體也 得之者尊.

【字解】 ① 禮(례)─그릇(豆)에 식물을 가득(豊) 담아서 相對方에게
   그의 心情(示)을 표시하는 「예절」.
② 貨(화)─財物(貝)로 變化할 수 있는 「화폐」니 따라서 貨幣로 만들
   려는 물건은 「貨物」.
③ 辭(사)─罪人(辛)을 다스리는(爵) 「말」이나 一般行事를 다스리는
   말로도 轉注된 것.
④ 讓(양)─상대자에게 큰(襄) 말(言)로써 「사양하는」 것.
⑤ 膚(부)─육체(月)의 表面을 덮(膚)은 「피부살」.
⑥ 筋(근)─육체(月) 속의 힘(力)을 쓰는 단단한(竹) 섬유질인 「힘줄」.
⑦ 骸(해)─죽어서 最後(亥)로 남은 뼈(骨).
⑧ 竇(두)─물건을 파는(賣) 구멍(穴)이니 무엇이 나오는 「구멍」.
⑨ 蘗(얼)─쌀(米)밥에 섞어서 發酵해 變質시키(薛)는 「누룩」.
⑩ 耨(누)─밭에 잡초를 쟁기(耒)로 갈면 곡식에 해(辱)가 되니 호미
   로 풀을 「매는」 것.

【通釋】그러므로 禮를 郊祀에서 行하면 百神이 使命(職)을 받고, 禮를 社稷에서 行하면 百貨가 可極하게 되며, 禮를 祖廟에서 行하면 孝慈가 實行이 되고, 禮를 五祀에서 行하면 法則이 바르게 되는 것이다. 그러므로 郊祀, 社稷, 祖廟, 山川, 五祀 등에서(自) 我를 닦아(脩)서 禮를 行(藏)하는 것이다. 그러므로 무릇 禮는 반드시 太一에 根本해서 分化돼서는 天地가 되고, 轉動해서는 陰陽이 되며, 變化해서는 四時가 되고, 成列해서는 鬼神이 되니 그것이 내리는(降) 것을 命이라고 하니, 그것은 天을 主(官)로 한 것이다.

무릇 禮는 반드시 天에 根本하여 動해서는 地로 가(之)고, 列해서는 事로 가며, 變해서는 時에 따르(從)고 分業에 맞(協)게 하는 그것을 人生에 있어(居)서는 養이라고 하는데, 그것을 行함에는 貨力, 辭讓, 飮食, 冠婚, 喪祭, 射御, 朝聘 등이 있는 것이다. 그러므로 禮義라는 것은 人間의 大事니 信을 講하고 睦을 脩하는 所以로써 사람의 肌膚의 會와 筋骸의 束을 굳게(固) 하는 것이고, 養生하고 送死하며 鬼神을 섬기는 大節이 되는 所以며, 天道에 達하고 人情에 順하는 大源(竇)이 되는 所以인 것이다.

그러므로 오직 聖人만이 禮를 그만 두(已)어서는 不可함을 아는 것이다. 그러니 亡國, 敗家, 害人하는 者는 반드시 먼저 그 禮를 버렸던(去) 것이라, 禮가 人間에게 있어서는 술(酒)에 누룩(蘖)과 같은(猶) 것이다. 君子는 厚하게 하나 小人은 薄하게 하기 때문에 聖王은 義의 柄과 禮의 序를 닦아서 人情을 다스렸던 것이다. 그러므로 人情 이란 것은 聖王의 田地인데 禮를 닦아서는 耕作을 하고, 義를 行해서는 播種을 하며, 學을 講해서는 김을 매(耨)고 仁에 根本해서는 秋收를 하며, 樂(악)을 傳播해서는 安樂(락)하게 한 것이다. 그러므로 禮라는 것은 義의 열매(實)이니 그 義에 協해서 原則에 協하면 비록 先王의 禮에 없고 해도 可히 義로써 禮를 일으킬(起) 수도 있는 것이다. 義란 것은 藝의 分이고 仁의 節이니, 禮에 協하고 仁을 講해서 얻은 者는 強力해지고 仁이란 것은 義의 本이고 順의 體이니 얻은 者는 尊重해지는　것이다.

【餘説】此篇은「禮運」이니 禮를 運用하는데 重點이 있는 것이나, 此章에는 禮의 根本은 義에 있고 義의 根本은 仁에 있음을 말하였다. 그러므로「禮者는 義之實也라.」고 하고, 또한「義者는 仁之節也라.」고 하고 또「仁者는 義之本也라.」고 한 것이다. 仁, 義, 禮의 相互關係를 하나의 圓體로써 説明한다면 仁은 中心의 原點이고, 義는 延長한 節線이며, 禮는 節線의 圓周인 것이다. 그러니 仁의 原點에서 禮의 圓周까지는 數多한 義線이 있는 것이니 그 義線의 終末에서 制定하는 禮規는 얼마든지 創造할 수가 있기 때문에「協諸義 而協則이면 雖先王이 未之有해도 可以義起라.」고 하였으니 義起라는 것은 制禮하는 것이다.

그러니 仁의 原點은 唯一한 것이나 禮의 規定은 無數한 것이다. 그러므로 郊祀의 禮, 社稷의 禮, 祖廟의 禮, 五祀의 禮 등 뿐만이 아니라, 또한 貨力, 飮食, 冠婚, 喪祭, 射御, 朝聘 등의 禮가 限없이 많은 것이다. 그런데 그 禮란 것은「以治人之情」이니 이것이 社會의 秩序를 세우는 規範인 것이다. 그러므로 이 禮란 規範이 없이는 社會의 秩序를 維持할 수가 없기 때문에 聖人은 禮가 없어서는 안 된다는 것을 말씀하셨으니, 이것은「壞國喪家 亡人은 必先去其禮한」것이 實證되는 것이다. 그런데 至今의 무슨 主義란 것은 義를 主로 한다는 뜻이나, 그에는 仁의 原點도 없고 禮의 規定도 없이 對立만 하니 그것이 人類의 生命을 威脅하는 末世의 徵候인 것이다.

9

故治國不以禮 猶無耜而耕也 爲禮不本於義 猶耕而弗種也 爲義而不講之以學 猶種而弗耨也 講之以學而不合之以仁 猶耨而弗穫也 合之以仁 而不安之以樂 猶穫而弗食也 安之以樂 而不達於順 猶食而弗肥也 四體既正 膚革充盈 人之肥也 父子篤 兄弟睦 夫婦和 家之肥也 大臣法 小臣廉 官職相序 君臣相正 國之肥也 天子以德爲車 以樂爲御 諸侯以禮相與 大夫以法相序 士以信相考 百姓

以睦相守 天下之肥也 是謂大順 大順者 所以養生送死事
鬼神之常也 故事大積焉而不苑 竝行而不繆　細行而不失
深而通 茂而有間 連而不相及也 動而不相害也　此順之至
也 故明於順 然後能守危也 故禮之不同也　不豐也　不殺
也 所以持情而合危也 故聖王所以順 山者不使居川 不使
渚者居中原 而弗敝也 用水火金木飲食必時 合男女 頒爵
位 必當年德 用民必順 故無水旱昆蟲之災 民無凶饑妖孼
之疾 故天不愛其道 地不愛其寶 人不愛其情 故天降膏露
地出醴泉 山出器車 河出馬圖 鳳皇麒麟皆在郊棷　龜龍在
宮沼 其餘鳥獸之卵胎 皆可俯而闚也 則是無故 先王能脩
禮以達義 體信以達順故　此順之實也.

【字解】 ① 耟(사)—밭을 가는(耒) 데 쓰(目＝以)는「보습날」.

② 耕(경)—井의 形으로 구획지은 밭에 耒(쟁기)로써「가는」것.

③ 種(종)—벼(禾)를 거듭(重)나게 하는「씨」니 그것은「심는」것.

④ 穫(확)—농사 지은 벼(禾)를 말로 되(隻)서「거둬들이는」것.

⑤ 肥(비)—몸(月)이 뱀(巴)처럼「살찐」것.

⑥ 苑(원)—草(艹)木이 무성하고 짐승들이 뛰노는(夗)「유원지」.

⑦ 繆(유)—실(糸)이 높이 나(翏)니「그릇된」것. 실가닥이 서로「얽
히는」뜻으로는 音이「무」이고, 또 世上을「어지럽」힌 者의 諡號로
는 音이「목」.

⑧ 渚(저)—물(水)이 이른 데(者)는「물가」.

⑨ 頒(반)—머리(頁)로 생각해서「나누는」(分) 것.

⑩ 棷(취)—나무(木)를 取하는 곳은「숲」인데, 取한 나무는「연료」로
쓰는 것.

⑪ 沼(소)—물(水)이 모인(召) 곳은「못」.

⑫ 俯(부)—사람(人)이 萬物이 있는 곳(府)인 땅을 보니「구부리는」
것.

⑬ 闚(규)—문(門)틈으로 그것(夫)을 보(見)니 「엿보는」 것.

【語解】 ① 四體(사체)—四肢와 같음.

② 水旱 (수한)—장마지(水)는 것과 가무(旱)는 것.

③ 昆蟲(곤충)—수많은(昆) 벌레(蟲).

④ 凶饑(흉기)—흉년(凶)이 들어 굶주리(饑)는 것.

⑤ 妖孽(요얼)—美女(妖)와 庶子(孽)나 災殃을 뜻함.

⑥ 膏露(고로)—草木을 적셔 주는 기름(膏)진 이슬(露).

⑦ 醴泉(예천)—단술(醴) 맛 나는 샘(泉).

⑧ 馬圖(마도)—伏羲氏 때 黃河에서 龍馬가 등에 點圖를 지고 나와 그를 보고 易卦를 만든 것.

⑨ 卵胎(난태)—鳥類는 卵으로 生하고, 獸類는 胎로 生하는 것.

⑩ 爵位(작위)——升들이 잔(爵)을 그의 身分(位)에 따라서 人君이 臣下에게 下賜하는 것.

【通釋】 그러므로 治國함에 禮로 하지 않음은 쟁기(耜)가 없이 밭 갈려(耕)는 것과 같고, 制禮함에 義를 本으로 하지 않음은 밭을 갈고 씨(種)를 심지 않는 것과 같으며, 爲義함에 學問을 講하지 않음은 씨는 심어도 매지(耨) 않는 것과 같고, 學問은 講해도 仁에 合하지 않음은 매고도 收穫하지 아니함과 같으며, 仁에 合해도 樂으로써 自足(安)하지 않음은 收穫을 해도 먹지(食) 않는 것과 같고, 樂으로 自足해도 順에 達하지 않음은 먹어도 살찌지(肥) 않음과 같은 것이다.

　四體가 이미(旣) 바르(正)고 皮膚가 가득(充) 찬(盈) 것은 人格이 살진 것이고, 父子間이 篤實하고 兄弟間이 親睦하며 夫婦間이 和合함은 家庭이 살진 것이며, 大臣은 法이 있고 小臣은 廉해서 官職이 서로 秩序있고 君臣이 서로 正直함은 國家가 살찐 것이며, 天子는 德을 車로 하고 樂을 御로 하며 諸侯는 禮로 相對하고 大夫는 法으로 秩序 있고 士者는 信으로 相從하며 百姓은 睦으로써 相守함은 天下가 살진 것이니 이것을 火順이라고 한다.

　火順이란 것은 生者를 기르(養)고 死者를 보내(送)며 鬼神을 섬기는

(事) 常道이다. 그러므로 일이 크게 쌓여(事大積) 놀지(苑) 아니하고
같이 (並) 行하여도 틀리(繆)지 아니하며, 작은(細) 行爲도 실수(失)하
지 아니해서 深해도 通하고 盛(茂)해도 閒하며, 連해도 相干하지 아니
하고 動해도 相害하지 않는 이것이 順의 極致(至)다. 그러므로 順에 밝
(明)은 然後에야만 能히 危難에도 견딜 수 있는 것이다. 그러므로 禮의
不同함과 不豊함과 不衰(殺)함이 人情을 維持해서 危難에도 通應(合危)
하는 所以인 것이다.

　그러므로 聖王이 順하는 所以는 山을 川에 있게 하지도 아니하고 渚
를 中原에 있게 하지도 않아서 떨어지(敝)지 않는 것이다. 水火金木을
쓰고 飮食을 제 때(必時) 하며, 男女를 合하고 爵位를 나눠(頒) 주는
데는 반드시 年德에 當하도록 하고 百姓(民)을 반드시 順하게 하기 때
문에 水旱이나 昆虫의 災가 없으니 百姓들은 凶饑나 妖孼의 疾도 없게
될 것이다.

　그러므로 天은 그 道를 아끼(愛)지 않고, 地는 그 寶를 아끼지 않으
며, 人은 그 情을 아끼지 않기 때문에 天은 膏露를 내리고, 地는 醴泉
을 내주며, 山川에는 器車가 나고 河水에는 馬圖가 나며, 鳳凰과 麒麟이
모두 郊林(楸)에 있고 龜龍은 宮沼에 있으며, 그 外에 鳥獸의 卵生胎
生을 모두 다 내려(俯) 볼 수가 있는 것인즉, 이것(是)은 다른 理由
(故)가 없으니 先王은 能히 禮를 行하고 義에 達하며 信을 體해서 順을
用했기 때문이라 이것이 順의 實인 것이다.

【餘説】要컨대 治國하는데 禮는 耕田하는 데 耜와 같은 것이고, 制禮하
는데 義는 耕田하는 데 種과 같은 것이며, 爲義하는데 學은 播種한 뒤
에 耨함과 같은 것이고, 講學하는데 仁은 耨한 뒤의 穫함과 같은 것이
며, 合仁으로 安樂함은 收穫해서 食用함과 같은 것이고, 安樂으로 通達
함은 食事해서 身康함과 같은 것이다. 그런데 禮는 治國하는 道具고 義
는 制禮하는 原理며, 學은 義理를 探究하는 것이고 仁은 學問의 所得
인 것이니, 仁은 樂으로 하고 樂은 順으로 해서 人間들을 서로 和樂시
키는 이것이 治國하는 大道인 것이다.

　그러니 禮와 義, 學과 仁을 通해서 樂으로 順하는 이것이 人生의 幸

福이 아닌가. 그래서 個人이 肥하고 家庭이 肥하며, 天下가 肥하는 이 것이 大順의 世界이니 이렇게 되면 自然界에는 水旱昆虫의 災害가 없어져서 人間界에는 凶饑妖孽의 患難이 없게 될 것이다. 그래서「天降膏露하고 地出醴泉하며 山出器車하고, 河出馬圖하고, 麟鳳이 在郊椒하고, 龜龍이 在宮沼하는」祥瑞가 나타날 것이니, 이것이 先王이 能히「脩禮해서 達義하고 體信해서 達順하신 것이다. 原初에 大同의 世界는 後世에 小康의 時代로 變化했지마는 小康時代에서는 仁義禮樂으로써만 大同의 世界를 實現할 수가 있는 것이니, 이것이 禮運의 思想인 것이다.

第四編　樂　記

1

凡音之起 由人心生也 人心之動 物使之然也 感於物而動 故形於聲 聲相應故生變 變成方謂之音 比音而樂之 及干戚羽旄 謂之樂 樂者 音之所由生也 其本在人心之感於物也 是故其哀心感者 其聲噍以殺 其樂心感者 其聲嘽以緩 其喜心感者 其聲發以散 其怒心感者 其聲粗以厲 其敬心感者 其聲直以廉 其愛心感者 其聲和以柔 六者非性也 感於物而后動 是故先王愼所以感之者 故禮以 道其志 樂以和其聲 政以一其行 刑以防其姦 禮樂刑政 其極一也 所以同民心 而出治道也.

【字解】① 音(음)—立과 曰의 合字니, 입을 縱으로 세워(立)서 말(曰)하는「소리」.

② 聲(성)—사람(士)이 마디(卩)가 있는 막대기로 쳐(殳)서 귀(耳)에 들리는「소리」임.

③ 旄(모)—털(毛)을 붙인 깃발(扩)임.

④ 噍(초)—새(隹)를 불(火)로 구워 입(口)으로 씹는 것처럼　分解되는 것.

⑤ 殺(살·쇄)—창(戈)으로 나무(木)를 쳐서(乂)「죽이는」것이니 죽은 것은 生氣가「점점 줄어들어」없어지는 것.

⑥ 嘽(천)—單口니 느릿하게 내는「기쁜 소리」를 形容한 것.

⑦ 粗(조)—장且로 정米하려는 벼니「거친」것.

【通釋】무릇 音이 일어나는 것은 사람의 心으로 말미암아 나는 것이고, 心이 動하는 것은 物이 하여금 그렇게 만든 것이다. 物에 感해서 動하기 때문에 聲으로 나타나고, 聲은 서로 應하기 때문에 變化가 生하고, 變化함이 方向을 이루는 것을 音이라고 하며, 音에 比해서 樂(락)하는 데는 干戚(武舞用), 羽旄(文舞用)로 춤을 추는 것이다. 樂(악) 이란 것은 音으로 말미암아서 生하는 것이니 그의 根本은 心이 物에 感하는 데 있는 것이다. 그러므로 그 哀心이 感한 者는 그 聲이 噍하여 殺(쇄)해지고, 그 樂(락)心이 感한 者는 그 聲이 嘽하여 緩해지며 그 善心이 感한 者는 그 聲이 發散되고, 그 怒心이 感한 者는 그 聲이 粗厲하며 그 敬心이 感한 者는 그 聲이 廉直하고, 그 愛心이 感한 者는 그 聲이 柔和하나니 이 六者는 사람의 心性이 아니라, 外物에 感해서 動한 것이다. 그러므로 先王은 그 感하는 所以를 삼가하는 것이기 때문에 禮로써는 그 志를 導하고 樂으로써는 그 聲을 和하며 政으로써는 그 行을 統一하고, 刑으로써는 그 姦을 防止하는 것이라, 禮樂政刑 등 四者의 目的(極)은 同一한 것이니, 이것이 民心을 同化해서 治道를 行使하는 所以인 것이다.

【餘説】무릇 「소리」란 것은 物質과 物質이 서로 接觸하는 데서 發生하는 音波가 耳膜을 通해서 들리는 것이다. 그러니 「物使之然」으로 「人心之動」이 感應하는 데서 音樂이 形成된 것이다. 무릇 物質은 반드시 個體的으로만 存在한 것이고, 무릇 物體는 반드시 被動的으로는 分化되는 것이니, 거기서 音聲이 發生하는 것이다. 그런데 心神은 반드시 全體的으로만 作用하는 것이고, 무릇 心體는 반드시 能動的으로 感應하는 것이니, 여기서 音樂이 必要한 것이다. 物質的 外界의 消息이 精神的 內界로 들어오는 데는 반드시 感覺을 通해서만 傳達되는 것이고, 感覺에 對應하는 것은 感情인데 感情에는 哀心과 樂心, 善心과 怒心, 敬心과 愛心 등 여러 가지 作用이 있으니 그의 是非喜惡을 理性으로써 判斷하여 感情을 淳化하는 것이 音樂의 目的인 것이다. 그러므로 先王은 「愼所以感之者」니 「禮以道其志」하는데, 따라서 「樂以和其聲」하는 것이다. 그래서 禮樂으로써 政治하여 國家의 安寧秩序를 保全하는 데,

그에 感化되지 않는 者는 刑罰로써 對治하는 것이다.

2

```
凡音者 生人心者也 情動於中 故形於聲 聲成文謂之音
是故治世之音安以樂 其政和. 亂世之音怨以怒 其政乖 亡
國之音哀以思 其民困 聲音之道 與政通矣. 宮爲君 商爲
臣 角爲民 徵爲事 羽爲物 五者不亂 則無怗懘之音矣 宮
亂則荒 其君驕 商亂則陂 其臣壞 角亂則憂 其民怨 徵亂
則哀 其事勤 羽亂則危 其財匱 五者皆亂迭相陵謂之慢 如
此 則國之滅亡無日矣. 鄭衛之音 亂世之音也 比於慢矣 桑
閒濮上之音 亡國之音也 其政散 其民流 誣上行私 而不可
止也.
```

【字解】① 乖(괴)—千과 北의 合字니, 千갈래로 北(등지는 것이니 音
은 배)한 것이니 「어그러진」 것.

② 怗(첩)—心이 占했으니 安靜한 것.

③ 懘(체)—心이 滯했으니 不安한 것.

④ 匱(궤)—貴한 것이 匚(藏)했으니 「없어진」 것.

⑤ 濮(박)—衛나라에 있는 僕水 이름.

⑥ 迭(질)—잃어(失)서 갔으(辵)니 다른 것이 와서 「바꿔진」 것.

【通釋】 무릇 音이란 것은 사람의 마음에서 일어난 것이니 感情이 心中
에서 動하기 때문에 聲으로 나타난 것이고, 聲이 文을 이루는 것은 音
이라고 하는 것이다. 그러므로 治世의 音은 安하고도 樂하니 그 政事가
和하고, 亂世의 音은 怨하고도 怒하니 그 政事가 乖하며, 亡國의 音은
哀해서 思하니 그 百姓이 困窮하므로 聲音의 道는 政事로 通하는 것이
다. 宮은 君이 되고 商은 臣이 되며, 角은 民이 되고 徵는 事가 되며,
羽는 物이 되니 이 五音이 不亂하여 怗懘한 音이 없는 것이다. 宮音이

亂하면 荒하여 그 君이 驕하고 商音이 亂하면 陂(偏)하여 그 臣이 壞하며, 角音이 亂하면 憂하여 그 民이 怨하고, 徵(치)音이 亂하면 哀하여 그 事는 勤(勞)하며, 羽音이 亂하면 危하여 그 財가 匱(乏)해지고, 이 五者가 다 亂해서 서로 迭凌(陵)하는 것은 慢이라고 하나니 이렇게 된다면 國家가 滅亡할 날이 멀지 않을 것이다. 鄭나라, 衛나라의 音樂들은 亂世의 音樂이니 慢에 比近하고, 桑間과 濮上에 淫亂한 音樂은 亡國하는 音樂이니 그 政事가 散亂해서 그 百姓은 流離하고, 上者를 속이고 私心만 行함을 막을(止) 수가 없는 것이다.

【餘説】이에 宮商角徵(치)羽란 것은 五音階인데 그것을 五行에다가 配屬해서 宮은 土에, 商은 金에, 角은 木에, 徵는 火에, 羽는 水에로 結合하고, 또 社會의 階級과 人生의 事物에 配屬해서는 宮은 王에, 商은 臣에, 角은 民에, 徵는 事에, 羽는 物에로 結合시켜서 宮을 中心에 主로 하였으니 商은 西方에, 角은 東方에, 徵는 南方에, 羽는 北方에 該當이 되는 것이다. 政事가 和한 治世의 音은 安而樂하나, 政事가 乖한 亂世의 音은 怨而怒하고, 民生이 困窮한 亡國의 音은 哀而思하다는 것이다. 그래서 宮音이 亂하면 人君이 驕慢하고, 商音이 亂하면 人臣이 壞法하며, 角音이 亂하면 人民이 憂怨하고, 徵音이 亂하면 人事가 苦哀하며, 羽音이 亂하면 物質이 窮乏하고, 五者가 다 亂해서 서로 怠慢하고 侵凌하면 그 國家가 반드시 亡한다는 것이다. 그런데 鄭衛의 音은 淫亂한 亂世의 音이니 衛나라 濮水의 南에는 桑田이 있어서 그間은 男女가 密會하는 場所였는데 殷紂가 師延을 시켜서 靡靡라는 音樂을 지었더니 殷紂가 亡하니 師延은 濮水에 빠져 죽고, 그 뒤에 師涓이 그 곳을 지나다가 그 淫樂을 듣고서 記錄해 왔던 것이다.

3

凡音者 生於人心者也 樂者 通倫理者也 是故知聲而不知音者 禽獸是也 知音而不知樂者 衆庶是也 惟君子爲能知樂 是故審聲以知音 審音以知樂 審樂以知政 而治道備

矣 是故不知聲者 不可與言音 不知音者 不可與言樂 知
樂則幾於禮矣 禮樂皆得 謂之有德 德者得也 是故樂之隆
非極音也 食饗之禮 非致味也 清廟之瑟 朱弦而疏越 壹
倡而三歎 有遺音者矣 大饗之禮 尚玄酒而俎腥魚 大羹不
和 有遺味者矣 是故先王之制禮樂也 非以極口 腹耳目之
欲也 將以敎民平好惡 而反人道之正也.

【字解】 ① 禽(금)—离는 땅에 足跡을 남긴 山神이고, 스는 하늘로 날
아 올라가는 形相이니, 두 발로 땅에서 하늘로 날아가는 「새짐승」.

② 獸(수)—嘼는 두 귀(吅) 머리(田), 땅을 밟은 발(囚))을 合해서
「털난 네 발 짐승」을 뜻한 字로서, 一般 四足 짐승을 뜻한 犬字 를
덧붙인 것.

③ 審—家屋(宀)이나 土地(田)를 나누(釆)는 데「살피는」것.

④ 隆(륭)—하늘에 禮拜하는 두던(阜)이니 「높은」 곳.

⑤ 饗(향)—鄕土에서 會食하는 것이니 「먹인다」는 뜻으로 쓰는 것.

⑥ 俎(저)—仌 이것은 고기고 且 이것은 방(一)에 冂이런 臺 위에 한
층(冂) 「또」 두 층(冂)으로 괴올리는 炙臺이니 祭床에 쓰는 「적대」.

⑦ 腥(성)—고기(肉) 속에 별(星)같은 혹이 있는데 날 것으로 먹으면
「비린」것.

【通釋】 무릇 音이란 것은 人心에서 나는 것이고, 樂이란 것은 倫理로
通하는 것이다. 그러므로 聲만 알고 音은 모르는 者는 禽獸인 것이고,
音만 알고 樂을 모르는 者는 大衆인 것이니 오직 君子만이 能히 樂을
아는 것이다. 그러므로 聲을 審해서는 音을 알고, 音을 審해서는 樂을
알고, 樂을 審해서는 政을 알아야만 治道가 具備되는 것이다. 그러므로
聲을 모르는 者는 더불어 音을 말할 수 없고, 音을 모르는 者는 더불어
樂을 말할 수 없으니 樂을 알면 禮에도 거의(幾) 通할 것이다. 그래서
禮樂에 다 通한 것을 有德하다 말하는 것이니 德이란 것은 得한 것이다.
그러므로 樂이 興隆함은 音聲만 極盡한 것이 아니다. 淸廟(文王의 大

廟)에서 祭奠할 때 演奏하는 瑟은 朱絃으로서 疏越하게 一唱하는데 三嘆하는 것은 遺音이 있는 것이고, 大饗하는 禮에는 玄酒(酒에 代用하는 淸水)로서 腥魚를 괴서 쓰는 데 大羹을 和하지 않는 것은 遺味가 있는 것이다. 그러므로 先王이 禮樂을 만드는 데는 口腹耳目의 欲만 充足하는 것이 아니라, 百姓을 教化하는데 好惡을 平해서 人道의 正으로 돌아가게 하신 것이다.

【餘説】이에 音, 聲, 樂, 倫의 四者가 있으니 이것은 禮와 協調해서 好惡을 平하게 해서 人道의 正으로 人民을 教化하는 것이다. 音字는「立曰」이니 입을 벌려서 길게 말하는 소리고, 聲字는「聲耳」이니 磬의 소리가 귀에 들리는 소리이니 音은 心情의 소리라면 聲은 物質의 소리라고 할 수 있는 것이다. 그러나 至今은 그 反對로 聲樂이라면 口唱으로 부르는 소리고, 音樂이라면 樂器로써 치는 소리인 것이다. 그러니 人間의 聲과 自然의 音이 서로 一致하는 것을 伴奏라고 하는 것이다. 그래서 人間과 自然이 서로 一體化 하는 데에 倫理로 通하니 이것이 禮儀와 協調하는 것이다. 무릇 聽覺을 가진 動物은 모두 騷音은 싫어하나 樂音은 즐겨 하니 이것은 音波에 秩序가 있기 때문이다. 秩序에는 眞理가 있고 眞理로써 秩序가 되니, 그래서 音樂은 治平의 道具가 된 것이다. 音樂으로써는 個人의 心情에 秩序를 세우고, 禮儀로써는 社會的 行動에 秩序를 세우니, 禮樂은 서로 表裏一體가 되는 이것이 儒道의 治國 平天下하는 主要한 方法인 것이다.

4

> 人生而靜 天之性也 感於物而動 性之欲也 物至知知
> 然後好惡形焉 好惡無節於内 知誘於外 不能反躬 天理滅
> 矣. 夫物之感人無窮 而人之好惡無節 則是物至而人化物
> 也 人化物也者 滅天理而窮人欲者也 於是有悖逆詐偽之
> 心 有淫泆作亂之事 是故强者脅弱 衆者暴寡 知者詐愚 勇

者苦怯 疾病不養 老幼孤獨不得其所 此大亂之道也 是故
先王之制禮樂 人爲之節 衰麻哭泣 所以節喪紀也 鐘鼓干
戚 所以和安樂也 昏姻冠笄 所以別男女也 射鄉食饗 所以
正交接也 禮節民心 樂和民聲 政以行之 刑以防之 禮樂
刑政 四達而不悖 則王道備矣.

【字解】① 節(절)—대(竹)가 커서 올라가는(卽)「마디」니 自然의 氣
候가 變化해 가는「고비」. 人間이 大事에 當着했을 때「고비」란 뜻
에서 또한 理性이 自身을 節制하는 뜻으로도 쓰는 것.

② 誘(유)—優秀한 言辯으로 사람을「달래는」것.

③ 悖(패)—아직 理性이 덮여 있는 아이(孛)의 마음(心)이니 亂雜하
고 拒逆하는 것.

④ 詐(사)—잠깐 사이(乍)에 조작한 말(言)이니「속이는」것.

⑤ 僞(위)—사람(人)이 하는(爲) 말만으로 眞實이 없으니「거짓」으로
「속이는」것.

⑥ 泆(일)—물(水)을 잃었(失)으니 그릇에「넘쳐서」흘러간 것.

⑦ 脅(협)—肉體(月)에서 힘이 모인(劦)「갈빗대」니 그 힘으로 남을
威脅하는 것.

⑧ 昏(혼)—太陽(日)이 西山에 풀뿌리 밑(氐)으로 내려갔으니「어두
워진」것이나 여기서는 昏時에 女子를 맞이해서 婚姻하는 婚의 略字
로 쓴 것.

⑨ 笄(계)—婦人이 頭髮을 목 뒤로 모아서 平平(幵)하게 묶는 대(竹)
로 만든「비녀」.

【通釋】사람이 나서 靜한 것은 天性이고 物에 感해서 動함은 人欲이다.
物에 至하면 알게 되고 안 뒤에는 好惡하는 마음이 發動하나니 好惡하
는 마음이 內에서 節制하지 않고, 知가 外에서 誘引해서 自身으로 能
히 돌아오지 않으면 天理가 滅해지는 것이다. 무릇 外物이 人心에 感
入하는 것은 無窮하니 사람이 好惡를 節制하지 않으면 그 때는 物質이

와서 人間을 物質로 만드는 것이다. 그래서 人間이 物質로 化하는 者는 天理가 滅해서 人欲에 窮하게 되는 것이다. 그 때는 悖逆하고 詐僞하는 心이 나서 淫蕩하고 作亂하는 事를 하게 되는 것이다. 그러므로 强者는 弱者를 威脅하고 衆者는 寡者에 暴行하며, 智者는 愚者를 詐欺하고 勇者는 怯者를 苦痛주며 疾病에도 救護하지 안하고 老幼와 孤獨도 살 곳을 얻지 못하게 되니 이것이 大亂한 道인 것이다. 그러므로 先王이 禮樂을 만들어서 人間을 節制하였으니 衰(최)麻(喪服)로 哭泣하는 것은 喪期를 調節하는 所以이고, 鍾鼓와 干戚(舞具)은 安樂을 和하게 하는 所以이며 婚姻함에 冠笄하는 것은 男女를 分別하는 所以이고, 鄕射하고 饗宴하는 것은 交際를 正當히 하는 所以이니 禮儀는 民心을 調節하는 것이고 音樂은 民聲을 和合하게 하는 것이다. 政治로써는 禮樂을 施行하고 刑法으로서는 罪惡을 防止하는 것이니, 禮樂刑政의 四者가 通達해서 悖逆하지 않아야만 王道가 備行할 것이다.

【餘説】 무릇 人間의 理性은 靜해서 思考하면 萬物에 通해서 一體로 되는 것이나, 肉感은 動해서 作用하면 自身만 爲하는 個體일 뿐일 것이다. 理性은 形而上界에 天으로 上昇하니 萬物은 一體가 되지마는 肉感은 形而下界에 地에로 下降하니 自身은 一個뿐인 것이다. 그러므로 自身의 好惡를 節制하지 못하고 物質의 引力에만 따라가면 理性을 喪失하는 것이다. 그래서 모든 人間의 오직 自身의 利欲만 爲하는 그의 世界에는 「强者가 脅弱하고 衆者가 暴寡하며, 知者가 詐愚하고 勇者가 苦怯하며, 疾病을 不養하고 老幼나 孤獨이 不得其所하게 되어 이 世上은 亂場판이 되는 것이다.」 그러므로 先王은 人間의 物欲을 節制시키기 爲해서 喪祭의 禮, 婚姻의 禮, 鄕射와 饗宴의 禮, 鐘鼓와 干戚의 禮 등을 制定하였으니 禮儀로써는 民心을 調節시키고 音樂으로써는 民聲을 和合시켰는데 그것을 實行하는 能力은 政治에 있는 것이니 그래도 感化되지 않는 者는 刑法으로써 淘汰시켰으니 이것이 王道의 原則인 것이다.

5

> 樂者爲同 禮者爲異 同則相親 異則相敬 樂勝則流 禮勝

則離 合情飾貌者 禮樂之事也. 禮義立 則貴賤等矣 樂文
同 則上下和矣 好惡著 則賢不肖別矣 刑禁暴 爵擧賢 則
政均矣 仁以愛之 義以正之 如此 則民治行矣 樂由中出
禮自外作 樂由中出 故靜 禮自外作 故文 大樂必易 大禮
必簡 樂至則無怨 禮至則不爭 揖讓而治天下者 禮樂之謂
也 暴民不作 諸侯賓服 兵革不試 五刑不用 百姓無患 天
子不怒 如此 則樂達矣 合父子之親 明長幼之序 以敬四
海之内 天子如此 則禮行矣 大樂與天地同和 大禮與天地
同節 和故百物不失 節故祀天祭地 明則有禮樂 幽則有鬼
神 如此 則四海之内 合敬同愛矣 禮者 殊事合敬者也 樂
者 異文合愛者也 禮樂之情同 故明王以相沿也 故事與時
並 名與功偕.

【字解】 ① 爵(작)―酒量을 一定한 限度(寸)에서 그치(艮)도록 만든 쥘
손(彐) 달린(罒)「술잔」이니 그 形相이 雀(참새)같기 때문에 音은
「작」이고, 그 우는 소리는「節節足足」하기 때문에 雀字의 뜻으로도
쓰는데 天子는 이 잔을 諸侯에게 下賜하기 때문에 公侯伯子男의 位
階도 뜻한 것.

② 肖(초)―작(小)은 몸(肉)인 아이는 그 父母를「닮아서 같은」것.

③ 揖(읍)―두 손(手)을 서로 마주 모아(咠)서 가슴 위로 올리며 머리
를 숙이는 것.

④ 讓(양)―큰(襄) 말(言)이니 相對者를 앞세우고 自身은 뒤로 하는
것.

⑤ 幽(유)―山 속에 작(幺)고도 작(幺)은 것이 끼었으니「보이지 않
고」안 보이니「어둡고」, 어두우니「고요한」것.

⑥ 沿(연)―江물(水)이 흘러서 두쪽(八)의 入口로 들어가 물가를「따
라가는」것.

⑦ 偕(해)―사람(人)들은 모두 다(皆)「같이」사는 것.

【通釋】 무릇 樂은 모두 같이 듣는 것이고 禮는 모두 다르게 行하는 것이니 같은 것은 서로 親하고, 다른 것은 서로 敬하는 것이다. 樂에만 치우치면 墮落(流)이 되고, 禮에만 치우치면 疎遠(離)해지니 合情하는 樂과 飾貌하는 禮는 兼해야만 하는 것이다. 禮義가 立하면 貴賤이 平等하게 되고, 樂文이 同하면 上下가 和合하는 것이며 好惡가 나타나면 賢愚가 區別되는 것이고, 刑法으로는 暴亂을 禁止하고 爵賞으로는 賢才를 登用하면 政治가 公平하게 될 것이다. 仁으로써는 愛하고 義로써는 正하는, 이렇게만 하면 人民이 잘 다스려질 것이다. 樂은 中心에서 나오고, 禮는 外儀로써 하는 것이니, 그러므로 樂은 靜해야 하고 禮는 文이 있는 것이니 大樂은 반드시 易하게 하고 大禮는 반드시 簡하게 하는 것이다. 樂은 至當하면 怨聲이 없어지고 禮는 至極하면 爭亂이 없는 것이니, 揖讓으로써 天下를 다스린다는 것은 禮樂을 말한 것이다. 暴民이 發生하지 않고 諸侯가 來服하며, 兵器를 使用하지 않고 五刑을 濫用하지 않으며 百姓은 憂患이 없고, 天子는 震怒하지 않는, 이렇게만 하면 樂은 達할 것이고, 父子의 親을 合하고 長幼의 序를 明해서 四海의 內를 敬하게 하여 天子가 이렇게만 한다면 禮는 行할 것이다.

大樂은 天地와 더불어서 和合을 같이 하고, 大禮는 天地와 더불어서 節度를 같이 하나니 和合하기 때문에 百物을 不失하고, 節度이기 때문에 天地에 祭祀하는 것이다. 그래서 明界에는 禮樂이 있고, 幽界에는 鬼神이 있으니 이렇게 하면 四海의 內가 敬愛로 合同이 되는 것이다. 禮란 것은 事로는 달리해도 敬으로 合하는 것이고, 樂이란 것은 文으로 다르지만 愛로는 合하는 것이니, 禮樂의 情趣는 같기 때문에 明王은 그로써 서로 沿革해 온 것이다. 그러므로 그 事爲는 時代와 더불어서 같이 하고 그 名聲은 功勞와 더불어서 같은 것이다.

【餘説】 무릇 禮와 樂은 相對的으로 共通性이 있는 것이니, 樂은 心情을 同和하는 것임에 反해서 禮는 行儀가 各異한 것이니 同和함은 相親하게 하는 것이고 各異함은 相敬하게 하는 것이다. 그래서 相親하기만 하면 恭敬하게 되고 相敬하기만 하면 相親하게 되니, 樂과 禮는 반드시 竝行하지 않으면 안 되는 것이다. 音樂은 物體에서 나와 音波를 通해서

心情을 鼓動하는 것이고, 禮儀는 心情에서 나와 行動을 通해서 人間을 結合하는 것이다. 그러니 音樂은 求心的으로 作用하는 것이고, 禮儀는 遠心的으로 行動하는 것이니 儒道에서는 이 兩者로써 天下를 平定하는 政治의 手段으로 한 것이다. 그러나 手段에는 반드시 目的이 있어야 하고 政治에는 반드시 哲學이 있어야만 하니 哲學的 目的은 仁과 義인 것이다. 그러므로 「仁以受之 義以正之」하는데 禮樂은 手段으로만 必要한 것이다. 禮樂은 오직 仁義의 精神으로만 制定하는 것이니, 禮樂의 判度는 時代에 따라서 改廢하지마는 仁義의 精神은 永遠히 不變하는 것이다. 그러므로 仁義의 精神을 갖은 옛적에 明王은 禮樂의 沿革으로 「事與時並하고 名與功偕했던」 것이다.

6

故鐘鼓管磬 羽籥干戚 樂之器也 屈伸俯仰 綴兆舒疾 樂之文也 簠簋俎豆 制度文章 禮之器也 升降上下 周還 裼襲 禮之文也 故知禮樂之情者能作 識禮樂之文者 能述 作者之謂聖 述者之謂明 明聖者 述作之謂也 樂者 天地 之和也 禮者 天地之序也 和故百物皆化 序故羣物皆別 樂 由天作 禮以地制 過制則亂 過作則暴 明於天地 然後能 興禮樂也 論倫無患 樂之情也 欣喜歡愛 樂之官也 中正 無邪 禮之質也 莊敬恭順 禮之制也 若夫禮樂之施於金石 越於聲音 用於宗廟社稷 事乎山川鬼神 則此所與民同也 王者功成作樂 治定制禮 其功大者其樂備 其治辯者其禮 具 干戚之舞 非備樂也 孰亨而祀 非達禮也 五帝殊時 不 相沿樂 三王異世 不相襲禮 樂極則憂 禮粗則偏矣 及夫 敦樂而無憂 禮備而不偏者 其唯大聖乎.

【字解】 ① 鐘(종)—아이(童)처럼 蒙昧한 者를 깨우치기 爲해서 쇠(金)

로 만들어 쳐서 소리내는「종」.

② 鼓(고)— 壴는 장고의 象形字고 支(복)은 치는 것이니「북」이란 名
　詞로서「친다」는 動詞로도 쓰는 것.

③ 管(관)— 속이 빈 대(竹)통이니 그것으로써 만든 관(官)이니 樂器.

④ 磬(경)— 쳐서 소리내는(殸) 돌(石)로 만든 樂器.

⑤ 籥(약)— 대(竹)로 만든 세 구멍 뚫은「피리」.

⑥ 簠(보)— 대(竹)로 만든 넓은(甫) 그릇(皿)이고,

⑦ 簋(게)— 대(竹)로 만든 높은(艮) 그릇(皿)이니 이 두 가지는 祭器.

⑧ 裼(석)— 옷(衣)을 제대로 입지 않고 바꾼(易) 것이니「어깨를　드
　러낸」것.

⑨ 孰(숙)— 사람이 가지(丸)고 먹이(享)는 것은「누구」나 불(火)로
　「익히」는 熟으로 쓰지만, 여기서는 灬(火)를 略한 것.

⑩ 亨(형)— 머리(亠)로 생각하는 것을 입(口)으로 말해서 그를 理解
　(了)하는 것이「通한다」는 뜻이나, 여기서는 火氣를 通해서 飮食物
　을「익힌」烹(팽)字의 뜻으로 쓴 것.

【通釋】이에 鐘, 鼓, 管, 磬 등과 羽籥(文舞의 具), 干戚(武舞의 具)
등은 音樂의 器具고 屈, 伸, 俯, 仰 등과 綴兆(舞者의 列), 舒疾(舞者
動作) 등은 舞樂의 秩序며, 簠簋, 俎豆와 制度, 文章 등은 禮儀의 器
具고, 升降, 上下와 周旋, 衣裝 등은 禮儀의 節次이다. 그러므로 禮樂
의 情을 아는 者는 能히 創作할 수가 있고 禮樂의 文을 아는 者는 能히
繼述할 수가 있나니, 創作하는 者는 聖이라 하고 繼述하는 者는 明이라
하니 明聖한 者는 述作함을 말하는 것이다. 音樂은 天地의 和合함이고
禮儀는 天地의 秩序인 것이다. 和合하기 때문에 百物이 모두 變化하고
秩序가 있기 때문에 衆物이 모두 區別되나니 音樂은 天의 氣로 由해서 作
成하는 것이고, 禮儀는 地의 形에 依해서 制定하는 것이다. 制禮도 過
하면 亂해지고 作樂도 過하면 暴해지나니, 天地의 道에 通한 然後에야
만 能히 禮樂을 制作할 수가 있는 것이다.

　論倫無患함은 樂의 情이고 欣喜歡愛함은 樂의 官이며, 中正無邪함은
禮의 質이고 莊敬恭順함은 禮의 制인 것이다. 무릇 禮樂을 金石에 施

하고 聲音에 通하며 宗廟社稷에 쓰고 山川鬼神을 섬기는 이것은 民衆과 더불어서 같이 하는 것이다. 王者는 功成해서는 作樂하고 政治함에는 制禮하나니, 그 功이 큰 者는 그 樂이 備하고 그 治가 된 者는 그 禮가 具한 것이다. 干戚으로써 舞하는 것만이 樂이 備한 것도 아니고, 熟烹하여서 祀하는 것만이 禮에 達한 것도 아니다. 五帝는 時代가 다르니 서로 樂을 繼承(沿)하지 아니했고, 三王도 時代가 다르니 서로 禮를 因襲하지 아니하였다. 樂은 極하면 憂로 變하고 禮는 粗하면 偏해지나니 무릇 敦樂해서 無憂하고 禮備해서 不偏하는 者만이 그 오직 大聖인 것이다.

【餘説】 무릇 樂에는 樂器와 樂文이 있고, 禮에는 禮器와 禮文이 있으니 그의 器具를 가지고 그 實行을 하는 者만이 能히 作述을 하는 聖明이라고 하였다. 天地의 氣를 和合하게 하는 것은 音樂이고, 天地의 物을 秩序있게 하는 것은 禮儀이니, 禮樂이 合作해야만 天下는 平定이 되는 것이다. 樂의 心情은 有倫無患함이고 樂의 官能은 欣喜歡愛하는 것이며, 禮의 本質은 中正無邪함이고 禮의 態度는 莊敬恭順함이다. 金石絲竹으로 聲音舞蹈를 하는 것은 音樂이고 宗廟社稷에서 山川鬼神을 섬기는 것은 禮節이니, 이것이 民衆과 和同하는 것이다. 王者가 建國을 하는 데는 반드시 制禮作樂을 해서 政治를 해야만 하는 것이다. 그런데 五帝 三王의 時代는 모두 다 變化하는 데 따라서 禮樂은 因革하였으니 因이란 것은 前代의 것을 繼承한 것이고, 革이란 것은 前代의 것을 改善하는 것이니, 繼承하고 改善하는 데에 創造的 發展이 있는 것이다. 그러니 創造的 發展을 하는 것은 그 오직 聖人만이 可能한 것이다. 그래서 當時의 現實에 通合하도록 樂이 至하면 無怨하고 禮가 至하면 不爭하게 되어 揖讓으로 天下를 平治할 수가 있는 것이다.

7

天高地下 萬物散殊 而禮制行矣 流而不息 合同而化 而
樂興焉 春作夏長 仁也 秋斂冬藏 義也 仁近於樂 義近於

禮 樂者敦和率神而從天 禮者別宜居鬼而從地　故聖人作
樂以應天 制禮以配地 禮樂明備 天地官矣 天尊地卑 君
臣定矣 卑高以陳 貴賤位矣 動靜有常 小大殊矣　方以類
聚 物以羣分 則性命不同矣. 在天成象 在地成形　如此則
禮者天地之別也 地氣上齊 天氣下降 陰陽相摩 天地相蕩
鼓之以雷霆 奮之以風雨 動之以四時 煖之以日月 而百化
興焉 如此則樂者 天地之和也 化不時則不生 男女無辨則
亂升 天地之情也 及夫禮樂之極乎天而蟠乎地　行乎陰陽
而通乎鬼神 窮高極遠而測深厚 樂著大始 而禮居成物 著
不息者 天也 著不動者 地也 一動一靜者 天地之間也 故
聖人曰禮樂云.

【字解】① 息(식)—自身으로 心神이 돌아와서「숨을 쉬」니 일을 하다
　가「쉬는」것.
② 斂(염)—여럿(僉)을 쳐서(攴) 한 곳으로「거두는」것이니 쳐서(攴)
　四方으로「퍼져가」는 放의 反對語.
③ 藏(장)—臣이 爿(角)과 戈(창)을 가지고 君을「잘」保護하는 것처
　럼 풀(艹)이 잘 나서 땅을「감추」것.
④ 霆(정)—비(雨)를 잘(壬) 끌어(廴)오는「큰 우뢰소리」. 번개를 同
　伴하는 우뢰는 雷(뢰).
⑤ 煖(난)—이에(爰)에 불(火)이 있으니「따뜻한」것. 日字변에 暖도
　같은 字.
⑥ 奮(분)—밭(田)에 있던 새(隹)가 날려고 크게(大) 날개를 펼치는
　것을 形容한 것.
⑦ 升(승)—丿 이것은 合의 略字로 보아 十合인 한 되를 뜻한 字로
　서, 되는 데는 아래서 위로 올려 담으니「오른다」는 뜻으로 쓰는
　것.
⑧ 蟠(반)—구렁이(虫)가 몇 번(番)이나 屈曲해서「서리고」있는 것.

【通釋】 하늘은 높고 땅은 낮은데 萬物이 散殊하니 禮制는 行하고 氣流
는 不息해서 合同으로 化하는 데서 樂道는 興한 것이다. 봄에는 耕作해
서 여름에 長成함은 仁이고 가을에 收穫해서 겨울에 貯藏함은 義이니,
仁은 樂에 가깝고 義는 禮에 가까운 것이다. 樂은 敦化하니 神을 거느
려 天에 따르고 禮는 別宜하니 鬼에 있으니 地에 따르는 것이다. 그러
므로 聖人이 作樂해서는 天에 應하고 制禮해서는 地에 配하여 禮樂을
明備해야 天地의 官能을 다한 것이다. 天尊하고 地卑한데 君臣의 位가
定하였고, 高卑가 形成(陳)된데 貴賤의 位가 있는 것이다. 動靜은 常
道가 있고 小大는 各殊한 것이니 方으로써는 類聚하고 物로써는 群分
하는 것인즉, 性命은 不同한 것이다. 天은 象을 이루었고 地는 形을 이
루었으니 그러면 禮란 것은 天地를 分別한 것이다. 地氣는 上昇하고 天
氣는 下降하며 陰陽은 相摩하고 天地는 相蕩한데, 雷霆으로는 鼓하고
風雨로써는 奮하며 四時로써는 動하고 日月로써는 煖해서 百化가 興하
니, 그러면 樂이란 것은 天地의 和인 것이다.

　제 때에 化하지 않으면 生하지 못하는 것이고 男女가 分辨이 없으면
混亂이 일어나(奮)는 것은 天地의 實情이다. 그 禮樂은 天으로 올라가
(極)고 地에서 서리어(蟠)서 陰陽이 行하고 鬼神에 通하며 高遠에 窮極
해서 深厚를 測定하는 것이다. 樂은 原初(大始)에 나타나고 禮는 成物
에 있는 것이니 不息한 데서 나타나는 것은 天이고 不動한 데서 나타
난 것은 地인 것이다. 一動하고 一靜하는 것은 天地의 사이(間)에서다.
그러므로 聖人은 「禮樂」을 말씀하신 것이다.

【餘說】 이에 「天高地下에 萬物이 散殊 而禮制行矣라.」「天尊地卑에 君
臣이 定矣요, 卑高以陳에 貴賤이 位矣라.」고 해서 樂과 禮를 天과 地에
다가 配論하였다. 天象에는 大氣가 있고 地上에는 萬物이 있으니 樂은
大氣의 音波에 依한 것이고, 禮는 萬人의 位置로 行하는 것이다. 그러
니 禮의 作用은 天地를 分別하는 것이고, 樂의 作用은 天地를 和合하
는 것이다. 그러나 禮는 自身의 義務를 遂行하는 것이니 이것은 人間
을 和合하게 하는 것인데, 樂은 個人의 快感을 追求하는 것이니 이것
은 人間을 墮落하게도 하는 것이다.

그런데 「春作夏長은 仁也요, 秋斂冬藏은 義也라.」고 해서 「仁近於樂이요, 義近於禮라.」고 하였으니 仁義는 精神的인 主體이고, 禮樂은 物質的인 手段이지마는 樂은 仁心을 誘發하게도 하고, 禮는 義務를 遂行하게 하는 것이다. 그러니 仁義의 精神으로만 쓰는 禮樂은 人生에 가장 有益한 價値가 있지마는 仁義의 根本이 없는 禮樂이 手段만은 惡化되는 것이다. 그러므로 孔夫子의 仁義禮樂에서 仁義는 버리고 禮樂만 가지고 나간 荀子는 李斯같은 惡漢, 韓非같은 法家를 敎育했던 것이다.

8

昔者舜作五弦之琴 以歌南風 夔始制樂 以賞諸侯 故天子之爲樂也 以賞諸侯之有德者也 德盛而教尊 五穀時熟 然後賞之以樂 故其治民勞者 其舞行綴遠 其治民逸者 其舞行綴短 故觀其舞 知其德 聞其諡 知其行也. 大章 章之也 咸池 備矣 韶 繼也 夏大也 殷周之樂盡矣. 天地之道 寒暑不時則疾 風雨不節則饑 敎者民之寒暑也 敎不時則傷世 事者民之風雨也 事不節則無功 然則先王之 爲樂也 以法治也 善則行象德矣. 夫豢豕爲酒 非以爲禍也 而獄訟益繁 則酒之流生禍也 是故先王因爲酒禮 壹獻之禮 賓主百拜 終日飮酒而不得醉焉 此先王之所以備酒禍也 故酒食者 所以合歡也 樂者 所以象德也 禮者 所以綴淫也 是故先王有大事 必有禮以哀之 有大福 必有禮以樂之 哀樂之分 皆以禮終 樂也者 聖人之所樂也 而可以善民心 其感人深 其移風易俗 故先王著其敎焉.

【字解】 ① 弦(현)—활(弓) 줄(玄)이니 그 形狀이 같은 半月이란 뜻으로 쓰나, 여기서는 樂器의 줄인 絃을 뜻한 것.

② 夔(기)—뿔(ソ)이 달린 얼굴(頁)에 두 손(止己)과 一足으로 천천

히 걷는(夊) 짐승 이름이나, 여기서는 音樂家의 人名.

③ 綴(철)—실(糸)을 잇는(叕) 것처럼 여럿을 하나로 結束하는 것이니 여러 사람이 춤추는 行列.

④ 謚(시)—從來에는 益(小盆)과 言의 合字로 썼으나, 그것은 意味가 없으니 益과 言의 合字로 해야만 死後에 一生의 行蹟을 한 두 字로써 表하는 稱號가 될 수 있음.

⑤ 章(장)—音과 十의 合字니 音樂에 十節을 한 章으로 한 것이니, 따라서 「빛난다」는 뜻도 된 것.

⑥ 詔(조)—人君이 百姓에게 부르(召)짖는 말(言)을 내리는 것.

⑦ 饑(기)—凶年이 져서 먹을(食) 것이 거의(幾) 없는 것.

⑧ 豢(환)—돼지(豕)를 가두어(夫)서 「기르는」 것.

⑨ 豕(시)—돼지의 象形文字.

【通釋】옛적에 帝舜은 五絃의 琴을 만들어서 「南風詩」를 지으셨고, 그 臣下에 夔는 비로소 音樂을 만들어(制)서 諸侯를 賞讚하였다. 그러므로 天子의 樂은 諸侯 中에서 有德者를 褒賞한 것이다. 德이 盛해서 敎가 높으니 五穀이 잘 익(時熟)은 然後에 樂으로써 褒賞한 것이다. 그 治民에 勞苦한 者는 그 춤을 추는 行列이 길(綴遠)고, 그 治民에 安逸한 者는 그 歌舞하는 行列이 짧았(綴短)다. 그러므로 그 춤추는 것을 보면 그 德을 알고, 그 謚號를 들으면 그 行을 알 것이다. 大章(堯帝의 樂名)은 빛을 내는 것이고, 咸池(黃帝의 樂名)은 具備한 것이며, 詔(舜帝의 樂名)는 堯德을 이은 것이고, 夏禹의 樂은 堯舜의 德을 光大한 것이며, 殷湯의 樂과 周武의 樂은 人事를 極盡한 것이다. 天地의 道에는 寒暑가 제 때 아니면 疾病이 되고, 風雨가 不調하면 凶年이 드는 것이다. 敎育은 民衆의 寒暑이니 敎育이 제 때가 아니면 世上이 混亂(傷)해지고, 政事는 民衆에게 風雨이니 政事가 맞지(不節) 않으면 功勞가 없게 되는 것이다. 그러면 先王이 作樂을 하는 데는 法度로써 하였(治)으니 善이 行해서 德을 象한 것이다.

무릇 돼지를 기르(豢)고 술을 담그는 것이 禍를 만드는 것이 아니라, 訴訟이 繁多하면 酒의 弊(流)로 禍가 生기는 것이다. 그러므로 先王은

酒禮를 만들었는데 그의 一獻하는 禮에는 主人과 賓客이 百拜를 하니 終日 飮酒를 해도 醉하지는 아니한 그것은 先王이 酒禍에 對備하신 所以였던 것이다. 그러므로 酒食하는 것은 合歡하는 所以고, 音樂하는것은 象德하는 所以며, 禮行하는 것은 戒淫하는 所以다. 그러므로 先王은 大事가 있으면 반드시 禮로써 哀矜하고, 大福이 있으면 반드시 禮로써 歡樂했으니 哀樂의 分에도 두루 禮로써 始終하셨던 것이다. 音樂이란 것은 聖人이 歡樂하는 것이니 그로써 民心을 善化하여 깊이 人心을 感動시켜 그것이 風俗을 變易시키는 것이다. 그러므로 先王은 그 敎化를 나타냈던 것이다.

【餘說】 舜帝의 「南風詩」는 「南風之薰兮여 可以解吾民之慍兮로다. 南風之時兮여 可以阜吾民之財兮로다.」(南쪽 바람 따뜻함이여 우리 百姓 不平(慍)을 풀어 주노라. 南쪽 바람 불어 올 때여 우리 百姓 財産이 쌓여(阜) 지노라.)고 한 것이니, 南風은 人心을 和暢하게 하는 것이고 草木을 長成하게 하는 것이니, 이것이 華夏의 文明인 것이다. 華夏의 音樂은 夔에서 始作했으니 이것이 諸侯의 德을 襃揚하는 것이다. 「德盛而敎尊」함은 「解吾民之慍兮」고 「五穀이 時熟」함은 「阜吾民之財兮」다.

自然界에는 寒暑가 不時하면 疾病이 나고 風雨가 不節하면 饑饉이 지며, 人間界에는 敎化가 不行하면 禽獸가 되고, 政事가 不在하면 混亂해지니 先王은 仁義로써는 敎育을 하고 禮樂으로써는 政治를 했던 것이다. 豚肉으로 飮酒하는 것이 禍가 아니라, 不和해서 訴訟하는 것이 禍인 것이다. 그러므로 先王은 酒禮로써 賓主가 百拜하니 終日을 飮酒해도 禍害되는 것이 아니라 合歡하는 것이 되었다. 남의 凶事에는 禮로써 哀矜해 주고 남의 慶事에는 樂으로써 歡樂해 주어 人心을 善化하는 것이 先王의 道인 것이다.

9

夫民有血氣心知之性 而無哀樂喜怒之常 應感起物而動
然後心術形焉 是故志微噍殺之音作 而民思憂 嘽諧慢易

繁文簡節之音作 而民康樂 粗厲猛起奮末廣賁之音作 而
民剛毅 廉直勁正莊誠之音作 而民肅敬 寬裕肉好 順成和
動之音作 而民慈愛 流辟邪散狄成滌濫之音作 而民淫亂
是故先王本之情性 稽之度數 制之禮義 合生氣之和 道五
常之行 使之陽而不散 陰而不密 剛氣不怒 柔氣不懾 四暢
交於中 而發作於外 皆安其位而不相奪也 然後立之學等
廣其節奏 省其文采 以繩德厚 律小大之稱 比終始之序 以
象事行 使親疏貴賤長幼男女之理 皆形見於樂 故曰 樂觀
其深矣.

【字解】① 諧(해)—말(言)이 다(皆) 和하게 하는 弄談이니 말(言)만
虐하게 하는 謔과 合하면 諧謔.

② 慢(만)—마음(心)이 길쭉(曼)한 倨慢이나, 여기서는 「느리게 하는」
소리.

③ 繁(번)—每와 糸의 合字는 말갈기를 裝飾하는 실인데, 또 文字를
덧붙여 치니 더욱 盛多해 진 것.

④ 猛(맹)—짐승(犬) 中에서 첫째(孟)가 힘이 있으니 「모진」 것.

⑤ 賁(비·분)—卉은 草고 貝는 財니 花草와 財寶로써 「꾸미」니 「크게」
된 것.

⑥ 勁(경)—힘(力) 쓰는 줄(巠)이니 「굳센」 것.

⑦ 肅(숙)—깊은 소(淵)에 손(⇒)으로 막대기(丨)를 잡고 있으니 그
氣分이 「숙연한」 것.

⑧ 狄(적)—特殊한 熱(火)氣가 있어야만 사는 寒帶地方의 짐승(犬)이
니 北方의 野蠻族.

⑨ 滌(척)—물(水)줄기(條)를 뿌려서 物件을 「씻는」 것.

⑩ 濫(람)—監은 위에서 아래를 보는 것이니, 위에 물(水)이 차서 아
래로 흐르니 「넘치는」 것.

⑪ 懾(섭)—귀(耳)에다 입을 대고 가만히 말하는 마음(心)은 「겁나」기

때문임.

⑫ 暢(창) — 陽(易)氣가 伸(申)해서 發揚하는 것.

【通釋】 무릇 사람에게는 血氣와 心知의 本性이 있는데 哀樂과 喜怒는 無常해서 外物에 感應해서 發作(動)한 然後에 心術이 形成되는 것이다. 그러므로 志力이 微弱하게 細殺(쇄)한 音을 내면 사람들이 憂思하게 되고 喜諧하고 慢易하며 繁文하고 簡要한 音을 내면 사람들이 康樂하게 되며, 粗厲하고 猛起하며, 奮振하고 廣大한 音을 내면 사람들이 剛毅하게 되고 廉直하고 勁正하며, 莊誠한 音을 내면 사람들이 肅敬하게 되며, 寬裕하고 柔好하며, 順成하고 和動한 音을 내면 사람들이 慈愛하게 되고 偏僻하고 邪散하며, 野速하고 滌濫한 音을 내면 사람들이 淫亂하게 되는 것이다. 그러므로 先王은 性情에 根本하고 度數를 詳考해서 禮儀를 制定하셨으니 生氣의 和에 合하고 五帝의 行에 通해서 하여금 陽에서는 散하지 아니하고 陰에서는 密하지 아니하며, 氣剛해도 怒하지 않고 氣柔해서 懼하지 아니하여 外(四暢)에서는 中으로 交合하고 中에서는 外로 發作해서 모두 그의 位에 安定해서 서로 奪하지 않는 것이다. 그렇게 한 然後에야만 그 樂師가 되어서 그의 節奏를 開發하고, 그의 文采를 省察해서 德을 厚하도록 하고, 小大의 稱을 律하고, 始終의 序에 比해서 事行을 象하여 親疏와 貴賤, 長幼와 男女의 事理들을 모두 音樂에서 나타나게 하는 것이다. 그러므로 音樂에서 그의 깊이를 보는 것이다.

【餘説】 무릇 人間의 心體는 靈性을 核心으로 해서 그 外部에는 **理性圈**이 있고, 또 그 外部에는 感性圈이 있는 것이다. 理性圈에는 認識하는 知性과 行爲하는 德性이 있고, 感性圈에는 求心的인 感覺에 對해서 遠心的인 感情이 動하는 것이다. 그런데 感覺은 肉體의 器官을 通해서 들어오는 것이고, 感情은 意志의 自由로 動하는 것이니, 肉體的인 感覺이 들어올 때 바로 作用하는 것은 盲目的인 本能이다. 그러니 自由意志는 感覺으로 들어오는 것을 知性으로 認識하고, 德性으로 行爲하는 方向을 決定해야만 하는 것이다.

그런데 人間은 六感이 있지마는 그 中에서 가장 主要한 것이 聽覺이
니 그래서 音樂의 役割이 重大한 것이다. 무릇 聽覺을 가진 動物은 모
두 音波가 鼓動하는데, 따라서 感情이 反應하는 것이나 人間은 特히 情
感에 銳敏하기 때문에 本文에서 六種의 反應을 列擧한 것이다. 그러므
로 先王은「本之情性하고 稽之度數하여」禮儀를 制定해서 生氣에 和하
고, 倫理로 行하도록 하는 데는 音樂을 活用하였으니 禮樂으로써 政治
를 하는 것은 貴와 賤, 親과 疎, 長과 幼, 男과 女 등 모든 相對를 和
合하고 差等을 平等으로 만드는 方道인 것이다.

10

土敝則草木不長 水煩則魚鼈不大 氣衰則生物不遂 世
亂則禮慝而樂淫 是故其聲哀而不莊 樂而不安 慢易以犯
節 流湎以忘本 廣則容姦 狹則思欲 感條暢之氣 滅平和
之德 是以君子賤之也. 凡姦聲感人 而逆氣應之 逆氣成
象 而淫樂興焉 正聲感人 而順氣應之 順氣成象 而和樂
興焉 倡和有應 回邪曲直 各歸其分 而萬物之理 各以類相
動也 是故君子 反情以和其志 比類以成其行 姦聲亂色 不
留聰明 淫樂慝禮 不接心術 惰慢邪辟之氣 不設於身體 使
耳目鼻口心知百體 皆由順 正以行其義 然後發以聲音 而
文以琴瑟 動以干戚 飾以羽旄 從以簫管 奮至德之光 動
四氣之和 以著萬物之理.

【字解】① 敝(폐)—㡀는 巾의 上下內外 네 곳을 매로 쳐(攴)서「떨어
진」것.
② 煩(번)—머리(頁)에 熱(火)이 나니 마음이 繁亂해서 苦悶하는 것.
③ 鼈(별)—「자라」니 黽(민)은 그의 形體이고, 그의 頭部는 치면 體內
로 들어가니 敝는 그를 뜻한 듯.

142

④ 慝(특)—마음(心)을 숨긴(匿) 것은 奸邪한 것이고, 慝(닐)은 숨기 (匿)는 마음(心)이니 「부끄러운」 것.

⑤ 湎(면)—낯(面)이 물(水)에 接했으니 「빠진」 것이나, 마음이 빠 져서 耽溺한 것.

⑥ 狹(협)—개(犬)는 主人만 끼(夾)고 外人에게는 짖으니 그 視野가 「좁은」 것. 두던(阜)에 끼인(夾) 空間이 「좁은」 것은 陝.

⑦ 倡(창)—大衆 앞에 나가서 크게(昌) 行動하는 사람(人)인 俳優이 니 唱導하는 뜻으로도 쓰는 것.,

⑧ 惰(타)—肉體(月)에서 왼쪽(左) 手足은 오른쪽보다 힘이 적으니 마 음에 힘이 적은 「게으른」 것.

⑨ 簫(소)—대(竹)통으로 만들어서 嚴肅한 소리를 내는 「퉁소」.

【通釋】土가 敝壞한 데는 草木이 크지 못하고, 水가 繁亂한 데는 魚鱉 이 크지 못하며, 氣가 衰하면 生物이 살지 못하고, 世가 亂하면 禮가 邪慝하고, 樂이 淫亂해지는 것이다. 그러므로 그 소리는 哀해서 莊하 지 않고, 樂(락)해도 安하지 못하며, 慢易해서 節度를 犯하고 貪樂(流 湎)해서 根本을 잊으며, 넓게는 奸邪해도 容納하고 좁게는 欲求만 生覺 하며, 條暢한 氣는 感해도 平和한 德은 滅하는 것이니, 그러므로 君子 는 그것을 賤視하는 것이다.

무릇 奸聲이 感入하면 逆氣가 相應하고, 逆氣가 成象해선 淫樂이 일 어나며, 正氣가 感入하면 順氣가 相應하고, 順氣가 成象해선 和樂이 일어나나니 倡和에 有應해서 回邪가 曲直함은 各各 그 分으로 돌아가고 萬物의 理致는 各其 다 그의 類대로 相動하는 것이다. 그러므로 君子 는 反情으로써는 그 志를 和하고 比類로써는 그의 行을 成하여 奸聲과 亂色은 記憶에 留하지 말고, 淫樂과 慝禮는 心術에 接하지 말며, 怠慢 하고 邪僻한 氣는 身體를 犯하지 말게 하여 耳目口鼻와 心志百體가 모 두 順正으로 由해서 그 義理를 行한 然後에 聲音을 發하는데 琴瑟로써 는 文을 하고 干戚으로써 動하고 羽旄로써 節하며, 簫管에 따라서 至德 의 光을 奮起시켜 四氣의 和로 動作하는 데서 萬物의 理致가 나타나는 것이다.

【餘說】이에는 「世亂則禮慝而樂淫」이라고 하였으나, 實은 禮가 慝하고 樂이 淫하기 때문에 世上이 騷亂해지니 禮를 改하고 樂을 正하는 것이 王道인 것이다. 그러므로 君子는 그 情을 그의 志에 和하게 하고, 그 類는 그의 行을 成하여서 姦聲亂色은 視聽하지도 아니하고, 淫樂慝禮는 心術에 接近하지도 아니하는 것이다. 그래서 身體에는 怠慢邪僻한 氣가 없게 해서 耳目口鼻와 心知百體가 順理대로 그 道義만 實行하는 것이다.

그런데 音樂이란 것은 物의 音波가 耳의 鼓膜을 通해서 心에 感情을 鼓動하는 것이니 內의 感情은 外의 音波에 被動되는 것이다. 그러므로 姦聲이 感入하면 逆氣가 相應해서 그것은 淫樂이 되고, 正氣가 感入하면 順氣가 相應해서 그것은 和樂이 되니 和樂을 만들어서 淫樂을 除去하는 것이 世上을 治平하는 大道인 것이다. 淫樂이란 오직 肉體的 快樂만을 追求하는 것이니 그것이 世上을 騷亂하게 만드는 것이기 때문이다.

11

是故清明象天 廣大象地 終始象四時 周還象風雨 五色成文而不亂 八風從律而不姦 百度得數而有常 小大相成 終始相生 倡和清濁 迭相爲經 故樂行而倫清 耳目聰明 血氣和平 移風易俗 天下皆寧 故曰 樂者樂也 君子樂得其道 小人樂得其欲 以道制欲 則樂而不亂 以欲忘道 則惑而不樂 是故君子反情以和其志 廣樂以成其教 樂行而民鄉方 可以觀德矣 德者 性之端也 樂者 德之華也 金石絲竹 樂之器也 詩言其志也 歌詠其聲也 舞動其容也 三者本於心 然後樂器從之 是故情深而文明 氣盛而化神 和順積中 而英華發外 惟樂不可以僞爲.

【字解】① 象(상)—「코끼리」의 象形字지마는 그 때 中國에는 코끼리가 없어서 보지는 못하고 듣고서 心想으로만 만들었기 때문에 想象

이란 뜻으로도 쓰는 것.

② 律(률)—사람이 行(彳)할 바를 붓(聿)으로 記錄해서 變치 못하게 한 法을 뜻한 것이나, 또한 音律이란 뜻으로도 轉注된 것.

③ 經(경)—실줄(糸)이 縱으로 삐친 「날」이니, 古에서 今으로 내려오면서 不變하는 眞理인 글도 經이라고 하는데, 橫으로 往來(韋)하는 실줄(糸)인 緯의 相對語.

④ 道(도)—머리(首)로는 目的하는 理想을 가지고 발로 가는(辶)「길」이란 뜻이니 目的, 理想, 眞理, 方法 등의 意味가 된 것.

⑤ 欲(욕)—골짜기(谷)처럼 입벌린(欠) 것이니 속이 비어서 그것을 채우려고 하는 마음.

⑥ 惑(혹)—或 이런지 저런지 判斷하지 못하는 마음(心)이니 疑惑되는 것.

⑦ 鄕(향)—여러 彡(邑字의 變形)과 阝(邑字部)의 中에 좋은 香氣(皀)가 나는 「고향」이란 뜻이나, 여기서는 音이 向과 通해서 故鄕으로 가는 方向.

【通釋】 그러므로 淸明함은 天을 象하고, 廣大함은 地를 象하며, 始終함은 四時를 象하고, 循環함은 風雨를 象하여 五色은 文을 이루어 不亂하고, 八風(八音)은 律에 따라서 不奸하며, 百度는 數를 얻어서 有常하니 大小는 相成하고 終始는 相生하여 倡和淸濁이 唱和해서 서로 바뀌가며 經이 되는 것이다. 그러므로 音樂이 行해서 倫理가 淸하면 耳目이 聰明하고 血氣가 和平하여 移風하고 易俗하니 天下가 泰平할 것이다. 그러므로 樂이란 것은 樂(락)하는 것이다.

君子는 그 道理를 얻어 樂하고, 小人은 그 利欲을 얻어서 樂하나니, 道理로써 利欲을 制하면 樂해서 亂하지 않으나 利欲으로써 道理를 忘하면 惑해서 樂하지 못하는 것이다. 그러므로 君子는 情으로 돌아가서 그 志를 和하고 樂을 넓히어서 그 敎를 이루나니, 樂이 行해서 百姓이 그 方向(鄕)을 잡는 데만 可히 德을 볼 것이다. 德이란 것은 理性의 發端이고, 樂이란 것은 道德의 精華이며, 金石絲竹은 樂의 器具다. 詩는 그 志를 말하는 것이고, 歌는 그 聲을 빼는 것이며, 舞는 그 容을 움직이는 것이니 이 三者는 心에 根本한 것이다. 그렇게 한 然後에 樂器가 따르는 것이다. 그러므로 情이 깊어야만 文이 밝아지고, 氣가 盛해야만 神이 化하나니, 和順함이 心中에 쌓여야만 華英함이 發外되는 것이라, 오직 樂은 거짓으로 될 수는 없는 것이다.

【餘説】 이에 「樂者는 樂也라, 君子는 樂得其道하고 小人은 樂得其欲하나니, 以道制欲 則樂而不亂하고 以欲忘道 則感而不樂이라.」고　하였으니 이에 人生의 眞理가 있는 것이다. 무릇 人生의 目的은 幸福이고, 幸福한 心情은 喜樂이니, 喜樂의 方道로써 音樂이 必要한 것이다. 그래서 音樂이란 것은 喜樂하기 爲한 것이지마는 音樂만 해서는 喜樂이 되지 않으니, 人間의 心情이란 時間的으로 變化해 가는 것이다. 人間은 喜樂만 해서도 안 되는 것이니 生活을 爲해선 生産上에는 有害하기 때문이다. 그러므로 墨子는 非樂論을 主唱했던 것이다.

　古諺에 「君子는 有生의 樂이 없어서도 안 되고, 虛生의 憂가 없어서도 안 된다.」고 하였으니 「有生의 樂」을 爲해서는 音樂이 有益하지마는 「그것이 도리어 「虛生의 憂」가 되는 것이다. 그러므로 君子는 「樂得其道」하나 小人은 「樂得其欲」하는 것이다. 그 道란 것은 人生의 道이고, 그 欲이란 것은 快樂의 欲이니 快樂의 欲만 充足한 者는 오직 그 個人의 肉體的인 幸福만 爲한 것이라 그는 小人인 것이고, 人生의 道를 樂得한 者는 크게 그 社會의 精神的인 幸福을 爲한 것이니 그는 大人인 것이다. 大人은 「君天下而子小民」하기 때문에 「君子」라고　略稱하니, 君子는 社會事業으로 喜樂하는 것이나 小人은 個人 享樂으로 虛生하는 것이다.

12

樂者 心之動也 聲者 樂之象也 文采節奏 聲之飾也 君子動其本 樂其象 然後治其飾 是故先鼓以警戒 三步以見方 再始以著往 復亂以飭歸 奮疾而不拔 極幽而不隱 獨樂其志 不厭其道 備舉其道 不私其欲 是故情見而義立 樂

終而德尊 君子以好善 小人以聽過 故曰 生民之道　樂爲
大焉.　樂也者 施也 禮也者 報也　樂樂其所自生　禮反其
所自始 樂章德 禮報情 反始也 所謂大輅者　天子之車也
龍旂九旒 天子之旌也　靑黑緣者 天子之寶龜也　從之以牛
羊之群　則所以贈諸侯也.

【字解】① 飾(식)―人이 衣巾과 食事를 華奢하게「꾸미는」것.

② 警(경)―操心(敬)하라고 말(言)하니 잘못하면 制裁한다는 것.

③ 戒(계)―창(戈)을 두 손으로 잡(廾)고 敵이 올까봐 注意하는 것.

④ 飭(칙)―사람(人)이 먹고(食) 힘을 쓰(力)라는 것.

⑤ 私(사)―본시는 自身만 爲하는 것을 象形해서 ㅂ로 쓴 것이 楷字로
變해서 厶가 되었는데, 利己함에는 반드시 物質이 따르기 때문에 禾
偏을 덧붙인 것.

⑥ 施(시)―깃발(㫃)이나(也), 어느 地點에다가 깃발을 세우고 施設
을 하는 것.

⑦ 報(보)―多幸한 事爲(㕨)를 하는 것이나 남의 業因에 對해서 業果
로「갚는」것이니, 報答이란 뜻이 되고, 따라서 報告, 情報의 뜻이
된 것.

⑧ 輅(로)―車는 殷代에 가장 發達되어 天子가 탔던 것이나, 各 車에
모두 共通한 車前의 橫木이란 뜻도 된 것.

⑨ 旂(기)―깃폭에는 龍文을 그리고 竿頭에는 방울을 달아서 軍隊를
召集하는 데 쓰는 가장 貴重(斤)한 깃발(㫃).

⑩ 旒(류)―구슬이 늘어진(充) 깃발(㫃)이니 王이 쓰는 冠에 구슬이
늘어진 것을 冕旒冠이라고 함.

【通釋】樂이란 것은 心이 動하는 것이고, 聲이란 것은 樂을 象한 것이
며, 文采와 節奏는 聲을 飾하는 것이니, 君子는 그 本을 動해서 그 象
을 樂한 然後에 그 飾을 治하는 것이다. 그러므로 먼저는 鐘을 쳐서 警
戒하고 三步를 가서는 方向을 보며, 그 다음 始作에는 갈 바를 나타내

고, 다시 樂器를 쳐(亂)서는 돌아갈바를 申飭하며, 迅速(奮疾)하게 해
도 拔하지는 아니하고, 微細(極幽)하게 해도 隱하지는 아니하여 홀로
그 志를 樂해도 그 道를 厭하지는 않으며, 그 道를 備擧해도 그 欲을
獨樂(私)하지는 않는 것이다. 그러므로 情을 보이는 데서 義가 드러나
(立)고, 樂을 마치는 데서 德이 높여지는 것이다. 君子는 그로써 善德
을 좋아하고, 小人은 그로써 過失을 듣는 것이다. 그러므로 生民의 道
에서는 音樂이 重大한 것이다.

　樂이란 것은 施하는 것이고 禮라는 것은 報하는 것이니, 樂은 그의
生하는 바를 樂하는 것이고 禮는 그의 始하는 대로 歸(反)하는 것이다.
樂에는 德이 빛나고 禮로는 情을 갚는 것이니 다같이 始生으로 돌아가
는 것이다. 所謂大輅란 것은 天子의 車고 龍旂九旒는 天子의 旗며, 青
黑으로 緣한 것은 天子의 寶龜며 牛羊의 群으로써 따르는 것은 諸侯에
게 贈與하는 所以인 것이다.

【餘説】 무릇 人間에서 君子와 小人이 서로 相反된 것이나 社會는 君子
와 小人이 서로 協動해야만 成立되는 것이다. 小人들은 私利私益만 追
求하니 그들만 모여서는 社會의 平和를 維持할 수가 없기 때문에 君子
가 그들을 指導하지 않으면 안 되는 것이다. 그러므로 그의 根本 精神
은 仁義이고 그의 治平方道는 禮樂인 것이다. 그런데 社會를 結合하는
禮로써 個人이 享樂하는 樂을 하는 것은 君子의 樂이나 個人이 享樂하
는 樂만으로 社會에 無益한 樂만 하는 것은 小人의 樂이니, 小人의 樂
은 樂을 爲한 樂이나 君子의 樂은 禮를 爲한 樂인 것이다.
　그러므로 君子의 樂은 「獨樂其志하나 不厭其道하여 備擧其道하나 不
私其欲하는」것이다. 不厭其道하는 것은 社會的 公益을 잊지 않는 것
이고, 不私其欲하는 것은 個人的 享樂만 하지 않는 것이다. 社會的 公
益은 中樞心性으로 創造함에 있는 것이나, 個人的 享樂은 末稍神經만
이 被動함에 있는 것이다. 그러나 君子의 樂으로써 「情見而義立 하고
樂終而德尊하면 君子는 以好善하고 小人은 以聽過하는」것이다. 그러
니 禮를 떠난 小人의 樂을 禮를 爲한 君子의 樂으로 만드는 것이 仁義
의 理想을 俱現하는 治平의 方道인 것이다.

13

　樂也者 情之不可變者也 禮也者 理之不可易者也 樂統
同 禮辨異 禮樂之説 管乎人情矣 窮本知變 樂之情也 著
誠去僞 禮之經也 禮樂偵天地之情 達神明之德 降興上下
之神 而凝是精粗之體 領父子君臣之節　是故大人擧禮樂
則天地將爲昭焉 天地訢合 陰陽相得 煦嫗覆育萬物 然後
草木茂 區萌達 羽翼奮 角觡生 蟄蟲昭蘇 羽者嫗伏 毛者
孕鬻 胎生者不殰 而卵生者不殈 則樂之道歸焉耳.　樂者
非謂黃鍾大呂弦歌干揚也 樂之末節也 故童者舞之　鋪筵
席 陳尊俎 列籩豆 以升降爲禮者 禮之末節也　故有司掌
之 樂師辨乎聲詩 故北面而弦 宗祝辨乎宗廟之禮 故後尸
商祝辨乎喪禮 故後主人 是故德成而上 藝成而下 行成而
先 事成而後 是故先王有上有下 有先有後 然後可以有制
於天下也.

【字解】① 變(변)―서로 말(言)이 가고(糸) 오는(糸) 對話를 해 가
(夊)면 話題는「달라지니」變하는 것.

② 辨(변)―原告와 被告, 罪人(辛)과 罪人이 서로 自己만 옳다고 辯明
하는데 是非를 分斷(刀)하는 것.

③ 偵(부)―사람(人)이 무엇을 지고(負) 있으니 物件은 그 사람에게
依支해 있는 것.

④ 凝(응)―물(水)이 얼음(冫)으로 되었으니 液體가 固體로 變했음이
疑心되는 것.

⑤ 領(령)―위에서 令하는 머리(頁)니 아래로 通하는「목」이란 뜻에
서 옷의 最高處인「옷깃」이란 뜻이 된 것.

⑥ 訢(흔)―自己 하품(欠)을 끊(斤)어서 改過한 것은「즐거운」欣字
이니, 右의 欠을 빼고 左에 言을 쓴 것도 亦是「즐겁다」는 뜻으로
쓴 것.

⑦ 煦(후)─太陽(日)熱(火)이 내리쬐어서 「따뜻한」 것.

⑧ 嫗(구)─女子의 區域이니 그의 任務는 「生育」하는 것.

⑨ 觡(격)─뿔(角)에 가지가 갈라진(各) 「사슴뿔」.

⑩ 蟄(칩)─벌레(虫)를 잡으(執)려면 「움추리는」 것.

⑪ 鬻(육)─병(鬲)에 든 죽(粥)으로 「기르」니 育으로 通해서 그것이 「판다」는 뜻으로 되었음.

⑫ 殰(독)─뼈(歹)를 파는(賣) 것이나, 「死胎」를 뜻한 것.

⑬ 殈(혁)─뼈(歹) 속에 피(血)나, 「새알이 터진」 것.

⑭ 鋪(포)─金屬을 널리(甫) 「펼쳐」 놓고서 「파는」 것.

⑮ 尊(존)─酋長에 對한 法道(寸)는 「높이」는 것이나, 여기서는 木偏에 쓰는 樽(준)의 略字로서 「술통」을 뜻하는 것.

【通釋】 樂이란 것은 心情이 變해서는 안 되는 것이고, 禮라는 것은 事理를 易해서도 안 되는 것이다. 樂은 同하게 統一하는 것이고 禮는 異하게 分辨하는 것이니, 禮樂의 說은 人情을 總管하는 것이다. 本으로 들어가 變함을 아는 것은 樂의 情이고, 誠을 나타내서 僞를 버리는 것은 禮의 經이다. 禮樂은 天地의 情에 依(倣)해서 神明의 德에 達하는 것이니, 上下의 神으로 降하여서 精粗의 體로 凝結해서 父와 子, 君과 臣의 節을 領導하는 것이다. 그러므로 大人은 禮樂을 擧論하면 天地가 將次로 昭明해지는 것이다. 天地가 欣合해서는 陰陽이 相得하여 萬物을 陽氣(煦)로 덮(覆)고 陰氣로 기르(育)는 然後에야만 草木이 盛(茂)해지고 萌芽가 達해지며, 羽翼은 奮飛하고 角枝가 生成하는 것이다. 昆虫이 化生하고 羽鳥는 卵生(嫗伏)하며, 毛獸는 孕育하고 胎生者는 死産(殰)하지 않으며, 卵生者는 破卵(殈)하지 않는 것이니, 樂의 道는 이에 歸着되는 것이다.

　樂이란 黃鍾, 大呂로 絃歌하고 舞踊하는 것만 말하는 것이 아니라, 그것은 末節이기 때문에 兒童이 춤을 추고 筵席을 펼치고 樽俎를 베풀며, 籩豆를 차리고 昇降하면서 禮行함은 末節이기 때문에 有司가 그를 管掌하는 것이다. 樂師는 詩聲을 分辨하기 때문에 北面해서 絃樂을 치고 祝官은 宗廟의 禮를 分辨하기 때문에 尸를 案內하는 것이니, 商祝

(賓客 案內者)은 喪禮를 分辨하기 때문에 主人을 뒤로 하는 것이다. 그러므로 德을 成해서는 위에 오르고 藝를 成해서는 아래로 내리며, 行을 成해서는 먼저 서고 事를 成해서는 뒤에 서는 것이다. 그러므로 先王은 上과 下가 있고 先과 後가 있은 然後에야만 가히 天下를 制治하는 것이다.

【餘說】樂이란 것은 「情之不可變者也나」「窮本知變함은 樂의 情이니」根本은 不變하나 末端은 變化하는 것이 樂이고, 禮라는 것은 「理之不可易者也니」「著誠去僞함은 禮의 經이니」誠實히 努力해서 虛僞를 除去하는 것이 禮인 것이다. 禮는 本이니 經이라면 樂은 末이니 緯인 것이다. 禮는 個人이 各自가 義務를 遂行하는 데서 社會는 全體的으로 和合이 되는 것이나, 樂은 各自가 享樂만 耽求해서 墮落하게 되면 人間은 個體的으로 分解가 되는 것이다.

樂器로써 歌舞하는 것은 樂의 末節이니 그것은 兒童도 하는 것이고, 禮席에서 祭奠하는 것은 禮의 末節이니 그것은 有司만 能한 것이다. 그러므로 孔子는 子張에게 「너는 반드시 几筵을 펴고 升降하면서 獻酌을 한 然後에야만 禮라고 하며, 너는 반드시 舞列을 지어 羽籥을 들고 鐘鼓를 친 然後에야만 樂이라고 하나 말한대로 行하는 것이 禮인 것이고 行한 것을 즐기는 것이 樂인 것이다.」(仲尼燕居)고 말씀하셨다.

14

魏文侯問於子夏曰 吾端冕而聽古樂 則惟恐臥 聽鄭衛之音 則不知倦 敢問古樂之如彼何也 新樂之如此何也 子夏對曰 今夫古樂 進旅退旅 和正以廣 弦匏笙簧 會守拊鼓 始奏以文 復亂以武 治亂以相 訊疾以雅 君子於是語 於是道古 脩身及家 平均天下 此古樂之發也 今夫新樂 進俯退俯 姦聲以濫 溺而不止 及優侏儒 獶雜子女 不知父子 樂終不可以語 不可以道古 此新樂之發也 今君之所問

者樂也 所好者音也 夫樂者 與音相近而不同 文侯曰 敢
問何如 子夏對曰 夫古者天地順而四時當 民有德而五穀
昌 疾疢不作而無妖祥 此之謂大當 然後聖人作爲父子君
臣以爲紀綱 紀綱既正 天下大定 天下大定 然後正六律
和五聲 弦歌詩頌 此之謂德音 德音之謂樂 詩云 莫其德
音 其德克明 克明克類 克長克君 王此大邦 克順克俾 俾
于文王 其德靡悔 既受帝祉 施于孫子 此之謂也 今君之
所好者 其溺音乎.

【字解】① 冕(면)―普通 사람을 免하는 데 쓰는(曰) 머리의 冠.
② 倦(권)―사람(人)이 몸을 비꼬니(卷) 「게을러진」 것.
③ 旅(려)―깃발(㫃) 아래로 여러 사람(众)이 모인 軍隊를 뜻한 것이
　　나, 軍隊는 客地로만 다니니 旅行이란 뜻으로 轉注된 것.
③ 匏(포)―스스로 커(夸)서 보자기로 싼(包) 物件처럼 큰 「박」.
④ 簧(황)―대(竹)로 만든 피리(笙) 속 中央(黃)에 혀가 있는 樂器니
　　女媧氏의 所作이라고 함.
⑤ 拊(부)―손(手)을 붙(付)여 「치는」 樂器.
⑥ 訊(신)―빠르(卂)게 罪相을 審問하는 말(言).
⑦ 俯(부)―사람(人)이 萬物의 府인 땅을 보니 「구부리는」 것.
⑧ 侏(주)―朱人은 赤子니 아기처럼 작은 「난장이」.
⑨ 疢(진)―火病이니, 즉 熱病.
⑩ 妖(요)―예쁜(夭) 계집(女)이니 사람을 誘惑해서 「災害」가 되는 것.
⑪ 祉(지)―天神(示)이 보살펴(止)서 福을 받게 되는 것.

【通釋】魏나라 文侯가 子夏(孔子의 弟子)에게 물으되, 「나는 端冕으로
서 古樂을 들으면 오직 누울(臥)까봐 두려우나, 鄭衛의 音樂(淫亂한
音樂)을 들으면 倦怠함을 모르나이다. 敢히 묻노니 古樂이 그러함은 무
엇 때문이며, 新樂이 이러함은 무엇 때문인가요.」고 하니 子夏가 對答
하되, 「이제 그 古樂으로 말하면 여러(旅) 樂士가 進退는 齊一하게 해

서 和正하고 寬廣하며, 絃匏와 笙簧 등을 모두 合奏함에는 북을 침(拊
鼓)으로써 指揮하는 데 始奏할 때는 革製의 북(文)을 치고 다음에는 鐵
製의 북(武)을 쳐서 亂함을 治하는 데는 서로 그렇게 하고, 너무 迅速
한 것을 調節(訊)하는 데는 雅하게 하는 것입니다. 君子는 그래야만(於
是) 樂을 말할(語) 수 있고 그래야만 古道를 말해서 修身하고 齊家하
여 天下를 平治할 수가 있으니, 그래서 古樂이 發生한 것이나, 至今의
新樂은 나아감에도 구부리(俯)고 물러감에도 구부리며, 姦聲이 넘쳐(濫)
서 耽溺해 말지(止) 안하고 俳優에는 난장이(侏儒)와 男女(子女)가 뒤
섞여(雜)서 父子도 모르니, 樂章을 마쳐(終)도 樂을 말할 수가 없고 古
도 말할 수 없으니, 그래서 新樂이 發生한 것이다. 이제 君이 묻는 바
는 樂이나 좋아하는 바는 音이니 그 樂이란 것은 音과 서로 가깝지마
는 같지는 않는 것입니다.」고 말하였다.

그래서 文侯가 다시 「敢히 묻노니 어떠한 것인가요.」고 하니 子夏는
對答하되, 「그 옛적에는 天地가 順하고 四時가 當해서 百姓은 德이 있
고 五穀도 盛해지며 熱病(疾)도 아니나고 妖祥도 없었던 것이니, 이것
을 大當이라고 합니다. 그렇게 된 後에 聖人이 나사 父子 君臣을 爲해
서 紀綱을 만들어 紀綱이 서니 天下가 大定하고, 天下가 大定한 然後
에는 六律을 바꾸고 五聲을 和하여 絃歌하고 詩頌하였으니, 이것을 德
音이라 하고 德音을 樂이라고 하였다. 『詩經』에서〈그 德音을 貊도 들
어 그의 德이 克明하사 克明하심이 克類해서 克長하고 克君하니 그 大
邦에도 되시와 克順하고 克比하심을 文王에다 對比해도 그의 德은 後悔
없어 이미 帝祉받으시어 孫子에게로 내렸도다.〉(大雅皇矣)고 한 것은
이것을 말한 것이나, 이제 君이 좋아하는 것은 그 音에만 빠진(溺) 것
입니다.」고 하였다.

【餘說】魏文侯는 魏나라 人君이니 名은 都고 諡는 文인데, 周의 威烈
王 때 君侯가 되어 子夏에게 經書를 배우고 段干木도 招聘하였다. 秦에
서 魏를 侵攻하려 하니 或者가 秦君에게 「文侯는 賢君이라, 上下를 和
合하게 善政했으니 쳐서는 안 된다.」고 해서 侵略을 防止하였다. 그 後
로 諸侯 中에서 名聲이 있었으니 그 때는 戰國時代라도 禮樂을 배우는

文侯도 있었고 賢者를 높이는 諸侯도 있었던 것이나, 至今의 民主貴族이나 共産帝王은 是非善惡은 判斷할 能力도 없이 오직 權謀術數로 그의 權力만 死守하고 있으니 時代는 이처럼 衰亡해 온 것이다.

그런데 子夏가 引用한 詩經의 文句는 原文에 「貊其德音」이 「莫其德音」으로 誤記되었는데, 鄭玄의 古註에는 「德正應和曰莫」이라고 하였으니 莫字에 어찌 德正應和라는 뜻이 있단 말인가. 그래서 朱子의 註解에는 「莫謂其莫然清靜也」라고 하였으니, 옛적에는 왜 引用한 文句가 原文에 틀려도 그것을 是正하지는 아니하고 以訛傳訛로 내려왔는가. 그러니 學問은 衰退하지 않을 수가 없는 것이다. 莫字에 決코 清靜이란 뜻이 있을 理도 萬無한 것이다. 그러므로 나는 原文 그대로 「貊其德音」을 「그 德音이 貊族에까지 들렸다.」는 뜻으로 解釋한 것이다.

15

文侯曰 敢問溺音何從出也 子夏對曰 鄭音好濫淫志 宋音燕女溺志 衛音趨數煩志 齊音敖辟喬志 此四者 皆淫於色 而害於德 是以祭祀弗用也 詩云 肅雍和鳴 先祖是聽 夫肅 肅敬也 雍 雍和也 夫敬以和 何事不行 爲人君者 謹其所好惡而已矣 君好之 則臣爲之 上行之 則民從之 詩云 誘民孔易 此之謂也 然後聖人作爲鞉鼓 椌楬 塤篪 此六者 德音之音也 然後鐘磬竽瑟以和之 干戚旄狄以舞之 此所以祭先王之廟也 所以獻酬酳酢也 所以官序貴賤 各得其宜也 所以示後世有尊卑長幼之序也 鐘聲鏗 鏗以立號 號以立橫 橫以立武 君子聽鐘聲 則思武臣 石聲磬 磬以立辨 辨以致死 君子聽磬聲 則思死封疆之臣 絲聲哀 哀以立廉 廉以立志 君子聽琴瑟之聲 則思志義之臣 竹聲濫 濫以立會 會以聚衆 君子聽竽笙簫管之聲 則思畜聚之臣 鼓鼙之聲讙 讙以立動 動以進衆 君子聽鼓鼙之聲 則思將帥之臣 君子之聽音 非聽其鏗鏘而已也 彼亦有所合之也

【字解】① 燕(연)—본시는 「제비」의 象形字였는데 이것이 國名도 되고, 音이 宴으로 通해서는 饗宴, 또 晏으로 通해서는 閒晏이란 뜻으로 쓰이니, 제비란 뜻으로는 鳥字를 덧붙여서 鷰으로 씀.

② 趨(추)—牛馬가 꼴(芻)을 먹을 때는 머리를 아래로 숙이는 것처럼 머리를 숙이고 달려(走)가는 것을 뜻함.

③ 敖(오)—出의 略字인 土와 放의 合字니, 出放해서 「노는」 것.

④ 雝(옹)—새의 이름인데 그 새소리가 「和한」 것이니 雍과 같은 뜻.

⑤ 鞉(도)—가죽(革)으로 만든 작은(兆) 「북」의 이름이니 鼗와 같은 字.

⑥ 椌(강)—나무(木)로써 속이 비(空)게 만든 樂器이니 演奏를 始作할 때 치는 것.

⑦ 楬(갈)—나무(木)로서 演奏를 그칠(止) 때 치는 樂器.

⑧ 壎(훈)—흙(土)을 구워(熏)서 만든 樂器니 塤과 같은 字.

⑨ 篪(지)—虒는 뿔이 달린 범인데 陸地나 水中으로 兩行하는 것이니, 竹으로 만들어서 橫으로 부는 「퉁소」.

⑩ 竽(우)—대(竹)로써(于) 만든 樂器.

⑪ 酳(윤)—작은(胤) 술(酉)이니 食事 때 먹는 飯酒.

⑫ 酢(초)—술(酉)로 만든(乍) 「초」지마는 술을 勸하는 뜻으로는 音이 「작」임.

⑬ 鏗(갱)—堅金의 樂器 소리를 形容한 것.

⑭ 讙(환)—황새(雚)들의 소리(言)를 뜻한 것이나, 歡字와 같이 「즐거워 하는」 것.

⑮ 鼙(비)—낮은(卑)데를 向해서 치는 북(鼓).

⑯ 鏘(장)—金玉을 가지(將)고 치는 「소리」.

【通釋】 또 文侯는 말하되, 「敢히 묻노니 音에 빠지게 하는 音은 어디서 나오는가요.」고 하니 子夏는 對答하되, 「鄭나라 音樂은 넘치는 淫志를 좋아하고, 燕나라 音樂은 女色과 燕樂해서 意志를 빠지게 하며, 衛나라 音樂은 短促(趨數)해서 心志를 煩亂하게 하고, 齊나라 音樂은 敖僻(偏肆)해서 心志를 驕慢하게 하나니, 이 四者는 모두 色에 빠져(淫)

서 德에 害가 되는 것입니다. 그러므로 祭祀에도 쓰지 않는'것이니『詩經』에는「肅雝하게 和鳴하니 先祖 이를 들으시네.」(周頌有瞽)고 하였으니 그 肅이란 敬함이고 雝이란 和함이니 敬하고도 和한다면 무슨 일인들 안할 것인가. 人民이 된 者는 그의 好惡만 삼가할 뿐입니다. 人君이 好하면 臣下도 하는 것이고, 上者가 行하면 人民은 따르나니,『詩經』에「誘民함은 쉬운거다.」(大雅板篇)고 한 것은 이것을 말한 것입니다. 그러한 後에야만 聖人은 鞉鼓椌楬壎篪 등 六者는 德音의 음악인 것입니다. 그 다음에는 鐘鼓竽瑟로써는 和하고 干戚旄狄으로써는 舞하나니, 이것이 先王의 廟에 祭奠하는 所以고 獻酬酳酢하는 所以며, 官序貴賤이 各其 다 宜當함을 얻는 所以고 後世에 尊卑長幼의 序가 있는 所以인 것입니다.

鐘聲은 鏗하니 鏗으로써는 號令을 세우고 號令으로써는 橫列로 세우고 橫列로써는 武樂을 세우니, 君子는 鐘聲을 들으면 武臣을 생각하고 石聲은 磬하니 磬으로써는 分辨을 밝히고 分辨으로써는 決死를 하니 君子는 磬聲을 들으면 封疆에서 決死하는 臣下를 생각하며, 絲聲은 哀하니 哀然으로써는 廉潔을 세워서 廉潔한 志를 세우나니, 君子는 琴瑟의 소리를 들으면 節義를 세우는 臣下를 생각하고, 竹聲은 濫하니 濫으로써는 會衆을 세워서 會衆이 모이니 君子는 竽笙, 簫管의 소리를 들으면 畜聚하는 臣下를 생각하며, 鼓鼙의 聲은 讙하니 讙으로써는 動作을 세우고 動作으로써는 群衆을 나아가게 하나니 君子는 鼓鼙의 聲을 들으면 將帥의 臣을 생각하는 것입니다. 그러니 君子가 音을 듣는 것은 그 鏗鏘하는 소리만 듣는 것이 아니라, 그의 心情이 合하는 것입니다.」고 말씀하였다.

【餘說】다시 文侯가 음악에 빠지는 理由를 물으니 好濫해서 淫志하는 鄭音과 燕女해서 溺志하는 宋音과 趨數해서 煩志하는 衛音과 傲僻해서 驕志하는 齊音 등 四者에서 由來하니, 그것에 心志가 빠지는 것은 德性에 害가 된다고 하였다. 그러니 詩經에 있는「肅雝和鳴해서 先祖是聽하는」그런 음악으로 敬하고도 和하면 무슨 일이나 안 될 것은 없을 것이니, 人君이 그의 好惡를 分明히 해서 邪音을 버리고 正音만 한다

면 모든 臣民들이 그에 따라서 善化될 것이니 民衆을 誘導하기는 쉽다
는 것이다.

그런데 聖人은 小鞉와 長鼓, 祝椌과 敔楬, 土壎과 竹簴 등을 만들었
으니 이 六者는 德音인데, 또 鐘과 磬, 竽와 瑟로써는 和音하고 干戚
과 旄狄으로써는 舞蹈하는 이것들은 先王의 廟에 祭奠하는 樂器로써 獻
酬酳酢하여 貴賤과 尊卑 등의 秩序를 세우는 것이다. 그런데 鐘聲으로
써는 號令을 세우고 石聲으로써는 判斷을 세우며, 絲聲으로써는 淸廉
을 세우고 竹聲으로써는 秩序를 세우며, 鼓鼙의 聲으로써는 進動을 하
는 것이니 君子는 그의 音을 듣고서 倫理的으로 生覺하는 바가 있는 것
이다.

16

```
   賓牟賈侍坐於孔子 孔子與之言及樂 曰 夫武之備 戒之
已久 何也 對曰 病不得其衆也 咏歎之 淫液之 何也 對
曰 恐不逮事也 發揚蹈厲之已蚤 何也 對曰 及時事也 武
坐致右憲左 何也 對曰 非武坐也 聲淫及商 何也 對曰 非
武音也 子曰 若非武音 則何音也 對曰 有司失其傳也 若
非有司失其傳 則賦王之志荒矣 子曰 唯 丘之聞諸萇弘 亦
若吾子之言 是也賓牟賈起 免席而請曰 夫武之備戒之已
久 則旣聞命矣 敢問遲之 遲而又久 何也 子曰居 吾語
女 夫樂者象成者也 總干而山立 武王之事也 發揚蹈厲 太
公之志也 武亂皆坐 周召之治也 且夫武始而北出 再成而
滅商三成而南 四成而南國是疆 五成而分 周公左 召公右
六成復綴 以崇天子 夾振之而駟伐 盛威於中國也 分夾而
進 事蚤濟也 久立於綴 以待諸侯之至也.
```

【字解】① 牟(모)—소(牛)의 입(厶)에서 나오는 소리를 뜻한 것이나,

麷의 略字로서「보리」란 뜻으로 쓰는 字나 여기서는 姓字.

② 液(액)―밤(夜)에 氣溫이 낮아지니 空氣 中에의 水分이 物體에서 凝結한 이슬이니「물방울」.

③ 逮(체)―따라가(辶)서 손(⇒)으로 꼬리(屯)를 잡았으니 「미쳐간」 것.

④ 蹈(도)―舀는 절구(臼)에 넣었던 곡식을 손(爪)으로 끌어내는 뜻이니, 발(足)을 올렸다「밟는」 것.

⑤ 厲(려)―萬은 본시 벌의 象形字로서 그 數가 많으므로 數字가 된 것이니, 언덕(厂) 밑 바위틈에 벌떼(萬)는「사나운」 것.

⑥ 蚤(조)―爪甲(叉)으로 눌러 잡는「벌레」니「벼룩」을 뜻한 字인데, 벼룩은 아침에「일찍」뛰니 早와 같은 뜻으로 쓰는 것.

⑦ 萇(장)―會意로는 長草지마는 北印度의 國名은 鳥萇, 周大夫의 姓名은 萇弘 등 固有名詞로만 쓰인 것.

⑧ 夾(협)―사람이 四肢를 펼쳐(大)서 兩쪽 겨드랑이에 한 사람(人)씩「낀」 것.

⑨ 駟(사)―큰 車를 끌고 달리는 一組의 四馬.

⑩ 坐(좌)―土에 从(從)해서「앉는」 것.

【通釋】賓牟賈가 孔子를 모시고 앉았을 때 孔子께서 더불어 말하다가 話題가 音樂에 미쳐서 말씀하시되,「그 武(武王의 樂)를 갖추어서 戒한지가 이미 오래 되었음은 何故인가.」고 물으니, 對答하되,「그 大衆을 얻지 못할까 걱정(病)했기 때문입니다.」고 하고, 또「길게 빼서(詠嘆) 늘어지(淫液)게 함은 何故인가.」고 하시니,「事行이 不及할까 겁내기(恐) 때문입니다.」고 하고, 또「發揚하고 强蹈하기 일찍(蚤)함은 何故인가.」고 하시니,「일할 때가 되었기 때문입니다.」고 하고, 또「武樂을 하다가 앉아서 쉬는 데는 右股를 굽히고 左足을 위로 올림은 何故인가.」고 하시니,「武樂에는 앉음이 없기 때문입니다.」고 하고, 또「聲이 商나라를 取함에 빠진(淫) 것은 何故인가.」고 하시니,「그것은 武樂의 音이 아니기 때문입니다.」고 하니 孔子께서「萬若에 武樂은 音이 아니라면 무슨 音인가.」고 하시니,「有司가 그것을 잘못 傳했기 때문입니다.

萬若에 有司가 잘못 傳한 것이 아니라면 武王의 뜻이 잘못된 것입니다.」고 對答하였다.

　그래서 孔子는 말씀하시되, 「그러하도다. 나(丘)는 萇弘에게 들으니 萇弘도 또한 그대(吾子)의 말과 같더라.」고 하시니, 賓牟賈은 일어나서 그 자리를 비켜(免) 앉자 淸問하되, 「그 武樂을 갖추어서 戒한지 이미 오래됐다고 하신 말씀은 이미 가르치심을 받았사오나, 또 敢히 묻나이다. 더디고 더디어 오래됐다는 것은 무슨 뜻입니까.」고 하니 孔子께서는 「앉아라. 내가 너에게 말하리라. 무릇 樂이란 成했음을 象한 것이다. 武舞를 하는 데 모두 干을 들고 山처럼 不動姿勢로 서 있는 것은 武王의 事였고, 發揚하고 强蹈하였음은 太公의 志였으며, 武樂이 擾亂한데 모두 따르(坐)는 것은 周公과 召公의 政治였다. 그 武舞는 처음에는 北으로 나가서 初成하고 再成에는 商紂를 擊滅하며 三成에는 南으로 돌아오고 四成에는 南國을 統一(是疆)하며 五成에는 南國을 나누어서 周公은 左, 召公은 右治하였고 六成에는 다시 合(綴)해서는 天子를 尊崇하는 等의 象徵인 것이다. 그런데 每成에는 二人의 舞者가 木鐸을 夾振해서는 駟馬로 치는 것은 中國의 武威를 成한 것이고, 舞者가 나누어(分夾)서 前進함은 大事가 일찍(蚤) 成就된 것이고, 六成에 다시 合한데 오래 섰음은 諸侯가 모이기를 기다림을 象徵한 것이다.」고 말씀하셨다.

【餘説】孔夫子의 質問에 賓牟賈의 答辭을 이에 六次나 거듭 하였으니 ①武備로 警戒한 지 오래 되었음은 大衆의 公論을 얻기 爲한 것이고, ②咏歎해서 連續하였음은 大事를 愼重하게 하기 爲한 것이며, ③發揚하고 强蹈한 것은 事期가 當到했기 때문이고, ④致右하고 憲左하였음은 武樂에는 閑坐함이 없기 때문이며, ⑤聲淫이 商紂에까지 波及하였음은 武力만을 쓰지 않기 爲한 것이고, ⑥武力만을 쓰지 않는다는 것은 무슨 말인가 하면 그것은 有司가 잘못 傳한 것이니, 武王이 武力만 쓰기로 했다면 그것은 잘못일 것이라는 것이다.

　무릇 戰爭이란 것은 無辜한 兵卒만 犧牲시키는 惡業이니 「不戰而屈人之兵이 善之善者也라.」「武王은 될 수 있는대로 戰爭을 않으려고 했지마는 商紂는 끝내 不服하니 不得已해서 戰爭을 하는데 三·四次나 宣誓하였으니 그것이 『書經』의 「泰誓」 「牧誓」 「武成」 등 諸篇에 記錄되어 있는 것이다. 그런데 武樂은 武成을 象徵한 것이라, 武王의 事는 總干而山立하고 太公의 志는 發揚而蹈厲하였는데 周公과 右公의 治는 武亂에 皆坐했던 것이다. 이에 武亂이란 武樂이 搖亂한 것이고 皆坐는 그에다 處從한 것이다.

17

且女獨未聞牧野之語乎 武王克殷反商 未及下車 而封
黃帝之後於薊 封帝堯之後於祝 封帝舜之後於陳 下車而
封夏后氏之後於杞 投殷之後於宋 封王子比干之墓 釋箕
子之囚 使之行商容而復其位 庶民弛政 庶士倍祿 濟河而
西 馬散之華山之陽而弗復乘 牛散之桃林之野 而弗復服
車甲衃而藏之府庫而弗復用 倒載干戈 包之以虎皮 將帥
之士使爲諸侯 名之曰建櫜 然後天下知武王之不復用兵也
散軍而郊射 左射貍首 右射騶虞 而貫革之射息也 裨冕搢
笏 而虎賁之士說劍也 祀乎明堂而民知孝 朝覲 然後諸侯
知所以臣 耕藉 然後諸侯知所以敬 五者天下之大敎也 食
三老五更於大學 天子袒而割牲 執醬而饋 執爵而酳 冕而
總干 所以敎諸侯之弟也 若此 則周道四達 禮樂交通 則
夫武之遲久 不亦宜乎.

【字解】① 薊(계)―엉겅퀴科에 속하는 「삽주」나 說文的 意味는 알 수 없음.
② 弛(이)―활(弓)줄이 無力(也)하니 「늘어진」 것.
③ 衃(반)―그릇의 半으로 갈라진 틈에다 피(血)로「바르는」것.
④ 櫜(고)―자루(橐) 속에 허물(咎)이 들었으니 사람을 죽이는 武器를

넣는 「큰 자루」.

⑤ 貍(리)—사람이 사는 마을(里)에 내려오는 山짐승(豸)인 「삵괭이」.

⑥ 騶(추)—말(馬)에게 꼴(芻)을 먹이는 「마구」.

⑦ 虞(우)—吳나라의 범(虍)인데, 산 짐승은 안 잡아먹고 풀(芻)만 먹는 말(馬)같은 착한 짐승이니 그는 將來를 생각하는 듯 하기 때문에 「念慮」한다는 뜻으로도 쓰는 것.

⑧ 裨(비)—낮은(卑) 사람에게 옷(衣)을 주니 「도우는」 것.

⑨ 搢(진)—손(手)으로 무엇을 가지고 物件 속에 들어가(晉)게 「꽂는」 것.

⑩ 笏(홀)—잊지 말(勿)도록 重要한 命令을 記錄하는 데 必要한 대(竹)로 만든 書版.

⑪ 袒(단)—한쪽 어깨가 드러나(旦)게 옷(衣)을 벗은 것.

⑫ 割(할)—物件을 칼(刀)로 베어(害)서 「쪼개는」 것.

⑬ 牲(생)—生牛를 祭物로 쓰는 것.

⑭ 饋(궤)—貴한 食物을 「먹이는」 것.

【通釋】 또 孔子께서 말씀을 이어서 「너는 獨히 牧野에서 勝戰했던 말을 듣지 못했느냐. 武王이 殷紂를 克服하고 商에서 돌아(反) 올 때 아직 車에서 내리(下)기도 前에 黃帝의 後裔는 薊에다가 封하고 帝堯의 後裔는 祝에다가 封하며, 帝舜의 後裔는 陳에다가 封하고 車에 내려서는 夏后氏의 後裔는 杞에다가 封하며, 殷王의 後裔는 宋에다가 封하셨다. 그리고 王子에 比干의 墓를 追尊하고 羑里에 箕子의 囚를 釋放하여, 또 하여금 商容은 復位를 시키고 庶民에게는 團束을 풀(弛)고 庶士에는 俸祿을 더하(倍)였다. 그리고 濟河의 西쪽으로 華山의 陽에는 馬를 풀어 놓아 다시는 타지 안하고 桃林의 野에는 牛를 풀어 놓아 다시는 부리(服)지 않으며, 車甲은 고쳐(衅)서 府庫에 감추어 다시는 쓰지 안하고 干戈는 反送(倒載)해서 虎皮로 싸두며, 將軍들은 하여금 諸侯로 하고 그들에게 武力을 싸두라 命令을 하고, 그것을 「建橐」라고 이름하였다.

그렇게 한 然後에야 天下에서는 武王이 다시는 用兵하지 않음을 알

게 되었다. 軍隊는 郊外에 射場으로 分散하였으니 東(左)쪽　射場에는
「貍首」란 詩를 노래하고 西(右)쪽 射場에는 「騶虞」란 詩를 노래하게 하
니 가죽을 뚫는 弓道는 없어졌다. 그래서 裨冕을 쓰고 笏을 꽂고서 勇
士(虎賁)들은 칼을 벗어(説←脱)나 明堂에서 祭祀를 하니 百姓들은 孝
道를 알았고 朝覲을 한 然後에는 諸侯들이 臣道를 알았으며, 天子가 親
耕을 한 然後에는 諸侯들은 敬王하는 所以를 알았으니 이 五者는 天下
의 大教인 것이다. 大學에는 老人 셋과 更年 다섯을 選任해서　天子는
袒하고 牲을 베어 醬을 가지고는 먹이고 잔을 가지고는 飯酒시키며, 冕
을 쓰고 干을 가지고 대함은 諸侯에게 敬長(弟)하는 所以를　가르치는
것이니, 이와 같이 해서 周道는 四方으로 達해서 禮樂이 서로 통하였
은즉 그의 武樂이 遲久하였음이 또한 宜當하지 아니한가.」고 말씀하셨
다.

【餘説】 이어서 孔夫子는 賓牟賈의 質問에 答辯하셨으니 그것은 武樂이
「遲而又久」한 데 對한 理由인 것이다. 武王이 商紂를 討滅하시고는 黃
帝・堯帝・舜帝・禹王・湯王 등 先王의 後裔를 各其 다 故地에 封하시
고 殷紂의 虐待를 받았던 比干의 墓를 封하고 商容의 閭에 式하며, 收
監됐던 箕子를 釋放하셨다. 그리고 戰爭에 부리던 牛馬들도 모두 放散
하고 車甲은 府庫에, 干戈는 包袋에 藏置하고 그것을 「建橐」라고 하였
으니 橐는 凶器를 넣는 자루니 그것을 貯藏하는 倉庫를 建設한 것이다.
　그래서 武王이 다시는 兵力을 쓰지 않으려고 ①軍隊도 解散하고　郊
射에서는 貍首와 騶虞 등 詩를 가르치며, ②武士는 칼을 버리고 裨冕
으로 搢笏하고, ③明堂에서 祭祀하고 諸侯들은 朝覲하며 天子가 耕藉
(자)하는 等의 큰 教育을 하니 武士들은 文과 禮를 힘쓰고　百姓들은
孝道를 알며 諸侯들은 忠과 敬을 알게 되었던 것이다. 그리고　大學에
서는 三老五更을 選任해서 禮遇하는 데서 周나라 道德이 天下에　宣布
되어 禮樂으로 다 通達하게 되었으니 이것이 武樂의 遲久하게 된 所以
인 것이다.

18

君子曰 禮樂不可斯須去身 致樂以治心 則易直子諒 之
心油然生矣 易直子諒之心生則樂 樂則安 安則久 久則天
天則神 天則不言而信 神則不怒而威 致樂以治心者也 致
禮以治躬 則莊敬 莊敬則嚴威 心中斯須不和不樂 而鄙詐
之心入之矣 外貌斯須不莊不敬 而易慢之心入之矣 故樂
也者 動於內者也 禮也者 動於外者也 樂極和 禮極順 內
和而外順 則民瞻其顏色而弗與爭也 望其容貌而民不生易
慢焉 故德輝動於內 而民莫不承聽 理發諸外 而民莫不承
順 故曰 致禮樂之道 舉而錯之天下無難矣 樂也者 動於
內者也 禮也者 動於外者也 故禮主其減 樂主其盈 禮減
而進 以進爲文 樂盈而反 以反爲文 禮減而不進則銷 樂
盈而不反則放 故禮有報而樂有反 禮得其報則樂 樂得其
反則安 禮之報 樂之反 其義一也.

【字解】① 須(수)―얼굴(頁) 左右로 털(彡)이 난 것이니 男子는「모름
지기」구레수염이 난다는 뜻.

② 諒(량)―높은 곳(京)에서 낮은 사람의 잘못을 容恕해 주는 말(言)
을 뜻한 것.

③ 油(유)―물(水)로 말미암아(由) 불이 타는 것은「기름」.

④ 極(극)―나무(木)가 빨리(亟) 커서 바르게 올라간 頂點을 뜻한 것.

⑤ 瞻(첨)―눈(目)으로 높은 데(詹)를「보는」것.

⑥ 望(망)―없어진(亡) 달(月)이 잘(壬) 떠오르기를「바라는」것.

⑦ 輝(휘)―軍은 群이니 火群에서「불빛이 나는」것.

⑧ 錯(착)―金屬은 땅에 놔두어 오래(昔) 되면 녹이 슬어 錯雜해지는
것이나, 여기서는 錯雜하다는 뜻이 아니라「놔둔다」는 措(조) 字의
뜻으로 쓴 것임.

⑨ 銷(소)―쇠(金)가 녹슬고 달(月)이 기울어 점점 작아(小)지는 것.

【通釋】 君子는 말씀하시되, 「禮樂은 暫間(斯須)이라도 버려서는 안 되니 樂을 듣고는 心을 다스리면 易(이)直(쉽게 발라지는 것)하고, 子諒(子息처럼 諒解해 주는 것)하는 마음이 油然(기름처럼 떠오르는 것)하게 떠오르고, 易直하고 子諒하는 마음이 나면 樂(락)하고 樂하면 安해지고 安하면 久해지며 久하면 天과 같아지고 天같으면 神과 같아지나니, 天은 不言해도 尊信하고 神은 不怒해도 威嚴이 있음은 致樂해서 治心하는 것이고 禮를 行해서는 躬(自身)을 다스리면 莊敬해지고 莊敬하면 威嚴이 있으니 心中에는 暫時라도 不和하고 不樂(락)해서는 鄙邪한 마음이 드는 것이고, 外貌는 暫時라도 不莊하고 不敬해서는 易慢한 마음이 드는 것이다.

　그러므로 樂이란 것은 心内에서 動하는 것이고 禮란 것은 體外에서 行하는 것이니 樂이 極함에는 和해지고 禮가 極함에는 順해지는 것이다. 그래서 内心은 和하고 外貌는 順하면 百姓들은 그의 顔色을 보(瞻)고는 다투지 못하고 그의 容貌를 보(望)고는 百姓들이 慢易하게 여기지(生) 못하는 것이다. 그러므로 德이 内心에서 輝動해서는 百姓들은 모두(莫不) 承聽하고 理는 外貌에서 發現해서는 百姓들이 모두 承順하는 것이다. 그러므로 禮樂의 道만 다 해(致)서 그로써(擧) 世上에 實施(錯)한다면 어려운 일은 없을 것이다.

　樂이란 것은 内心에서 動하는 것이고, 禮라는 것은 外貌로써 行하는 것이니 그러므로 禮는 退讓하니 消極的(主減)인 것이고, 樂은 和暢하니 積極的(主盈)인 것이다. 禮는 減해서 進하나니 進으로써 文이 되고 樂은 盈해서 反하나니 反으로써 文이 되는 것이다. 그러니 禮가 減해서 進하지 않으면 銷衰해지고, 樂이 盈해서 反하지 않으면 放恣해지는 것이다. 그러므로 禮는 報答하는 것이고 樂은 反省하는 것이니, 禮가 報答을 받으면 樂(락)하게 되고 樂이 反省을 하며는 安하게 되나니 禮의 報答과 樂의 反省은 그 意義가 同一한 것이다.

【餘說】 이 「樂記」篇에서는 大概樂을 禮의 對待로 해서 論하는 데는 數多한 配合을 하였으니 이에 그것을 總括해서 整理한다면 樂은 治心하는 것이니, 易直 子諒한 마음을 生하게 하고 禮는 治躬하는 것이니 莊

敬 嚴威한 態度로 行하는 것이다. 그러니 樂은 心內에서 動하는 것이고 禮는 外貌로써 動하는 것이며, 樂의 極은 和하고 禮의 極은 順하며 樂은 盈을 主로 하고 禮는 減을 主로 하는데 盈한 것은 反하고 減한 것은 進하니 이에서는 陰陽이 서로 反轉되는 것이다. 무릇 積極的인 것은 陽이고 消極的인 것은 陰인데 禮는 減하니 陰性的이고 樂은 盈하니 陽性的이나 減은 進하니 陽性化하고 盈은 反하니 陰性化한 것이다. 그러니 陽性과 陰性의 配合은 서로 平行線으로만 가는 것이 아니라 陰陽이 서로 交叉하는 데서 合一이 되는 것이다.

　天高地下한데 萬物散殊함엔 禮制行矣요, 流而不息해서 合同而和함엔 樂道興焉이라. 樂은 敦化率神而從天하고 禮는 別宜居鬼而從地라, 簠簋俎豆와 制度文章은 禮之器也오. 升降上下하고 周旋進退함은 禮之文也며 鐘鼓管磬과 羽籥干戚은 樂之器也요, 屈伸俯仰하고 綴兆鎖疾은 樂之文也이다. 禮는 天地의 別異니 異함은 相敬하고 樂은 天地의 和合이니 和하면 相親하며 禮는 理性的으로 揖讓하니 民心을 調節하는 것이고, 樂은 感情的으로 歌舞하니 民聲을 和合하는 것이다. 禮는 中正無邪한 것이나 禮勝하면 離하게 되고 樂은 歡喜無憂한 것이나 樂勝하면 流하는 것이다. 그러니 禮와 樂은 서로 反質的으로 相補해서 國家天下를 治平하는 方道로 했던 것이다.

19

　夫樂者 樂也 人情之所不能免也 樂必發於聲音 形於動靜 人之道也 聲音動靜 性術之變盡於此矣 故人不耐無樂 樂不耐無形 形而不爲道 不耐無亂 先王恥其亂 故制雅頌之聲以道之 使其聲足樂而不流 使其文足論而不息　使其曲直繁瘠廉肉節奏 足以感動人之善心而已矣 不使放心邪氣得接焉 是先王立樂之方也 是故樂在宗廟之中　君臣上下同聽之 則莫不和敬 在族長鄉里之中 長幼同聽之 則莫不和順 在閨門之內 父子兄弟同聽之 則莫不和親 故樂者

審一以定和 比物以飾節 節奏合以成文 所以合和父子君臣 附親萬民也 是先王立樂之方也 故聽其雅頌之聲 志意得廣焉 執其干戚 習其俯仰詘伸 容貌得莊焉 行其綴兆 要其節奏 行列得正焉 進退得齊焉 故樂者 天地之命 中和之紀 人情之所不能免也. 夫樂者 先王之所以飾喜也 軍旅鈇鉞者 先王之所以飾怒也 故先王之喜怒皆得其儕焉 喜則天下和之 怒則暴亂者畏之 先王之道 禮樂可謂盛矣.

【字解】 ① 免(면)―兔(토끼)字에서 한 점(丶)이 없으니 사람이 잡아서 쥔 한 點을 떼어버리고 「면해」간 것.

② 耐(내)―法度(寸)에 따라서(而) 「견디」는 것.

③ 雅(아)―본시는 楚나라 새 이름인데 그 새 모양같은 樂器의 소리가 淸雅하기 때문에 淸正하다는 뜻으로 쓰는 것.

④ 瘠(척)―脊은 등뼈니 등뼈가 드러난 것처럼 뼈가 드러나게 「여원」것.

⑤ 詘(굴)―말(言)을 내는(出) 혀는 「굽은」 것인데, 屈字와 音意가 같으니 屈은 짐승의 꼬리(尾)가 나온(出) 것은 모두 「굽은」 것.

⑥ 鈇(부)―대저(夫) 最初에 쇠(金)로 만든 武器는 「도끼」「작두」등이었음.

⑦ 鉞(월)―쇠(金)로 만든 창(戈)날(乚)이나 「도끼」.

⑧ 儕(제)―같은(齊) 사람이니 年輩란 뜻이고, 같이(齊) 사는 사람(人)인 配匹도 뜻함.

【通釋】 무릇(夫) 樂이란 樂(락)하는 것이니 人間의 情에는 免할 수가 없는 것이다. 樂은 반드시 聲音에서 發하여 動靜으로 나타내는 人間의 道인 것이니, 聲音과 動靜에 心性의 變化가 모두(盡) 이에 있는 것이다. 그러므로 人間은 音樂이 없이는 견딜 수가 없고, 音樂은 發表(形)가 없어도 견딜 수가 없는 것이며, 發表에는 道로 하지 않으면 無亂하게 지낼(耐) 수도 없는 것이니, 先王은 그 混亂함을 부끄러워 하기 때문에 雅頌의 聲을 만들어서 그를 指導(道)하여 하여금 그 聲은 樂(락)

하기에 自足해도 放縱(流)하지 않게 하고, 그 文은 論하게 自足해서 休息하지 않게 하며, 그의 曲直과 繁簡, 淸濁(廉肉)과 節奏 등은 足히 人間의 善心을 感發하게 하는 것 뿐이다. 그래서 放心과 邪氣가 犯接하지 못하게 하는 이것이 先王의 作樂한 原則(方)인 것이다.

그러므로 音樂이 宗廟에 있어서 君臣과 上下가 同聽하면 모두가 和敬하는 것이고, 族長과 鄕里에서 長幼가 同聽하면 모두를 和順하게 되며, 家庭(閨門) 內에서 父子와 兄弟가 同聽하면 모두들 和親하게 되는 것이다. 그러므로 樂이란 一心을 審해서는 和가 定하고 諸物에 比해서는 節을 飾하며, 節奏가 合해지는 文을 이루나니 이것이 父子와 君臣을 和合해서 萬民을 親附하게 하는 所以니, 이것이 先王의 作樂한 原則이었던 것이다. 그러므로 雅頌의 聲을 들으면 志氣가 廣大해지며 干戚을 가지고 俯仰하며 屈伸함을 演習하면 容貌가 莊嚴해지고 그 舞列(綴兆)을 지우(行)고 그 節奏를 要하면 行列이 바르게 되고 進退가 다 같게 되는 것이다. 그러므로 音樂이란 것은 天地의 所命이고 中和의 紀綱이니 人情으로는 免할 수 없는 것이다.

무릇 音樂이란 先王의 歡喜를 裝飾하는 所以고, 軍隊와 武器(鈇鉞)는 先王의 震怒를 裝飾하는 所以다. 그러므로 先王의 喜怒는 모두 다 同類(儕)를 얻은 것이니 歡喜하면 天下人이 그와 和하고 震怒하면 亂暴者가 그를 畏했던 것이니, 先王의 道에서 禮樂은 可히 重大(盛)하다고 할 수 있는 것이다.

【餘說】무릇 生命이란 것은 모두가 固體와 液體로써 形成되어서 氣體의 呼吸으로 壽命을 維持하는 것이다. 그 中에 特히 動物은 聽覺을 가지고 氣體의 波動을 感知하는 것이니, 모두 다 騷音은 拒否하는 것이나 樂音에는 感動하는 것이다. 왜냐하면 動物의 本體는 秩序있게 形成되었으니 無秩序한 騷音은 그의 生命에 妨害가 되지마는 有秩序한 樂音은 그의 有益이 되기 때문이다. 그런데 그 中에서도 特히 人間은 萬物의 靈長이니 그 本體는 完全한 秩序로 形成되었기 때문에 音樂을 制作해서 生命의 歡喜를 圖成한 것이다. 그러므로 「樂者는 樂也니 人情之所不能免也라.」고 한 것이다.

그러니 音樂을 좋아하는 것은 人間의 本能이라「人不耐無樂」이다. 그러나 그의 本能的인 欲求에 따라서 音樂을 享樂으로만 쓴다면 그것은 반드시 人間을 墮落시키기 때문에 墨子는 非樂을 主唱했던 것이다. 그러므로 先王의 樂은「感動人之善心」하는 데만 使用한 것이니, 그것은 오직 人間의 理性으로써 그의 本能을 調節한 것이다. 그러니 先王이 作樂한 原則은 國家에서나 家庭에서나 모두 같이 그의 正樂을 들으면 父子나 君臣이 和合하고 萬物이 親附하게 하는 것이다. 무릇 個人的인 享樂, 本能的인 欲求만 充足하면 人生을 不幸하게 만드는 것이기 때문에 社會的인 和樂, 理性的인 意圖로 製作한 것이 先王의 音樂인 것이다.

20

子贛見師乙而問焉 曰 賜聞聲歌各有宜也 如賜者宜何歌也 師乙曰 乙 賤工也 何足以問所宜 請誦其所聞 而吾子自執焉 寬而靜 柔而正者 宜歌頌. 廣大而靜 疏達而信者 宜歌大雅. 恭儉而好禮者 宜歌小雅. 正直而靜 廉而謙者 宜歌風. 肆直而慈愛者 宜歌商. 溫良而能斷者 宜歌齊. 夫歌者 直己而陳德也 動己而天地應焉 四時和焉 星辰理焉 萬物育焉 故商者 五帝之遺聲也 商人識之 故謂之商 齊者 三代之遺聲也 齊人識之 故謂之齊 明乎商之音者 臨事而屢斷 明乎齊之音者 見利而讓 臨事而屢斷 勇也 見利而讓 義也 有勇有義 非歌孰能保此 故歌者 上如抗 下如隊 曲如折 止如槀木 倨中矩 句中鉤 纍纍乎端 如貫珠 故歌之爲言也 長言之也 說之故言之 言之不足 故長言之 長言之不足 故嗟歎之 嗟歎之不足 故不知手之舞之 足之蹈之也.

【字解】①贛(공)─오래가게 뒤늦도록(夊) 만든(工) 財物(貝)을 빛나게

(章) 해「주는」것이나, 子貢의 이름 貢字로 쓴 것.

② 屢(루)—尸는 屋의 略字고 婁는 속이 빈 것이니 집(尸)에 物件이 없이 비었(婁)으니 物件을「자주」사들이는 것.

③ 讓(양)—작은 일로 다투다가 큰(襄) 말(言)로 讓步하는 것.

④ 保(보)—바보(呆)는 自立할 能力이 없으니 딴 사람(人)이「돌봐주는」것.

⑤ 抗(항)—손(手)으로 높은(亢) 者에게 抗拒하는 것.

⑥ 隊(대)—山언덕(阜)에서 돼지(豕)가 나누어(八) 다니는「떼거리」인 것이나, 여기서는 墜(추)의 略字로서「떨어진다」는 뜻.

⑦ 槀(고)—높은(高) 나무(木)가 樹齡이 다해서「마른」것이니 오래(古) 된 나무(木)인 枯와 相通하는 字.

⑧ 倨(거)—사람이 들어와도 앉아(居) 있는 사람(人)은「거만한」것.

⑨ 矩(구)—화살(矢)처럼 바른 자로서 一次元의 空間을 二次元으로 크(巨)게 만든 四角形.

⑩ 鉤(구)—쇠(金) 동강이를 구부려(句)서 만든「갈고리」.

⑪ 纍(루)—여러 덩어리(畾)를 실줄(糸)로 하나로 結合한 것이니, 지금은 田字 셋을 하나로 略해서 累(루)字로 쓰는데, 不美한 犯罪事件에 關係된 것을「連累」라고 함.

【通釋】子貢이 樂師인 乙에게 묻되,「賜(子貢의 이름인데, 姓은 端木)는 듣자오니 聲歌에는 各其 다 適性(宜)이 있다고 하오니, 저같은 者는 어떤 노래를 해야 합니까.」고 하니 師乙은 말하되,「저는 賤工인데 어찌 適性을 알까마는, 請컨대 물으신대로 말씀드리겠나이다. 先生(吾子)은 스스로 採擇(執) 하소서. 寬하고도 靜하며, 柔하고도 正한 者는 마땅히 頌을 부르고, 廣大하고도 靜하고 疎達하고도 信한 者는 마땅히 大雅를 부르며, 恭儉하고도 好禮하는 者는 마땅히 小雅를 부르고, 正直하고도 靜하고 淸廉하고도 謙讓한 者는 마땅히 國風을 부르며, 肆直하고도 慈愛한 者는 마땅히 商을 부르고, 溫良하고도 能斷한 者는 마땅히 齊를 불러야만 합니다. 무릇 聲樂이란 것은 自己를 바루어서 德을 베푸는 것이니, 自己를 움직이는데 天地가 應하고 四時가 和하며, 星辰이

理해지고 萬物이 育해지는 것입니다.

그러므로 商이란 것은 五帝의 遺聲인데 商人이 이것을 알기 때문에 商이라고 이름한 것이고, 齊란 것은 三代의 遺聲인데 齊人이 그것을 알기 때문에 齊라고 이름한 것입니다. 그런데 商音에 밝은 者는 臨事하면 屢斷하고 齊音에 밝은 者는 見利하면 辭讓하나니 臨事해서 屢斷함은 勇氣고 見利해서 讓步함은 義理이니, 勇斷도 있고 義理도 있는 것은 聲樂이 아니면 누가 能히 이것을 保全할까요. 그러므로 聲歌는 올릴(上) 때는 抗하는 것처럼 하고 내릴(下) 때는 墜하는 것처럼 하며, 曲할 때는 折木하듯 하고 止할 때는 枯木처럼 하며, 倨해도 矩度(法)에 맞고 句에는 鉤度에 맞게 하며, 連續하기(纍纍)는 貫珠같이 해야만 하기 때문에 歌라는 것은 말을 길게 빼는 것입니다. 悅(說)하기 때문에 말을 하고 말로는 不足하기 때문에 길게 빼며, 길게 빼도 不足하기 때문에 嗟嘆하고 嗟嘆해도 不足하기 때문에 손으로는 춤을 추고 발로는 뛰노는 것입니다.」고 말하였다.

【餘說】子貢이 質問한 聲歌의 適性에 對해서 師乙의 答辭은 六種으로 列擧하였으니 ①寬而靜 柔而正者는 頌歌, ②廣大而靜 疎達而信者는 大雅, ③恭儉而好禮者는 小雅, ④正直而靜 廉而讓者는 國風, ⑤肆直而慈愛者는 商歌, ⑥溫良而能斷者는 齊歌를 함이 宜當하다는 것이다. 그런데 國風·小雅·大雅·頌歌·등 四者는 『詩經』에 있는 것이나, 商歌·齊歌란 무엇이냐 하면 商歌는 五帝(黃帝·顓頊·帝嚳·帝堯·帝舜)의 遺聲이고, 齊歌는 三王(禹王·湯王·文王)의 遺聲이라고 하였다.

그런데 特히 商音에 밝은 者는 臨事해서 屢斷하니 勇이고, 齊音에 밝은 者는 見利해서 能讓하니 義이라 勇과 義가 있음은 聲歌로 保全한 것이라고 하였다. 그리고 노래하는 方法으로는「上如抗 下如墜 曲如折 止如枯木 倨中矩 句中鉤 纍纍乎端如貫珠」라고 하고, 노래하는 意義로써는「悅之故 言之하고 言之不足故로 長言之하고 長言之不足故로 嗟嘆之하고 嗟嘆之不足故로 舞蹈한다는 것이다.」長言은 永言이고 永言은 詠字인데, 歌字는 입을 벌려(欠)서 부르는(哥) 것이니 詠하는 것이 즉 歌하는 것이다.

第五編　學　記

1

發慮憲 求善良 足以諛聞 不足以動衆 就賢體遠　足以
動衆 未足以化民 君子如欲 化民成俗 其必由學乎. 玉不
琢 不成器 人不學 不知道 是故古之王者 建國君民 教學
爲先. 兌命曰 念終始典于學 其此之謂乎. 雖有嘉肴 弗食
不知其旨也 雖有至道 弗學不知其善也. 是故學然後知不
足 教然後知困 知不足 然後能自反也 知困然後 能自強
也. 故曰 教學相長也. 兌命曰 斅學半 其此之謂乎. 古之
教者 家有塾 黨有庠 術有序 國有學 比年入學 中年考校
一年視離經辨志 三年視敬業樂羣 五年視博習親師　七年
視論學取友 謂之小成 九年知類通達 強立而不反 謂之大
成 夫然後足以化民易俗 近者說服 而遠者懷之 此大學之
道也 記曰 蛾子時術之 其此之謂乎.

【字解】① 諛(유)—臾(유)는 구덩이(臼) 속에 사람(人)이 빠진 것이
니 남(人)을 빠지(臼)게 하는 말(言)은 阿諛니 人(勹)과 臼를 합한
「諂」(첨)은 사람(人)을 구덩이(臼)에 빠지게 하려는 「阿諂」과 뜻이
共通함.

② 兌(태)—사람(儿)이 입(口)을 벌려(八)서 「즐거워」함을 뜻하니 마
음(心)으로 즐거워(兌)함은 悦(열)이고, 즐겁게(兌) 말(言)하는 것
은 説(설)이나, 여기서 兌는 説의 誤字임.

③ 肴(효)—爻(효)와 月(肉)의 合字니 主食을 도우는(爻) 고기(月)라

술에 「안주」나 밥에 「반찬」을 뜻함.

④ 旨(지)─匕와 日의 合字나 日은 甘字에 四個의 축을 略한 것이고, 匕는 比의 略字니 甘에 比할만한 「맛」이란 「뜻」으로 轉注된 것.

⑤ 塾(숙)─옛적에 門 곁에 있던 堂의 이름인데, 子弟를 敎育하는 講堂이니 그의 子弟들은 누구나(孰) 다 와서 「배우는 곳」.

⑥ 庠(상)─羊처럼 善良하게 가르치는 집(广)을 뜻한 것.

⑦ 術(술)─朮(출)은 藥用하는 삽주와 食用하는 기장을 뜻하니 各其 必要에 따라서 往來(行)하는 「길」인데, 한 길로만 가는 것은 各其 能熟한 專門技術이며, 또 그런 길로 가는 사람들이 사는 一萬二千五百戶의 都邑이란 뜻도 된 것.

⑧ 蛾(아)─벌레(虫)가 제(我) 집을 짓고 된 번데기에서 化生한 「나비」.

【語解】① 慮憲(여헌)─생각하(慮)는 법(憲).

② 兌命(태명)─『書經』의 篇名인 「說命」(열명)에 說이 兌로 誤記된 것.

③ 學學(학학)─說命篇에 있는 「斅學」에 斅(효)가 學으로 誤記된 것인데, 「斅」는 매를 치(攴)면서 배우(學)게 하니 「가르치는」 것.

③ 比年(비년)─每年.

④ 中年(중년)─한 해 건너.

⑥ 蛾子(아자)─子는 物名에 붙여 쓰는 字니, 즉 나비(蛾)인 것.

【通釋】慮憲을 發해서 善良을 求함은 잘(諛) 들리(聞)게 한 데는 足하지마는 衆人을 움직(動)이는 데는 不足하고 賢者에 就하고 遠者를 體함은 衆人을 움직임에는 足하지마는 百姓을 化하게 함에는 未足한거니, 君子가 化民해서 成俗하려(欲) 한다면 그는 반드시 學問으로 由해야만 하는 것이다.

　玉은 쪼지(琢) 않으면 器를 만들(成) 수가 없고, 人은 배우지(學) 않으면 道를 알(知) 수가 없는 것이다. 그러므로 옛적에 王者는 國家를 세우(建)고 國民의 임금(君)이 되는 데는 敎學을 先務로 하였으니 說命篇에는 말하되, 「始終을 學問에 (于)만 힘쓰기(典)를 생각(念)하라.」고 하였음은 이것을 말(謂)한 것이다.

비록(雖) 아름다운(嘉) 반찬(肴)이 있다고 해도 먹지(食) 않고 그 맛(旨)을 알 수가 없고, 비록 至上의 道가 있다고 해도 배우지(學) 않고는 그 善을 알 수가 없는 것이다. 그러므로(是故) 배운 然後에야만 不足함을 알고 가르친(教) 然後에야만 困難함을 알며, 不足함을 안 然後에야만 自己를 反省할 수 있고, 困難함을 안 然後에야만 自己가 努力(強)할 수 있는 것이다. 그러므로 教하고 學함은 서로 키운(長)다고 하니 說命篇에서 「教와 學은 서로 半씩이다.」고 하였음은 이것을 말한 것이다.

옛적(古)에 教育하는 데 家庭에는 書塾이 있고, 部落(黨)에는 庠校가 있으며, 郡邑에는 序校가 있고 國家에는 大學이 있어 每年 入學을 시키고, 中年에는 考試를 보게 하며, 一年만에는 經書를 떠나(離)서 志向이 무언(辨)지를 보(視)며, 三年만에는 學業을 敬하고 社會(群)를 樂하는지를 보며, 五年만에는 널리(博) 學習하고 스승(師)을 親하는지를 보며, 七年만에는 學問을 論하고 親友를 取하는지를 보나니, 이것을 小成이라 하고, 九年만에는 類推(知類)해서 通達하여 主見이 強立해서 不動하는 것을 大成이라고 말(謂)한다. 그렇(夫)게 한 然後에야만 足히 百姓을 教化하고 風俗을 變易시켜 近者는 悅服하고 遠者는 憧憬(懷)하게 되나니, 이것이 大學의 道인 것이다. 古記에는 「蛾者는 언제(時)나 제 길(術)을 간다.」고 하였으니, 이것을 말한 것이다.

【餘說】무릇 民衆이란 언제나 各自가 生活하려고 私利만 爲해서 努力하는 것이니, 그의 風俗은 刻薄해지는 것이 하나의 自然의 勢인 것이다. 그러므로 民衆을 教化해서 寬厚한 風俗을 만드는 것이 學問의 使命인 것이다. 그러니 學問을 하는 데는 就賢하고 體遠해야 하고, 就賢하고 體遠하는 데는 慮憲을 發해서 善良을 求해야만 하는 것이다. 그런데 「發慮憲」이란 것은 理性을 開啓하는 教育이니 教育을 받아야만 學問을 하는 人材가 될 수 있는 것이다. 그래서 人材가 되는 데는 반드시 切磋하고 琢磨해야 하고, 切磋하고 琢磨하는 데는 언제나 學問에만 努力해야 되는 것이다.

그런데 學問을 함은 眞理를 探究하는 것이니 眞理에 趣味가 없이는 學問을 할 수가 없는 것이다. 學問을 해 보아야만 自己의 不足을 알고서 反省을 하게 되고, 敎育을 해 보아야만 相對의 要求를 알아서 努力하게 되는 것이다. 그러니 敎와 學은 相長하는 것이다. 그런데 옛적의 敎育에는 家熟, 黨庠, 術序, 國學으로 進學하였으니 一年·三年·五年·七年으로 小成하고 九年에 知類通達해서 强立不反하는 것은 다 國學에서 大成한 것이다. 그런데 鄭註에는 「離經」을 句讀 떼는 것이라 하고 蛾子는 大蟻라 해서 그것이 흙을 물어다가 개미둑을 만든(時術)다고 하였으나 그것은 事理에 맞지 않는 것이다.

2

大學始敎 皮弁祭菜 示敬道也 宵雅肄三 官其始也 入學鼓篋 孫其業也 夏楚二物 收其威也 未卜禘 不視學 游其志也 時觀而弗語 存其心也 幼者聽而弗問 學不躐等也 此七者 敎之大倫也 記曰 凡學 官先事 士先志 其此之謂乎. 大學之敎也 時敎必有正業 退息必有居學 不學操縵 不能安弦 不學博依 不能安詩 不學雜服 不能安禮 不興其藝 不能樂學 故君子之於學也 藏焉脩焉 息焉遊焉 夫然 故安其學而親其師 樂其友 而信其道 是以雖離師輔而不反也 兌命曰 敬孫 務時敏 厥脩乃來 其此之謂乎 今之敎者 呻其佔畢 多其訊 言及于數 進而不顧其安 使人不由其誠 敎人 不盡其材 其施之也悖 其求之也佛 夫然 故隱其學而疾其師 苦其難而不知其益也 雖終其業 其去之必速 敎之不刑 其此之由乎.

【字解】 ① 宵(소)─우주 空間(宀)에 작(小)은 달(月)이 있는 「밤」이란 뜻인데, 여기서는 『詩經』의 小雅의 「小」字를 誤記한 것.

② 篋(협)―대(竹)로 만든 상자(匧)를 뜻한 것이나, 치는 樂器.

③ 禘(체)―帝王의 神(示)에게 올리는「大祭」이름.

④ 躐(렵)―鼠(렵)은 높은 山에 오르는 계단인데, 足으로 그 계단을「뛰어넘는」것.

⑤ 操(조)―손(手)으로 잡는(喿) 것.

⑥ 縵(만)―긴(曼) 줄(糸)을「고루는」것.

⑦ 弦(현)―활(弓)줄(玄)이니「半月」을 象形한 것이나, 여기서는 絃의 誤字니 樂器의「줄」을 뜻한 것.

⑧ 呻(시)―입(口)에서 거듭(申) 나오는「앓는 소리」.

⑨ 佔(점)―사람(人)이 占치는 것이니「엿보는」것.

⑩ 訊(신)―빠른(卂) 말(言)로써「심문」하는 것.

⑪ 悖(패)―마음(心)을 거스르(孛)는 것.

⑫ 佛(불)―人間의 道理가 아닌(弗) 것을 뜻한 것.

【語解】① 皮弁(피변)―사슴의 가죽(皮)으로 만든 고깔(弁)이니 朝會 때 쓰는 것.

② 祭菜(제채)―나물(菜)로써 지내는 祭.

③ 鼓篋(고협)―대로 만든 상자(篋)를 치는(鼓) 것.

④ 夏楚(하초)―夏는 榎의 略字니 怠慢한 者를 치는 싸리나무(榎) 회초리(楚).

⑤ 大倫(대륜)―큰(大) 원칙(倫).

⑥ 正業(정업)―一定(正)한 課程(業).

⑦ 操縵(조만)―絃樂器의 줄(縵)을 고르(操)는 것.

⑧ 雜服(잡복)―冠弁과 衣裳 등.

⑨ 師輔(사보)―스승(師)과 도우(輔)는 벗들.

⑩ 佔畢(점필)―이미 所用이 끝나버린(畢) 詩文이나 엿보는(佔) 것.

【通釋】大學에서 비로소(始) 敎育할 때는 皮弁을 쓰고 祭菜를 하나니, 이것은 道理를 尊敬하는 表示이고 小雅의 三篇(鹿鳴, 四牡, 皇皇者華)을 익히(肄)나니 이것은 官令으로 始作함을 뜻한 것이며, 入學해서 鼓

篋함은 그 學業을 遜(孫)行하는 것이고, 榎楚 두 가지(二物)는 그 權威를 保全(收)하는 것이며 아직 禘祭를 하기 前에는 視學하지 않는 것은 그 志를 休養(游)하는 것이고 때(時)로는 봐(觀)도 말(語)하지 않음은 그 마음(心)을 存養하는 것이며, 幼者는 들(聞)어도 묻지(問) 안하고 배움(學)의 계단(等)을 뛰어넘(躐)지 않는 等 이 七者는 敎育의 大倫이니 古記에서 「무릇 學問에는 官은 일(事)을 먼저(先) 하고 士가 뜻을 먼저 한다.」고 한 것은 이것을 말한 것이다.

大學에서 敎育하는 데는 四時에 課程이 있으니 春에는 禮, 秋에는 樂, 夏에는 詩, 冬에는 書로 하고 歸家(退)해서 쉴(息) 때는 반드시 平居에 배움이 있으니 操縵을 배우지 않고서는 能히 絃樂을 할 수가 없고 博物을 배우지 않으면 能히 詩歌를 할 수 없으며, 雜服을 배우지 않으면 能히 禮儀를 할 수가 없고 그 藝能을 하지 않으면 能히 學問을 즐길 수가 없는 것이다. 그러므로 君子가 學問을 하는 데는 가지(藏)고, 닦(脩)고, 쉬(息)고, 노는(遊) 것이니 그렇게 하기 때문(故)에 그 學問에 安定해서 그 師傅와 親하고 그 朋友를 즐기며 그 道理를 믿는 것이다. 그러므로(是故) 비록 師友를 떠나서도 背反하지 않는 것이니, 說命篇에서 「오직 學問은 그 뜻(志)을 敬順히 해서 언제(時)나 敏하게 힘을 쓰(務)면 그의 脩行함이 이에 到來할 것이다.」고 말하였음은 이것을 말한 것이다.

그러나 至今에 敎育하는 것은 그 佔畢에만 呻吟하여 그 質問(訊)이 많아져 말이 多數에 及하면 나아가(進)도 그 安定함을 돌아보(顧)지 아니하고, 사람으로 하여금(使) 그의 誠을 다하지 못하게 하여 사람을 가르치(敎)는 데도 그의 材能을 다하지(盡) 못하니 그 施行함이 거슬렸(悖)으며 그 求하는 것도 안 되는(佛) 것이다. 그러하기 때문에 그 學問을 숨기(隱)고 그 스승을 미워하며 그 困難함은 괴로워(苦) 하고 그 有益함은 알지 못하니 비록 그 學業을 마쳐(終)도 그것이 잊혀지(去)기도 빠르(速)고 敎育의 成果(法)도 없게 되는 것이기 때문(由)인 것이다.

【餘説】大學의 敎育을 始作하는 데는 七大의 原則이 있으니 ①示敬道

②官其始 ③遜其業 ④收其威 ⑤游其志 ⑥存其心 ⑦不躐 等이다. 그의 方法은 ①皮弁을 쓰고 先師께 祭菜하는 것. ②小雅 가운데 詩三篇을 익히는 것. ③學官의 命令으로 受業을 始作하는 것. ④榎楚를 가지고 怠慢한 者를 치는 것. ⑤禘祭하기 前에는 視學하지 않는 것. ⑥때때로 觀察하여도 말하지 않는 것. ⑦幼者는 듣기만 하고 묻지는 않는 것 等이니 學課를 工夫하는 데는 敎官이 指導하고, 士者는 立志를 해야만 된다는 것이다.

그리고 敎育을 하는 데는 반드시 正課가 있고, 退息을 하는 데도 반드시 居學이 있으니 詩禮로 樂學하는 것이다. 그래서 君子의 學은 藏焉修焉息焉游焉해서 「安其學而親其師하고 樂其友而信其道라」는 것이다. 그러나 當時의 敎育은 「呻其佔畢」해서 그것이 「使人不由誠하고 敎人不盡其才하니 其施之也는 悖하고 其求之也는 佛이라.」고 하였다. 그런데 『書經』의 說命篇의 말을 引用하는 데는 모두 「兌命」이라 하고,, 또 『詩經』의 小雅는 「宵雅」라고 했을뿐만 아니라, 說命篇에 「惟學은 遜志니 務時敏이란 말을 「敬孫務時敏」이라고 하였으니 引用文의 出處나 內容을 誤記했는 데도 後學者는 이것을 訂正하지도 않았으니 이것이 果然 무엇 때문인가. 그래서 後學者는 모두 盲目的으로 追從하였으니 이것이 東洋文化를 衰退하게 만든 主要한 理由인 것이다.

3

大學之法 禁於未發之謂豫 當其可之謂時 不陵節而施
之謂孫 相觀而善之謂摩 此四者 敎之所由興也 發然後禁
則扞格而不勝 時過然後學 則勤苦而難成 雜施而不孫 則
壞亂而不脩 獨學而無友 則孤陋而寡聞 燕朋逆其師 燕辟
廢其學 此六者 敎之所由廢也 君子旣知敎之所由興 又知
敎之所由廢 然後可以爲人師也 故君子之敎喩也 道而弗
牽 强而弗抑 開而弗達. 道而弗牽則和 强而弗抑則易 開
而弗達則思. 和易以思 可謂善喩矣 學者有四失 敎者必知

之 人之學也 或失則多 或失則寡 或失則易 或失則止 此
四者 心之莫同也 知其心 然後能救其失也 教也者 長善
而救其失者也 善歌者使人繼其聲 善教者使人繼其志 其
言也約而達 微而臧 罕譬而喻 可謂繼志矣 君子知至學之
難易 而知其美惡 然後能博喻 能博喻 然後能爲師 能爲
師 然後能爲長 能爲長 然後能爲君 故師也者 所以學爲
君也 是故擇師不可不愼也 記曰 三王四代唯其師 其此之
謂乎.

【字解】 ① 禁(금)―神(示)殿의 周圍를 森林으로 둘러 싸서 不正한 것
이 못들어 오게「막는」것.

② 豫(예)―내(予)가 將來를 상상(象)해서「미리」준비하는 것.

③ 陵(릉)―두던(阜)처럼 높(夌)게 만든「帝王의 墓」지마는 여기서는
凌(릉)의 뜻으로 썼으니 높은 데 올라(夌)서 낮은 사람을 차갑게
(冫)보니「업신여기는」것.

④ 節(절)―대(竹)가 커서 올라가(即)는 데 맺은「마디」니 重要한「마
디」를 뜻한 것.

⑤ 摩(마)―손(手)으로 삼(麻)을 벗기는 것처럼「만져」서 取하는 것.

⑥ 扞(한)―손(手)으로 방패(干)를 들고「막는」것.

⑦ 燕(연)―「제비」의 象形字로서 宴의 音으로 通해 饗宴으로 노는 것
은 私席이니「私生活」이란 뜻으로도 轉注된 것.

⑧ 喻(유)―諭로도 쓰니 말(言)로 通해(俞)서「깨우치」게 하는 것.

⑨ 牽(견)―마구(冖)에 있는 소(牛)의 머리(玄)에 이까리(幺)를 잡
아서「끌어내모는」것.

⑩ 臧(장)―武器(爿戈)를 가진 臣下가 君國을 爲해서「착한 일」을 하
는 것.

⑪ 罕(간)―罒은 网(망)의 變字이니 그물(网)을 치고 걸리기를 求(干)
하는「새 잡는 그물」인데, 거기에 와 걸리는 새는「드문」것.

⑫ 擇(택)─눈(目)으로 보고 손(手)으로 다행(幸)한 것을 「가리는」 것.

【語解】 ① 扞格(한격)─막아(扞)서 바루(格)는 데 때가 늦은 것.
② 壞亂(괴란)─破壞되어 混亂한 것.
③ 孤陋(고루)─외롭(孤)고 좁아(陋)진 것.
④ 燕朋(연붕)─私的(燕)인 俗朋.
⑤ 燕辟(연벽)─私的(燕)으로 偏僻(辟)한 것.
⑥ 三王(삼왕)─夏의 禹王, 殷의 湯王, 周의 文王.
⑦ 四代(사대)─三王의 위에 虞의 舜帝까지 合稱한 것.

【通釋】 大學의 敎育하는 法은 未發한 前을 禁하는 것이니 豫防이라고
말하고, 그 可能할 때 禁하는 것은 適時라고 말하며, 節度를 無視(凌)
하지 않고서 施行하는 것은 遊順(孫)하다고 하고, 서로(相) 보고(觀)
서 善하게 하는 것은 磨練(摩)한다고 하니, 이 네 가지(四者)는 敎育
을 興盛하게 하는 所由인 것이다. 發表된 然後에 禁止한다면 扞格해서
不能하고, 時期가 지난(過) 然後에 學習 한다면 勤苦해도 成就하기 어
렵(難)고 雜施해서 遜順하지 않으면 壞亂해서 脩定할 수 없으며, 獨學
해서 益友가 없다면 孤陋해서 들은(聞) 것이 적(寡)고 燕朋이 그 師敎
를 거스(逆)르고 燕辟해 그의 學習을 廢하는 이 여섯 가지(六者)는 敎
育이 頹廢하게 되는 所由인 것이다.
　　그러니 君子는 이미 敎育이 興盛하게 되는 所由를 알고, 또한 敎育이
頹廢하게 되는 所由를 안 然後에야만 可히 남(人)의 스승(師)이 될 것이
다. 그러므로 君子가 敎諭를 하는 데는 指導는 해도 끌지(牽)는 아니
하고 強調는 해도 누르(抑)지는 않으며, 開示는 해도 到達게는 할 수가
없는 것이다. 指導는 해도 끌지 않으면 和해지고, 強調는 해도 누르지
않으면 쉬워지며, 開示는 해도 到達게는 할 수가 없음은 思하게 될 것이
다. 和하고도 易해서 思하게만 하면 可히 잘(善) 깨우친(諭)다고 말(謂)
할 수가 있을 것이나, 배우는 者에게 네 가지 失이 있음을 가르치는 者
는 반드시 알아야만 한다. 사람이 배우는 데는 或은 多에 失하고, 或은
寡에 失하며, 或은 易에 失하고, 或은 止에 失하나니, 이 네 가지는 마

음이 같지(同) 않기(莫) 때문이다. 그 마음을 안 然後에야만 能히 그 失을 救할 수가 있는 것이니 가르친다는 것은 그 善을 기르(長)고 그 失을 救하는 것이다.

歌謠를 잘 가르치는 者는 사람으로 하여금 그 音聲을 잇게 하고, 學問을 잘 가르치는 者는 사람으로 하여금 그 志尙을 잇게 하는 것이다. 그 말은 約해도 그 뜻은 達하고, 그 말은 微해도 그 뜻은 善(臧)해지는 것이니 比喩(譬)를 드물게 해도 깨우치(喩)게 하는 것은 可히 그 뜻을 잇는다고 말할 것이다. 君子는 學의 難易를 알고, 또 그의 美惡을 안 然後에야만 能히 널리(博) 깨우치(喩)게 될 것이고, 能히 널리 깨친 然後에야만 能히 師가 될 것이며, 能히 師가 된 然後에야만 能히 長이 되고 能히 長이 된 然後에야만 能히 君도 될 것이다. 그러므로 師란 것은 學으로써 君도 되는 所以다. 그러므로 君子는 스승을 選擇하는 데 삼가(愼)지 않아서는 안 되는 것이니, 古記에는 「三王四代는 그 오직(惟) 스승이다.」고 말하였음은 이것을 말한 것인저.

【餘說】 大學敎育의 方法은 ①惡은 未然에 防止하는 것. ②善은 適時에 學習하는 것. ③그의 할 일만 實行하는 것. ④서로 보고서 琢磨하는 것 等 四者를 힘쓰는 것이니 이와는 反對로 ①惡習이 發作해 굳어진 것. ②學習의 時期를 놓치는 것. ③여러 가지를 雜施하는 것. ④홀로 배우면 見聞이 적은 것 等과, 또 ⑤나쁜 벗(燕朋)은 그 스승의 敎訓을 拒逆하는 것이고, ⑥나쁜 버릇(燕辟)은 그 배운 바 知識을 廢棄하는 等 六者는 없게 해야만 하는 것이다. 그러니 敎育을 잘 되게 하는 四個 條件과 안 되게 하는 六個 條件을 알아야만 남의 스승이 된다는 것이다.

君子가 敎諭하는 데는 ①指導를 하지 牽引하지는 않아야만 和合해지고 ②强調를 하지 抑壓은 하지 않아야만 易從해지며, 開示를 해도 通達하지 않으면 思考하게 되나니 이것을 善喩하는 것이라고 한다는 것이다. 그런데 工夫하는 者는 ①너무 過多하거나 ②너무 過少하거나 ③易視하거나 ④難止하거나 하는 등의 四失이 있으니, 이것을 알아야만 救濟할 수가 있다는 것이다. 敎育이란 것은 그 善德을 助長하고 그 過失을 補

充하는 것이니 그의 長短과 善惡을 알아야만 能히 스승이 될 수가 있는 것이다. 스승이 돼야만 어른이 될 수 있고, 어른이 돼야만 임금도 될 수 있으니, 그러므로 堯舜禹湯文武 등 二帝 三王은 敎育上에는 師로서 政治上에는 王이 되었던 것이다.

4

凡學之道 嚴師爲難 師嚴然後道尊 道尊然後 民知敬學 是故君之所不臣於其臣者二 當其爲尸 則弗臣也 當其爲師 則弗臣也 大學之禮 强詔於天子無北面 所以尊師也 善學者 師逸而功倍 又從而庸之 不善學者 師勤而功半. 又從而怨之 善問者 如攻堅木 先其易者 後其節目. 及其久也 相說以解 不善問者反此. 善待問者 如撞鐘 叩之以小者則小鳴 叩之以大者則大鳴 待其從容 然後盡其聲 不善答問者反此 皆進學之道也 記問之學 不足以爲人師 必也 其聽語乎 力不能問 然後語之 語之而不知 雖舍之可也. 良冶之子 必學爲裘 良弓之子 必學爲箕 始駕馬者反之 車在馬前 君子察於此三者 可以有志於學矣. 古之學者 比物醜類 鼓無當於五聲 五聲弗得不和 水無當於五色 五色弗得不章 學無當於五官 五官弗得不治 師無當於五服 五服弗得不親. 君子曰 大德不官 大道不器 大信不約 大時不齊 察於此四者 可以有志於本矣 三王之祭川也 皆先河而後海 或源也 或委也 此之謂務本.

【字解】 ① 尸(시)—사람의 머리와 몸을 象形한 것이니, 「죽은」 듯이 움직이지 않는 것인데 祖先을 祭祀할 때 神靈으로 모시는 사람.
② 詔(조)—人君이 百姓에게 부르(召)짖는 것은 말(言)이니 「詔書」.
③ 撞(당)—아이(童)가 손(手)으로 「치는」 것이나, 철없이 하는 뜻도

있음.

④ 鐘(종)―童은 撞의 略字로 보아 쇠(金)로 만들어서 치는(童) 종.

⑤ 叩(고)―말(口) 대신에 刂(節)로「두드려」서 의사를 通하는 것.

⑥ 裘(구)―羊이나 狐 등의 가죽을 求해서 만든 옷(衣)이니 겉에 입는 것.

⑦ 箕(기)―곡식을 찧어 그(其) 겨를 부쳐내는 데 대(竹)로 만든「키」.

⑧ 駕(가)―車를 끌도록 馬에 더하(加)는「멍에」.

⑨ 器(기)―四方에 널려 있는 靜物(皿)과 動物(犬)이니 모든 用具를 뜻한 것.

⑩ 約(약)―실(糸)줄로서 하나(一)로 싸서(勹)「맺는」것.

⑪ 委(위)―벼(禾)를 女子에게「맡겨」서 음식을 만드는 것.

【語解】① 節目(절목)―여러 가지 마디(節)와 눈금(目).

② 良冶(양야)―쇠를 녹여서 器具를 만들(冶)기를 잘(良) 하는 技術者.

③ 五聲(오성)―宮商角徵(치)羽 등 다섯 가지(五) 소리(聲).

④ 五官(오관)―耳目口鼻身 등 다섯(五) 가지 器官.

⑤ 五服(오복)―斬衰·齊衰·大功·小功·緦麻 등 다섯 (五)가지 衰服.

【通釋】무릇 學問하는 道는 스승(師)을 尊嚴하기가 어려우(難)니 스승은 嚴한 然後에야만 道가 尊해지고 道가 尊해진 然後에야만 사람(民)은 學問을 恭敬할 줄 아는 것이다. 그러므로 人君이 臣下를 臣下로 對할 수 없는 것이 둘이 있으니 神靈(尸)으로 모실 때는 臣下로 할 수가 없고, 師傅로 배울 때는 臣下로 할 수가 없는 것이다. 大學의 禮는 비록 天子에게 詔書를 받는 데도 北面하지 않는 것이니 이것이 尊師하는 所以인 것이다. 잘 배우는(善學) 者는 스승이 편(逸)해도 그 功은 倍나 나고, 또한 따라서 實行(庸)도 하지마는 잘 배우지 못하는 者는 스승은 勤苦해도 功果는 半이 되고, 또한 따라서(從) 怨聲도 하는 것이며, 잘 묻는 者는 堅木을 치는(攻) 것과 같아서 그 쉬운(易) 것은 먼저 하고 그 節目은 뒤로 하여 그것이 오래(久) 되면 서로 말(相說)해서 理解가 되지마는 잘 묻지 못하는 者는 이와 反對고, 質問에 잘 待하는 者는 鐘을

치는(撞) 것과 같아서 작(小)게 두드리(叩)는 者는 작게 울리고(鳴) 크게 두드리는 者는 크게 울리는 것이니, 그것을 從容하게 待한 然後에만 그 소리(聲)를 다는 것이나 答問을 잘 못하는 者는 이와 反對니 이것이 모두 進學하는 道인 것이다. 記憶만 하는 學問은 남의 스승이 됨에 不足하니 반드시 그 말을 들을(聽) 것이니라. 能力이 質問을 하지 못하는 然後에는 그에 말(語)해서 그것을 모를(不知) 때는 비록 그만두(舍)는 것도 可할 것이다.

대장일 技術者(良冶)의 아들은 반드시 갓옷(裘) 만들기를 잘 배울 것이고, 활을 만드는 技術者(良弓)의 아들은 반드시 키(箕) 만들기를 잘 배울 것이며, 幼馬를 처음 駕할 때는 大馬가 끄는 車 뒤에 붙여서 練習을 시켜야만 하나니, 君子는 이 세 가지를 살펴야만 可히 學에 뜻(志)이 있게 될 것이니라.

옛적에 學者는 物에 比해서 類를 推하였으니 鼓聲은 五聲에 들지(當) 않아도 五聲은 鼓聲이 아니면 和함을 얻지(得) 못하고 水色은 五色에 들지 않아도 五色은 水色이 아니면 章함을 얻지 못하며, 學問은 五官에는 들지 않아도 五官은 學問이 아니면 治함을 얻지 못하고, 師傅는 五服에는 들지 않아도 五服은 師傅가 아니면 親함을 얻지 못하는 것이다.

君子는 말씀하시되,「大德은 官爵이 아니고 大道는 器物이 아니며, 大信은 約束하지 않고 天時는 同一(齊)하지 않으니, 이 네 가지를 살피는 者는 可히 根本에 뜻이 있을 것이다. 三王은 大川에 祭祀하는 데 다 河를 먼저(先) 하고 海는 뒤(後)로 하셨으니 河는 源이고 海는 末(委)이라, 이것을 務本이라고 한다.

【餘説】 무릇 學問에는 두 가지가 있으니 科學과 哲學이다. 科學은 自然界에 存在하는 物質的 理致를 배우는 것이고, 哲學은 人間界에 當爲하는 精神的 道理를 배우는 것이다. 物質的 理致를 배우는 것은 客觀的인 知識을 追求하는 것이나 精神的 道理를 배우는 것은 主觀的인 價値를 指向하는 것이다. 그런데 客觀的인 知識에는 眞僞의 分이 있고, 主觀的인 價値에는 善惡의 別이 있는 것이다. 그러므로 西洋에서 發達된 科學에는 眞僞만이 問題인 것이나, 東洋에서 傳來한 哲學에는 善惡

만을 重視하는 것이다. 그러니 人間의 道理란 것은 오직 惡에서 善으로, 낮은 데서 높은 데로 올라가는 데만 있는 것이다.

　그러므로 東洋哲學은 스승을 높이고 嚴하게 알지 않아서는 그의 道理를 배울 수가 없는 것이다. 그러니 道理를 傳授하는 스승에게는 비록 天子라도 臣下로 對해서는 안 되는 것이다. 그러나 傳授할 만한 道理도 없이 名分만의 스승에게는 尊嚴할 價値가 없는 것이다. 道가 있는 데만 師가 있는 것이니 道가 없는 데는 師가 없는 것이다. 그러므로 至今은 師에 道가 없으니 師道가 없어지고 敎育이 亡쳐진 것이다. 敎員이 勞組를 만들어 가지고 賃金 鬪爭을 하는 판에 무슨 師道가 存在할 수 있을까. 師道가 없어져서 弟子가 先生에게 行悖하는 것은 師에 道가 없기 때문이니, 그 原因이 不當한데 어찌 善良한 結果가 나올 수 있을까.

第六編 哀公問

1

哀公問於孔子曰 大禮何如 君子之言禮何其尊也 孔子曰 丘也小人 不足以知禮 君曰 否 吾子言之也 孔子曰 丘聞之 民之所由生 禮爲大 非禮無以節事天地之神也 非禮無以辨君臣上下長幼之位也 非禮無以別 男女父子兄弟之親 昏姻疏數之交也 君子以此之爲尊敬然 然後以其所能敎百姓 不廢其會節 有成事 然後治其雕鏤文章 黼黻以嗣其順之 然後言其喪算 備其鼎俎 設其豕腊 脩其宗廟 歲時以敬祭祀 以序宗族 即安其居 節醜其衣服 卑其宮室. 車不雕幾 器不刻鏤 食不貳味 以與民同利 昔之君子之行禮者如此. 公曰 今之君子 胡莫之行也 孔子曰 今之君子 好實無厭 淫德不倦 荒怠敖慢 固民是盡 午其衆以伐有道 求得當欲 不以其所 昔之用民者由前 今之用民者由後 今之君子莫爲禮也.

【字解】 ① 雕(조)—鵰와 같은 字로서 여러(周) 새(隹) 中에서 가장 強한 「독수리」인데 그 부리가 堅强해서 能히 나무를 쪼아 「새기」기 때문에 彫와 通用하는 字가 되었음.

② 鏤(루)—쇠(金)로 만든 칼로써 나무를 깎아내서 비게(婁) 만드니 「새기는」 것.

③ 黼(보)—넓은(甫) 布木에 바느질(黹)을 해서 「수놓는」 것이니 王公의 禮服.

④ 黻(불)—바느질(黹)로 수를 놓아서 特殊(犮)하게 만든 王公의 禮服.

⑤ 俎(조)—仌은 肉字의 속에 살을 뜻한 字니 나무 板(一) 위에 한 불(冂) 두 불(冂) 세 불(冂)로 괴올리는「적대」.

⑥ 算(산)—대(竹)가지로써 만든 道具(昇)로서 計算하는 것.

⑦ 豕(시)—돼지의 象形字.

⑧ 腊(석)—살코기(月)를 오래 가(昔)게 만든 乾脯.

⑨ 刻(각)—子에서 亥까지 十二時間을 칼(刀)로「새기는」것.

⑩ 胡(호)—소(牛) 목에 늘어진 살(肉)인데, 肉食하고 尚武하는 野蠻族의 稱號이니 文明人이 野蠻的인 일을「어찌」할까.

⑪ 午(오)—十 이것은 四方을 表示한 것인데, 그 위에 丿 이런 表示로써 南方을 뜻하고, 또한 太陽이 南方에 갔을 때의 時間을 뜻한 것이나 여기서는 熱氣를 加한다는 動詞로 쓴 것이니 煽動하는 것.

【通釋】魯나라 王인 哀公이 孔子께 물으되,「大禮는 어떤 것이기에 先生(君子)의 말씀은 어찌 그렇게도 尊重하시는가요.」고 하니,「저(丘)는 小人이니 禮를 안다고 하기에는 不足합니다.」고 對答하였다. 그래서 哀公은「아니오. 先生께서는 말씀하세요.」고 하니,「저는 듣자오니 人民이 生存하는 所由에는 禮가 重大한 것이라, 禮가 아니면 天地의 神을 섬길 수도 없고, 禮가 아니면 君과 臣, 上과 下, 長과 幼의 位置를 分辨할 수도 없으며, 禮가 아니면 男과 女, 父와 子, 兄과 弟의 親睦함과 婚과 姻, 疏와 親의 交際함도 特別히 할 수가 없는 것이니, 그래서 君子는 禮를 尊敬하는 듯 합니다. 그렇게 한 然後에야만 能히 百姓을 敎育해서 그 節次를 廢하지 아니하고, 成事한 然後에야만 能히 그 彫刻, 文章, 黼黻 등을 다스려 나가는 것입니다.

그렇게 한 然後에야만 喪期를 計算해서 그 鼎俎를 具備하고 그 豕腊을 陳設하며, 그 宗廟를 脩奉하여 歲時로는 祭祀를 敬行해서 宗族의 秩序가 서고 그 居處에 安定을 해서 그 衣服을 調節하며, 그 宮室은 낮게 짓고 車에는 裝飾하지 않으며, 器物에도 彫刻하지 않고 食事에도 二味를 하지 아니하며, 人民들과 더불어서 利益을 같이 하는 이것이 옛적에 君子가 行禮하던 것입니다.」고 하셨다. 그래서 哀公은 말하되,「至今의 君子들은 어찌 해(胡)서 實行하지 않는가요.」고 하니, 孔子는「至今의 君子들은 財物만을 좋아해서 淫德에는 게으르지 않아 荒怠하고, 傲慢해서 人民들을 굳어(固)지게 하는 일만을 다하고, 愚衆을 煽動(午)해서 有道한 것을 치고 그의 欲求만을 爲하는 데 場所를 가리지 않는 것입니다. 옛적에 治民하는 者는 前者로만 하였는데 至今에 治民하는 者는 後者로만 하고 있으니, 그것이 至今의 指導者(君子)는 禮로 하지 않기 때문입니다.」고 말씀하셨다.

【餘說】 이 魯哀公의 質問에 對한 孔夫子의 答하신 要點은 오직 옛적에 王者는「卽安其居하여 節醜其衣服하고 卑其宮室하며, 車不彫幾하고 器不刻鏤하며, 食不二味해서 以與民同利했던 것」이나 至今의 王者는「好實無厭하여 淫德不倦하고 荒怠傲慢하며, 國民是盡해서 午其衆으로 以伐有道하고 求得當欲하여 不以其所하는」 것이라고 하신 것이다. 이 中에서 다시 要點을 摘出한다면 先王은 自身의 生活을 儉約해서「與民同利」했던 것이나, 後王은 自身의 怠慢만 放肆해서「求得當欲」하는 것이니 與民同利함은 有禮했기 때문이고 求得當欲함은 無禮하기 때문이다. 先王은 禮로 行했으나 後王은 欲만 求한 것이다.「禮」字는 豊示의 合字이니 厚德(豊)한 精神(示)으로써 相對에게 奉仕하는 것이나,「欲」은 欠谷의 合字이니 입벌린(欠) 골짜기(谷)에다가 財物을 채우려는 것이다. 聖王의 禮는 平天下해서 人類를 救濟하는 것이나 暴君의 欲은 無慈悲하게 人民을 搾取하는 것이니 救民하신 그의 敎訓은 人類의 光明이 되었던 것이나, 搾取하는 그의 遺跡은 지금의 觀光名所로만 남은 것이다.

2

孔子侍坐於哀公 哀公曰 敢問人道誰爲大 孔子愀然作
色而對曰 君之及此言也 百姓之德也 固臣敢無辭而對 人
道政爲大 公曰 敢問何謂爲政 孔子對曰 政者正也 君爲

正 則百姓從政矣 君之所爲 百姓之所從也 君所不爲 百
姓何從 公曰 敢問爲政如之何 孔子對曰 夫婦別 父子親
君臣嚴 三者正 則庶物從之矣 公曰 寡人雖無似也 願聞
所以行三言之道 可得聞乎 孔子對曰 古之爲政 愛人爲大
所以治愛人 禮爲大 所以治禮 敬爲大 敬之至矣 大昏爲
大 大昏至矣 親迎既至 冕而親迎 親之也 親之也者 敬
之也 是故君子興敬爲親 舍敬是遺親也 弗愛不親 弗敬不
正 愛與敬 其政之本與 公曰 寡人願有言然 冕而親迎
不已重乎 孔子愀然作色而對曰 合二姓之好 以繼先聖之
後 以爲天地宗廟社稷之主 君何謂已重乎.

【字解】 ① 愀(추)—가을(秋)에 서리가 와서 草木을 肅殺하니 마음(心)
이 嚴肅한 것이고, 秋字 아래 心字를 쓴 「愁」(수)는 「근심」하는 것
임.

② 似(사)—남(人)으로써(以) 自己 일을 시키면 外觀에는 「같아」도 內
心으로는 다른 것.

③ 冕(면)—免罪의 特權을 가진 帝王의 머리에 덮어 쓰는(曰) 帽子.

④ 遺(유)—貴한 것이 辵해 갔으니 「잃어버린」 것.

⑤ 弗(불)—生物을 잡는 弓을 ∥로써 削除해서 否定한 것.

⑥ 不(불)—새가 앉았다가 하늘(一)로 向해서 날아가(↑)니 그 곳을
떠나서 否定하는 것.

【語解】 ① 侍坐(시좌)—모시(侍)고 앉아(坐) 있는 것.

② 人道(인도)—人間의 道理라는 約語지마는 人字의 頂點은 頭部고 下
部는 兩足이며, 道字의 首는 理想이고 辵은 足으로 行步하는 것.

③ 寡人(과인)—寡德한 人間이란 뜻이나 國家 元首의 自己謙稱.

④ 大昏(대혼)—重大한 婚禮.

⑤ 親迎(친영)—新郎이 新婦의 집으로 가서 親히 迎해서 오는 婚禮의

188

節次.
⑥ 宗廟 (종묘)—王家의 先祖를 모신 祠堂.
⑦ 社稷 (사직)—社는 土神이고 稷은 穀神인데 그에 祭祀해서 豐年을 祈願하는 祭壇.

【通釋】 孔子께서 哀公을 侍坐하셨을 때 哀公이 「敢히 묻나이다. 人道에는 무엇(誰)이 重大합니까.」고 물으니, 孔子는 嚴肅하게 正色을 하시고 「君께서 이런 말씀을 하심은 百姓들의 福(德)이 오니 臣이 어찌 敢히 答辭을 하지 않겠습니까. 人道에는 政治가 가장 重大한 것입니다.」고 對答하셨다. 그래서 또 哀公이 「敢히 묻나이다. 政이라고 하셨음은 무엇을 말(謂)씀한 것입니까.」고 하니 孔子께서 「政治란 것은 正導하는 것이니 君이 正導만 하신다면 百姓들은 그 政治에 따를 것입니다. 君이 하시는 바는 百姓이 따르는 것이니 君이 하시지 않는 것을 百姓이 어찌 따르겠습니까.」고 對答하셨다. 哀公은 또 「敢히 묻노니 政治는 어떻게 해야만 됩니까.」고 물은즉, 孔子께서는 「夫婦는 別하고, 父子는 親하며, 君臣은 嚴하는 세 가지만 바르게 되면 모두들 그에 따를 것입니다.」고 하셨다. 또 哀公이 「寡人은 비록 近似하지도 못하오나 그 세 가지 말씀을 實行하는 方道가 무엇인지 들으려고 합니다.」고 하니, 孔子는 「古聖이 政治함에는 愛人하는 것이 重大하였고, 愛人하는 政治를 하는 所以는 禮가 重大했으며, 禮로써 政治하는 所以는 敬함이 重大한 것이고, 敬에 이르러서는 大婚의 重大하고 大婚에 이르러서 親迎하는 데는 冕冠을 쓰고서 親迎하는 것은 親하는 것이니 親한다는 것은 敬하는 것입니다. 그러므로 君子는 敬해서만 親하게 되니 敬함을 버린(舍)다면 그것은 親함을 잃어버리(遺)는 것입니다. 弗愛하면 不親하고, 弗敬하면 不正하게 되니, 愛와 敬이 그 政治의 根本입니다.」고 말씀하셨다. 그래서 또 哀公은 「寡人은 願해서 말씀을 하셨는데 親迎하는 데 冕冠을 쓴다는 것은 너무 過重한 것이 아닙니까.」고 하니, 孔子는 嚴肅한 氣色으로 對答하시되, 「二姓이 好合해서 先聖의 後系를 繼承하사 天地, 宗廟, 社稷의 君이 되는데 君께서는 어찌 해서 그것을 過重하다고 하십니까.」고 말씀하셨다.

【餘説】魯哀公이「人道誰爲大」오고 한 質問에 孔夫子께서 「人道政爲大」라고 對答하셨으니 人生社會의 公共福利를 圖成하는 能力은 오직 政治에 있으니, 그것이 人道에서 가장 重大한 것이다. 그러면 政治란 무엇인가 하면 그것은 不正한 俗衆들을 正道로 指導하는 것이니 治者가 不正해서는 俗衆을 正導할 수가 없는 것이다. 그러므로 治者 自身이 不正한 伯道政治는 오직 自身의 物慾과 權欲만 充足하려고 不正한 手段으로는 民財를 搾取하고 戰爭을 挑發해서는 民衆을 殺戮하기때문에 西洋에서는 無政府主義가 發生한 것이다. 그러나 東洋에서는 孔夫子의 王道思想으로써 國家生民의 公共福利만 爲해서 治者를 愛와 敬으로 倫理化하려는 것이다. 그러므로 哀公이 人道를 물음에 對해서 夫子는 그것을 百姓의 福이라고 말씀하셨다. 그런데 此章에「大昏至矣에 大昏既至라.」고 함과「親之也者는 親之也라.」고 한 것은 誤字인 듯 하기 때문에 나는 敢히「大昏既至」는 親迎既至로 하고,「親之也」는 敬之也로 改正해서 夫子의 眞意를 闡發하려는 바이다. 그런데「弗愛하면 不親하고 弗敬하면 不正이라.」고 한 데 弗과 不에는 説文上에 異意가 있는 것이다.

3

公曰 寡人固 不固 焉得聞此言也 寡人欲問 不得其辭 請少進 孔子曰 天地不合 萬物不生 大昏 萬世之嗣也 君何謂已重焉 孔子遂言曰 内以治宗廟之禮 足以配天地之神明 出以治直言之禮 足以立上下之敬 物恥足以振之 國恥足以興之 爲政先禮 禮其政之本與 孔子遂言曰 昔三代明王之政 必敬其妻子也有道 妻也者 親之主也 敢不敬與 子也者 親之後也 敢不敬與 君子無不敬也 敬身爲大 身也者 親之枝也 敢不敬與 不能敬其身 是傷其親 傷其親 是傷其本 傷其本 枝從而亡 三者百姓之象也 身以及身 子以及子 妃以及妃 君行此三者 則愾乎天下矣 大王之道也 如此則國家順矣 公曰 敢問何謂敬身 孔子對曰 君子

190

過言 則民作辭 過動 則民作則 君子言不過辭　動不過則
百姓不命而敬恭 如是 則能敬其身 能敬其身 則能成其親
矣.

【字解】① 寡(과)─頁은 頒字를 縱으로 變造한 것이니, 物件을 나누
어(頒) 준 집(宀)에는 남은 物件이「적은」것.

② 固(고)─옛적(古)부터 그어진 境界線(口)은「굳어진」것.

③ 遂(수)─따라서(家) 가니(辶) 무엇이「드디어」나타나는 것.

④ 象(상)─「코끼리」라는 짐승의 이름이나 中國에는 없으므로 南方에
있다는 말만 듣고 만들었으므로「像想하는 것」을 뜻함.

⑤ 憤(개)─마음(心)으로만 기운(氣)을 내는 것.

⑥ 過(과)─입이 한 쪽으로 삐뚤어진(咼) 것처럼 한쪽으로만　치우쳐
갔(辶)으니「지나서」「허물」이란 뜻으로도 轉注된 것.

⑦ 動(동)─重力이 物件을「움직이는」것.

【通釋】魯哀公이「寡人은 固陋하오나 固陋하지 않았다면 어찌(焉) 이
런 말씀을 얻어 듣겠습니까. 寡人은 質問을 하려 하오나 말씀(辭)이 잘
들리지 않으니 조금(少) 가까이 다가오(進)소서.」고 말한즉, 孔夫子께
서는「天地가 不合하면 萬物은 生할 수가 없으니, 大婚은 萬世의 家系
를 잇는(嗣) 것인데, 君께서는 어찌 冕冠을 쓰는 것을 過重하다고　말
씀(謂) 하십니까요.」고 하셨다.

　그리고 夫子는 드디어(遂) 말씀하시되,「안에서는 宗廟의 禮를 다스
리면 足히 天地의 神明에 配合할 만하고, 나가서는 直言하는 禮를 다
스리면 足히 上下의 恭敬을 定立할 만하니, 그래서 個人(物)이 恥辱을
알면 足히 振起할 수가 있고, 國家가 恥辱을 알면 足히 興起할 수가 있
을 것입니다. 政治를 하는 데는 禮를 先務로 해야 만하니 禮는 政治의
根本인 것입니다. 그리고 또 따라 말씀하시되,「옛적 三代(夏殷周) 때
明王의 政治에는 반드시 그 妻子를 敬하였음에 그 道가 있었으니 妻란
것은 親의 主인데 敢히 敬하지 아니할 것이며, 子란 것은 親의 後인데

敢히 敬하지 아니할까요. 君子는 누구나 다 敬하지마는 自身을 敬함이
重大한 데 自身이란 것은 親의 枝이니 敢히 敬하지 안해서 될까요. 能
히 그 自身을 敬하지 않으면 그것은 그 親을 傷하는 것인데 그 親을 傷
하면 그것은 本을 傷하게 하는 것이고, 그 本을 傷케 하면 枝도 따라서 亡
할 것입니다. 이 세 가지는 百姓의 象徵이니 自身에서 自身으로, 子息
에서 子息으로, 后妃에서 后妃로 君께서 이 三者를 行하시는 것이 天
下에 氣蓋(혜)하는 大王의 方道이니 이렇게만 하시면 國家가 順治될
것입니다.」고 하셨다.

　哀公은「敢問합니다. 어떤 것을 敬身이라고 하십니까.」고 하니, 夫子
는「君子는 言辭가 지나치(過)면 百姓들은 論評만 하고 行動이 지나치
면 百姓들은 模倣을 하게 되므로 君子는 言辭를 過失하지 않게 하고 行
動을 過度하지 않게 하면 百姓들은 命令하지 않아도 恭敬할 것이오니,
이렇게만 하신다면 能히 敬身이 되고 能히 敬身만 하면 能히 그 親함을
이루게 될 것입니다.」고 말씀하셨다.

【餘說】『易經』序卦傳에 依하면「有天地 然後에 有萬物하고 有萬物 然
後에 有男女하며 有男女 然後에 有夫婦하고 有夫婦 然後에 有父子하며,
有父子 然後에 有君臣하고 有君臣 然後에 有上下하며, 有上下 然後에
만 禮義가 有所措하나니 夫婦之道는 不可以不久也라.」고 하였으니, 夫
婦는 人倫之始라, 夫婦가 作配하는 婚姻은 禮中에서 가장 重且大한 것
이다. 그러므로 夫子는 哀公에게「天地가 不合하면 萬物이 不生하니 大
婚은 萬世의 嗣라.」고 해서 冕冠을 쓰고 婚禮를 함은 너무 過重 하다고
한 데 對해서 言明하신 것이다.「옛적 三代의 明王이 政治함에는 반드
시 그 妻子에도 敬하였는 데에 道理가 있었으니 妻란 것은 親의 主인데
敬하지 안 해도 될까. 子란 것은 親의 後인데 敬하지 안 해서 될까.」고
하셨다. 그러나 過去에 儒家의 風習은 妻子를 하나의 所有物로만 取扱
하였으니 所有物에 무슨 人格이 있을까. 그래서 儒家는 衰退의 一路로
만 내려오다가 近代에 西歐風潮가 밀어닥치니 儒家舊習은 秋風에 落葉
이 된 것이다. 그런데 至今은 人間을 凍結하던 共産黨의 北風이 지나
가니 萬物이 蘇生하는 東風은 오직 孔夫子의 人道主義에 있는 것이다.

4

公曰 敢問何謂成親 孔子對曰 君子也者 人之成名也 百姓歸之名 謂之君子之子 是使其親爲君子也 是爲成其親之名也已 孔子遂言曰 古之爲政 愛人爲大 不能愛人 不能有其身 不能有其身 不能安土 不能安土 不能樂天 不能樂天 不能成其身 公曰 敢問何謂成身 孔子對曰 不過乎物 公曰 敢問君子何貴乎天道也 孔子對曰 貴其不已 如日月東西相從而不已也 是天道也 不閉其久 是天道也 無爲而物成 是天道也 已成而明 是天道也. 公曰 寡人惷愚冥煩 子志之心也 孔子蹴然辟席而對曰 仁人不過乎物 孝子不過乎物 是故仁人之事親也 如事天 事天如事親 是故孝子成身 公曰 寡人旣聞此言也 無如後罪何. 孔子對曰 君之及此言也 是臣之福也.

【字解】 ① 敢(감)—攻과 耳의 合字니 칠(攻) 뿐이다(耳)는 것은 自身의 能力으로는 能히 할 수 없는 것을 한다는 뜻이 된 것.

② 親(친)—섰(立)는 나무(木)를 보는(見) 것이나, 사람은 나무를 愛好하니 「親하는」 것이고 「親히」 하는 것이며, 가장 親近한 「父母」란 뜻이 되고 그를 延長해서는 「親戚」이란 뜻이 된 것.

③ 愛(애)—손(爪)으로 덮어(冖)서 어루만지는 마음(心)으로 가는(夂) 것이니 「사랑」하는 것.

④ 身(신)—스스로(自)의 바탕(才)인 「몸」.

⑤ 惷(용)—절구(舂)로 찧어서 粉碎된 마음(心)은 綜合的으로 判斷할 能力이 없으니 「어리석은」 것.

⑥ 冥(명)—太陽(日)을 덮어(冖)서 陰數(六)로 化하였으니 「어두운」 것.

⑦ 煩(번)—머리(頁)에 火가 치미니 苦悶하는 것.

⑧ 事(사)―하나(一)의 目的을 貫中해서 成果를 拘取(亅)하려고 손(彐)
으로「일하는」것이니, 上者를 爲해서 일하는 것은「섬기는」것.

⑨ 罪(죄)―法網(网)에 걸리는 非行을 한 것.

【通釋】 哀公이「敢問하오니 무엇(何)을 成親이라고 합니까.」고 하니 孔
子가「君子란 것은 사람으로 成名한 것이니 百姓들은 그의 名聲으로 돌
아가는 것을 君子의 子라고 합니다. 이것이 그의 親(父母)으로 하여금
君子가 되게 하는 것이고, 이것이 그의 親名을 助成하는 것입니다.」고
말씀하시고, 夫子는 드디어「옛적에 政治하는 것은 愛民하는 것을 重要
하게 여겼으니 能히 愛民을 하지 못한다면 그의 身分을 保有할 수도 없
고 能히 그 自位를 保有하지 못한다면 그의 國土를 平治(安)할 수도 없
으며, 그 國土를 平治하지 못하면 能히 樂天(安心)할 수도 없고, 樂天
할 수가 없다면 그의 自身을 成就시킬 수도 없는 것입니다.」고 말씀하
셨다.

그리고 또 哀公은「敢問합니다. 무엇을 成身이라고 합니까.」고 하니
夫子는「自身을 成就하는 것은 外物에 對應함에 不過한 것입니다.」고
對答하셨다. 그래서 哀公은「敢問합니다. 君子는 어째서 天道를 尊貴
하는 것입니까.」고 물으니, 夫子는「그의 運行이 不息함을 尊貴하는 것
이니 日과 月이 東과 西로 相從해서 不息함과 같은 이것이 天道고, 永
遠(久)히 가도 막히지(閉) 않는 이것이 天道며, 無爲해도 萬物이 自
成하는 이것이 天道고, 그래서 成해서 明한 이것이 天道인 것입니다.」
고 對答하셨다.

또 哀公이「寡人은 惷愚하고 冥頑하오니 先生(子)은 내 마음(心)에
뜻(志)을 세우게 해주소서.」고 하니 夫子는 辭讓하는 듯이 자리(席)를
避하면서 對答하시되,「仁人은 待人(物)함에 不過하고, 孝子도 待人함
에 不過한 것입니다. 그러므로 仁人이 事親하는 데는 事天하듯(如)이
하고, 事天하는 데는 事親하는 듯이 하는 것이니 그래서 孝子는 成身
하는 것입니다.」고 하시니, 哀公이「寡人은 이미 이 말씀을 들었사오나
後罪를 어찌할는지가 問題입니다.」고 함에 夫子는「君께서 이런 말씀을
하신 것은 臣의 福이로소이다.」고 말씀하셨다.

【餘說】孔子의「能敬其身 則能成其親」이라는 말씀에 對해서 哀公은「成 其親」, 즉 成親을 質問하므로 또「成親이란 것은 其親을 君子되게 하고 名聲있게 하는 것이다.」고 하셨다. 이것은 『孝經』에「立身行道하여 揚 名於後世로 以顯父母하는 것」과 相通한 뜻이니, 立身行道하는 것은 治 國平世하는 것이고, 治國平世하는 데는 愛人이 爲大한 것이다. 그리고 또 哀公이 成身에 對해서 質問한 데 對해서는「不過乎物」이라고 말씀 하셨으나, 이것은 前章에서「君子는 無不敬也나 敬身이 爲大하니 身也 者는 親之枝也라. 不能敬其身이면 是는 傷其親이요, 傷其親이면 是는 傷其本하니, 傷其本이면 枝從而亡이라.」는 뜻과 共通한 것이다. 그런데 또 哀公이 天道가 尊貴함에 對한 質問에는「日月이 東西에서 相從而不 已하는 이것이 天道이니 不閉而久하고 無爲而物成하며, 己成而明하는 自然現象이라.」고 하시고, 또한 仁人이 事親함은 事天함과 같고 事天 함은 事親함과 같이 한다.」고 하셨으니 孝道는 天道와 共通한 것이다.

第七編　仲尼燕居

1

仲尼燕居 子張 子貢 言游侍 縱言至於禮 子曰居 女三人者 吾語女禮 使女以禮周流無不徧也 子貢越席 而對曰 敢問何如 子曰 敬而不中禮謂之野 恭而不中禮謂之給 勇而不中禮謂之逆 子曰 給奪慈仁. 子曰 師爾過 而商也不及 子產 猶衆人之母也 能食之 不能敎也 子貢越席 而對曰 敢問將何以爲此中者也. 子曰禮乎禮 夫禮所以制中也 子貢退 言游進曰 敢問禮也者 領惡而全好者與 子曰然 然則何如 子曰 郊社之義 所以仁鬼神也 嘗禘之禮 所以仁昭穆也 饋奠之禮所以仁死喪也 射鄉之禮 所以仁鄉黨也 食饗之禮 所以仁賓客也. 子曰 明乎郊社之義 嘗禘之禮 治國其如指諸掌而已乎.

【字解】① 燕(연)—本是는「제비」의 象形字였으나, 제비는 모여서 지저귀니「말하는」뜻이 되고, 音은 宴으로 通해서「잔치」란 뜻으로도 쓰니 제비란 뜻으로는 鳥字를 덧붙여 씀.

② 縱(종)—실(糸)가닥을 들어「제대로」따르(從)면 그 끝이 垂直으로 되니「세로」인 것이고 放縱이란 뜻도 된 것.

③ 徧(편)—어느 집에 가(彳)도 문패(扁)는 있으니「두루」란 뜻이 된 것인데, 辵변에 써도 같은 것.

④ 野(야)—各自 내(予)가 耕作하는 田土(里)는「들」에 있으니 그것은 自然이라 文化가 發達되지 않은 野蠻이란 뜻이 된 것.

⑤ 給(급)—여러 가닥(糸)을 모아(合)서 「넉넉」하니 「주는」 것이나,
　여기서는 남에게 好感만 「주는 佞利한 態度」.
⑥ 指(지)—손(手)이 아름다운(旨) 것은 「손가락」이니,　손가락으로
　「가리키」는 것도 뜻함.
⑦ 掌(장)—손(手)을 벌리면 윗쪽(尚)이 「손바닥」이니 「일을 잡는」뜻
　이 되는 것.

【語解】① 仲尼(중니)—孔子의 字인데 名은 丘이니 母親에 徵在가 尼
　丘山에 祈禱를 해서 誕生했기 때문에 名과 字에 山名을 붙인 것임.
② 子張(자장)—孔子 弟子의 字니 姓은 顓孫이고 名은 師이다.
③ 子貢(자공)—孔子 弟子의 字니 姓은 端木이고 名은 賜임.
④ 言游(언유)—孔子 弟子로 姓은 言이고 名은 偃이며 字가 子游다.
⑤ 子産(자산)—鄭大夫에 公孫僑의 字.
⑥ 周流(주류)—두루(周) 흘러(流) 가는 것.
⑦ 嘗禘(상체)—周代에 宗廟의 祭名인데 春祭는 禴(약), 夏祭는 禘(체)
　秋祭는 嘗(상), 冬祭는 烝(증) 등의 中에서 夏秋의 大祭만 指稱한 것.
⑧ 昭穆(소목)—宗廟에 位牌의 順位이니 太祖를 主位로 해서　左列은
　二世, 四世, 六世는 昭位고, 右列은 三世, 五世, 七世는 穆位라고
　했던 것.
⑨ 賓客(빈객)—尊貴한 손님은 賓, 一般의 손님은 客이라 함.

【通釋】孔子께서 燕居하실 때 子張, 子貢, 子游 등이 모시고 對談하시
다가 禮로 話題가 이르자, 夫子께서 「앉아라(居). 너(女)희 三人에게
나는 禮를 말해서 너희들로 하여금 禮로써 周流해서 普遍化하게　하려
한다.」고 하시니, 子貢이 越席해서 對答하되 「敢히 묻나이다. 어떻게 하
나이까.」고 물은즉, 夫子께서 「敬해도 禮에 맞지 않음은 野라 하고 恭
해도 禮에 맞지 않음은 給이라 하며, 勇해서 禮에 맞지 않음은 逆이라
한다.」고 對答하셨다.　그런데 孔子께서 「給이라 함은 慈仁을 뺏는 것이
다.」고 하시고, 또 「師(子張 이름)야. 너(爾)는 過中하나 商(子夏 이
름)은 不及하다. 子産은 사람들의 母性과 같아서 百姓을 能히 먹게(食)

는 해도 能히 가르치(教)지는 못하였다.」고 말씀하셨다.

　子貢이 越席해서 말하되, 「敢問합니다. 어떻게(何) 해야만 禮에 맞게 되는 것입니까.」고 하니 夫子께서 「禮여 禮여! 그 禮란 것은 中道로 하는 것이다.」고 하셨다. 그리고 子貢이 물러간 뒤에 子游가 나아와서 「敢히 묻나이다. 禮란 것은 去惡을 要(領)하고 好善을 全하게 하는 것입니까.」고 하니, 夫子께서 「그러하다.」고 하셨다. 「그러면 어찌 합니까.」고 하니 夫子께서 「郊社의 義는 鬼神을 仁하게 하는 所以고, 嘗禘의 禮는 昭穆을 仁하게 하는 所以며, 饋奠의 禮는 死喪을 仁하게 하는 所以고, 射鄕의 禮는 鄕黨을 仁하게 하는 所以며, 食饗의 禮는 賓客을 仁하게 하는 所以다.」고 말씀하셨다. 孔子의 말씀에는 「郊社의 義와 嘗禘의 禮에 밝으면 治國하기는 손바닥(掌)을 가리키(指)는 것처럼(如) 쉬울 것이다.」고 하셨다.

【餘說】 從來에 「禮」字의 説文은 「神(示)前에 供物(豊)을 드리는 것이라고 하였으나, 나는 이에 「寬厚(豊)한 精神(示)으로 行動하는 것.」이라고 하였으니, 옛적 説文은 宗教이라면 나의 説文은 哲學的이다. 옛적의 禮는 鬼神에 對한 祭祀만 崇尙했던 것이나, 現代의 禮는 人間에 對한 行動을 重視하지 않으면 안되기 때문이다. 禮란 것은 人間을 爲해서만 必要한 것이지 鬼神만 爲해서는 無益하기 때문이다. 그러나 鬼神에 對한 禮도 人間을 爲해서 有益한 一面이 있으니 禮는 精神的인 根源에서 由來하는 것이기 때문이다.

　偉大한 孔夫子의 思想에는 仁義禮樂의 體系가 있으니, 仁을 中心點으로 해서 義가 延長線으로 되어서 禮는 그의 圖規로 나타나는 것인데, 樂(락)은 서로 義務를 다하는 데 있는 것이다. 이것을 植物에 比喩하면 仁은 種根이고 義는 莖幹이며, 禮는 枝條이고 樂은 葉花인 것이다. 仁은 精神에 있고 禮는 肉體로 하니, 仁心이 없는 禮儀는 虛된 假飾인 것이다. 그런데 「明乎郊社之義와 禘嘗之禮함」은 仁의 精神에 있기 때문에 「治國은 其如指諸掌이라.」고 말씀하신 것이다.

2

是故以之居處有禮 故長幼辨也 以之閨門之內有禮 故
三族和也 以之朝廷有禮 故官爵序也 以之田獵有禮 故戎
事閑也 以之軍旅有禮 故武功成也 是故宮室得其度 量鼎
得其象 味得其時 樂得其節 車得其式 鬼神得其饗 喪紀
得其哀 辨說得其黨 官得其體 政事得其施 加於身而錯於
前 凡眾之動得其宜. 子曰 禮者何也 即事之治也 君子有
其事 必有其治 治國而無禮 譬猶瞽之無相與 倀倀乎其何
之 譬如終夜有求於幽室之中 非燭何見 若無禮 則手足無
所錯 耳目無所加 進退揖讓無所制 是故以之居處 長幼失
其別 閨門 三族失其和 朝廷 官爵失其序 田獵 戎事失其
策 軍旅 武功失其制 宮室失其度 量鼎失其象 味失其時
樂失其節 車失其式 鬼神失其饗 喪紀失其哀 辨說失其黨
官失其體 政事失其施 加於身而錯於前 凡眾之動 失其宜
如此則無以祖洽於眾也.

【字解】① 獵(렵) ― 巤(렵)은 「말갈기」를 뜻한 것인데, 犬字와 合해서
「전렵」이란 뜻이 된 것은 形聲字.

② 閑(한) ― 門 앞에 樹木을 심어서 紛雜한 外界를 「막으」니 「고요한」
것.

③ 鼎(정) ― 飮食을 익히는 「솥」의 象形字임.

④ 錯(착) ― 옛적(昔) 쇠(金)는 녹이 나서 「섞여지」니 「숫돌」에 갈아
서 本質을 내도록 하니 措置한다는 뜻이 되어, 音은 措로 했음.

⑤ 瞽(고) ― 북(鼓)소리를 눈(目)으로 했던 樂官을 뜻한 것. 視覺이 없
기 때문에 聽覺만 發達된 「장님」을 樂官으로 했던 것.

⑥ 倀(창) ― 사람(人)이 長으로 섰으니 어디로 갈는지 「길을 잃은」
것.

⑦ 幽(유)―작(소)고도 작(소)은 것이 山 속에 들었으니 보이지 않고 「깊이」「숨은」 것이나, 또한 죽어서 숨은 「귀신」이란 뜻도 있고, 「어둡다」는 뜻도 되었음.

⑧ 閨(규)―첩첩(圭)으로 싸인 門 안에 있는 「도장」이니, 그 속에 사는 「처자」란 뜻도 되었으나 여기서는 家庭을 뜻한 것.

⑨ 洽(흡)―物體 속에 물(水)이 合해서 「젖은」 것.

【通釋】「그러므로 居處에는 禮가 있어야만 長幼가 分辨이 되고, 家庭内에는 禮가 있어야만 三族(祖子孫)이 和合하며, 朝廷에도 禮가 있어야만 官爵에 秩序가 있고 畋獵에도 禮가 있어야만 戰鬪(戎事)가 防止(閑)되고, 軍事에도 禮가 있어야만 武功을 成就하게 되는 것이다. 그러므로 宮室은 그의 限度를 얻고 度量에는 그의 規定(象)을 얻으며, 食味에는 그의 時期를 얻고 音樂에는 그의 拍子(節)를 얻으며, 乘車에서는 그의 法式을 얻고, 鬼神에게는 그의 祭饗을 얻고, 喪事에서는 그의 哀情을 얻으며, 辯說에는 그의 同類(黨)를 얻고, 官職에서는 그의 體統을 얻으며, 政事에서는 그의 施策을 얻게 되는 것이니, 그래서 自身에 加해서　目前에 行(錯)하면 모든 動作이 다 宜當함을 얻을 것이다.」고 말씀하셨다.

　孔子께서 말씀하시되, 「禮란 것은 무엇인가 하면 바로 人事를　다스리는 것이다. 君子가 그 事業이 있으면 반드시 政治가 되는 것이니 治國을 함에 禮가 없는 것은 譬喩하면 盲人(瞽者)이 짝지(相)가 없는 것과 같은 것이니, 倀倀하게 서서 어디(何)로 갈 것(之)인가.　밤새도록 (終夜) 暗(幽)室에서 무엇을 찾아도 燭불이 없다면 어찌(何) 볼(見)까. 萬若에 禮가 없다면 手足을 둘(錯) 곳(所)도 없고, 耳目을 쓸(加) 수도 없으며, 進退하고 拜揖하는 것도 制할 수도 없을 것이다.

　그러므로 無禮하게 居處한다면 長幼가 그의 秩序(別)를 잃고 家庭에는 三族이 그 和合을 잃으며, 朝廷에는 官爵이 그의 位階(序)를 잃고, 畋獵에는 鬪爭이 그의 方策을 잃으며, 軍事에는 武功이 그의 褒賞(制)을 잃고, 宮室이 그의 限度를 잃으며, 度量이 그의 規定을 잃고, 食味가 그의 時期를 잃으며, 音樂이 그의 拍子를 잃고, 乘車에 그의　法式을 잃으며, 鬼神이 그의 祭享을 잃고, 喪事에 그의 哀情을 잃으며,　辯說이 그의 同類를 잃고, 官職이 그의 體統을 잃으며, 政事가 그의 施策을 잃게 되는 것이니, 그래서 自身에 加해서 目前에 行하는 데 모든 動作이 그의 宜當함을 잃게 된다면 大衆에게 洽足할 수가 없을 것이다.」고 말씀하셨다.

【餘說】 무릇 人間社會의 安寧秩序를 圖成하는 데는 두 가지 規範이 있으니 그것은 禮와 法이다. 禮란 것은 天賦의 理性에 依해서 內的으로 自制하게 하는 規範이고, 法이란 것은 國家의 權力에 依해서 外的으로 他制하게 하는 規範인 것이다. 그런데 禮治하는 것은 東洋의 政治思想이고, 法治하는 것은 西洋의 政治思想이다. 東洋에도 李悝, 商鞅, 申不害, 韓非子 등의 法治思想이 있었지마는 그들은 異端인 것이다. 西洋에는 禮治思想이 元來 없었으니, 그것은 氣候風土의 所致인 것이다.
　그런데 東洋의 禮治思想은 周代에 完備되었으니 孔子는 그의 正統을 繼承한 것이다. 그래서 「禮者何也요, 即事之治也라.」고 定義하고 社會, 家庭, 朝廷, 畋獵, 軍事 등을 모두 禮로 해야만 秩序가 선다는 것을 말씀하셨다. 그래서 宮室, 度量, 音樂, 交通, 鬼神, 喪事, 辯說, 政事 등 모든 것을 禮로 해야만 宜當하다.」고 主唱하셨다. 그러므로 「治國에 無禮는 譬猶瞽之無相하고 譬如幽室無燭이니 無禮면 手足無所錯하고 耳目無所加라.」고 하셨다.

3

　子曰 愼聽之 女三人者 吾語女禮 猶有九焉 大饗有四焉 苟知此矣 雖在畎畝之中事之 聖人已 兩君相見 揖讓而入門 入門而縣興 揖讓而升堂 升堂而樂闋 下管象武 夏籥序興 陳其薦俎 序其禮樂 備其百官 如此而后君子知仁焉 行中規 還中矩 和鸞中采齊 客出以雍 徹以振羽 是故君子無物 而不在禮矣 入門而金作 示情也 升歌清廟示德也 下而管象 示事也 是故古之君子 不必親相與言也

以禮樂相示而已 子曰 禮也者 理也 樂也者 節也 君子無
理不動 無節不作 不能詩 於禮繆 不能樂 於禮素 薄於德
於禮虛 子曰 制度在禮 文爲在禮 行之其在人乎 子貢越
席而對曰 敢問夔其窮與 子曰 古之人與 古之人也 達於
禮而不達於樂 謂之素 達於樂而不達於禮 謂之偏 夫夔達
於樂而不達於禮 是以傳於此名也 古之人也.

【字解】① 畎(견)—田의 「고랑」인데, 犬(견)은 音符에 不過함.
② 畝(묘)—田의 「고랑」인데, 亠久 두 字는 會意도 形聲도 되지 아니
함.
③ 闋(결)—癸는 十干의 끝이니 「일을 마치」고 門을 닫는 것.
④ 管(관)—속이 빈(官) 대(竹)통이니 부는 樂器.
⑤ 籥(약)—대(竹) 통에 질서(侖)있게 여러 구멍(品)을 뚫어 만든 「피
리」.
⑥ 規(규)—夫는 콤파스 形狀이니 그것을 돌려 보(見)면 되는 圖形.
⑦ 矩(구)—巨는 四角尺이고 矢는 直線이니 方形을 만드는 자.
⑧ 鸞(란)—그 빛은 五色이 다 있고, 소리는 五音이 交變(緣)하는 새
(鳥)니 鳳凰의 一種.
⑨ 采(채)—나무(木) 위에 잎의 色을 보고 손(爪)으로 따니 右便에 彡
를 붙여서는 形色을 뜻하는 「彩」가 되고, 左便에 手를 붙여서는 作
爲를 뜻하는 「採」가 되는 것.
⑩ 節(절)—대(竹)가 커서 올라가는(即) 데 맺는 「마디」니 重要한 마
디를 지키는 것은 守節, 音聲의 마디를 區別하는 것은 音節.
⑪ 繆(류)—실(糸)오리가 날아(翏)서 「어지러운」 것.
⑫ 素(소)—主 이것은 生의 省字니 生糸는 白色으로 여러 色의 「바탕」
인 것.
⑬ 夔(기)—舜帝 때의 音樂官.

【語解】① 象武(상무)—周武王의 樂曲 이름.

② 夏籥(하약)—夏禹王의 樂曲인 大夏.
③ 和鸞(화란)—車에 달린「방울 이름」.
④ 采齊(채제)—樂章의 이름.
⑤ 金作(금작)—쇠(金)로 만든 鐘을 치는(作) 것.
⑥ 清廟(청묘)—詩篇의 이름.

【通釋】夫子는 말씀하시되,「삼가 들으라. 너(女)희 三人이여! 나는 너희들에게 禮를 말하리라. 禮에는 오히려(猶) 아홉 가지가 있는데 大饗은 네 가지니 萬若에 이것을 알게(知) 된다면 비록 밭고랑(畎畝) 가운데서 農일을 한다해도 聖人으로 섬길(事之) 뿐(已)이다. 두 나라 人君이 相見禮를 하는 데는 ①서로 揖하고 讓하면서 門으로 들어가는데 들어가서는 달려(懸) 있는 鐘을 치(興)고, ②揖讓하면서 堂上으로 올라가는데 올라가는 데는 音樂을 마치(闋)고, ③堂下로 내려와서는 象武를 하고 夏籥을 하며, ④祭器(俎)를 陳薦해서 그 禮樂을 行하고, 그 百官을 備하는 이렇게 한 然後에야만 君子의 仁을 알 것이다.

나가는(行) 데는 規에 맞(中)게 하고 돌아올(還) 때는 矩에 맞게 하며, 和鸞은 采齊에 맞게 하는 것이다. 客이 나가고는 雍詩를 부르고 撤床하는 데는 振羽(樂章)를 하나니, 그러므로 君子는 어디(物)서나 禮가 없을 때는 없는 것이다. 門을 들어갈 때 鐘(金)을 치는(作) 것은 그 情을 보이(示)는 것이고, 堂에 올라(升) 清廟詩를 노래하는 것은 그 德을 보이는 것이며, 堂을 내려(下)와서 象武를 하는 것은 그 事를 보이는 것이다. 그러므로 옛적에 君子는 반드시 親히 서로 말은 하지 안하고 禮樂으로써 서로 보일 뿐(而已)이다.

夫子는 말씀하시되,「禮란 것은 理고 樂이란 것은 節이니, 君子는 理가 아니면 動하지 아니하고 節이 아니면 作하지 아니하나니, 詩에 能하지 않으면 禮에 繆해지고 樂에 能하지 못하면 禮에 素해지며, 德에 薄하면 禮에 虛해지는 것이다.」고 하시고, 또「制度는 禮에 있고 文爲도 禮에 있는 데, 行함은 人에 있는 것이다.」고 하시니 子貢은 越席해서 말하되,「敢問하오니 夔는 그 때 窮했나이까.」고 한즉, 夫子께서는「옛적 사람인저, 옛적 사람이다. 禮에는 通해도 樂에는 通하지 못한 것은

素라 하고, 樂에는 通해도 禮에는 通하지 못한 것을 偏이라 하는데, 그 夔는 樂에는 通했어도 禮에는 通하지 못했기 때문에 이러한 이름으로 傳해 온 옛적 사람인 것이다.」고 말씀하셨다.

【餘説】 孔子가 弟子 三人에 對해서 禮를 말씀하시는 데, 九個條의 中에서 大饗의 四個條는 兩君이 相見함에 「揖讓而入門하고 入門而縣興하며, 揖讓而升堂하고 升堂而樂闋하며, 下管象武하고 夏籥序興하며, 陳其薦俎하고 序其禮樂에 備其百官하는」 것이라면 이 外에 五個條는 「行中規 還中矩 和鸞中采齊 客出以雍 撤以振羽.」라고 할까. 그런데 「入闋而金作(懸興)함은 示情함이고, 升歌清廟(升堂而樂闋)함은 示德이며, 下管象武함은 示事하는 것이다.」고 말씀하셨다.

　그러나 이러한 禮樂의 節次는 그 當時에 行하던 것이니, 至今에는 全然 當치도 않은 것이다. 그러나 「禮者는 理也요, 樂者는 節이라. 君子는 無理면 不動하고 無節이면 不作하는 禮樂의 原理만은 時代의 變化는 없는 것이다. 그러니 禮樂은 그의 原理로써 時代에 따라서 改造해야만 하는 것이다. 그러므로 「禮也者는 義之實也니 協諸義而協則 이면 禮는 雖先王이 未之有라도 可以義起也라.」고 『禮運』에는 말하였으니 現今에 禮는 時代에 맞도록 製定해야만 할 것이다.

4

子張問政 子曰 師乎 前吾語女乎 君子明於禮樂 擧而錯之而已 子張 復問 子曰 師爾以爲必鋪几筵 升降酌獻酬酢 然後謂之禮乎 爾以爲必行綴兆 興羽籥 作鐘鼓 然後謂之樂乎 言而履之 禮也 行而樂之 樂也 君子力此二者 以南面而立 夫是以天下大平也 諸侯朝 萬物服體 而百官莫敢不承事矣 禮之所興 衆之所治也 禮之所廢 衆之所亂也 目巧之室 則有奧阼 席則有上下 車則有左右 行則有隨 立則有序 古之義也 室而無奧阼 則亂於堂室也 席

而無上下 則亂於席上也 車而無左右 則亂於車也 行而無
隨 則亂於塗也 立而無序 則亂於位也 昔聖帝明王 諸侯
辨貴賤長幼遠近男女外内 莫敢相踰越 皆由此塗出也 三
子者既得聞此言也於夫子 昭然若發曚矣.

【字解】① 擧(거)―두 손(手)이 더불어서 物件을「들어올리는」것.
② 鋪＝舖(포)―넓은(甫) 것을 놓아(舍)서「펼쳐 베푸는」것.
③ 几(궤)―「기대는 상」의 象形字.
④ 筵(연)―대(竹)를 엮어서 펼치(延)게 만든「자리」.
⑤ 酬(수)―州人이 모여 술(酉)잔을 서로「주고 받아들이는」것.
⑥ 酢(작)―술(酉)을 지어(乍) 잔을 주고「받는」것이나, 또한 술로
　만든「식초」를 뜻하는 데, 술(酉)이 오래 되(昔)서 만든「醋」로도
　쓰는 것.
⑦ 綴(철)―종이조각 등 여럿(叕)을 실(糸)로 묶어서「하나로 만드는」
　것.
⑧ 兆(조)―거북이의 등을 불로 지져서 터지는 금을 象形한 字니 그것
　을 보고 將來의 徵兆를 아는 것이나, 또한 그 금이 數가 많기 때문
　에 數詞로도 쓰는 것.
⑨ 奧(오)―家(宀) 안에서 첫번째(釆)로 큰(大) 방은「안방」.
⑩ 塗(도)―물이 흐르는 도랑(涂)의 흙(土)은「진흙」이며, 그것으로
　벽에「바르는」것이나 도랑(涂)으로 가는 물길(途)처럼 빠져 나가
　는「길」도 뜻한 것.
⑪ 踰(유)―가다가 길이 막혔는데 발(足)을 모아서 通하(俞)도록「넘
　어가는」것.
⑫ 曚(몽)―눈(目)이 덮여(蒙)서「어두운」것.

【語解】① 酬酢(수작)―主人과 對客이 서로 술잔을 勸하면서「얘기를
　주고 받는」것.
② 綴兆(철조)―여러 가지(兆) 動作을 綴해 나가는「춤추는 體系」.

③ 奧阼(오조)—奧는 西南隅에 있고, 阼는 東쪽 升降하는 곳이니 賓主의 位置.

【通釋】 子張이 政治를 물으니 夫子께서 「師야. 앞으로 다가오라. 나는 너에게 말하리라. 君子는 禮樂에만 밝으면 그것을 가지(擧)고 施行(錯)할 뿐이다.」고 하시고, 子張이 다시 물으니 夫子께서 「師야. 너는 반드시 几筵을 設置(舖)하고 升降하면서 酬酢을 드린(獻) 然後에야만 禮라고 하는가. 너는 반드시 綴兆(舞踊)하는 데 羽籥을 가지고 鐘鼓를 친 然後에야만 樂이라고 하는가. 말한 것은 꼭 實行하는 그것이 禮儀고 行해서는 喜樂하는 그것이 音樂이니 君子는 이 두 가지만 힘(力)을 쓴다면 그것만으로 官位(南面)에 설(立) 수 있는 것이니, 그래야만 天下가 太平하게 되는 것이다.

諸侯가 朝會하고 萬物이 服從해서 百官들이 모두 承事하는 데에 禮가 일어나서 百姓이 다스려지는 것이니 禮가 없어서는 百姓이 어지러워지는 것이다. 目巧로만 지은 집에도 奧阼가 있고, 座席에는 上下가 있으며, 乘車에는 左右가 있고 行하는 데는 隨從이 있고, 立하는 데는 順序가 있는 이것이 옛적의 義이다. 家屋에 奧阼가 없으면 堂室의 制度가 錯亂되고, 座席에 上下가 없으면 席上의 秩序가 錯亂되며, 乘車에 左右가 없으면 車上의 秩序가 錯亂되고, 行하는 데 隨從이 없으면 行道가 錯亂해지며, 立하는 데 順序가 없으면 地位가 錯亂되는 것이다. 그러므로 옛적에 聖帝 明王 諸侯들은 貴賤, 長幼, 遠近, 男女, 內外들이 敢히 서로 侵犯(踰越)하지 않았음이 모두 이 道에서 나온 것이다.」고 말씀하셨다. 그래서 세 弟子들은 이 말씀을 夫子께 듣고서는 昭然하게 啓蒙(發矇)이 된 듯(若)하였다.

【餘説】 子張의 問政에 對해서 夫子의 答辭에는 禮樂으로 施行하라는 뜻을 말씀하셨으니 國民으로 하여금 禮로써는 行動을 自制하게 하고, 樂으로써는 心神을 和樂하게 하는 것이다. 그런데 禮라는 것은 舖几筵 獻酬酢하는 節次에만 있는 것이 아니라, 言한 것은 반드시 行하는 것이고, 樂이란 것은 行綴兆 作鐘鼓하는 器具에 있는 것이 아니라 行한

것을 樂(락)하는 것이다. 그러니 仁을 行하는 그것이 禮고, 樂을 行하는 그것이 樂(악)이다. 이러한 君子가 政治를 하면 天下는 泰平하게 되는 것이다.

　이것이 東洋의 禮治思想이니「禮之所興은 衆之所治也요, 禮之所廢는 衆之所亂也다.」고, 이와는 反對인 西洋의 法治思想은 法이 强해야만 國家의 秩序가 서지 法이 弱해서는 國家가 亂版이 되는 것이다. 그러나 너무 法이 强하면 獨裁主義가 되니 法이 弱해야만 民主主義가 되는 것이다. 그러므로 지금의 民主主義의 宗主國이 된 美國에는 一年間에 殺人犯이 數萬名이나 發生한다고 한다. 그러니 外的으로 强制하는 法治만으로는 社會가 和平할 수가 없으니 이에 人間을 內的으로 自制하게 하는 禮治가 必要하게 된 것이다. 그러므로 孔夫子는「道之以政 하고 齊之以刑이면 民이 免而無恥하나 道之以德하고 齊之以禮하면 有恥且格이니라.」고 말씀하셨다.

第八編　孔子閒居

1

孔子閒居 子夏侍 子夏曰 敢問詩云 凱弟君子　民之父
母 何如斯可謂民之父母矣 孔子曰 夫民之父母乎 必達於
禮樂之原 以致五至而行三無 以橫於天下 四方有敗 必先
知之 此之謂民之父母矣 子夏曰 民之父母 既得而聞之矣
敢問何謂五至 孔子曰 志之所至 詩亦至焉 詩之所至 禮
亦至焉 禮之所至 樂亦至焉 樂之所至 哀亦至焉 哀樂相
生 是故正明目而視之 不可得而見也 傾耳而聽之 不可得
而聞也 志氣塞乎天地 此之謂五至 子夏曰 五至既得而聞
之矣 敢問何謂三無 孔子曰 無聲之樂 無體之禮　無服之
喪 此之謂三無.

【字解】① 閒(한)—문(門)틈으로 달(月)빛이 비치는 밤이　되었으니
　「고요한」 것.

② 凱(개)—어찌(豈) 床에 기대(几)앉았을까.「勝戰하고 歡樂하는데」
　란 뜻인데,「愷」로도 쓰니 마음(心)이 어찌(豈) 그리 恭遜(弟)한가
　라는 뜻인 것.

③ 見(견)—사람(儿)이 눈(目)만 뜨면「보이는」 것.

④ 視(시)—精神(示)을 차리고 보는(見) 것.

⑤ 聞(문)—耳門에 音波가 와서「들리는」 것.

⑥ 聽(청)—마음(心)이 바로(直) 귀(耳)에 가서 잘(壬)「듣는」 것.

208

【通釋】孔子께서 閒居하실 때 子夏가 모시고 있다가 말하되, 「敢問합
니다. 『詩經』에는 〈恭遜(凱悌)하신 저 君子는 百姓들의 父母로다.〉고
하였으니 어찌 해야만 百姓의 父母라고 할 수가 있습니까.」고 하니 「그
百姓의 父母라고 하는 것은 반드시 禮樂의 根原에 達해서 五至에 이르
(致)고 三無를 行해야만 하니 天下에 橫厄(災害)이 나서 四方에 敗亂
이 있으면 반드시 먼저 알고서, 그를 救助하는 이것을 百姓의 父母라
고 말하는 것이다.」고 對答하셨다.

또 子夏가 말하되, 「百姓의 父母라고 하신 것은 이미 말씀을 들었사
오나 五至란 것은 무엇인지 敢히 묻나이다.」고 하니, 夫子는 「志가 至
하는 곳에 詩도 至하고, 詩가 至하는 곳에 禮도 至하며, 禮가 至하는
곳에 樂도 至하고, 樂이 至하는 곳에 哀도 至하나니 哀樂이 相生하는
것이다. 그러므로 바르(正)게 明目으로써 보려(視) 해도 보이(見)지도
아니하고, 귀를 기울(傾)여서 들으려(聽) 해도 들리(聞)지 아니하지만
그 志氣는 天地에 充滿(塞)한 이것을 五至라고 한다.」고 말씀하셨다. 그
리고 또 子夏가 「五至는 이미 말씀을 들었사오니 三無는 무엇인지 敢問
하나이다.」고 물으니, 夫子께서 「無聲의 樂, 無禮의 禮, 無服의 喪, 이것
을 三無라고 한다.」고 對答하셨다.

【餘說】이에 子夏가 質問한 「凱悌君子여 民之父母라.」고 한 것은 王道
思想의 指導者像이다. 「君子」란 用語는 「君天下而子小民」의 略語로서
國家社會의 指導者니 그는 民衆을 保護하는 父母인 것이다. 그러니 民
衆은 君子에 對해서 喜樂하고, 君子는 民衆에 對해서 恭遜하는 이것을
「凱悌」라고 形容한 것이다. 그런데 君子가 政治를 하는 데는 「반드시
禮樂의 根原에 通達하고 五至와 三無를 致行해야 된다.」고 夫子는 答辯
하신 것이다.

그런데 五至란 것은 志之所至, 詩之所至, 禮之所至, 樂之所至, 哀之
所至 등이니 志는 高貴한 理想이고, 詩는 現實의 法言이며, 禮는 行動
을 自制하는 것이고, 樂은 心氣를 和合하는 것이며, 哀는 生民에 對한
慈悲心이니 指導者가 慈悲하고 大衆들의 歡樂하는 그의 志氣는 天地에
가득 하여도 보이지도 들리지도 않는 그것을 五至라고 孔子는 말씀하

섰다. 그런데 三無는 無聲之樂, 無體之禮, 無服之喪이라고　하셨으니,
無體無聲한 禮樂에는 無服한 哀(喪服을 안 입는 남도 슬퍼하는 것)가
따른다는 것이다.

2

子夏曰 三無旣得略而聞之矣 敢問何詩近之 孔子曰 夙
夜其命宥密 無聲之樂也 威儀逮逮 不可選也 無體之禮也
凡民有喪 匍匐救之 無服之喪也 子夏曰 言則大矣美矣盛
矣 言盡於此而已乎 孔子曰　何爲其然也 君子之服之也
猶有五起焉 子夏曰 何如. 孔子曰 無聲之樂 氣志不違 無
體之禮 威儀遲遲 無服之喪 內恕孔悲. 無聲之樂 氣志旣
得 無體之禮 威儀翼翼 無服之喪 施及四國. 無聲之樂 氣
志旣從 無體之禮 上下和同 無服之喪 以畜萬邦. 無聲之
樂 日聞四方 無體之禮 日就月將 無服之喪 純德孔明. 無
聲之樂 氣志旣起 無體之禮 施及四海 無服之喪　施于孫
子.

【字解】① 旣(기)―香氣(皀)나는 飲食으로 氣가 막힐(旡)만치 먹었으
니 「이미」 배가 부른 것.

② 畧=略(략)―各人의 田地는 반드시 「境界」가 있으니 그 內에서 各
其 다 農事를 「營爲」해서 穀物을 「取得」하는 것이나, 그 일은 「省
略」하고 取得만 하려는 者는 그의 境界를 「侵犯」해서　「略奪」하는
데까지 轉注되는데, 여기서는 「大略」이란 뜻임.

③ 夙(숙)―凡과 夕의 合字로서 무릇(凡) 저녁(夕)처럼 먼동이 틀 때
니 「일찍」이란 뜻.

④ 宥(유)―罪人을 自己 집(宀)에 가 있(有)도록 「寬容」해 주는 것.

⑤ 密(밀)―모든 家庭(宀)에는 반드시(必) 「친밀」함이 있고, 깊은 山

中에는 반드시(必) 「密林」이 있으니 宀과 ⺓을 合한 會意字.

⑥ 逮(체)─⺕는 손이고 ⺆는 尾의 變字니, 짐승을 따라 가(辶)서 그 꼬리를 손으로 잡았으니 「미쳐」 간 것.

⑦ 選(선)─事理에 順(巽)해 가(辶)면서 最善을 「가리는」 것.

⑧ 匍(포)─몸을 넓(甫)게 엎드려 두 손으로 싸는(勹) 듯이 「기어 가는」 것.

⑨ 匐(복)─몸을 高厚하게 엎드려(伏)서 싸는(勹) 듯이 「기어가」는 것.

【通釋】 子夏는 또 「三無는 이미 大略들었사오나 어째서 그것이 詩에 가까운지 敢히 묻나이다.」고 하니, 夫子께서 「周頌昊天有成命篇에 〈夙夜로 그 天命이 宥密하다.〉고 하였음은 無聲의 樂이고, 邶風栢舟篇에는 〈威儀가 至足하니 選擇할 것 없는거다.〉고 하였음은 無體의 禮이며, 邶風谷風篇에 〈凡民에도 喪故나면 기어가(匍匐)서 救했노라.〉고 한 것은 無服의 喪을 말한 것이다.」고 하셨다. 또 子夏가 「말씀인즉, 大하고 美하고 盛하오나 그것은 말로만 다할(盡) 뿐이 아닙니까.」고 하니, 夫子는 「어찌 그러하리오. 君子가 服事하는 데는 五起가 있는 것이다.」고 말씀하셨다.

그래서 子夏가 「五起란 어떤 것입니까.」고 하니, 夫子는 「① 無聲의 樂은 氣志가 不違하고 無體의 禮는 威儀가 遲遲하며, 無服의 喪은 内恕(當喪者를 보고 内心으로 自己 마음과 如히 생각하는 것)하니 슬퍼(悲)지는 것이고, ② 無聲의 樂은 氣志를 이미 얻은 것이고, 無體의 禮는 威儀를 크게 도우(翼)는 것이며, 無服의 喪은 四方으로 施及되는 것이고, ③ 無聲의 樂은 氣志가 이미 隨體(從)되는 것이고, 無體의 禮는 上下가 和同하는 것이며, 無服의 喪은 萬邦을 養育하게 되는 것이고, ④ 無聲의 樂은 四方으로 傳播해 가고, 無體의 禮는 日로 月로 成就돼 가며, 無服의 喪은 純德이 크게 밝아지는 것이고, ⑤ 無聲의 樂은 氣志가 이미 일어나게 되고, 無體의 禮는 四海로 發展해 나아가며, 無服의 喪은 子孫에게 傳해지는 것이다.」고 말씀하셨다.

【餘説】 要컨대 「民之父母」가 되는 「凱悌君子」는 반드시 禮樂의 原에

通達해서 五至를 致하고 三無를 行해야만 하는 것인데, 五至는 志에서 詩로, 詩에서 禮로, 禮에서 樂으로, 樂에서 哀로 至하는 것이니 禮樂은 理想(志)에서 發原하여 慈悲(哀)로 歸着하는 中에 詩는 禮條와 樂詞로 共通한 것이다. 그리고 三無는 聲도 體도 服도 없는 데에 樂과 禮와 喪이 있다는 것을 뜻한 것이니, 拜獻하는 것만 禮가 아니라 言함을 履行하는 것이 禮고, 鐘鼓를 치는 것만 樂이 아니라, 行함을 自樂(락)하는 것이 樂이며, 親戚의 喪만 哀痛하는 것이 아니라, 民間의 喪도 哀救하는 것이다.

그런데 無聲의 樂에는 「夙夜其命宥密」이라 하고, 無體의 禮에는 「威儀逮逮하니 不可選也」라 하며, 無服의 喪에는 「凡民有喪에 匍匐救之」라고 한 文句는 모두 『詩經』에서 引用한 것이다. 그의 세 가지는 모두 다섯 가지씩 말씀하고 이것을 五起라고 하셨으니 無聲의 樂에는 氣志不違, 氣志既得, 氣志既從, 日聞四方, 氣志既起 등이고, 無體의 禮에는 威儀遲遲, 威儀翼翼, 上下和同, 日就月將, 施及四方 등이며, 無服의 喪에는 內恕孔悲, 施及四國, 以畜萬邦, 純德孔明, 施及孫子 등 列擧하셨다. 그러니 樂은 志氣의 作用이고, 禮는 威儀의 行動인데 慈悲의 心으로 世上을 보는 것을 喪이라고 한 것이다.

3

子夏曰 三王之德 參於天地 敢問何如斯可謂 參天地矣
孔子曰 奉三無私以勞天下 子夏曰 敢問何謂三無私 孔子
曰 天無私覆 地無私載 日月無私照 奉斯三者以勞天下 此
之謂三無私 其在詩曰 帝命不違 至於湯齊 湯降不遲 聖
敬日齊 昭假遲遲 上帝是祇 帝命式于九圍 是湯之德也 天
有四時 春秋冬夏 風雨霜露 無非敎也 地載神氣 神氣風
霆 風霆流形 庶物露生 無非敎也 清明在躬 氣志如神 嗜
欲將至 有開必先 天降時雨 山川出雲 其在詩曰 嵩高維
嶽 峻極于天 維嶽降神 生甫及申 維申及甫 爲周之翰 四

國于蕃 四方于宣 此文武之德也 三代之王也 必先其令聞
詩云 明明天子 令聞不已 三代之德也 弛其文德 協此四
國 大王之德也 子夏蹶然而起 負牆而立曰 弟子敢不承乎.

【字解】① 湯(탕)—물(水)에 陽氣(昜)를 加해서 「끓이는 것」이나, 여기서는 夏나라 暴君 桀을 치고서 商나라를 세운 聖君 湯을 指稱한 것.

② 齊(제)—벼가 패서 모두 키가 「같은 것」을 象形한 字가 變化한 것이나, 여기서는 足변을 붙여서 발(足)로 걸어 높이가 「같게」 「올라가는」 것을 뜻함.

③ 祗(지)—마음(示)을 낮게(氐) 해서 「공경하는」 것.

④ 霜(상)—草木을 살리는 비(雨)와는 相反되는 「서리」.

⑤ 露(로)—길(路)가의 풀잎에 水蒸氣가 凝結해서 비(雨)처럼 물방울이 「드러나」는 「이슬」.

⑥ 霆(정)—朝廷의 威力처럼 雨中에 天動하고 「번개」가 치는 것.

⑦ 嵩(숭)—山이 高한 것이니 山의 宗인 「崇」과 같은 字.

⑧ 耆(기)—늙을(老) 때(日)니 六十歲를 뜻한 것이나, 여기서는 口변에 쓴 「嗜」의 略字로서 「맛을 즐기는」 것.

⑨ 峻(준)—山이 솟은(夋) 것이 「높은」 것.

⑩ 甫(보)—周宣王 때의 賢相인 仲山甫를 指稱한 것.

⑪ 申(신)—周宣王의 母舅로서 中國의 伯爵을 指稱한 것.

⑫ 蹶(궐)—그(厥) 발(足)로써 「뛰는」 것이나, 또 「자빠지는」 뜻도 되는 것.

【通釋】또 子夏가 「三王의 德은 天地에 參與했다고 하는데, 그(斯) 어째서 天地에 參與하셨는지 敢問하나이다.」고 하니, 夫子는 「세 가지 無私를 받들어(奉)서 天下를 爲해 勞力했기 때문이다.」고 말씀하셨다. 그래서 子夏는 또 「三無私는 무엇인지요.」고 물으니, 夫子께서 「天은 私覆함이 없고, 地는 私載함이 없으며, 日月은 私照함이 없으니, 이 三者

로써 天下에서 勞力하였던 이것을 三無私라 한다. 『詩經』 商頌長發篇
에는 〈天命은 어김(違)없이 湯王께 이르(至)렀다. 湯의 謙遜(降)은 늦
지(遲) 않아 聖敬하심이 날로 올랐(躋)으나 賢明(昭假)하게 一貫하사
上帝에게 恭敬(祗)하니 天은 中國(九圍)의 王으로 命하셨다.〉고 하였으
니 天에는 四時가 있어 春夏秋冬에 風雨霜露를 모두 敎示로 받고, 地에
는 神氣를 싣고 神氣風霆이 있어 風霆이 流形하고 庶物이 露生함도 모
두 敎示로 받으셨다.

　그래서 自身(躬)이 淸明하니 氣志가 神과 같아(如) 嗜欲이 發作(至)
하려면 반드시 먼저(先) 그를 分開하시니 上天은 時雨를 내리(降)고 山
川에는 瑞雲이 나왔던 것이다. 그러므로 大雅嵩高篇에는 〈崇高해온 그
山岳은 上天에로 솟았도다. 그　山岳이 神人을 내려 甫(仲山甫)와 申
(申伯)이 나셨으니 그 申伯과 仲山甫는 周나라의 날개(翰)가 되어 四國
이다. 蕃盛하고 四方으로 宣揚됐다.〉고 하였으니, 이것은 文王과 武王
의 德이 傳來한 것이고, 三代의 王은 반드시 먼저 그 令名이 있었으니
『詩經』 大雅江漢篇에는 〈明明하신 天子님은 그 令名이 안그쳤(不已)〉
다고 하였음은 三代의 德을 말한 것이며, 또〈그 文德을 盟誓(矢)하심이
四國에 洽足하다.〉고 하였음은 大王(文王의 祖考)의 德을 말한 것이다.」
고 하시니 子夏는 뛰어(蹶) 일어나(起) 담(墻)을 등지(負)고 서(立)서
「弟子가 어찌 敢히 가르치심을 받지(承) 않겠나이까.」고 말하였다.

【餘說】天下를 統治하는 王이 되는 데는 반드시 天地에 參與할만한 德
이 있어야만 하니 그 德이란 것은 오직 私가 없는 데만 있는　것이다.
天은 私로 덮어줌이 없고, 地는 私로 실어줌이 없으며, 日月은 私로 비
쳐줌이 없는 이것이 三無私인 것이다. 私의 字義는 元來에 自身만 爲
해서 둘러싼 象形인 ○ 이런 字가 諸書體로 써서 厶 이렇게　되었는데
自利만 爲하는 私心은 반드시 物質을 欲求하기 때문에 禾변을 붙인 것
이다. 韓非子는 「自環爲厶요, 背厶爲公이라.」고 하였으니, 自己만 둘러
싼(環) 것은 厶字가 되고, 그 厶를 등진(背) 것은 公字가 된 것이다.
그러니 公字의 八은 厶를 등진 것을 表示한 것이다.

　그런데 人間의 私慾에는 첫째는 食慾이니 이것은 自體保存의 本能이

고, 다음은 性慾이니 이것은 種族保存의 本能이며, 셋째는 物慾이니 이것은 財産所有의 本能이고, 넷째는 權慾이니 이것은 勢力擴張의 本能이다. 그러니 物慾은 食慾의 延長이고, 權慾은 物慾의 延長이다. 이네 가지 私慾이 서로 結合해서는 人間의 모든 罪惡을 造成하는 것이니 最大한 罪惡을 짓는 者는 暴君이다. 暴君은 모든 國民을 다 不幸하게 만들고 結局은 제 自身까지 亡치는 것이다. 그러므로 湯王과 武王은 그의 暴君을 치고서 天下의 生民을 救出하였으니, 그것은 天地日月의 三無私를 模法하신 것이다.

第九編　坊　記

1

子言之. ①君子之道 辟則坊與 坊民之所不足者也 大爲之坊 民猶踰之 故君子禮以坊德 刑以坊淫 命以坊欲. ②子云 小人貧斯約 富斯驕 約斯盜 驕斯亂 禮者 因人之情而爲之節文 以爲民坊者也 故聖人之制富貴也 使民富不足以驕 貧不至於約 貴不慊於上 故亂益亡. ③子云 貧而好樂 富而好禮 衆而以寧者 天下其幾矣 詩云 民之貪亂 寧爲荼毒 故制國不過千乘 都城不過百雉 家富不過百乘 以此坊民 諸侯猶有畔者. ④子云 夫禮者 所以章疑別微 以爲民坊者也 故貴賤有等 衣服有別 朝廷有位 則民有所讓. ⑤子云 天無二日 土無二王 家無二主 尊無二上 示民有君臣之別也 春秋不稱楚越之王喪 禮君不稱天 大夫不稱君 恐民之惑也 詩云 相彼盍旦 尚猶患之. ⑥子云 君不與同姓同車 與異姓同車不同服 示民不嫌也 以此坊民 民猶得同姓以弑其君.

【字解】① 辟(벽)—이 字는 數多한 뜻이 있는데, 여기서는 譬(비)의 略字로 썼음.

② 坊(방)— 한 方面의 土地를 이름하는 「마을」이란 뜻으로 쓰나, 또한 쪽(方)에 흙(土)을 쌓은 「둑」(阜)으로 「막는」 防字가 誤記된 것.

③ 約(약)— 실끈(糸)으로써 여럿을 하나(一)로 싸서(勹) 「묶는」 것.

④ 慊(겸)— 마음(心)이 兼했으니 마음에 맞는다는 뜻이 있으나, 또한

　　마음에 싫다는 反對의 뜻을 兼한 것임.

⑤ 荼(도) ― 茶(차)字 속에 一을 더 붙였으니 더욱(一)「쓴맛」.

⑥ 毒(독) ― 主은 生의 省字고 毋는 否定을 뜻하니 生命을 否定하는 「독물」.

⑦ 雉(치) ― 화살(矢)처럼 直線으로 나는「꿩」인데, 이것이 都城의 面積單位(高一丈 長三丈)를 指稱한 것.

⑧ 畔(반) ― 밭(田)을 갈면 一體가 反對 쪽으로 나눠지니 背叛하는 것.

⑨ 嫌(혐) ― 두 女子를 兼했으니「혐의」가 있음.

⑩ 弑(시) ― 官廳의 上命(式)者를 죽이(杀)는 것이니「下官이 上官을 죽이는」것.

⑪ 盍(합) ― 왔다갔(盍)다 하는 그릇(皿)인「합제기」란 뜻이나, 音이 何不과 通해서「어찌 안나」의 뜻으로 假借字가 된 것.

⑫ 旦(단) ― 地平線(一) 上에 해(日)가 뜨는「아침」.

【通釋】以下는 모두 다 孔子의 말씀이니 番號로써 各節만 區別하기로 함. ①君子의 道는 비유(辟)하면 防止하는 것이니 生民에 不足한 것을 防止하는 것이다. 크게 堤防을 해도 百姓은 그것을 넘어(踰) 가는 것이니, 그러므로 君子는 禮로써는 惡德을 防止하고 刑으로써는 淫行을 防止하며, 令으로써는 欲心을 防止하는 것이다. ②小人은 貧하면 約하게 되고 富하면 驕해지는 것이니, 禮란 것은 人間의 情에 因해서 調節하여 生民의 過失을 防止하는 것이다. 그러므로 聖人은 富貴하게 만드는데 百姓으로 하여금 富해도 驕하지 않고, 貧해도 約하지 않게 하며, 貴해도 上位에서 慊하지 않게 하기 때문에 混亂함은 더욱 없어지는 것이다.

　　③貧해도 樂을 좋아하고 富해도 禮를 좋아하여 衆해도 和平한 者가 天下에 몇이(幾)나 될까. 『詩經』의 大雅桑柔篇에는「百姓들은 貪亂해서 그 自身을 害毒한다.」고 하였다. 그러므로 制國하는 데는 千乘을 지나지 않게 하고, 築城하는 데는 百雉를 지나지 않게 하였으니, 이것으로써 防民을 해도 諸侯에게는 오히려 背叛者가 있는 것이다.

　　④그 禮란 것은 疑를 決하고 微를 彰해서 防民을 하는 것이다. 그러

므로 貴賤에 差等이 있고 衣服에 區別이 있으며, 朝廷에는 位階가 있게
하면 百姓에는 讓步함이 있는 것이다.

⑤天에는 두 太陽이 없고, 地에는 두 人君이 없으며, 家에는 두 主
人이 없고, 尊에는 두 上者가 없으니 百姓에게 君臣의 別을 보인 것이
다. 『春秋』에는 楚나라와 越나라의 君喪에는 王이라고는 稱하지 않았
다. 禮에는 君을 天이라고는 稱하지 않고 大夫를 君이라고도 稱하지 않
으니 百姓이 疑惑할까 두려워 하기 때문이다. 옛 逸詩에는 「저　盍旦
(밤中에 날새라고 우는 새 이름)을 볼지(相)어다. 그 오히려 걱정이다.」
고 하였다.

⑥人君은 同姓과 더불어서는 同車하지 아니하고, 異姓과 더불어서는
同車를 해도 同服은 하지 않으니, 그것은 百姓에게 嫌疑를 보이지 않
기 때문이다. 이렇게 防民을 해도 百姓에는 오히려 同姓을 얻어서 그
人君을 弑害하는 者가 있는 것이다.

【餘說】君子는 公正한 指導者이니 그는 民衆이 서로 爭鬪하고 侵亂하
는 禍害를 防止하는 것을 그의 責務로 하는 것이다. 禮로써는 民衆에
게 德을 가르치고 刑으로써는 民衆의 罪를 다스리는 것이다. 그런데 오
직 私慾만 充足하려는 小人들은 「貧斯約하고 富斯驕하며, 約斯盜하고
驕斯亂하니」君子는 禮로써 그들을 人情으로 因해서 調節하는 것이 防
民이다. 그러므로 聖人은 百姓을 富하게 만들어서 富해도 驕하지 않게
하고 貧해도 約하지 않게 하는 것이다.

貧해도 自足해서 樂(락)을 알고 富해도 自制해서 禮를 알면 民衆은
반드시 自治가 될 것이나 그러하지 못하니 詩에는 「民之貪亂이 寧爲荼
毒이라.」고 하였다. 무릇 禮란 것은 社會의 秩序를 세워서 生民의 禍害
를 防止하는 것이니, 秩序란 것은 하나의 主體를 形成하는 것이기 때
문에 上下貴賤의 差等이 있는 것이다. 그러므로 그의 主體가 平等化된
다면 그것은 秩序가 破壞되는 것이다. 그러니 「天無二日하고 地無二王
하며, 家無二主하고 尊無二上해야만 秩序가 있게 되는 것이다.

2

① 子云 君子辭貴不辭賤 辭富不辭貧 則亂益亡 故君子
與其使食浮於人也 寧使人浮於食. ② 子云 觴酒豆肉 讓
而受惡 民猶犯齒 衽席之上 讓而坐下 民猶犯貴 朝廷之
位 讓而就賤 民猶犯君 詩云 民之無良 相怨一方 受爵不
讓 至于己斯亡. ③ 子云 君子貴人而賤己 先人而後己 則
民作讓 故稱人之君曰君 自稱其君曰寡君. ④ 子云 利祿
先死者而後生者 則民不偝 先亡者而後存者 則民可以託
詩云 先君之思 以畜寡人 以此坊民 民猶偝死而號無告.
⑤ 子云 有國家者 貴人而賤祿 則民興讓 尚技而賤車 則
民興藝 故君子約言 小人先言. ⑥ 子云 上酌民言 則下天
上施 上不酌民言 則犯也 下不天上施 則亂也 故君子信
讓以涖百姓 則民之報禮重 詩云先民有言 詢于芻蕘. ⑦
子云 善則稱人 過則稱己 則民不爭 善 則稱人 過則稱己
則怨益亡 詩云 爾卜爾筮 履無咎言. ⑧ 子云 善則稱人
過則稱己 則民讓善 詩云 考卜惟王 度是鎬京 惟龜正之
武王成之.

【字解】① 辭(사)—罪人(辛)을 다스리는(䚅) 데는 「法으로 하는 말」이
나, 「사양하는 말」도 뜻함.
② 觴(상)—角形의 「잔」에 昜은 音符로한 形聲字.
③ 衽(임)—옷(衣)에 主要(任)한 部分인 「옷깃」.
④ 偝(배)—사람(人)을 등지는(背) 것.
⑤ 涖(리)—높은 데서 아래 있는 水位에 「臨하는」 것이니, 艸位로 쓴
「莅」字와 通用함.
⑥ 詢(순)—여러 사람에게 돌려(旬) 말(言)을 「묻는」 것.
⑦ 蕘(요)—높은(堯) 山에 가서 베온 풀(艹)의 뜻이나 「나뭇꾼」.

⑧咎(구)―各과 人의 合字니 各人이 서로 自己만 主張하면 「허물」이 되는 것.

【通釋】 ① 君子는 貴를 辭讓해도 賤은 辭讓하지 않으며, 富는 辭讓해도 貧은 辭讓하지 않는다면 混亂함은 더욱 없어(亡)질 것이다. 그러므로 君子는 食으로 하여금 人의 위에 浮上하게 하기보다는 차라리(寧) 사람으로 하여금 食의 위에 浮上하게 해야만 하는 것이다.

② 杯酒와 豆肉을 辭讓해서 憎惡를 받아도 사람은 오히려 年齒를 犯하고 私席에 있어 辭讓해서 下座에 앉아도 사람은 오히려 貴人을 犯하며, 朝廷에서는 辭讓해서 賤職에 就해도 사람은 오히려 君上을 犯하니 『詩經』小雅角弓篇에는 「사람이 不良하면 一方으로 相怨해서 受爵해도 不讓하여 亡하는 데까지 간다.」고 하였다.

③ 君子는 相對(人)를 貴히 하고, 自身은 賤히 하며, 相對는 먼저 하고 自身은 뒤로 하면 百姓들은 서로 讓步하는 것이다. 그러므로 相對의 人君은 君이라 하고, 自己의 人君은 寡君이라고 하는 것이다.

④ 利祿에는 死者를 먼저 하고 生者는 뒤로 하면 百姓들이 背叛(俏)하지 아니하고, 亡者를 먼저 하고 存者를 뒤로 하면 百姓들은 可히 依託할 것이다. 『詩經』邶風燕燕篇에는 「先君께서 生覺하사 寡人을 기르셨다.」고 하셨으니 이렇게 防民을 해도 百姓들은 오히려 死者를 背叛하고 無辜(告)를 呼訴하는 것이다.

⑤ 治國하는 者는 人材를 貴히 여기고 爵祿은 賤히 여긴다면 百姓들에는 讓步하는 風이 일어나고, 技能을 崇尚하고 授賞은 賤視한다면 百姓들에 學藝하는 風이 일어날 것이다. 그러므로 君子는 말을 적게(約)하나 小人은 말만 먼저(先) 하는 것이다.

⑥ 在上者가 민言을 參酌하면 在下者는 그를 天으로 알지마는, 在下者가 민言을 參酌하지 않으면 犯上해서 下者가 上者를 天으로 알지 않아서 混亂하게 되는 것이다. 그러므로 君子는 信讓으로써 臨(涖)하면 百姓들은 그에 報禮함이 重할 것이다. 『詩經』大雅板篇에는 「先民은 말씀하시되 「蒭蕘(꼴(蒭) 베고 나무하는(蕘)者)에도 물어보라.」고 하였다.

⑦ 善한 것은 他人에게 돌리고 過한 것은 自己가 했다고 하면 百姓들

은 다투지 아니 하나니, 善則稱人하고 過則稱己하면 怨望은 더욱(益) 없어질 것이다. 『詩經』衛風珉篇에는 「너는 卜筮를 다하여서 行動을 허물없게 하라.」고 하였다.

⑧善則稱人하고 過則稱己하면 百姓들은 서로 善에 讓步할 것이다. 『詩經』大雅有聲篇에는 「오직 王은 卜筮하사 鎬京에다 定都할 때 오직 龜卜 利正하여 武王이 이를 이루셨다.」고 하였다.

【餘說】 孔夫子의 中心思想은 오직 仁인데 仁은 二人의 合字이니 一人稱인 自己가 二人稱인 相對를 爲해주는 精神을 意味하는 것이다. 仁을 實踐하는 人格을 君子라고 하니, 그는 「辭貴不辭賤하고 辭富不辭貧하며」「貴人而賤己하고 先人而後己하며」「善則稱人하고 過則稱己하는」 이것이 義務이고, 이것이 禮讓이니 이에 和樂이 있는 것이다. 仁에서 義로, 義에서 禮로, 禮에서 樂으로 하나의 體系를 形成한 데에 儒道의 眞理가 있는 것이다.

이러한 儒道의 眞理를 實行하는 데는 三綱領 八條目이 있으니 明德 新民해서 至善의 理想을 實現하는 것은 三綱領이고, 治國 平天下를 目的으로 해서 脩身 齊家를 하는 것은 親民이고, 誠意 正心을 目的으로 해서 格物 致知를 하는 것은 明德인 것이다. 그런데 格物 致知를 하는 것은 學問이고 誠意 正心을 하는 것은 宗敎이니, 이것으로써 脩身 齊家를 하는 것은 倫理이고, 治國 平天下 하는 것은 政治인 것이다. 그러나 學問과 宗敎로써 明德하지도 아니하고, 倫理와 政治로써 新民하지도 아니하는 無知不德한 大衆들은 義務도 禮讓도 모르기 때문에 「民之無良은 相怨一方하여 受爵不讓하고 至乎于斯亡」이라고 詩에는 말한 것이다.

3

①子云 善則稱君 過則稱己 則民作忠 君陳曰 爾有嘉謀嘉猷 入告爾君于內 女乃順之于外 曰 此謀此猷 惟我君之德 於乎 是惟良顯哉. ②子云 善則稱親 過則稱己

則民作孝　大誓曰　予克紂　非予武　惟朕文考無罪　紂克予
非朕文考有罪　惟予小子無良. ③子云　君子弛其親之過
而敬其美　論語曰　三年無改於父之道　可謂孝矣　高宗云　三
年其惟不言　言乃讙. ④子云　從命不忿　微諫不倦　勞而不
怨　可謂孝矣　詩云　孝子不匱. ⑤子云　睦於父母之黨　可
謂孝矣　故君子因睦以合族　詩云　此令兄弟　綽綽有裕　不
令兄弟　交相爲瘉. ⑥子云　於父之執　可以乘其車　不可以
衣其衣　君子以廣孝也. ⑦子云　小人皆能養其親　君子不
敬　何以辨. ⑧子云　父子不同位　以厚敬也　書云　厥辟不
辟　忝厥祖. ⑨子云　父母在不稱老　言孝不言慈　閨門之内
戲而不歎　君子以此坊民　民猶薄於孝而厚於慈.⑩子云　長
民者　朝廷敬老　則民作孝.

【字解】① 忠(충)—中心 끝 相對者를 爲해 주는 것이나, 國家의 中心
　　인 君上을 잘 섬기는 뜻으로 使用되었던 것.
② 猷(유)—酋長이 用犬을 訓練시켜서 무엇을 「圖謀」하는 것.
③ 紂(주)—실(糸)로 만든 밧줄로써 손목(寸)에 手匣을 채운 것이니,
　　暴虐한 殷王 受의 死後 諡號.
④ 弛(이)—활(弓)줄이 無力(也)하게 「늘어진」 것.
⑤ 讙(환)—황새(雚) 말(言)이니 서로 만나 「즐거워」하는 소리.
⑥ 忿(분)—마음(心)이 나누어(分)졌으니 「분한」 것.
⑦ 倦(권)—사람(人)이 몸을 비꼬(卷)니 「게을러진」 것.
⑧ 匱(궤)—貴한 것을 그릇(匚)에 넣어서 안 쓰고「치우는」것이니 缺
　　點.
⑨ 綽(작)—실(糸)이 높이(卓) 올라 갔으니, 그 길이가 「넉넉한」 것.
⑩ 瘉(유)—病(疒)이 通(俞)해서 지나갔으니 「나은」 것.
⑪ 辨(변)—두 罪人(辛)인 原告와 被告의 是非善惡을 刀로써　判斷하
　　니 「分別」한 것.

⑫ 辟(벽)—罪人(辛)을 呼出(召)하는「人君」.
⑬ 戲(희)—虛戈로만 희롱하니「웃기는」것.

【語解】 ① 君陳(군진)—周成王의 臣下로서『書經』의 篇名.
② 於乎(오호)—「嗚呼」와 音을 通해서 쓴 感歎詞.
③ 大誓＝泰誓(태서)—武王이 殷紂를 征伐할 때 크게 宣誓한 『書經』
의 篇名.
④ 文考(문고)—武王이 그의 先考 文王을 指稱한 것.
⑤ 高宗(고종)—湯王의 十代孫에 武丁의 尊號.
⑥ 綽綽(작작)—餘裕가 있는 形容詞.
⑦ 閨門(규문)—家庭을 指稱한 것.

【通釋】 ① 잘 한 일(善)은 君上이 했다(稱) 하고, 잘못한(過) 일은 自己가 했다고 한다면 百姓들은 忠誠을 하게 될 것이다. 그러므로 君陳篇에는「네가 아름다운(嘉) 謀策이 있거든 들어와 內에 있는 너의 君上께 告하고, 너는 外에서 그것을 順해 말하되, 이 謀策은 오직 우리 君上의 德이라고 한다면 아아(於乎)! 이에 오직 그 善良함이 드러날(顯) 것이다.」고 하였다.

② 잘 한 일은 父母가 했다고 말하고, 못한 일은 自己가 했다고 한다면 百姓들은 孝道를 할 것이다. 그러므로 太誓篇에는「내가 殷紂를 이긴(克)다면 그것은 내 武力이 있기 때문이 아니라, 오직 우리 文考가 無罪했기 때문이고, 殷紂가 나를 이긴다면 그것은 우리 文考가 有罪했기 때문이 아니라, 나 小子가 無良하기 때문이다.」고 하였다.

③ 君子는 그 父母의 過失은 除外(弛)하고 그의 德行만 讚美하나니, 父沒한 지 三年 동안은 그의 道를 改變하지 안 해야만 可히 孝라고 할 수 있다. 그러므로 高宗은 父喪 三年 동안 말을 하지 않다가 말을 하는 데는 즐겁게(讙)만 하셨다.

④ 命令을 따를 때는 二心(忒)을 갖지 안 하고, 微하게 諫할 때는 게으르(倦)지 않으며, 勞力을 시켜도 怨望하지 않아야만 孝라고 할 수가 있는 것이다. 그러므로『詩經』大雅旣醉篇에는「孝子는 不匱하니 길이

그 類를 줄(錫) 것이다.」고 하였다.

⑤ 父母의 戚黨에 和睦해야만 孝라고 할 수 있기 때문에 君子는 和睦으로 因해서 親族이 모두 合하는 것이다. 그러므로 『詩經』 小雅弓角篇에는 「아름다운 이 兄弟는 餘裕가 綿綿하니 兄弟들로 하여금 해 서로 낫다 하지 말라.」고 하였다.

⑥ 父執(父의 年輩)에는 그 車는 같이 탈 수 있지마는 그 옷(衣)을 같이 입어서는 안 되나니, 君子는 그로써 孝道를 넓히(廣)는 것이다.

⑦ 小人도 모두(皆) 그 父母를 奉養하는 데 君子가 敬親하지 않는다면 무엇으로써 分辨할까.

⑧ 父와 子는 그 位를 같이 하지 않는 것이니, 그것은 敬意를 表하기 때문이다. 그러므로 『書經』 太甲篇에는 「그 人君을 人君으로 알지 않음은 그의 祖先을 辱(忝)되게 하는 것이다.」고 하였다.

⑨ 父母가 계시(在)면 自身을 늙었(老)다고 말하지 않고, 孝는 말하지만 慈는 말하지 않으며, 家庭內에서는 즐겁게 戲談은 해도 슬프게 嘆息은 하지 않나니 君子는 이렇게(以此) 防民을 해도 百姓들은 오히려 孝道에는 薄하고 慈情에만 厚한 것이다.

⑩ 民衆을 指導하는 어른(長)은 朝廷에서 老者를 恭敬해야만 百姓이 孝道를 하게 되는 것이다.

【餘說】 孔子께서 「善則稱君하고 過則稱己하면 民衆은 그에 따라서 忠誠을 하고」, 또 「善則稱親하고 過則稱己하면 民衆은 그에 따라서 孝道를 한다.」는 말씀은 참으로 人間社會에 有益한 眞理인 것이다. 그러나 이것은 오직 人生의 當爲의 事理를 아는 賢君賢父에게만 妥當한 原則인 것이고, 오직 自身의 榮華만 圖謀하는 暴君愚父에게도 可當한 法則은 아닌 것이다. 暴君에게 忠誠을 다하는 者는 忠臣이 아니라 奸臣인 것이고, 愚父에게 孝道만 다하는 者는 孝子가 아니라 痴子인 것이다. 왜냐하면 그는 國家를 亡치고 家庭을 衰하게 만드는 것이기 때문이다. 그러므로 暴君에게는 반드시 諫臣이 있어야 하고, 愚父에는 반드시 靜子가 있어야만 하는 것이다.

무릇 人間에게는 두 가지 眞理가 있으니 그것은 動物的인 生殖의 法

則과 靈長的인 當爲의 原則인 것이다. 人間은 누구나 生殖의 法則에 따라서 모두 다 慈情은 있지마는 當爲의 原則을 알아서 반드시 孝道를 하는 것은 아니다. 慈情은 本能的인 것이니 그것은 自然히 있는 것이나, 孝心은 人間的인 것이니 이깃은 努力해야만 되는 것이다. 그러므로 孝는 百行之源이라고 해서「言孝하고 不言慈해도」大衆들은 오히려「薄於孝而厚於慈하는」것이다. 慈情은 冷徹하게 下流하니 그것이 道德心은 아니지마는 孝心은 温和하게 上昇해서 이것이 兄弟姉妹로 내려오니 延해서는 社會를 結合하는 作用을 하기 때문에「睦於父母之黨이 可謂孝矣」라고 하신 것이다.

4

①子云 祭祀之有尸也 宗廟之有主也 示民有事也 脩宗廟 敬祀事 教民追孝也 以此坊民 民猶忘其親. ②子云 敬則用祭器 故君子不以菲廢禮 不以美沒禮 故食禮 主人親饋則客祭 主人不親饋則客不祭 故君子苟無禮 雖美不食焉 易曰 東鄰殺牛 不如西鄰之禴祭 寔受其福 詩云 既醉以酒 既飽以德 以此示民 民猶爭利而忘義. ③子云 七日戒 三日齊 承一人焉以爲尸 過之者趨走 以教敬也 醴酒在室 醍酒在堂 澄酒在下 示民不淫也 尸飲三 衆賓飲一 示民有上下也 因其酒肉 聚其宗族 以教民睦也 故堂上觀乎室 堂下觀乎上 詩云 禮儀卒度 笑語卒獲. ④子云 賓禮每進以讓 喪禮每加以遠 浴於中霤 飯於牖下 小斂於戶內 大斂於阼 殯於客位 祖於庭 葬於墓 所以示遠也 殷人弔於壙 周人弔於家 示民不偝也. ⑤子云 死民之卒事也 吾從周 以此坊民 諸侯猶有薨而不葬者.

【字解】① 菲(비)─艸와 非(비)의 合字니 非草는 엷은 풀이라「物薄」

한 것을 뜻한 것임.

② 禴(약)―示와 龠(약)의 合字이니 神(示)에게 피리(龠)를 불면서 지내는 春祭인가.

③ 寔(식)―이(是) 집(宀)은 「참으로」 人生의 據地다.

④ 齊→齋(재)―精神(示)을 統一(齊)해서 「재계」하는 것.

⑤ 醍(제)―이(是) 술(酉)은 最高의 술이니 淸酒를 指稱한 것.

⑥ 澄(징)―濁水에서 塵埃는 가라앉고 올라온(登) 물(水).

⑦ 飮(음)―사람이 입을 벌리(欠)고 먹으니 「마시는」 것.

⑧ 卒(졸)―衣와 十의 合字니 一少隊로 十人의 「兵卒」에게 軍服(衣) 十벌을 나누어 주고 「마치」니 「없어지」는 것.

⑨ 霤(류)―집 처마에서 빗(雨)물이 떨어져서 머무는(留) 곳.

⑩ 牖(유)―나무조각(片)으로써 문(戶) 크기(甫)로 만들어서 日光을 받게 만든 壁上의 「광창」.

⑪ 擴(광)―地中(土)을 넓게(廣) 파서 棺柩를 넣는 「광중」.

【通釋】 ① 祭祀에 尸主가 있고 宗廟에 神主가 있음은 百姓에게 有事함을 보이(示)는 것이고, 宗廟를 만들고 祀事를 올림은 百姓에게 追孝함을 가르치는 것이니, 이것으로써 防民을 해도 民衆은 오히려 그 父母도 잊어버리는 것이다.

②　敬하면 祭器를 쓰기 때문에 君子는 祭物이 薄(非)하다고 해서 禮를 廢하지는 아니하고, 또 祭物이 美하다고 해서 禮에 沒하지도 않는 것이다. 그런데 食禮에는 主人이 親饋하면 客人은 祭를 하지마는 親히 饋하지 않으면 客人은 祭를 하지 않는 것이다. 그러므로 君子가 萬若에 無禮하다면 비록 美饌이라도 먹지 않는 것이니 『易經』 旣濟卦九之에 「東隣에서 殺牛함은 西隣에서 禴祭함만 같지 못하니 實(寔)로 그 福을 받을(受) 것이다.」고 하고, 『詩經』 大雅旣醉篇에는 「이미 술로 醉하였고 이미 德에 배불렀다.」고 하였으니 이렇게 百姓에게 訓示를 해도 오히려 利欲을 다투어서 義理를 잊는(忘) 것이다.

③　七日 동안 戒하고 三日 동안 齋(齊)해서 一人으로써(承) 尸로 하는 데 지나가(過)는 者는 趨하나니 이것은 敬을 가르치(敎)는 것이다.

醴酒는 室에 있고 醍酒는 堂에 있으며, 澄酒는 下에 있음은 百姓에게 淫亂하지 않음을 보이는 것이고, 尸主는 세 번 마시면 衆賓은 한 번 마심은 百姓에게 上下가 있음을 보이는 것이니, 그의 酒肉으로 因해서 그의 宗族을 모으는 것은 百姓에게 和睦하기를 가르치는 것이다. 그러므로 堂上에서는 室을 보(觀)고 堂下에서는 上을 보는 것이니 『詩經』小雅楚茨篇에는 「禮儀의 度 다 마치니 笑語함을 다 얻었(獲)다.」고 하였다.

④ 賓禮는 每樣 讓으로써 나아가고 喪禮는 每樣 遠으로써 加하는데 中霤에선 浴하고 牖下에선 飯하며, 戶內에서 小斂하고 阼階에서 大斂하며, 客位에서 殯하고 庭에서 朝祖하며 墓에다 葬함은 遠함을 보이는 所以인 것이다. 殷人은 壙에서 弔하고 周人은 家에서 弔함은 百姓에게 背叛하지 않음을 보이는 것이다.

⑤ 死함은 人生을 마치(卒)는 일이니 나는 周禮를 따라(從) 이로써(以此) 防民하는 데도 諸侯들에는 오히려 殯해도 葬도 하지 않는 者가 있는 것이다.

【餘説】要컨대 民衆에게 人事가 있음을 보이기 爲해서 「祭祀엔 有尸하고 宗廟엔 有主하며」, 또한 追孝를 가르치기 爲해서 「脩宗廟하고 敬兆事해도」 오히려 忘親하는 者도 있고, 易에는 「東隣之殺牛가 不如西隣之禴祭가 寔受其福이라.」 하고 詩에는 「旣醉以酒하고 旣飽以德이라.」고 함은 民衆에게 보여도 오히려 爭利해서 忘義한다고 孔子는 말씀하셨으니 禮가 반드시 所期의 目的을 다 達成하지는 못한다고 해도 人道의 原則은 오직 忘親하지 말고 敬親하며, 爭利하지 말고 尙義함에 있는 것이다.

그리고 또 七日戒하고 三日齋해서 承一人焉以爲尸하여 過之者趨走함은 敬愼함을 가르치는 것이고, 醴酒在室하고 醍酒在堂하며, 澄酒在下함은 不淫함을 보인 것이며, 尸飮도 하고 衆賓飮도함은 上下를 보이는 것이고, 因其酒肉하여 聚其宗族함은 親睦함을 가르친다고 孔子는 말씀하셨으니 그 酒肉으로 因해서 宗族이 親睦함에 祭禮의 意義가 있는 것이다. 그런데 賓禮는 언제나 揖讓하는 것이고 喪禮는 언제나 遠送하는

것인데 浴於中霤하고 飯於牖下하며, 小斂於戶內하고 大斂於阼하며, 殯
於客位하고 祖於庭하는 等의 節次와 場所는 至今에 그의 意味를 알 수
가 없는 것이다.

5

① 子云 升自客階 受弔於賓位 敎民追孝也 未沒喪 不
稱君 示民不爭也 故魯春秋記晉喪曰 殺其君之子奚齊 及
其君卓 以此坊民 子猶有弑其父者. ② 子云 孝以事君 弟
以事長 示民不貳也 故君子有君不謀仕 唯卜之日稱 二君
喪父三年 喪君三年 示民不疑也 父母在 不敢有其身 不
敢私其財 示民有上下也 故天子四海之內無客禮 莫敢爲
主焉 故君適其臣 升自阼階 旣位於堂 示民不敢有其室也
父母在 饋獻不及車馬 示民不敢專也 以此坊民 民猶忘其
親而貳其君. ③ 子云 禮之先幣帛也 欲民之先事而後祿也
先財而後禮 則民利 無辭而行情 則民爭 故君子於有饋者
弗能見 則不視其饋 易曰 不耕穫 不菑畬 凶 以此坊民 民
猶貴祿而賤行. ④ 子云 君子不盡利以遺民 詩云 彼有遺
秉 此有不斂穧 伊寡婦之利 故君子仕則不稼 田則不漁 食
時不力珍 大夫不坐羊 士不坐犬 詩云 采葑采菲 無以下
體 德音莫違 及爾同死 以此坊民 民猶忘義而爭利 以亡
其身.

【字解】① 沒(몰)—물(水)에 싸여(勹)서 손(又)으로 무엇을 잡으려 하
니「빠져서 마치는」것.
② 弍→貳(이)—弍는 二의 갖은 字이고 貝는 財物을 뜻하니 한 貝에
또한 貝가 더 있으니「다음」(副)이라는 뜻.
③ 唯(유)—참새(隹) 소리(口)는「오직 하나」單音이니 同意하는 뜻

도 있음.

④ 專(전)―손(寸)으로 끌어(叀)「마음대로 하는」것.

⑤ 穫(확)―벼(禾)를 말로 되서(隻) 倉庫에 들이는 것.

⑥ 菑(치)―밭(田)에 물(川)을 대서 모(艸)를 심은 새로 開墾한 土地.

⑦ 畬(여)―나(余)의 밭(田)이 된 開墾한 지 三年된 것.

⑧ 穧(제)―벼(禾)를 베어서 같(齊)게 묶은「볏단」.

⑨ 稼(가)―벼(禾)를 베어서 집(家)으로 들여오는「秋收」니 그것을 타작해서 倉庫에 넣는 것은 穑.

⑩ 葑(봉)―잎사귀가 첩첩으로 싸서 封한 艸는「배추」.

⑪ 秉(병)―벼(禾)를 손(⇒)으로「잡은」것.

【語解】 ① 追孝(추효)―돌아간(追) 父母에게 孝하는 것.

② 春秋(춘추)―魯나라 史記인데 孔子께서 그의 史觀으로써 編述한 것.

③ 奚齊(해제)―晋나라 獻公의 子.

④ 遺秉(유병)―벼이삭(秉)을 뜯겨버린 것.

⑤ 斂穧(염제)―볏단(穧)을 거두(斂)는 것.

【通釋】 ① 客이 階段을 올라(升)와서 賓位에서 弔喪을 받는(受) 것은 追孝함을 가르치(敎)는 것이고, 喪期를 마치(没)기 前엔 君이라고 稱하지 않음은 民衆에서 不爭함을 보인 것이다. 그러므로『春秋』에는 晋獻公의 喪을 記錄하는 데「그 君의 子에 奚齊가 即位하니 里克이 그를 죽이고 다음에 卓이 即位하니 또 죽였다.」고 하였다. 그래서 防民을 해도 오히려 子가 그 父를 죽이는 者가 있다.

② 孝道로써는 君上을 섬기고 弟道로써는 長者를 섬기는 것은 百姓이 二心(貳)을 안 갖도록 보인 것이다. 그러므로 君의 子는 君이 있을 때는 벼슬하기를 꾀하지 않고 오직 占하는 날에는 副君이라고 自稱하며 父喪에 三年, 君喪에 三年은 民衆에게 不疑함을 보이는 것이다. 父母가 계시면 敢히 自身을 마음대로 하지 않고, 敢히 私財를 가지지 아니함은 民衆에게 上下를 보이는 것이다. 그러므로 天子는 四海 안에 客禮가 없으니 敢히 主體가 되지 않는 것이다. 그러므로 君은 臣下에게 간

다면 東階로 올라가서 堂上에 올라가는 것은 百姓에게 敢히 그 室家를 專有하지 않음을 보이는 것이고, 父母가 계시면 贈物(饋獻)하는 데 車馬까지는 않음은 百姓에게 敢히 獨專하지 못함을 보이는 것이니, 이렇게 防民을 해도 오히려 百姓에는 그 父母도 잊고 그 人君도 등진다.

③ 禮는 幣帛을 먼저 하니 그것은 百姓이 義務(事)를 먼저 하고 所得(祿)은 뒤로 하게 하려는 것이다. 財物은 먼저 하고 禮節을 뒤로 한다면 百姓은 貪利만 하고 辭讓은 없으며, 慾情만 갖으면 百姓은 爭亂할 것이다. 그러므로 君子는 贈物(饋)하는 者를 보지못하면 그 贈物도 보지 아니하나니 『易經』无妄卦六 二에는 「耕作도 안 하고 收穫하며, 開墾도 아니하고 所有(畬)로 한다면 凶하다.」고 하였으니, 이로써 防民을 해도 民衆은 오히려 祿만 貴히 하고 行은 賤히 하는 것이다.

④ 君子는 私利만 다하(盡)고 民利를 버리지(遺) 않나니 『詩經』 小雅大田篇에는 「저게 이삭(秉)을 내버리(遺)고 이에 짚단(稺)을 안 거두니 그건 寡婦所得(利)이 된다.」고 하였다.

그러므로 君子는 벼슬(仕)을 하면 農事는 안 짓고, 畋獵하면 漁業은 않으며, 時食하는 데는 謀利(力珍)하지 않는 것이다. 大夫는 羊처럼 앉지(坐)는 않고 士者는 犬처럼 앉지도 않나니, 『詩經』 衛風 谷風篇에는 「葑과 菲를 採取함엔 뿌리(下體)까지 안 뽑는다. 德音에 어김(違)없게(莫) 하여 너와 같이 죽(死)게 하라.」고 하였으니, 이렇게 防民을 해도 오히려 民衆은 公義를 잊(忘)고 私利만 다투(爭)다가 그 自身까지 亡치는 것이다.

【餘說】民衆의 罪惡과 災亂을 防止하려고 追孝와 不爭을 가르쳐도 오히려 弑父하는 者가 있으며, 또한 二心을 가지지 말고 疑惑을 없게 하며, 上下에 秩序가 있고 脫線을 警戒하여도 오히려 民衆에는 忘親하고 背君하는 者가 있으며, 先事而後祿하는 當爲의 原則은 모르고 先利而後禮해서 慾心의 本能만 따라서 不耕하고도 收穫하려 하고, 不菑하고도 所有(畬)하려 하면 그것은 반드시 凶해지는 것이니, 그를 防止하려 해도 民衆은 오히려 「貴祿而賤行하여 仕則不稼하고 畋則不漁하며 德音莫違하여 及爾同死하라고 이로써 防民을 해도 오히려 民衆은 忘義而爭

利하여 以亡其身한다.」고 孔子께서는 敎訓하셨다.

　언제나 愚衆의 社會에는 「忘義而爭利해서 以亡其身하니」 그것을 精神的으로 防止하는 것은 敎育이고, 그것을 肉體的으로 防止하는 것은 刑罰이다. 그러므로 此篇의 初節에는 「君子는 禮以防德하고 刑以防淫하며 命以防欲하라.」고 하였다. 眞理의 敎育으로써는 그의 發源을 防止하고 權力의 刑罰로써는 그의 結果를 防止하는 것이니, 그의 發源은 防止하지 안 하고 그의 結果만 防止한다면 그의 堤防은 반드시 崩壞될 것이다. 그러니 眞理의 敎育은 없고 權力의 刑罰로만 政治하는 獨裁主義나 民主主義만으로는 國家天下가 決코 平定될 수가 없는 것이다.

6

①子曰 夫禮 坊民所淫 章民之別 使民無嫌 以爲民紀者也 故男女無媒不交 無幣不相見 恐男女之無別也 詩云 伐柯如之何 匪斧不克 取妻如之何 匪媒不得 蓺麻如之何 橫從其畝 取妻如之何 必告父母 以此坊民 民猶有自獻其身. ②子云 取妻不取同姓 以厚別也 故買妾不知其姓 則卜 之以此坊民 魯春秋猶去夫人之姓曰吳 其死曰孟子卒. ③子云 禮非祭男女不交爵 以此坊民 陽侯猶殺繆侯 而竊其夫人 故大饗廢夫人之禮. ④子云 寡婦之子 不有見焉 則弗友也 君子以辟遠也 故朋友之交 主人不在 不有大故 則不入其門 以此坊民 民猶以色厚於德. ⑤子云 好德如好色 諸侯不下漁色 故君子遠色 以爲民紀 故男女授受不親 御婦人則進左手 姑姊妹女子子 已嫁而反 男女不與同席而坐 寡婦不夜哭 婦人疾 問之不問其疾 以此坊民 民猶淫泆而亂於族. ⑥子云 昏禮 壻親迎 見於舅姑 舅姑承子以授壻 恐事之違也 以此坊民 婦猶有不至者.

【字解】① 媒(매)―女子를 某氏에게 仲介하는 것.
② 柯(가)―나무(木)가 커서(可) 갈라진「가지」.
③ 匪(비)―나쁜(非) 것이 이(匚) 속에 들어 있으니 그것을「아니」란
　　뜻으로 쓴 것.
④ 斧(부)―큰(父) 도끼(斤)니 나무를 치는「도끼」.
⑤ 蓺(예)―땅(坴)에 풀(艸) 뿌리가 내리(丸)도록「심는」것.
⑥ 麻(마)―집(广)에서 껍질(朮)을 벗겨서 베를 짜는「삼」.
⑦ 買(매)―物品(貝)을 그물(网)질 해서 들여오니「사는」것.
⑧ 受(수)―相對者가 손(冖)으로 물건을 덮어(一) 쥐고 주는 것을 손(又)
　　으로「받는」것.
⑨ 授(수)―相對者가 받도(受)록 물건을 손(手)으로「주는」것.
⑩ 嫁(가)―女子가 媤家로「시집가」는 것.
⑪ 泆(일)―물(水)을 잃었(失)으니「넘쳐난」것이나 淫蕩하다는 뜻으
　　로 쓴 것.
⑫ 舅(구)―臼는 舊의 略字니 나이 많은 男子이나 外叔, 妻父, 媤父
　　등 여러 뜻으로 쓰는 것.
⑬ 姑(고)―나이 많은(古) 女子니 父의 姊妹, 夫의 母親 등의 뜻 뿐만
　　아니라,「아직」이란 뜻도 있음.
⑭ 壻=婿(서)―딸(女)과 서로(胥) 같이 사는 사람(士)이니「사위」.

【語解】① 孟子(맹자)―魯昭公이 吳나라 女子를 娶해서 同姓이기 때문
　　에 姓은 吳라 하고 名을 孟子라고 했음.
② 陽侯(양후)·繆侯(목후)―二人의 諸侯인데 그 國名은 未詳임.
③ 夫人(부인)―夫의 人이니 男便(夫)의 사람(人)이란 뜻임.
④ 朋友(붕우)―朋은 月에 月이 따르는 外見上의 벗이고, 友는 又(손)
　　에 又(손)을 잡은 情誼上의 벗임.
⑤ 大故(대고)―큰 事故.
⑥ 昏禮(혼례)―옛적에는 新郎이 新婦 집에 어두울(昏) 때 가서 禮式
　　을 올렸던 것.

【通釋】① 무릇(夫) 禮란 것은 百姓이 淫亂한 것을 막(防)고, 百姓을 分別해서 하여금 嫌疑가 없게 하여 百姓의 紀綱으로 하는 것이다. 그러므로 男女間에는 仲媒가 없이는 交際하지 아니하고, 幣帛이 없어도 相見하지 않나니 男女가 無別할까 두려워 하기 때문이다. 『詩經』 豳風伐柯篇에는 「나뭇가지(柯) 어찌 치나. 도끼 없인 할 수 없다. 妻를 取함 어찌 할까. 仲媒 없인 될 수 없다.」고 하였다. 삼가는 데 어찌 할까. 縱橫으로 가는거다. 娶妻함엔 어찌 할까. 父母에게 告하여라. 이렇게 防民해도 百姓은 오히려 그의 몸을 스스로 드리(獻)는 者도 있는 것이다.

② 娶妻함에 同姓을 禁하는 것은 그 分別을 確實(厚)하기 때문이다. 그러므로 妾을 두는(買) 데 그 姓을 알지 못하면 占을 치나니, 이렇게 防止를 해도 『春秋』에는 魯가 吳와 같은 姬姓이기에 昭公이 그 夫人의 姓을 吳라고 改稱하고 그 夫人이 죽으니 「孟子卒」이라고 하였던 것이다.

③ 禮에는 男女間에는 祭祀가 아니면 서로 交爵하지 못하게 하니 그렇게 防民을 해도 陽侯는 오히려 繆侯를 죽이고 그 夫人을 빼앗(竊)았다. 그러므로 大饗에서 夫人의 禮는 廢止했던 것이다.

④ 寡婦의 子는 著名(見)한 者가 아니면 벗으로 하지 않으니, 君子는 멀리 避하기 때문이다. 그러므로 朋友가 서로 交際하는 데는 主人이 不在할 때는 그 집 門으로 들어가지 않는 것이니, 이렇게 防民을 해도 百姓은 오히려 色을 德보다 더 厚하게 하지 않았다.

⑤ 好德하기를 好色함과 같이 하여 諸侯는 그의 臣下에서는 色을 取(漁)하지 않아야만 하기 때문에 君子는 色을 멀리 해서 民衆의 紀綱을 세워야만 하는 것이다. 그러므로 男女間에는 親히 授受하지 아니하고, 婦人의 車를 탈 때는 左手로 올라가야만 한다. 姑姊妹 등 女子가 이미 出嫁했다가 집으로 돌아(反)오면 男子는 同席에 앉지 아니하고, 寡婦는 밤에 哭하지 않으며, 婦人의 病에는 問病을 가도 그 病은 묻지 아니하나니, 이렇게 防民을 해도 百姓은 淫蕩해서 一族이 紊亂케 됐던 것이다.

⑥ 婚禮에 新郎(壻)이 親迎을 하는 데 舅姑를 보면 舅姑는 子를 通(承)해서 壻에게 주는 것은 일이 잘못될(違)까 두려워 하기 때문이다. 이렇게 防民을 해도 壻에게 婦가 안 가는 者도 있는 것이다.

【餘説】男女는 無媒하면 不相見하고 娶妻엔 非媒면 不得하는,　그렇게 防民을 해도 民間에는 오히려 其身을 自獻하는 者도 있고, 娶妻에는 同姓을 取하지 않는 것이나, 魯昭公은 同姓을 娶하고서 改姓을 시켰고, 男女는 交爵도 하지 않는 것이나, 陽侯는 繆侯를 죽이고 그 夫人을 뺏기도 했던 것이다. 朋友의 집에 가서 主人이 없으면 그 門을 들어가지 않는, 그렇게 防民을 해도 오히려 德보다도 色을 더 좋아하나니, 好德을 好色과 같게 해서 君子는 色을 멀리함으로써 民紀로 하는 것이다. 女子는 出嫁해서 親庭에 오면 男子는 同席에 앉지도 않는, 그렇게 防民을 해도 오히려 淫蕩해서 亂族되기도 하는 것이다.

　以上에서 孔夫子가 말씀하신 數多한 禮의 節目이 現代에서도 妥當한 것은 極히 稀少하지마는 人間社會에 安寧秩序를 爲하는 根本原理는 조금도 變改될 수 없는 것이다. 孔子의 當時에서 今日의 時代까지는 悠久 二千五百年이나 지나왔으니 孔子의 禮目이 現代에 不合하게 되었음은 當然한 事勢인 것이니, 오직 그의 根本原理로써 現代社會의 安寧秩序에 有益한 禮目을 創造해야만 할 것이다. 그런데 至今은 西洋에서 傳來한 禮目도 許多하게 있으니, 이것은 東洋에서 傳來하는 禮道에 依해서 東洋化하고, 古來의 禮目은 只今의 時流에 따라서 現代化하는 데에 새로은 禮制가 있는 것이다.

第十編　表　記

1

①子言之 歸乎 君子隱而顯 不矜而莊 不厲而威 不言而信. ②子曰 君子不失足於人 不失色於人 不失口於人 是故君子貌足畏也 色足憚也 言足信也 甫刑曰 敬忌而罔有擇言在躬. ③子曰 裼襲之不相因也 欲民之毋相瀆也. ④子曰 祭極敬 不繼之以樂 朝極辨 不繼之以倦. ⑤子曰 君子愼以辟禍 篤以不揜 恭以遠恥. ⑥子曰 君子莊敬日强 安肆日偸 君子不以一日使其躬儳焉如不終日. ⑦子曰 齊戒以事鬼神 擇日月以見君 恐民之不敬也. ⑧子曰 狎侮死焉 而不畏也. ⑨子曰 無辭不相接也 無禮不相見也 欲民之毋相褻也 易曰 初筮告 再三瀆 瀆則不告. ⑩子言之 仁者 天下之表也 義者 天下之制也 報者 天下之利也. ⑪子曰 以德報德 則民有所勸 以怨報怨 則民有所懲 詩曰 無言不讐 無德不報. 大甲曰 民非后 無能胥以寧 后非民 無以辟四方. ⑫子曰 以德報怨 則寬身之仁也 以怨報德 則刑戮之民也. ⑬子曰 無欲而好仁者 無畏而惡不仁者 天下一人而已矣 是故君子議道自己 而置法以民.

【字解】 ① 歸(귀)—언덕(阜)에 그쳐(止) 있던 것이 내려오니, 그것을 제자리로 쓸어(帚) 올려 「돌아가게」 하는 것.

② 隱(은)—언덕(阜)에 의지(㥯)해서 「숨는」 것.

③ 矜(긍)—至今 창(矛)을 가지고 있으니, 「자랑하는」 것.

④ 厲(려)─바위덤(厂) 밑에 사는 땅벌(萬)은 「사나운」 것.

⑤ 憚(탄)─單心으로 다른 것은 「꺼리는」 것.

⑥ 忌(기)─自己 생각만으로 다른 것을 「꺼리는」 것.

⑦ 裼(석)─옷(衣)을 바꾸(易)려고 「벗는」 것.

⑧ 襲(습)─龍衣는 天子의 옷이니 그것은 玉體를 「덮는」 것.

⑨ 瀆(독)─물(水)을 供給(賣)하는 「도랑」이나 그것도 물이 넘치면 冒瀆이란 뜻으로도 轉注된 것.

⑩ 繼(계)─끊어진 여러 실가닥을 하나로 「잇는」 것.

⑪ 揜(엄)─손(手)으로 덮으(弇)니 「가리는」 것.

⑫ 偸(투)─通過(俞)하는 사람(人)이니 無事安逸主義로 歲月만 虛浪하고 收益만 盜取하는 것.

⑬ 儳(참)─큰 토끼 속에 작은 토끼가 作用하는(毚) 것같은 小人의 主張이 「서로 어긋나는」 것.

⑭ 褻(설)─衣와 埶의 合字이니 집에서 일하는(埶) 옷(衣)이 「더러워진」 것.

【通釋】 ① 돌아갈(歸) 것인저. 君子는 隱해도 顯하고, 矜하지 않아도 莊하며, 사납지(厲) 않아도 威嚴이 있고 말하지 않아도 信用이 있는 것이다.

② 君子는 남에게 行動(足)이 過失하지 않고, 顔色도 過失하지 않으며, 言語(口)에도 過失하지 않는 것이다. 그러므로 君子는 容貌가 두려울(畏)만하고, 顔色이 꺼릴(憚)만도 하며, 言語가 믿을만도 한 것이니, 『書經』呂刑篇에는 「敬忌해서 自身(躬)에는 말을 가릴(擇) 것도 없다.」고 하였다.

③ 옷을 벗(裼)고 입는(襲) 것이 서로 矛盾되지 않게 함은 民衆이 서로 冒瀆하지 말게 하려는(欲) 것이다.

④ 祭祀는 極敬해야 하니 즐거움으로써 繼續하지는 않는 것이고, 朝廷엔 極辨해야 하니 게으름으로써 繼續하지는 않는 것이다.

⑤ 君子는 愼으로써 禍를 避(辟)하나니, 篤實해서 가리우(揜)지 아니하고 恭敬해서 부끄럼(恥)이 없게 하는 것이다.

⑥ 君子는 莊敬하면 날로 強해지나 安逸하면 날로 偸해지는 것이다. 그러므로 君子는 하루(一日)라도 그 自身(躬)이 어그러져(僭)서 그 날을 마치지(終) 못하도록 하는 것이다.

⑦ 齋戒해서는 鬼神을 섬기(事)고 日月을 擇해서는 人君을 뵙는(見) 것이니, 그것은 民衆이 不敬할까봐 두려워 하기 때문이다.

⑧ 小人은 狎侮하다가 죽어(死焉)도 두려워(畏)하지 않는 것이다.

⑨ 말(辭)이 아니면 相接할 수가 없고, 禮가 아니면 相見할 수가 없으니 그것은 民衆을 서로 더럽히(褻)지 말게 하려(欲)는 것이기 『易經』 蒙卦象辭에는 「初筮는 告하지만 再三함은 瀆함이니, 瀆하면 告하지 않는 것이다.」고 하였다.

⑩ 仁이란 것은 天下의 表고, 義란 것은 天下의 制며, 報란 것은 天下의 利인 것이다.

⑪ 德으로써 德을 갚으면 民衆은 勸하는 바가 있고, 怨으로써 怨을 갚으면 民衆은 懲하는 바가 있으니, 『詩經』 大雅抑之篇에는 「말 아니면 怨讐가 없고, 德이 없으면 報答이 없다.」고 하고, 『書經』 太甲篇에는 「民衆은 人君이 없으면 서로(胥) 安心할 수가 없고, 人君은 民衆이 없으면 四方을 開拓(辟)할 수가 없다.」고 하였다.

⑫ 德으로써 德을 갚으면 그것은 寬大한 仁인 것이고, 怨으로써 怨을 갚으면 그것은 刑戮의 民이 된다.

⑬ 慾心이 없이 好仁하는 者는 畏懼함이 없으니 不仁을 憎惡하는 者는 天下에 一人뿐(而己)이다. 그러므로 君子는 道를 議함은 自己가 하는 것이고, 法을 行함은 民衆으로 하는 것이다.

【餘説】 이 篇은 孔子께서 天下를 轍環하실 때 外地에서 歸國하기를 生覺해서 하신 말씀을 收錄한 것인듯. 「君子는 隱而顯하고 不矜而莊하며, 不厲而威하고 不言而信하나니」 언제나 戒懼하고 謹愼해서 行動에서나 顔色에서나 言語에서나 過失만 없으면 그의 容貌는 敬畏할 만하고, 그의 顔色은 生覺는듯 하니 隱居해도 顯出할 것이다. 그러므로 君子는 謹愼해서 禍害를 避하고, 篤實해서 成果를 期하며, 恭敬해서 恥辱을 免하는 것이다. 指導者는 人民에 對해서 莊한 態度와 敬한 心情으로 하

면 强해지지마는 自身에 對해서 安逸하고 放肆한다면 偸해지는 것이다.
　孔夫子의 根本思想은 仁과 義니, 仁이란 것은 天下의 最高表的이고, 義란 것은 天下의 公的 道理이니 이것이 人道主義 中庸思想이다. 그런 데 社會의 人間關係는 施와 報로써 成立되는 것이니, 이것이 天下의 共同利益인 것이다. 仁義의 精神으로써 서로가 德을 施하고 報하면 兩方이 共히 有益하게 되니, 사람들은 모두 勸勉해야만 할 것이다. 그러나 이에 反해서 利慾의 鬪爭으로 서로가 怨을 施하고 報하면 兩方이 共히 不幸하게 되니 사람들은 반드시 懲戒해야만 할 것이다. 그러니 理想을 가진 人間이라면 누구나 仁義로 行할 것이나, 利慾으로 鬪爭하는 者는 法律이 그를 刑戮하는 것이다.

2

①子曰 仁有三 與仁同功而異情 與仁同功 其仁未可知也 與仁同過 然後其仁可知也. 仁者安仁 知者利仁 畏罪者强仁 仁者右也 道者左也 仁者人也 道者義也 厚於仁者薄於義 親而不尊. 厚於義者薄於仁 尊而不親. 道有至 有義 有考. 至道以王 義道以霸 考道以爲無失. ②子言之 仁有數 義有長短小大 中心憯怛 愛人之仁也 率法而强之 資仁者也 詩云 豐水有芑 武王豈不仕 詒厥孫謀 以燕翼子 數世之仁也 國風曰 我今不閱 皇恤我後 終身之仁也. ③子曰 仁之爲器重 其爲道遠 擧者莫能勝也 行者莫能致也 取數多者仁也. 夫勉於仁者 不亦難乎 是故君子以義度人 則難爲人 以人望人 則賢者可知已矣. ④子曰 中心安仁者 天下一人而已矣 大雅曰 德輶如毛 民鮮克擧之 我儀圖之 惟仲山甫擧之 愛莫助之. 小雅曰 高山仰止 景行行止 子曰 詩之好仁如此 鄕道而行 中道而廢 忘身之老也 不知年數之不足也 俛焉日有孶孶 斃而后已.

【字解】 ① 憯(참)—마음(心)을 찌르(朁)니「슬픈」것.

② 怛(달)—마음(心)에 햇빛(旦)이 비치는데 어째서「슬퍼하는」뜻이 되었을까.

③ 芑(기)—艸와 己의 合字가 어찌「흰차조」라 뜻이 될까.

④ 詒(이)—내(台)가 말(言)을 해「주는」것.

⑤ 閱(열)—門을 열고 나와 지나가(兌)면서「보고 읽는」것.

⑥ 恤(휼)—피(血)를 보고 마음(心)으로「걱정하는」것.

⑦ 致(치)—매를 쳐(攵)서 目的地에 이르(至)니 일을「이루는」것.

⑧ 輶(유)—酋長의 車는「가볍」게 굴러 가도록 잘 만든 것.

⑨ 鄕(향)—여러 邑(彡)과 邑(阝) 中에서 향기(皀)나는 좋은 고을은 自己의「고향」이니 언제나 그리로 마음이「向」하는 것.

⑩ 俛(면)—사람(人)이 그의 잘못을 免하려고 머리를「구부리는」것.

⑪ 孳(자)—이(玆) 아이(子)를 낳으려고「交尾」를 하는 것이나, 이에 孳孳라고 한 것은 아이(子)가 매를 맞고(攴)「부지런히」努力하는 孜孜라는 意味로 쓴 것.

⑫ 斃(폐)—떨어져(敝)서 죽(死)는 것.

【通釋】 ①仁에는 세 가지 種類가 있으니, ㉮仁과 功은 같아도 情은 다른 것, ㉯仁과 功은 같아도 仁을 知하지는 못하는 것, ㉰仁과 過를 같이 한 然後에야 仁을 知한 것인데, 仁者는 仁을 安行하고 知者는 仁을 利行하여 罪를 겁내는 者는 仁을 強行하는 것이다. 仁은 右라면 道는 左고, 仁은 人이라면 道는 義이다. 仁에 厚한 者는 義에 薄하나니, 親하기는 해도 尊하지는 않으며, 義에 厚한 者는 仁에 薄하나니, 尊하기는 해도 親하지는 못하는 것이다. 道에는 至가 있고, 義가 있으며, 考가 있으니 그의 至道는 王道로써 하고, 義道는 覇道로써 하며, 考道는 失道하지 않는 것이다.

 ② 仁에는 行하는 數가 있고 義에는 長短 大小가 있으니, 中心이 慈悲(憯怛)한 것은 愛人하는 仁이고, 率法해서 強要하는 것은 仁을 資하는 것이니, 『詩經』大雅文聲篇에는「豊水에는 芑 있는데 武王 어찌 일 없으랴. 그의 孫에 家法 끼침(詒) 그의 子를 도왔도다.」고 하였으니,

그것은 數世의 仁이고, 또 國風에 北風谷風篇에는「나는 只今 못겪었(閱)다. 今後 어찌 걱정(恤)할까.」고 하였음은 終身의 仁이다.

③ 仁이란 器는 重大하고 그의 道는 遙遠하니 能히 들(擧) 수도 없고 能히 이를(致) 수도 없는 것이나, 取數가 많은 것도 仁이니 그 仁을 勉勵하는 것이 또한 어렵지 않은가. 그러므로 君子는 義로써 人間을 推測하면 人間되기가 어려우나, 人間으로서 人間을 바라봄은 賢者임을 可히 알 것이다.

④ 中心이 仁에 安定한 者는 天下에 一人뿐이다.『詩經』大雅烝民篇에는「德은 輕(輶)해 털같아도 드는 者는 드물도다. 나는 그를 생각하니 仲山甫만 들것이나 사랑해도 못도왔다.」고 하였고, 또 小雅의 車牽篇에는「저 高山을 우러러서 그를 尊慕하는도다.」고 하였으니,『詩經』에서 仁을 좋아함이 이러했던 것이다. 그의 大道를 向해서 가다가도 中道에서 廢하는 것은 自身이 늙는 것도 잊어버리고 壽命(年數)이 不足함도 모르는 것이니, 머리를 구부리(俛)고 언제나(日) 努力(孳孳)해서 죽은(斃) 뒤에야(后) 그만두어야 할 것이다.

【餘説】仁에는 安仁, 利仁, 强仁의 세 가지가 있으니 仁의 功果는 다 같으나 그의 實情은 다른 것이다. 安仁하는 者는 天稟한 良情과 理性으로써 仁을 安行하는 것이고 利仁하는 者는 理性的으로 仁을 利行하는 것이며, 强仁하는 者는 外制的으로 仁을 强行하는 것이다. 그러니 仁의 功果에는 共通하지마는 仁의 實情에는 各殊한 것이다. 그러니 中心으로 安仁하는 者는 天下에 一人뿐이나 그 다음에 少數人들은 理性的으로 自覺하는 賢者가 있지마는 絕對多數人은 外制的으로 盲從하는 俗人인 것이다. 그러니 慈悲로써 愛人하는 것은 自仁한 者이고, 率法해서 强行하는 것은 資仁한 者인 것이다.

이에 夫子는「仁之爲器重하고 其爲道遠하니 擧者莫能勝하고 行者莫能致하나」「鄕道而行하다가 中道而廢는 忘身之老也라. 俛焉日有孳孳하여 斃而後已라.」고 하셨는데, 曾子는「士不可以不弘毅니 任重而道遠하다. 仁以爲已하니 任不亦重乎아 死而後已하니 道不亦遠乎아.」고 하였으니 仁의 道는 오직 自己犧牲에 不外한 것이다. 그런데『詩經』大雅

에는 「德輶如毛나 民鮮能이 久矣라.」하고, 大雅에는 「高山仰止하고 景行行止라.」고 하였으니 『詩經』에는 이처럼 好仁했기 때문에 孔子는 그 詩句를 많이 引用하셨던 것이다.

3

①子曰 仁之難成久矣 人人失其所好 故仁者之 過易辭也 ②子曰 恭近禮 儉近仁 信近情 敬讓以行此 雖有過其不甚矣 夫恭寡過 情可信 儉易容也 以此失之者 不亦鮮乎 詩云 溫溫恭人 維德之基. ③子曰 仁之難成久矣 唯君子能之 是故君子不以其所能者病人 不以人之所不能者愧人 是故聖人之制行也 不制以己 使民有所勸勉愧恥以行其言 禮以節之 信以結之 容貌以文之 衣服以移之 朋友以極之 欲民之有壹也 小雅曰 不愧于人 不畏于天 是故君子服其服 則文以君子之容 有其容 則文以君子之辭 遂其辭 則實以君子之德 是故 君子恥服其服而無其容 恥有其容而無其辭 恥有其辭而無其德 恥有其德而無其行 是故君子衰絰則有哀色 端冕則有敬色 甲冑則有不可辱之色. 詩云 維鵜在梁 不濡其翼 彼記之子 不稱其服.

【字解】① 易(이)—原義는 해(日)와 달(勿)이 서로「바꿔」가는 뜻으로는 音이「역」인데, 그것은 自然現象이니 人間은 그에 따라 가니「쉬운」것.

② 儉(검)—여러(僉) 사람(人)을 爲해서 物資를 아껴서「검소」한 것.

③ 壹(일)—說文에는 壺와 吉의 合字라고 했으나 字形과는 合致되지 않으니, 차라리 士와 冖과 豆의 三合字로 보아서 士人의 마음이 籩豆(祭器)를 덮어(冖)서 齋戒하는 마음의「專一」함을 뜻한 것이 아닐까.

④ 衰(쇠)―衣字 속에 冉字가 들었으니 옷(衣) 속에 몸이 쇠약(冉)한
　것이나, 여기서는 衰弱한 몸에 입은 喪服을 뜻하는데 音은「최」다.
⑤ 絰(질)―麻糸로써 만든(至) 喪服이니 머리에 쓰는 것은 首絰, 허리
　에 매는 것은 腰絰이라고 함.
⑥ 鵜(제)―弟鳥란 것은 물에 사는「사다새」.
⑦ 梁(량)―냇물(水) 이쪽 저쪽(刃)을 서로 건너도록 나무(木)로 만
　든「다리」를 뜻한 것.
⑧ 濡(유)―비(雨)가 온 물(水)에 물건이「젖은」것.

【通釋】① 仁을 이루(成)기가 어렵게(難) 된지는 오래다. 사람들은 그
의 좋아하는(好) 바를 잃게 되었으므로 仁者의 過失은 말(辭)을 쉽게
(易) 하는 것이다. 恭遜한 態度는 禮에 가깝고 儉素한 生活은 仁에 가
까우며, 信用을 지킴은 情에 가까우니 敬讓으로써 이것을 行한다면 비
록 過失이 있다 해도 甚하지는 않을 것이다. 무릇 恭함은 過失을 적게
하고 情함은 信用할 수 있으며, 儉함은 包容하기 쉬운 것이니, 그렇게
하고도 過失한 者는 또한 드물지 않는가. 『詩經』大雅抑篇에는 溫溫하
게 恭한 사람은 오직 德의 基本이다.」고 하였다.
　② 仁을 이루기가 어렵게 된지는 이미 오래나 오직 君子만은 可能한
것이다. 그러므로 君子는 自己의 所能한 것으로써 남의 缺點(病)을 잡
지는 않고 남의 不能한 것으로써 그 사람을 부끄럽게(愧) 하지는 않는
것이다. 그러므로 聖人이 禮制를 만드는 데는 自己本位로는 하지 않고
民衆으로 하여금 勸勉해서 그의 말을 行하는 데 부끄럼을 알게 하는 것
이다. 禮로써는 調節하고 信으로써는 結合하며, 容貌로써는 黙示(文)
하고 衣服으로써는 改着(移)하며, 朋友로써는 協助(極)하게 해서 民衆
으로 하여금 一體(壹)가 되도록 했던 것이다. 그러므로 小雅何人斯篇
에는「사람께도 愧함 없고, 하늘에도 畏함 없다.」고 하였으니, 그러므
로 君子는 그 옷을 입(衣)으면 君子의 態度(容)를 꾸미(文)고 그 態度
를 꾸미면 君子의 言辭를 빛(文)내며, 그 言辭를 빛내면 君子의 德行
으로써 채우(實)는 것이다. 그러므로 君子는 그 옷을 입고도 그 態度를
하지 못함을 부끄러워 하고, 그 態度를 해도 그 言辭를 하지 못함을 부

끄러워 하며, 그 言辭는 해도 그 德性이 없음을 부끄러워 하고, 그 德性은 있어도 그 實行이 없음을 부끄러워 하는 것이다. 그러므로 君子는 喪服(哀絰)을 하면 哀色이 있고, 冕冠을 쓰면 敬色이 있으며, 甲胄를 쓰면 辱할 수 없는 氣色이 있는 것이니, 『詩經』曹風候人篇에는「저 물가(梁)에 있는 鵜는 그 날개가 안 젖는(濡)데 저 官位에 있는 者(子)는 그 服裝에 안 맞는다.」고 말하였다.

【餘説】『論語』里仁篇에는「人之過也는 各於其黨이니 觀過에 斯知仁矣니라.」고 하였으니 仁者에도 過失이 있음은 그것은 無能해서 易辭가 되기 때문이다. 그러므로 恭近禮해서 恭寡過하고, 儉近仁해서 儉易容하며, 信近情해서 情可信하면 비록 過失을 해도 甚하지는 않을 것이고 過失하는 者도 또한 드물 것이다. 過恭은 非禮니 恭은 禮에 맞아야 하고 過儉은 非仁이니 儉은 仁이 돼야만 하며, 過信은 非情도 되니 信은 情에 合當해야만 하는 것이다. 仁을 이루기는 너무도 어렵지마는 君子만은 可能한 것이다.

君子는 自己의 所能함으로써 他人이 不能하다고 非謗하지는 아니하고, 他人의 不能하다고 當者를 慚愧하도록 말하지 않는 것이다. 그러므로 聖人은 自己本位로만 行動하지 아니하고, 百姓으로 하여금 勸勉해서 그의 말을 實行하도록 하는 것이다. 그래서「禮以節之하고 信以結之하며, 容貌以文之하고 衣服以移之하여 朋友以極之하여」百姓을 一心으로 만들려는 것이다. 君子는 服其服 則文之以君子之容하고, 有其容 則文之以君子之辭하며, 遂其辭 則實之以君子之德하는 것이다. 그러므로 君子는 耻服其服而無其容하고 耻有其容 而無其辭하며, 耻有其辭 而無其德하고, 耻有其德 而無其行하는 것이다.

4

①子言之 君子之所謂義者 貴賤皆有事於天下 天子親耕 粢盛秬鬯以事上帝 故諸侯勤以輔事於天子. ②子曰 下之事上也 雖有庇民之大德 不敢有君民之心 仁之厚也 是

故君子恭儉以求役仁　信讓以求役禮　不自尚其事　不自尊
其身　儉於位而寡於欲　讓於賢　卑己而尊人　小心而畏義　求
以事君　得之自是　不得自是　以聽天命　詩云　莫莫葛藟　施
于條枚　凱弟君子　求福不回　其舜禹文王周公之謂與　有君
民之大德　有事君之小心　詩云　惟此文王　小心翼翼　昭事
上帝　聿懷多福　厥德不回　以受方國. ③子曰　先王諡以尊
名　節以壹惠　恥名之浮於行也. 是故君子不自大其事不自
尚其功　以求處情　過行弗率　以求處厚　彰人之善　而美人
之功　以求下賢　是故君子雖自卑　而民敬尊之. ④子曰　后
稷天下之爲烈也　豈一手一足哉　唯欲行之浮於名也　故自
謂便人.

【語解】① 粢盛(자성)―기장쌀(米) 다음(次)에 여러 穀物로 만든 飯
　餅 등의 祭物을 그릇(皿)에 담아(成)서 神前에 올리는 것.
② 秬鬯(거창)―검은 기장(秬)과 香草(鬯)로 만든 祭酒.
③ 庇民(비민)―지붕(广)에 依해서(比) 日光과 雨雪을 막아 주는 것
　처럼 生民을 庇護하는 것.
④ 莫莫(막막)―西山 풀속(茻)으로 해(日)가 들어가니 날이 「저물어」
　서 어두우니 일을 하지 「말라」는 것이나, 이 字를 거듭 써서는　해
　는 빠지고 풀만 盛한 것을 形容한 것.
⑤ 葛藟(갈류)―칡(葛)덩굴이 얽혀진(藟) 것.
⑥ 翼翼(익익)―새 날개(羽)가 두 쪽이 다른(異) 것이나, 그것이 胴體
　를 保護하는 데 細心한 것.
⑦ 后稷(후직)―이름은 棄니 그것은 母에 姜嫄이 巨人의 跡을 밟고 胎
　生했다고 해서 내다버렸다가 鳥獸들이 保護해 주니 다시　데려다가
　養育했기 때문에 지은 이름인데, 舜帝 때 農政官인 后稷으로　通稱
　한 것.
⑧ 便人(편인)―人民에게 便宜를 주는 사람(人)으로 自己를 謙稱한 것.

【通釋】 ① 君子가 義라고 말하는 것은 貴人이나 賤民이나 모두 天下에서 일을 하는 것이다. 天子는 親히 農事를 해서 粢盛과 秬鬯으로써 天帝를 섬기기 때문에 諸侯는 輔佐하는 일에 勤勉하는 것이다.

② 臣下가 되어서 君上을 섬기는 데는 비록 庶民할만한 大德이 있다고 해도 敢히 百姓에게 君臨하는 마음을 가지지는 않는 것이 仁의 厚한 것이다. 그러므로 君子는 恭儉으로써 仁에 事役하기만 求하고, 信讓으로써 禮에 事役하기만 求하며, 그의 일(事)을 自專하지 아니하고 그의 몸(身)도 自尊하지 아니하며, 그의 職位에는 儉素하게 하고, 그의 欲求함은 寡少하게 하며, 賢者에는 讓步하여 自己를 낮추(卑)고 相對는 높이(尊)며, 小心으로써 義理를 두렵(畏)게 알고 事君하기를 求해서 得位하면 滿足(自是)하고 不得해도 滿足해서 天命을 들어(聽)야만 한다. 『詩經』 大雅旱麓篇에는 「茂盛한저 칡덩굴(葛藟)은 그 가지(條枚) 를 뻗쳐(施)간다. 凱悌하신 저 君子는 求福해서 不息한다.」고 하였으니 이것은 舜帝, 禹王, 文王, 周公을 말함인저. 民衆에 君臨할 大德이 있다 해도 君上에 奉事하는 小心이 있어야만 하나니, 또 大雅大明篇에는「오직 우리 文王께선 恒常小心 翼翼하사 밝게 天帝 섬기시와 이에 多福懷求함에 그 德 쉬지 않으(不回)시어 諸侯支持 받으(受)셨다.」고 하였다.

③ 先王께서는 諡號로써 그 이름을 높였으나 그의 名聲(壹惠)은 節制하셨으니, 그의 名聲이 그의 行蹟을 넘어감(浮)을 부끄러워 했기 때문이다. 그러므로 君子는 그의 事業을 自大(誇張)하지 아니하고 그의 功績을 自讚하지 아니하여 事實(情)에 맞(處)기만 求하고 過行에는 따르지(率) 않는 것이니, 厚德하게 處하기만 求하여 남의 善은 表彰해 주고 남의 功은 讚美해 주며, 그 賢者의 下位에 있기를 求하는 것이다. 그러므로 君子는 비록 스스로는 낮추어도 百姓들은 높여 주는 것이다.

④ 后稷은 天下에 功德을 行했으니 그것이 어찌 一手와 一足으로써 한 작은 일일까. 오직 그 實行이 그 名聲을 넘어(浮)가게 하려(欲)는 것이다. 그러므로 그는 自身을 「便人」이라고 謙稱했던 것이다.

【餘説】 무릇 人間社會에는 貴者나 賤者나 모두 다 그의 責任이 있는 것이니 天子는 天帝를 奉祀하고 諸侯는 天子를 輔佐하는 것이나, 天子가

天帝를 奉祀하는 그것은 오직 民衆을 保護하는 精神에 不過한 것이다. 天子가 天帝만 奉祀하면 무슨 所用이 있을까. 그것은 오직 民衆을 爲하는 데만 意義가 있는 것이다. 남의 臣下가 되어서는 비록 庇民할 大德이 있다고 해도 事君하는 小心이 없이는 도리어 不德이 되는 것이다. 이것이 君子의 道이니 이것은 「恭儉以求役仁하고 信讓以求役禮하며 不自尚其事하고 不自尊其身하며, 儉於位而寡於欲하고 卑己而尊人하며, 小心而畏義하는 것」이다.

옛적에 先王은 一生의 行蹟을 한두 字로써 表示하는 諡(시)로써 名을 尊重하였으나 그 壹惠를 自制(節)하였으니, 그것은 名聲이 實行보다 넘어감(浮)을 부끄러워(耻)했기 때문이다. 그러므로 君子는 不自大其事하고 不自尚其功하여 彰人之善하고 美人之功하니」비록 自身을 卑下해도 民衆은 그를 尊敬하는 것이다. 그러므로 后稷은 비록 偉大한 事業을 했어도 自身을 便人이라고 謙稱했던 것이다. 그런데 「諡」字는 言과 益(혜)의 合字로도 썼으나, 益는 小盆이니 그에 言偏을 붙인 것은 説文的으로 意味가 없으므로 言偏에 益字를 붙인 「諡」로 쓰는 것이 得當한 듯도 하다.

5

① 子言之 君子之所謂仁者 其難乎 詩云 凱弟君子 民之父母 凱以强教之 弟以説安之 樂而毋荒 有禮而親 威莊而安 孝慈而敬 使民有父之尊 有母之親 如此而后可以爲民父母矣 非至德其孰能如此乎 今父之親子也 親賢而下無能 母之親子也 賢則親之 無能則憐之 母親而不尊 父尊而不親 水之於民也 親而不尊 火尊而不親 土之於民也 親而不尊 天尊而不親 命之於民也 親而不尊 鬼尊而不親. ② 子曰 夏道尊命 事鬼敬神而遠之 近人而忠焉 先祿而後威 先賞而後罰 親而不尊 其民之敝 惷而愚 喬而野 朴而不文 殷人尊神 率民以事神 先鬼而後禮 先罰而後賞 尊

而不親 其民之敝 蕩而不靜 勝而無恥 周人尊禮尚施　事
鬼敬神而遠之 近人而忠焉 其賞罰用爵列 親而不尊 其民
之敝 利而巧 文而不慚 賊而蔽.

【字解】① 憐(련)—마음(心)으로 빛(粦)을 주니「불쌍히 여기는」것.
② 鬼(귀)—厶(私)儿(人)이 죽어서 그 얼굴(甶)만 나타나는 亡靈.
③ 賞(상)—優秀한 功績을 높여(尚)서 物品(貝)을 주는 것.
④ 罰(벌)—法網(罒)에 걸린 罪人을 말(言)과 칼(刀)로써「다스리는」
　　것.
⑤ 敝(폐)—布(巾)木을 매로 쳐(攴)서 ::이러한 흠집이 났으니「떨
　　어진」것.
⑥ 喬(교)—夭는 草木이 나서 예쁜 것이고, 咼는 高의 省字이니 나무
　　가 커서「높은」것.
⑦ 朴(박)—나무(木)가 굵어져서 그 구피가 터진(卜) 것이니 구피 붙
　　은 原木.
⑧ 率(솔)—머리(亠) 아래 작은(幺) 것이 左右로 딸렸(乂)는 데 그 數
　　가 열이니 一人이 十人을「거느리는」것.
⑨ 蕩(탕)—波濤치는(湯) 水面, 草木(艸)이 있는 原野가「넓은」것.
⑩ 慚=慚(참)—마음(心)을 베는(斬) 듯한 것은「부끄러운」것.
⑪ 蔽(폐)—떨어진(敝) 것을 풀(艸)로「덮는」것.

【通釋】① 君子가 말씀하는 仁이란 것은 그 어려운(其難) 것인저.
『詩經』大雅泂酌篇에는「凱悌하신 君子님은 民衆들의 父母시다.」고 하
였으니 凱는 強하기를 가르치는 것이고, 悌는 즐겁(說)도록 편하게 함
이니 樂해도 거칠지 않은 것이다. 有禮해서는 親하고 威莊해서는 安하
며, 孝慈로써는 敬하여 百姓으로 하여금 父처럼 높이고 母처럼 親하게
하나니 이렇게 한 後에야만 可히 民衆의 父母가 될 것이다. 至德이 아
니라면 그 어찌 能히 이렇게 될 수 있을까. 至今에 父가 子를 親하는
데는 賢能함은 親하나 無能함은 疎하고, 母가 子를 親하는 데는 賢能

하면 親하고 無能하면 憐하는 것이다. 母는 親해도 尊하지는 안 하고, 父는 尊해도 親하지는 않나니, 사람이 水에는 親해도 尊하지는 아니하고, 火에는 尊해도 親하지는 못하며 地에는 親해도 尊하지는 아니하고 天에는 尊해도 親하지는 못하여 命에는 親해도 尊하지는 아니하고, 鬼에는 尊해도 親하지는 못하는 것이다.

②夏道는 命을 尊奉해서 鬼神에는 敬遠하고, 人間에는 忠近하며, 祿을 先으로 하고 威는 後로 하며, 賞을 先으로 하고 罰은 後로 하며, 親하기는 해도 尊하지는 않으니, 그 百姓의 弊端은 痴(蚩)하고도 愚하며, 喬하고도 野하며, 淳朴해서 文化가 없는 것이고, 그 다음에 殷道는 神을 尊奉해서 百姓을 거느리고 鬼神을 섬기는 데 鬼를 먼저 하고 禮는 뒤로 하며, 罰을 먼저 하고 賞은 뒤로 해서 尊하기는 해도 親하지는 못하니 그 百姓의 弊端은 放蕩해서 不靜하고 自勝해서 無恥하였던 것이며, 그 다음에 周人은 禮를 높이고 恩을 施하며, 鬼神을 섬겨도 멀리하고 人民은 가까이 해서 忠하며, 그 賞罰에는 爵列을 쓰고 親해도 尊하지는 않으니 그 百姓의 弊端은 利하고도 巧하고 文餙해서 無恥하고 害賊해도 隱蔽하는 것이다.

【餘説】民衆의 父母가 되는 君子는 凱悌한 것이니 民衆을 強하게 教하는 것은 凱고, 悦하게 安하는 것은 悌라고 孔子는 말씀하셨다. 그러니 凱란 것은 「如父之尊」하고, 悌한 것은 「如母之親」하는 이것이 仁이다. 그래서 民이 父로서 子를 親하는 데는 「親賢而下無能」하고, 民의 母로서 子를 親하는 데는 「賢則親之하고 無能則憐之하는」 것이다. 父는 尊而不親하고 母는 親而不尊하니 民衆이 尊而不親함은 天 鬼 火와 같고, 親而不尊함은 地, 命, 水와 같은 것이라고 配合의 論理로써 説明하신 것이다. 그런데 君子의 仁道는 樂而無荒하고 有禮而親하며, 威莊而安하고 孝慈而敬하는 것이니, 이것이 民衆으로 하여금 父母처럼 尊親하게 하는 것이다.

그리고 夏殷周의 道를 말씀하셨는데 ①夏道는 尊命, 事鬼, 敬神而遠之하고 近人而忠焉하며, 先祿而後威하고 先賞而後罰하며, 親而不尊하니 그의 弊害는 民衆이 蠢而愚하고 喬而野하며, 朴而不文한 것인데 反

해서 ②殷道는 尊神해서 率民而事神하는데 先鬼而後禮하고 先罰而後賞하여 尊而不親하니, 그의 弊害는 民衆이 蕩而不靜하고 勝而無耻한 것이다. 그런데 ③周道는 尊禮尙施해서 事鬼神而遠之하고 近人而忠焉하며, 其賞罰用爵列하여 親而不尊하니, 그의 弊害는 民衆이 利而巧하고 文而不慚하여 賊而蔽하였다고 하셨으니 三代의 特徵이 各其 다른 것이다.

6

①子曰 夏道未瀆辭 不求備 不大望於民 民未厭其親. 殷人未瀆禮 而求備於民. 周人强民 未瀆神 而賞爵刑罰窮矣. ②子曰 虞夏之道 寡怨於民 殷周之道 不勝其敝 子曰 虞夏之質 殷周之文 至矣 虞夏之文 不勝其質 殷周之質 不勝其文. ③子言之 曰 後世雖有作者 虞帝弗可及也已矣 君天下 生無私 死不厚其子 子民如父母 有憯怛之愛 有忠利之敎 親而尊 安而敬 威而愛 富而有禮 惠而能散 其君子 尊仁畏義 恥弗輕實 忠而不犯 義而順 文而靜 寬而有辨 甫刑曰 德威惟威 德明惟明 非虞帝其孰能如此乎. ④子言之 事君先資其言 拜自獻其身 以成其身 是故 君有責於其臣 臣有死於其言 故其受祿不誣 其受罪益寡. ⑤子曰 事君大言入則望大利 小言入則望小利 故君子不以小言受大祿 不以大言受小祿 易曰 不家食吉. ⑥子曰 事君不下達 不尙辭 非其人弗自 小雅曰 靖共爾位 正直是與 神之聽之 式穀以女. ⑦子曰 事君遠而諫 則諂也 近而不諫則尸利也. ⑧子曰 邇臣守和 宰正百官 大臣慮四方.

【字解】① 備(비)—𤰈는 苟字에서 口字를 빼고 왼쪽으로 돌려놓고 그 속에 用字를 썼으니, 사람(人)이 萬若(苟)에 쓰일(用)까 해서 「예

비」해 두는 것.

② 望(망)—좋은(王) 달(夕)이 없어(亡)졌으니 그것이 다시 나타나기를「바라는」것.

③ 窮(궁)—몸(身)이 구멍(穴) 속에 들었으니「困難」하므로, 그것을 뚫고 나오려고「研究하는」뜻으로도 轉注된 것.

④ 勝(승)—肉體(月)에 들어있는(失) 힘(力)으로 相對를「이기는」것.

⑤ 費(비)—物品(貝)을 支出(弗)하니「써버리는」것.

⑥ 靜(정)—靑은 平和의 色이고 爭함은 시끄러우니 시끄럽다가「고요해지는」것.

⑦ 益(익)—水(가로놓은 水字)와 皿(명)의 合字니 그릇(皿)에 물(水)을 부어「더하는」것.

⑧ 誣(무)—무당(巫)의 말(言)은 허황하니「속이는」것.

⑨ 吉(길)—선비(士)의 말(言)은 有益하니 吉한 것.

⑩ 諂(첨)—相對者의 私的 感情에만 맞추어서 公的 義理를 그르치는 말(言)이니 함정에 빠뜨리(臽)는 阿諂.

【通釋】① 夏道는 百姓에게 言辭를 모독하지 안 하고 具備하기도 求하지 않으며, 大望을 하지도 않으니 百姓들은 그의 親함을 싫어(厭)하지 않았고, 殷道는 百姓에게 禮를 모독하지 안 하고 具備하기도 求하지 않았으며, 周道는 百姓을 激勵(强)해서 神을 모독하지 안 하고서 賞爵하고 刑罰함에 窮했던 것이다.

② 虞夏(舜禹)의 道는 百姓에게 怨望함이 적었으나, 殷周의 道는 能히 그러하지는 못했으니 虞夏의 質과 殷周의 文은 至當했던 것이라, 虞夏의 文은 그 質보다 못하였고, 殷周의 質은 그 文보다 못한 것이다.

③ 後世에는 비록 創作한 者가 있다고 해도 舜帝에는 可及할 수가 없을 뿐이니, 天下에 君臨해서 生時에는 조금도 私心이 없었고 死後에는 그 子에 厚待하지도 않았다. 그래서 百姓을 子愛하기 父母처럼 하시와 慈悲(惜怛)로써 愛하시고 忠利로써 教하시어 親하고도 尊하고 安하고도 敬하며, 威하고도 愛하시며, 富해서도 有禮하고 惠해서도 公平하게 하셨다. 그러므로 그 때 君子들은 尊人하고 畏義하며, 耻費하고 輕實

하며, 忠해서도 犯하지 안 하고 義로써는 順하기만 하며, 文해도 靜定하고 寬해도 分辨하였으니, 『書經』 呂刑篇에는 「德의 威함만이 威함이고 德의 明함만이 明함이다.」고 하였으니, 舜帝가 아니라면 그 뉘가 能히 그러할 수가 있을까.

④ 人君을 섬기는 데는 먼저 그 말을 資해서 절하고 스스로 그 몸을 바쳐(獻)서 그 信을 成就해야만 하는 것이다. 그러므로 人君이 그 臣下에게 責任을 지우면 臣下는 그 命令에 決死해야만 하기 때문에 그가 俸祿을 받는 것은 속임(誣)이 없는 것이니, 그가 罪罰을 받는 일은 더욱 적을(益寡) 것이다.

⑤ 人君을 섬기는 데는 大言(救世安民할 方道)을 올리고는 大利(國利民福의 實現)를 바라(望)고, 小言(些小한 말)을 올리고는 小利(작은 效果)를 바래는 것이다. 그러므로 君子는 小言으로써 大祿은 받지 아니하고 大言으로써 小祿도 받지 않는 것이니, 『易經』 大畜卦象傳에는 「제 집(家)에서 먹고(食)만 있지 안(不) 해야만 吉하다.」고 한 것이다.

⑥ 人君을 섬기는 데는 形而下(物質)的으로 引導(達)하거나 言辭만을 崇尙하게 하지 아니하고, 그 人道가 아닌 것은 自行하지 않는 것이다. 그러므로 『詩經』 小雅小明篇에는 「너의 位를 靖共해서 正直만을 相對하라. 神이 그를 듣는(聽) 것이니 너의 福祿되게 하라.」고 하였다.

⑦ 人君을 섬기는 데는 멀리(遠) 하는 데도 諫함은 阿諂하는 것이고, 가까이(近) 하는 데도 不諫함은 尸位해서 俸祿만 받는 것이다.

⑧ 近臣은 調和를 지켜야만 하니 宰相은 百官을 是正하고 大臣은 四方을 念慮해야만 하는 것이다.

【餘說】 虞夏의 道는 民衆에게 「未瀆辭 不求備 不大望」하니 厭症도 없고 怨望도 적었으나, 殷周의 道는 그러하지 못했으니 虞夏의 質은 文을 이기지 못했고, 殷周의 文은 質을 이기지 못하였다. 後世에는 비록 善政을 한다고 해도 虞舜에는 따라갈 수가 없는 것이다. 虞舜은 生前에나 死後에서 그 子孫에게는 私心으로 厚待하지 않고 오직 民衆만 子孫으로 보고서 「有惜怛之愛하고 有忠利之敎하여 親而尊 安而敬 威而愛하며, 富而有禮하고 惠而能散하니」 그 때에 指導者(君子)들은 「尊仁畏義

하고 耻費重實하며, 忠而不犯하고 義而順하며, 文而靜하고 寬而有辨하였」던 것이다.

그리고 臣下로서 事君하는 原則을 四重으로 言及하셨으니 ① 먼저 政見을 陳述해서 그것을 實行하는 데 自身을 貢獻해서 人君이 命令하면 그것을 決死的으로 實行해야만 한다. 그렇게 하면 그의 俸祿을 받는데 부끄럽지 않으니, 그의 罪責을 받을 理도 없는 것이고, ② 그래서「大言入則望大利하고 小言入則望小利하니 小言으로 受大祿하고 大言으로 受小祿하는」일이 없을 것이며, ③ 君上에서 物質的인 私利私欲을 爲해서 甘言利說이나 하는 非人道的인 일을 해서는 안 되는 것이고, ④ 人君이 멀리 하는 데도 諫言을 하는 것은 阿諂하는 것이 되고, 가까이 하는 데도 諫言하지 못하는 것은 尸位素餐이 되는 것이다고 말씀하셨다.

7

① 子曰 事君欲諫不欲陳 詩云 心乎愛矣退不謂矣 中心藏之 何日忘之. ② 子曰 事君難進而易退 則位有序 易進而難退 則亂也 故君子三揖而進 一辭而退 以遠亂也. ③ 子曰 事君三違而不出竟 則利祿也 人雖曰不要 吾弗信也. ④ 子曰 事君愼始而敬終. ⑤ 子曰 事君可貴可賤 可富可貧 可生可殺 而不可使爲亂. ⑥ 子曰 事君軍旅不辟難 朝廷不辭賤 處其位而不履其事 則亂也 故君使其臣 得志則愼慮而從之 否則孰慮而從之 終事而退 臣之厚也 易曰 不事王侯 高尚其事. ⑦ 子曰 唯天子受命于天 士受命于君 故君命順 則臣有順命 君命逆 則臣有逆命 詩曰 鵲之姜姜 鶉之賁賁 人之無良 我以爲君. ⑧ 子曰 君子不以辭盡人 故天下有道 則行有枝葉 天下無道 則辭有枝葉 是故君子於有喪者之側 不能賻焉 則不問其所費 於有病者之側 不能饋焉 則不問其所欲 有客不能館 則不問其所舍

故君子之接如水 小人之接如醴 君子淡以成 小人甘以壞
小雅曰 盜言孔甘 亂是用餤.

【字解】① 陳(진)―方位上으로 東은 季節的으로는 春이니, 봄철이 되
어 두던(阜)에다가 나무를 심는 것은 陳列하는 것.

② 遐(하)―가(辵)려고 叚(假)定함은 距里니「멀리 있는」것.

③ 違(위)―등지(韋)고 가(辵)니「어긋나는」것.

④ 竟(경)―音과 儿의 合字니 노랫소리(音)를 길게(ノ) 빼서는 그치
(乚)니「마치는」것.

⑤ 要(요)―女子는 덮어(襾) 주기를 要하는 것.

⑥ 逆(역)―풀(屮)이 머리 위(屮)로 커가(辵)니「거슬러」올라가는 것.

⑦ 鵲(작)―昔鳥는「까치」.

⑧ 鶉(순)―享鳥는「메추리」.

⑨ 盡(진)―그릇(皿)의 물이 이에(聿) 불(火)기운으로 蒸發돼「다 없
어지는」것.

⑩ 賻(부)―專貝는 初喪 때 쓰는 布木으로 도와 주는 것.

⑪ 饋(궤)―貴한 食物을「주는」것.

⑫ 醴(례)―豊酉는「단술」.

⑬ 孔(공)―새(乙)가 새끼(子)를 까는 데는 알에서「구멍」을 내서 새
끼는 큰 世上으로 나오니「크다」는 뜻도 됨.

⑭ 盜(도)―그릇(皿)의 食物을 보고 침을 흘리(次)면서「훔치는」것.

⑮ 餤(담)―턱이 作動(炎)해서 먹으(食)니「씹는」것.

【通釋】① 事君하는 데는 諫言은 하려 해도 陳述은 하지 않나니, 『詩
經』小雅隰桑篇에는「마음만은 사랑해도 멀어(遐) 말은 할 수 없어 心
中에만 간직(藏)하니 어느 때나 잊을손가.」고 하였다.

② 事君을 하는 데는 難進하고 易退하면 官位에 秩序가 있지마는 易
進하고 難退하면 世上이 混亂해지는 것이다. 그러므로 君子는 進할 때
는 三揖하나 退할 때는 一讓하나니, 그것은(以) 混亂을 막기(遠) 爲한

것이다.

③ 事君을 하는데 意見이 三次나 違反되어도 그만두(竟)고 나가지 않는다면 그것은 俸給(祿)만 利欲하기 때문이니, 사람들은 비록 强要함이 아니라고 해도 나는 그것을 믿지(信) 않는다.

④ 事君을 하는 데는 始初를 愼하고 終末을 敬해야만 한다.

⑤ 人君은 可히 臣下를 貴하게도 하고 賤하게도 하며, 富하게도 하고 貧하게도 하며, 살리기도 하고 죽이기도 하나니, 그로 하여금 亂하게 해서는 안 되는 것이다.

⑥ 事君을 하는데 軍隊에 가서는 險難을 避(辟)하려 하지 아니하고 朝廷에 있어서는 賤位를 免(辭)하려 하지 않아야 하니, 그 職位에 있어(處)서 그 職事를 履行하지 않는다면 混亂하게 되는 것이다. 그러므로 人君은 그 臣下로 하여금 得意하면 愼慮해서 따르(從)게 하지마는, 得意하지 못하면 어찌(孰) 愼慮해서 따르게 할까. 일(事)을 마치(終)고 退하게 함은 그 臣을 厚待하는 것이니, 『易經』蠱卦上九의 爻辭에서는 『王侯를 섬기지 아니해도 그 事爲는 高尙하게 하라.』고 하였다.

⑦ 오직 天子는 天命을 받고 士者는 君令을 받았기 때문에 君命이 順하면 臣은 그에 順하지마는 君命이 逆하면 臣도 그에 逆해야 될 것이다. 그러므로 『詩經』鄘風鶉之賁賁篇에는 「까치(鵲)는 姜姜하고 메추리(鶉)는 賁賁하니 사람들은 無良해도 나는 君으로 해야 할까.」고 하였다.

⑧ 君子는 말(辭)로써(以)만 남(人)에게 다하(盡)지 않는 것이기 때문에 天下에 秩序(道)가 있으면 實行에 枝葉이 나는 것이다. 그러므로 君子는 喪家에 가서 賻儀를 하지 못하면 그의 喪費는 묻지 않고, 問病을 가서는 食物로 주지 못하면 그의 食欲을 묻지 않는 것이며, 來客에 旅費로 주지 못하면 그의 旅館도 묻지 않는 것이다. 그러므로 君子의 接함은 淡水와 같고 小人의 接함은 甘醴와 같으니, 君子는 淡하게 이루어(成)지나 小人은 甘하게 破(壞)해지는 것이다. 그러므로 『詩經』小雅巧言篇에는 「害된 말은 달(甘)지마는 그 맛(醴)으로 混亂된다.」고 하였다.

【餘説】 이에 또 事君하는 原則을 六重으로 말씀하셨으니 ① 事君하는

데는 諫言하려고는 하지마는 陳述하려고는 하지 않고, ② 事君하는 데는 難進而易退해야지 易進而難退해서는 안 되며, ③ 事君하는 데는 三違해도 不出竟함은 利祿만 爲한 것이고, ④ 事君하는 데는 愼始하고 敬終해야 하며, ⑤ 事君하는 데는 貴賤, 貧富, 生殺이 달렸으니 그것을 混亂시켜서는 안 되는 것이고, ⑥ 事君하는 데는 軍事의 難關도 避하려 하지 아니하고 朝廷의 賤職도 免하려 하지 않는 것이다. 그래서 得意하면 將來를 생각해서 따라가고, 得意하지 못하면 將來를 생각해서 따라서는 안되니 職責을 마치고는 물러나야만 되는 것이다.

　그런데 天子는 天命을 받은 것이고, 臣下는 君命을 받는 것이니, 君命이 天命에 順하면 그를 順從해야 하지마는 君命이 天命에 逆하면 그를 拒逆해야만 할 것이다. 그러므로 『詩經』 鄘風郭篇에 「鵲도 彊彊 짝을 짓고 鶉도 奔奔 짝짓는데 人間만은 不良해도 나는 君에 奉仕할까.」고 한 말을 引用한 것이다. 君子는 言辭로만 人事를 다하지는 않으니 天下가 有道하면 實行에 가지가 나지마는, 天下가 無道하면 言辭에만 가지가 나기 때문이다. 그러므로 問喪을 가거나 問病을 가거나 來客에 對해서 도와주지 않으면 그의 所費를 묻지 않는다는 것이다. 君子의 實行은 淡水와 같으나 小人의 言辭는 甘醴와 같으니, 그의 甘言은 世上을 混亂하게 만드는 것이다.

8

　① 子曰 君子不以口譽人 則民作忠 故君子問人之寒 則衣之 問人之飢則食之 稱人之善則爵之 國風曰 心之憂矣 於我歸説. ② 子曰 口惠而實不至 怨菑及其身 是故君子與其有諾責也 寧有己怨 國風曰 言笑晏晏 信誓旦旦 不思其反 反是不思 亦已焉哉. ③ 子曰 君子不以色親人 情疏而貌親 在小人則穿窬之盜也與. ④ 子曰 情欲信 辭欲巧. ⑤ 子言之 昔三代明王 皆事天地之神明 無非卜筮之用 不敢以其私褻事上帝 是以不犯日月 不違卜筮 卜筮不

相襲也 大事有時日 小事無時日 有筮 外事用剛日　内事用柔日 不違龜筮. ⑥子曰 牲牷禮樂齊盛 是以無害乎鬼神 無怨乎百姓. ⑦子曰 后稷之祀易富也. 其辭恭 其欲儉 其祿及子孫 詩曰 后稷兆祀 庶無罪悔 以迄于今. ⑧子曰 大人之器威敬 天子無筮 諸侯有守筮 天子道以筮 諸侯非其國不以筮 卜宅寢室 天子不卜處大廟. ⑨子曰 君子敬則用祭器 是以不廢日月 不違龜筮 以敬事其君長 是以上不瀆於民 下不褻於上.

【字解】 ① 稱(칭)―벼(禾)를 兩쪽 손(爯)으로 같은 重量을 들어서「저울질」을 하는 것이니 그것을「말한다」는 뜻으로도 轉注되었음.

② 諾(낙)―그 말(言)과 같(若)게 承諾하는 것.

③ 晏(안)―해(日)가 지붕(安) 위에 올라와서 일어나니「늦은」것인데, 두 字를 거듭한 晏晏은 平和롭다는 形容詞.

④ 誓(서)―말(言)을 꺾어(折)서 盟誓하는 것.

⑤ 旦(단)―해(日)가 地平線(一)上에 올라오는「아침」인데, 두 字를 거듭한 旦旦은 確實하다는 形容詞.

⑥ 穿(천)―쥐가 어금니(牙)로써 구멍(穴)을「뚫는」것.

⑦ 窬(유)―通해(俞)서 나갈만한 구멍(穴)이란 뜻.

⑧ 剛(강)―岩石(岡)도 끊는 칼(刀)은 剛한데, 剛日은 天干의 奇數日(甲丙戊庚壬).

⑨ 柔(유)―창(矛)으로 치니 나무(木)는 柔한 것인데, 柔日은 天干의 偶數日(乙丁己辛癸).

⑩ 牲(생)―生牛를 犠牲으로 하는 것.

⑪ 牷(전)―全牛는 純色牛.

⑫ 寢(침)―집(宀) 房안 침대(爿)에 누워 바라(큧)는「잠을 자는」것.

【通釋】 ① 君子가 남(人)을 말(口)로만 남을 기리지(譽) 않으면 百姓들은

忠心이 나는 것이다. 그러므로 君子는 남의 추운 것을 물으면 衣服을 입혀 주고, 남의 배고픔을 물으면 食物을 먹이며, 남의 善함을 稱讚하면 俸祿을 주게 하는 것이다. 『詩經』曹風蜉蝣篇에는 「맘에 근심 있는 者는 내게 외(歸)서 즐거(說)하라.」고 하였다.

② 말(口)로만 恩惠롭고 實益은 주지 않는다면 그 自身에 怨望이 올 것이다. 그러므로 君子는 空然한 言責만 지기보다는 차라리 怨望을 없게(已) 하는 것이다. 衛風泯篇에는 「言笑함이 平和(晏晏)하니 信誓함도 確實(旦旦)하다. 그를 다시(反) 생각하나, 다시 이를 생각 않음 또한 그것 뿐이로다.」고 하였다.

③ 君子는 顔色으로만 사람을 親하지 않는 것이니, 心情은 疎한데 外貌만 親함은 小人에는 남의 집 방 구멍을 파는(穿窬) 盜賊과 같은 것이다.

④ 情을 信하게 하려(欲)고 辭를 巧하게 하려는가. ⑤ 옛적에 三代의 明王들은 모두 天地의 神明을 섬기는데 卜筮를 쓰지 않음이 없었으나 敢히 私心으로써 上帝를 섬기지는 않으셨다. 그러므로 日月에도 犯하지 안 하고 卜筮에도 어기지 않으며, 卜筮는 거듭(相襲)하지 않는 것이니 大事에는 時日이 있어도 小事에는 時日이 없이 筮占을 하였는데 外事에는 剛日을 쓰고 內事에는 柔日을 쓰는데 龜筮는 어기지 아니 하였다.

⑥ 牲牷, 禮樂, 齋盛, 龜筮에 不違해야만 鬼神에도 害가 업고 百姓에도 怨이 없는 것이다.

⑦ 后稷의 祭祀에는 豊富하게 하기가 쉬우나 그 辭는 恭하게 하고, 그 儉하게 하려 해서 그의 福祿이 子孫에 내려왔다. 그러므로 『詩經』大雅生民篇에는 「后稷을 尊祀함엔 언제(庶)나 罪悔 없이 至今까지 이르렀다.」고 하였다.

⑧ 大人의 器는 威敬함이니 天子는 筮를 안해도 諸侯는 筮를 지키며 天子는 筮를 말해도 諸侯는 自國이 아니면 筮를 하지 않고, 寢室을 卜하지마는 天子는 大廟에 卜處하지 않는 것이다.

⑨ 君子는 敬하면 祭器를 쓰니 그래서 日月을 不廢하고 龜筮를 不違하여 그 君長을 敬事하는 것이다. 그러므로 上官은 下民을 업신여기지 않고, 下民은 上官을 더럽히지(褻) 않는 것이다.

【餘說】 이에 孔夫子는 「君子는 不以口譽人 則民作忠이라.」고 말씀하셨으니 忠은 中心으로 相對者를 爲해 주는 것이라, 相對者에게 有益이 되지 않는 말만 하는 것은 忠이 아니다. 그러므로 君子는 「問人之寒 則衣之하고 問人之飢 則食之하며, 稱人之善 則祿之하는」 것이다. 相對者는 二人稱이니 二人의 合字는 仁이라, 忠은 仁에서 나오는 것이다. 仁한 마음이 없이는 忠을 할 수가 없으니, 「口惠而實不至하고 情疎而貌親하는」 것은 不仁하니 非忠이다.

옛적에 三代의 明王은 모두 天地의 神明을 섬기는 데 모두 卜筮를 用으로 하였으나 그것은 敢히 私心으로써 上帝를 섬긴 것은 아니었다. 그의 目的은 오직 救世安民을 함에 있으니, 救世安民을 하는 重大한 事業을 하는 데는 첫째로 自身의 理性으로 思考하고, 다음은 卿士의 衆智에 諮問하고, 셋째는 庶民의 公論을 聽取해도 判斷이 되지 않을 때는 卜筮에 依해서 判斷하였으니, 그래서 卜筮는 政治上에 重用되었던 것이다. 그러므로 『書經』洪範九疇의 第七에는 「稽疑」가 있으니 卜筮한 것은 人智로 未判하는 것을 神明께 問議하는 方法인 것이다.

第十一編　緇衣

1

①子言之 曰 爲上易事也 爲下易知也 則刑不煩矣. ②子曰 好賢如緇衣 惡惡如巷伯 則爵不瀆而民作愿 刑不試而民咸服 大雅曰 儀刑文王 萬國作孚. ③子曰 夫民 教之以德 齊之以禮 則民有格心 教之以政 齊之以刑 則民有遯心 故君民者 子以愛之 則民親之 信以結之 則民不倍 恭以涖之 則民有孫心 甫刑曰 苗民匪用命 制以刑 惟作五虐之刑曰法 是以民有惡德 而遂絶其世也. ④子曰 下之事上也 不從其所令 從其所行 上好是物 下必有甚者矣 故上之所好惡 不可不愼也 是民之表也. ⑤子曰 禹立三年 百姓以仁遂焉 豈必盡仁 詩云 赫赫師尹 民具爾瞻 甫刑曰 一人有慶 兆民賴之 大雅曰 成王之孚 下土之式. ⑥子曰 上好仁 則下之爲仁爭先人 故長民者 章志貞教 尊仁以子愛百姓 民致行己以說其上矣 詩云 有梏德行 四國順之.

【字解】① 愿(원)—原心은「淳朴한」것.

② 孚(부)—새가 발톱(爫)으로 알에서 새끼(子)를 까서는 위에 떠서 품고 밟지 않으니「미더」운 것.

③ 遯(돈)—돼지(豚)가 가(辵)니「달아나 숨는」것.

④ 倍(배)—音는 否의 變字 위에 點(丶)을 찍어서 사람(人)이 親密한 相對를 背叛(否)하는 것인데,一體가 二分되니「곱」이란 뜻으로 轉注된 것.

⑤ 匪(비) ─ 正當하지 않은(非) 마음을 감추(匚)고 있는 者니 「非」의 뜻으로도 通用하는 것.

⑥ 甚(심) ─ 其와 匹의 合字니 그(其) 配匹을 좋아함이 「甚한」 것.

⑦ 兆(조) ─ 거북 등을 불로 지져서 갈라진 금을 形象한 字니, 그로써 將來의 徵兆를 보는데 그 금이 無數하기 때문에 最多한 數字로도 쓰는 것.

⑧ 梏(곡) ─ 告發된 罪人을 木制의 刑틀에 채웠던 것.

【語解】 ① 緇衣(치의) ─ 卿士가 入朝할 때 입는 黑色(緇)의 私服(衣)인데, 鄭武公이 賢士를 愛好했기 때문에 그를 讚美한 『詩經』 鄭風의 篇名이 되었음을 孔子가 言及했으니, 戰國時代에 公孫尼子가 孔子의 名言을 輯錄하니 篇名이 되었음.

② 巷伯(항백) ─ 宮中의 宦官의 長을 名稱한 것으로 『詩經』 小雅의 篇名이 되었는데, 이 詩는 讒言하는 者를 憎惡하는 內容으로 된 것.

③ 師尹(사윤) ─ 周代의 太師인 尹氏니 尹吉甫의 後.

④ 甫刑(보형) ─ 『書經』 周書의 篇名에 呂刑이 誤記된 것.

⑤ 四國(사국) ─ 四方의 國家들.

【通釋】 ① 國家의 官職에 있는 者는 在上者를 爲해서는 事務를 쉽게(易) 하고, 在下者를 爲해서는 理解(知)를 쉽게 하면 刑罰이 煩雜해지지 않는 것이다.

② 好賢을 하는 데는 緇衣詩와 같이 하고, 惡惡을 하는 데는 巷伯詩와 같이 하면 爵賞이 公正(不瀆)해서 百姓이 淳朴해지니 刑罰을 試行하지 아니해도 國民은 다 服從하는 것이다. 그러므로 『詩經』 大雅文王篇에는 「文王을 模範(儀刑)하니 萬國이 信望(孚)한다.」고 하였다.

③ 무릇 人民들은 德으로써 敎化하고 禮로써만 治安(齊)하면 모두가 服從(格)하는 마음이 있지마는 權力(政)으로 强制하고 刑罰로만 治安하면 모두들 忌避(遯)하는 마음이 있는 것이다. 그러므로 民衆에 君臨하는 者는 子息처럼 愛護하면 民衆이 親해오는 信義로써 結合하면 民衆이 背叛하지 않으며, 恭愼해서 相對(涖)하면 民衆은 遜心이 있게 되

는 것이다. 그러므로 呂刑에는 「苗族이 命令을 듣지 않는(匪)다고 刑罰을 만들(制)어서 오직 五虐의 刑을 지어 法이라 했다.」고 하였다. 그러므로 百姓들은 惡德으로 化해서 드디어 그의 治世가 絶滅하게 된 것이다.

④ 下民이 上者에 對해서는 그의 威令에는 服從하지 않아도 그의 所行에는 追從하는 것이니, 上者가 崇尙(好)하는 事物을 下者는 더욱(甚) 崇尙하는 것이다. 그러므로 在上者는 好惡함을 삼가지 안해서는 안 되니, 上者는 下民의 標準(表)이기 때문이다.

⑤ 禹王이 登極한 지 三年만에 百姓들은 仁으로써 遂行하였으나, 어찌 반드시 仁을 다했다고야 말할까. 『詩經』 小雅節南山篇에는 「赫赫하온 太師尹氏 民이 모두(具) 그를 본다.」고 하고, 『書經』의 呂刑篇에는 「人君一人 慶事 있음 兆民 모두 힘입는다.」고 했으며, 『詩經』 大雅下武篇에는 「成王의 信望이여 下民의 法이 됐다.」고 하였다.

⑥ 在上者가 仁만 좋아하면 在下者는 다투어(爭)서 仁을 行할 것이다. 그러므로 民衆의 長上이 된 者는 그의 志를 明白(章)히 하고 그의 敎를 貞正히 하며, 仁을 崇尙하여 百姓을 子愛하면 百姓들은 自己의 德行을 이루어(致)서 그 上者를 즐겁게 하는 것이다. 그러므로 『詩經』 大雅蕩什抑篇에는 「德行함을 깨우쳐(覺)서 四國이 다 順應한다.」고 하였다.

【餘說】 要컨대 「爲上함에 易事하는 것은 忠이고 爲下함에 易知함은 恕이니 忠恕로만 하면」 刑罰은 簡少化될 것이다. 그래서 「好賢은 如緇衣하고 憎惡는 如巷伯하면 爵不瀆而民이 作愿하고 刑不試而民이 咸服하는」 것이다. 그러니 「敎之以德하고 齊之以禮하면 民有格心하나 敎之以政하고 齊之以刑하면 民有遯心이라」는 말씀은 『論語』 爲政篇에 「道之以政하고 齊之以刑하면 民이 免而無恥하나, 道之以德하고 齊之以禮하면 有恥且格이라.」고 한 말씀과 共通하니 指導者는 百姓들을 「子以愛之하면 民以親之하고 信以結之하면 民이 不背하며, 恭以臨之하면 民有遯心하는」 것이다.

大抵 民衆이란 爲政者의 威令에는 服從하지 않아도 指導者의 行動들은 模倣하는 데는 더욱 甚한 것이니, 在上者의 一動一靜은 바로 大衆에

게 投影되는 것이라, 그의 影響은 至大하니 그의 好惡하는 바를 謹愼하지 안해서는 안 되는 것이다. 그러므로「禹立三年에 百姓以仁遂焉하니 一人이 有慶에 兆民이 賴之하니라. 成王之孚는 下民之式이고 赫赫師尹은 民具爾瞻하는」것이다. 在上者가 仁만 崇尙하면 大衆들은 다투어 仁을 먼저하려 하니 指導者는 반드시 仁으로 志向하고 仁으로 敎民해서 百姓을 子愛해야만 할 것이다. 그런데 끝으로 『詩經』에서 引用한「有覺德行」이「有梏德行」으로 誤記되었는데 이것을 古註에는「梏은 大也」라고 強解하였으므로 나는 『詩經』의 原文대로 解釋하였다. .

2

①子曰 下之事上也 身不正 言不信 則義不壹 行無類也. ②子曰 王言如絲 其出如綸 王言如綸 其出如綍 故大人不倡游言 可言也不可行 君子弗言也 可行也 不可言 君子弗行也 則民言不危行 而行不危言矣 詩云 淑愼爾止 不愆于儀. ③子曰 君子道人以言 而禁人以行 故言必慮其所終 而行必稽其所敝 則民謹於言 而愼於行 詩云 愼爾出話 敬爾威儀 大雅曰 穆穆文王 於緝熙敬止. ④子曰 長民者 衣服不貳 從容有常 以齊其民 則民德壹 詩云 彼都人士 狐裘黃黃 其容不改 出言有章 行歸于周 萬民所望. ⑤子曰 爲上可望而知也 爲下可述而志也 則君不疑於其臣 而臣不惑於其君矣 尹吉曰 惟尹躬及湯 咸有壹德 詩云 淑人君子 其儀不忒. ⑥子曰 有國家者 章善癉惡 以示民厚 則民情不貳 詩云 靖共爾位 好是正直.

【字解】 ① 綸(륜)—秩序(侖)있는 실줄(糸)이니 나라의 紀綱을 세우는 「王의 말씀」또는 나라를 統治하는 經綸을 뜻함.
② 綍(발)—盛大(孛)한 실줄(糸)이니 「굵은 새끼」란 뜻으로 綍과 通

用함.

③ 倡(창) ― 사람(人)이 活動을 성(昌)하게 하는 것이니 俳優란 뜻으로도 轉注된 것.

④ 偘(간) ― 剛直(侃)한 말(言)이니 直言을 뜻한 것.

⑤ 慮(려) ― 虎와 思의 合字니 무서운 범(虎)이 올까봐 將來를 「염려」하는 것.

⑥ 稽(계) ― 벼(禾)를 찧은 쌀로써 더욱(尤) 맛있(旨)게 料理하는 方法을 「상고」하는 것.

⑦ 緝(즙) ― 실(糸)오리를 모은(咠) 것으로 베를 짜는 뜻도 있음.

⑧ 改(개) ― 自己의 잘못을 매로 쳐(攵)서 「고치」는 것.

⑨ 忒(특) ― 마음(心)대로만 주살(弋)을 쏘니 「어긋나는」 것.

⑩ 癉(단) ― 참으로(亶) 병(疒)이 든 것.

【通釋】 ① 臣下가 君上을 섬기(事)는 데는 自身이 不正하고 言語가 不信하면 그 義理는 一致하지 안하고, 그 行爲는 類同하지 않는 것이다.

② 王言은 絲線과 같아서 그것이 나오는 데는 順序(綸)가 있고, 王言은 綸序와 같아서 그것이 나오는 데는 大索(綍)과 같은 것이다, 그러므로 大人은 游言으로 行動(倡)하지 않나니, 말은 할 수가 있어도 行할 수 없는 것은 君子가 말을 하지 안하고, 行할 수는 있어도 말할 수 없는 것은 君子가 行하지 않는 것이니, 그러면 百姓은 危行하지 않을 것만 말을 하고 危言하지 않은 것만 行하는 것이다. 그러므로 『詩經』 大雅抑篇에는 「너의 行止 잘(淑) 삼가서 허물(愆) 없게 擧動 하라.」고 하였다.

③ 君子는 말로써는 남을 指導(道)하고 行으로써는 남을 禁止하는 것이다. 그러므로 말은 반드시 그 結果(終)를 생각(慮)하고 行은 반드시 그 弊害를 상고(稽)하면 百姓은 말을 謹하고 行을 愼하는 것이다. 大雅抑篇에는 「너의 말을 謹愼하고 너의 威儀 恭敬 하라.」고 하고, 또 大雅文王篇에는 「穆穆하신 文王께선 모두(緝) 敬에 그치셨다.」고 하였다.

④ 人民의 長이 된 者는 衣服에는 禮法에 틀리(貳)지 아니하고, 行動에는 常道가 있게 해서 그의 百姓을 指導(齊)하면 民德이 歸一될 것이

다. 大雅都人士篇에는「저 都邑에 人士들은 純黃色의 狐裘 입고 그 얼굴을 안고쳐도 말하는 데 빛이 나서, 周나라로 돌아오니 萬民이 다 바라본다.」고 하였다.

⑤ 남의 上者가 되어서는 將來를 바라(望)보는 知가 있고, 下者가 되어서는 職務를 承述하는 志가 있으면 君上은 臣下에게 疑心받지 아니하고, 臣下는 君上에게 迷惑하지 않을 것이다. 伊尹은 太甲에게 告(吉은 誤字)하되,「오직 尹躬과 湯王은 咸께 一德을 가졌다.」(『書經』의 咸有一德에)고 하고, 曹風鳲鳩篇에는「淑人이나 君子들은 그 行動이 틀림없다.」고 하였다.

⑥ 나라를 統治하는 者는 善을 表章하고, 惡을 疾(癉)斥해서 厚德함을 보이(示)면 民情이 歸一(不二)될 것이다. 그러므로 小雅小明篇에는「職位 咸께 安定하니 正直함만 좋아한다.」고 하였다.

【餘説】 옛적에는 王의 말씀을 綸音이라고 하였으니, 그것은 반드시 秩序가 있어야만 되기 때문이다. 그러므로 大人은 行할 수 없는 것은 말하지 안하고, 말할 수 없는 것은 行하지 않는 것이니, 그래야만 國民들이 맡은 行에 違(危)하지 아니하고, 行은 말에 違하지 않게 되기 때문이다. 그래서 在下者가 在上者를 섬기는 데는 몸은 바르게 말은 미덥게 해야만 義로 統一이 되고 行으로 類同하게 되는 것이다. 爲上者는 事理를 아는 知가 있어야 하고, 爲下者는 行動을 하는 志가 있어야만 되는 것이니, 그래야만 上下의 間에 疑惑이 없어지기 때문이다.

君子는 人民을 指導하는 데는 말로 하지마는 罪過를 禁止하는 데는 行으로 하기 때문에 말은 반드시 그의 結果를 念慮하고, 行은 반드시 그의 弊端을 檢證해야만 國民이 言行을 謹愼하는 것이다. 統治者는 반드시 彰善疾惡을 해야 하니 善惡이 混同되어서는 國家를 다스릴 수가 없는 것이다. 그런데 詩에서 引用한「淑愼爾止 不諐于儀」라는 中에 諐의 字는「直言」을 뜻한 것인데, 이것을 古註에는「過失」이란 뜻으로 解釋하였으니 直言이 어찌 過失의 뜻으로 轉註될 수 있을까.『詩經』原文에는「愆」으로 쓴 것이「諐」으로 誤記된 것을 標準으로 해서 諐을 愆의 同字로 만든 것이다.

3

① 子曰 上人疑 則百姓惑 下難知 則君長勞 故君民者 章好以示民俗 慎惡以御民之淫 則民不惑矣 臣儀行 不重 辭 不援其所不及 不煩其所不知 則君不勞矣 詩云 上帝 板板 下民卒癉 小雅曰 匪其止共 維王之卬. ② 子曰 政之 不行也 教之不成也 爵祿不足勸也 刑罰不足恥也 故上不 可以褻刑而輕爵. 康誥曰 敬明乃罰. 甫刑曰 播刑之不迪. ③ 子曰 大臣不親 百姓不寧 則忠敬不足 而富貴已過也 大臣不治而邇臣比矣 故大臣不可不敬也 是民之表也 邇 臣不可不愼也 是民之道也 君毋以小謀大 毋以遠言近 毋 以內圖外 則大臣不怨 邇臣不疾 而遠臣不蔽矣 葉公之顧 命曰 毋以小謀敗大作 毋以嬖御人疾莊后 毋以嬖 御士疾 莊士大夫卿士. ④ 子曰 大人不親其所賢 而信其所賤 民 是以親失 而教是以煩 詩云 彼求我則 如不我得 執我仇 仇 亦不我力 君陳曰 未見聖 若己弗克見 旣見聖 亦不克 由聖.

【字解】 ① 俗(속)─골짝(谷) 사람(人)이니 低級한 社會를 뜻한 것.
② 淫(음)─不當한(壬) 것을 잡으(爪)려고 물(水)에「빠지는」것.
③ 卬(공)─僞造(工)한 符節(卩)이니 害毒이 된 것.
④ 板(판)─서로 反對로 갈라지는 나무(木)「판자」.
⑤ 播(파)─손(手)으로 種子를 나누어(釆)서 밭(田)에다「뿌리는」것.
⑥ 迪(적)─말미암아(由) 가(辵)는 것.
⑦ 圖(도)──一定한 地域(口)에 穀物의 倉庫(啚)를 設計해(口)서 「그림」을 그리는 것.
⑧ 葉(엽)─풀(艹)에서 난 조각(枼)은「잎사귀」이나, 固有名詞로는 音이「섭」.

⑨ 嬖(폐)—特別(辟)하게 愛好하는 女子처럼 寵愛하는 臣下.

⑩ 賢(현)—臣下로서 財寶(貝)로 잡은(又) 것은「賢明한」것.

⑪ 聖(성)—귀(耳)로 듣고 입(口)으로 말하는 것이 잘(壬) 通하는 知能이 있는 人格.

【語解】① 上人(상인)—在上한 者.

② 板板(판판)—나무板처럼 갈라진 것을 形容한 것.

③ 康誥(강고)—『書經』周書의 篇名인데, 成王이 그의 叔父에 康叔을 衛侯로 封할 때의 誥命.

④ 葉公(섭공)—楚나라 葉縣의 大夫로서 公으로 僣稱한 것.

⑤ 莊后(장후)—莊한 夫人이란 뜻.

⑥ 仇仇(구구)—원수(仇)로 對한 形容詞.

⑦ 顧命(고명)—臨終時의 遺言.

⑧ 君陳(군진)—『書經』周書篇名이니 成王이 君陳에게 戒命한 것.

【通釋】① 上人이 疑心하면 百姓은 迷惑하게 되고, 下民이　難知하면 君長은 勞苦하게 되는 것이다. 그러므로 國民에 君臨한 者는 愛好하는 바를 들어내(章)서 民俗을 보이고, 惡人을 삼가(愼)해서 民淫을 막아(御)야만 하니, 그러면 國民은 迷惑하지 않을 것이고, 臣下는 行儀만 삼가고 言辭은 않으며, 그의 不及한 바는 援用하지 안하고, 그의 不知한 바는 煩説하지 않으면 君上은 勞苦하지 않을 것이다. 그러므로 大雅板篇에는「上帝에서 갈라지(板板)면 下民 모두(率) 病(癉)이 된다.」고 하고, 小雅巧言篇에는「其止하지 아니(匪)함이 王이 害毒되었도다.」고 하였다.

　② 政治가 行하지 못한 것은 教育이 되지 않기 때문이니 그것은 爵祿으로도 勸勉하게 할 수 없고 刑罰로써도 恥辱되게 할 수 없는 것이다. 그러므로 在上者는 刑罰만 濫用(褻)하고, 爵賞을 輕視해서는 안 되는(不可) 것이니, 康誥에는「刑罰은 敬明하게 하라.」고 하고, 呂刑에는「刑罰에는 不迪한다.」고 하였다.

　③ 大臣이 親하지 안하고 百姓이 편하지 않음은 忠敬이 不足해서 富

貴는 過度하고 大臣은 不治해서 近臣이 私比하기 때문이다. 그러므로 大臣을 敬待하지 않아서는 안 되니 그들은 民衆의 模範이고, 近臣은 謹愼하지 안해서는 안 되니 그들은 民衆의 行道이기 때문이다. 人君은 小로써 大를 꾀하지 말고 遠으로써 近을 말하지 말며, 内로써 外를 圖하지 않으면 大臣은 怨望하지 아니하고, 近臣은 憎惡(疾)하지 않아서 遠臣이 덮여(蔽)지지 않을 것이다. 葉公의 顧命에는 「小謀로써 大事를 敗하게 하지 말(毋)고 嬖妾으로써 莊后를 미워(疾)하지 말며, 嬖士로써 莊士, 大夫, 卿士를 미워하지 말라.」고 하였다.

④ 大人이 그 賢者는 親하지 아니하고 그 賤者만 信한다면 人民은 그래서 失親하고 教化는 그래서 煩亂해지는 것이다. 小雅正月篇에는 「王이 나를 求할 때는 못 얻을까 걱정한다. 나를 써선 疎外(仇仇)하니 나도 힘을 쓸 수 없다.」고 하고, 君陳에는 「聖者를 못 볼 때는 못볼까 봐 걱정하다가 聖者를 보고나선 그 道로 由行하지 않는다.」고 하였다.

【餘説】 要컨대 君上은 愛好함을 明白히 해서 民俗을 만들고, 憎惡함을 謹愼하여서 民淫을 막으면 下民은 迷惑하지 않는 것이고, 臣下는 行動에만 힘을 쓰고 言辭만을 하지 않으며, 不足한 바는 隱護하지 않고 不知하는 바는 煩説하지 않으면 君上은 困難하지 않으나, 上者가 善惡을 判斷하지 못하면 下民은 疑惑하게 되고, 下民이 善惡을 認識하지 못하면 君上이 困難하게 되는 것이다. 政治가 不行하고 教化가 不成함은 爵祿으로도 勸行될 수 없는 것이고, 刑罰로써도 禁止될 수도 없는 것이고, 在上者는 刑罰만 하고 爵賞을 안해서는 안 될 것이다.

大臣은 民衆의 師表이니 그는 恭敬하지 않아서는 안 되고, 近臣은 民衆을 指導하니 그도 謹愼하지 않으면 안 되는 것이다. 그런데 大臣이 不親해서 百姓이 不寧하면 그것은 忠敬이 不足해서 富貴만 過度히 하고, 大臣을 不治하고 近臣과 親比했기 때문이다. 人君은 以小謀大하고 以遠言近하며 以内圖外하지 말라. 그래야만 大臣은 不怨하고 近臣은 不疾해서 遠臣이 不蔽하는 것이다. 大人이 不親其所賢하고 信其所賤하면 民衆이 親和하지 않아서 教化는 混亂해 지는 것이다.

4

①子曰 小人溺於水 君子溺於口 大人溺於民 皆在其所
褻也 夫水近於人而溺人 德易狎而難親也 易以溺人 口費
而煩 易出難悔 易以溺人 夫民閉於人 而有鄙心 可敬不
可慢 易以溺人 故君子不可以不愼也. 大甲曰 毋越厥命以
自覆也 若虞機張 往省括于度則釋. 兌命曰 惟口起羞 惟
甲冑起兵 惟衣裳在笥 惟干戈省厥躬. 太甲曰 天作孽猶可
違也 自作孽 不可以逭 尹吉曰 惟尹躬先見于西邑夏 自
周有終 相亦惟終. ②子曰 民以君爲心 君以民爲體 心莊
則體舒 心肅則容敬 心好之 身必安之 君好之 民必欲之
心以體全 亦以體傷 君以民存 亦以民亡. 詩云 昔吾有先
正 其言明且淸 國家以寧 都邑以成 庶民以生 誰能秉國
成 不自爲正 卒勞百姓 君雅曰 夏日暑雨 小民惟曰怨 資
冬祁寒 小民亦惟曰怨. ③子曰 言有物而行有格也 是以
生則不可奪志 死則不可奪名 故君子多聞 質而守之 多志
質而親之 精知 略而行之 君陳曰 出入自爾師虞 庶言同.
詩云 淑人君子 其儀一也.

【字解】① 溺(닉) ─물(水)에 弱(약)하니「빠지는」것.

② 狎(압) ─사람에게 첫째(甲)로 가까운 짐승(犬)은 親해도 敬意는 없
는 것.

③ 鄙(비) ─啚(비)는 吝嗇한 뜻이니, 사람이 모여 사는 邑에서는 吝嗇
한 者는「더러운」것.

④ 慢(만) ─曼 (만)은 引長한 뜻이니 마음(心)이 길쭉한(曼) 것은
「거만한」것.

⑤ 覆(부) ─다시(復) 덮는(覀) 것이니 돌려서「엎치는」뜻으로는 音
이「복」.

⑥ 機(기) ─幾 (기)動하도록 나무(木)로 만든「기계」니 여기서는「활」

을 뜻한 것.

⑦ 張(장)─화(弓)살을 길(長)게 당겨「넓히는」것.

⑧ 括(괄)─입의 혀(舌)를 입술이 닫는 것처럼 손(手)으로「홀쳐서 닫는」것.

⑨ 逭(환)─罪人이 官을 겁내서 逃亡가는 것.

⑩ 舒(서)─客苦하다가 내(予) 집(舍)으로 돌아와서 心身을 활짝「펴는」것.

⑪ 肅(숙)─깊은 소(腨)에 손(⺕)으로 작대기(|)를 짚고 있으니 마음이「숙연한」것.

⑫ 祁(기)─邑人(阝)이 모시는 神(示)殿은「盛大」한 것.

【通釋】 ① 小人(漁夫)은 물에 빠지(溺)고 君子는 말(口)에 빠지며, 大人(人君)은 百姓에게 빠지나니, 그것은 모두 그 職務(嫠)에 잘못이 있기 때문이다. 그 水는 人間에 가까우니 사람이 빠지고 그 德이 狎하기는 쉽고 親하기는 어려우니 사람이 빠지기가 쉬우며, 말(口)만 煩費해서 쉽게 하고 悔改하지 않으면 사람이 빠지기 쉬운 것이다. 무릇 民衆은 人間에 달히(閉)어서 鄙心이 있으니 그들은 敬待해야지 慢待해서는 안되므로 사람이 빠지기 쉬운 것이라, 君子는 謹愼하지 않아서는 안 되는 것이다. 그러므로 『書經』太甲에는「그의 天命을 넘어(越)서 自身을 엎치(覆)지 말라. 虞人(山林官)이 활을 메워(機張)서 그 標的을 보(往省)고 度에 맞으(括)면 쏘는(釋) 것이다.」고 하고, 또 説命에는「오직 말(口)은 耻辱(羞)을 일으키(起)고 甲冑는 兵事를 만들(起)며, 衣裳은 簞笥에 있고 干戈는 그 自身(厥躬)을 살피라.」고 했으며, 또 太甲에는「天이 지은(作) 災害(孽)는 冒免(違)할 수가 있지마는 自身이 지은 災害는 逃避할 수 없다.」고 하고, 伊尹은「나 伊尹은 옛적(先) 西邑에 夏王을 보니 스스로 公正(周)해서 成功하셨으니 그의 輔相도 또한 成功하였다.」고 하였다.

② 國民은 國君을 心神으로 하고 國君은 國民을 肉體로 한 것이니 心神이 莊하면 肉體가 舒해지고, 心神이 肅하면 容貌가 敬해지며, 心神이 好하면 肉體도 반드시 安해지니, 人君이 好함은 人民도 반드시 欲하는

것이다. 心神은 肉體로써 安全하는 것이나, 또한 肉體로써 損傷되기도
하니 人君은 人民으로써 存立하지마는 또한 人民으로써 亡하기도 하는
것이다. 그러므로 옛 詩에는 「옛적 우리 先正께선 그 말씀이 明且淸해
國家는 써 寧하였고, 都邑도 써 成했으며, 庶民은 써 生했는데 누가 能
히 國權을 잡아 公正하게 못하여서 百姓들만 괴롭힐까.」고 하였고, 君
牙(周書篇名)에는 「여름(夏)날에 덥고 비 오면 小民들은 그를 怨望하
고 겨울(冬)이 되어(資)서는 추위가 盛(祁)해도 또한 怨望한다.」고 하
였다.

③ 말에는 內容(物)이 있고 行에는 格式이 있는 것이다. 그러므로 生
時에는 그의 志를 奪取할 수가 없고 死後에는 그의 名을 奪去할 수가
없는 것이니, 君子는 多聞해서는 그 質을 지키고 多志에서는 그 質을
親하며, 精知해서는 略行하는 것이니 君陳에는 「政治를 하는 데는 出
入(取捨)하는 것을 그의 衆(師)議대로 思量(虞)해서 庶民의 말과 같이
하라.」고 하였고, 曹風鳲鳩篇에는 「淑人이나 君子들은 그 行動이 歸一
한다.」고 하였다.

【餘說】무릇 人間은 그의 習熟한 職務에 汨沒(溺)하는 것이니, 그러므
로 漁夫는 水中에 汨沒하고 君子는 言論에 汨沒하고 王侯는 民衆에 汨
沒하는 것이다. 그러니 그의 職責을 잘만 遂行하면 成功하지마는 잘못
行使한다면 漁夫는 水中에 빠져서 죽고, 君子는 言中에 빠져서 沒하며,
王侯는 民中에 빠져서 亡하는 것이다. 그러므로 「水近於人은 易以溺人
하고 口費而煩도 易以溺人하며, 民閉於人도 易以溺人하나니 君子는 不
可以不愼也니라.」고 孔夫子는 말씀하시고, 太甲은 伊尹에게 「天作孼은
猶可違也나 自作孼은 不可逭이라.」고 한 말을 引用해서 그의 眞理를 證
明하신 것이다.

그리고 孔子께서 「民은 以君으로 爲心하고, 君은 以民으로 爲體하니
心莊則體舒하고 心肅則容敬하며, 心이 好之를 身必安之하고 君이 好之
를 民必欲之하여 心以體全하나 亦以傷體하나니 君以民存이나 亦以民亡
이라.」고 하신 말씀은 治國安民에 必要한 社會有機體說이다. 希臘에 플
라톤도 社會有機體說을 主唱하였으니, 그것은 人間의 知識 勇氣 欲望의

三者를 哲人政治, 軍人國防, 生産大衆의 三階級에다 配屬한 것이다. 社會有機體說이 東洋에서는 孔子以前上代에도 있었고 西洋에서는 플라톤 以後 近代까지 있었다. 그래서 나는「社會有機體新論」을 一九三六年 早大「우리 同窓會誌」에 發表한 바 있다(弘道全書 6 輯 收錄).

5

①子曰 唯君子能好其正 小人毒其正 故君子之朋友 有鄉 其惡有方 是故邇者不惑 而遠者不疑也 詩云 君子好仇. ②子曰 輕絕貧賤 而重絕富貴 則好賢不堅 而惡惡不著也 人雖曰不利 吾不信也 詩云 朋友攸攝 攝以威儀. ③子曰 私惠不歸德 君子不自留焉 詩云 人之好我 示我周行. ④子曰 苟有車 必見其軾 苟有衣 必見其敝 人苟或言之 必聞其聲 苟或行之 必見其成 葛覃曰 服之無射. ⑤子曰 言從而行之 則言不可飾也 行從而言之 則行不可飾也 故君子寡言而行 以成其信 則民不得大其 美而小其惡 詩云 白圭之玷 尙可磨也 斯言之玷 不可爲也 小雅曰 允也君子 展也大成 君奭曰 在昔上帝 割申勸寧王之德 其集大命于厥躬. ⑥子曰 南人有言曰 人而無恆 不可以爲卜筮 古之遺言與 龜筮猶不能知也 而況於人乎 詩云 我龜旣厭 不我告猶 兌命曰 爵無及惡德 惟其賢 純而祭祀 是爲不敬 事煩則亂 事神則難 易曰 不恆其德 或承之羞 恆其德偵 婦人吉 夫子凶.

【字解】 ① 毒(독)─살(生)지를 말게(毋) 하는 毒物.
② 絕(절)─실(糸)을 칼(刀)로써 節(卩)度에 맞도록「끊어 쓰는」것.
③ 堅(견)─土地를「굳게」잡은(臤) 것.
④ 攝(섭)─손(手)으로 여러 귀(聶)를 끌어서 말을 듣게 하니「끼어

드는」것.

⑤ 留(류)—二月(卯)의 田地는 아직 農事도 짓지 않고 그대로「있는」
   것.

⑥ 軾(식)—車上에서 敬禮(式)할 때 兩手로 잡는 橫木.

⑦ 射(사)—自身을 法度(寸)에 맞는 體勢로써「활을 쏘는」것이나 그
   것은 生物을 죽이니 그것을「싫어하는」뜻으로는 音이「역」이다.

⑧ 飾(식)—사람(人)이 食生活을 하고 布帛(巾)으로 衣生活을 하는 데
   必要以上으로「꾸미는」것.

⑨ 玷(점)—玉에 占(点)이 있는 缺点.

⑩ 奭(석)—사람이 兩쪽 겨드랑이(大)에 百씩을 끼고 있는 것 같은 大
   人인 召公의 이름이니「君奭」은 周書의 篇名인데, 召公의　辭職을
   挽留하는 周公의 語錄.

⑪ 恒(항)—亘은 天(一)에서 地(一)로 光線이「뻗쳐」오는 것이니 마
   음(心)이 一貫하는 것.

⑫ 厭(염)—짐승(犬)의 고기(肉)를 먹(日)고 배가 불러 飮食이「싫어
   졌」는데, 厂字를 덧붙여서 一般的인 뜻을 表한 것.

⑬ 偵(정)—貞은 卜筮에 나타나는 眞實이니 敵의 眞實을 알아보는 사
   람(人)은 探偵꾼.

【通釋】① 오직 君子는 能히 그 眞正함을 좋아하고, 小人은 그의 正을
無視(毒)하는 것이다. 그러므로 君子는 親愛(朋友)하는데 方向(卿)이
있고, 憎惡하는 데도 種類(方)가 있기 때문에 近者나 遠者가 모두 疑惑
이 없는 것이다. 옛 詩에는「君子의 좋은 配匹(逑)이다.」고 하였다.
　② 貧賤에서 取用 할 것은 輕視하나 富貴에서 取用할 것은 重視하
면 好賢함이 堅固하지 안하고, 憎惡함이 顯著하지 않으니 사람들은 비
록 利益을 爲한 것은 아니라고 해도 나는 信用하지 않는다. 大雅旣醉篇
에는「朋友는 다 끼어들지만 威儀로써 끼어들어라.」고 하였다.
　③ 私惠는 德으로 돌아가지 않는 것이니 君子는 그에 留意하지 않는
것이다. 그러므로 小雅鹿鳴篇에는「남(人)이 나를 좋아함에 나의 德行
보이노라.」고 하였다.

④萬若(苟)에 車가 있다면 반드시 그 軾을 보고, 萬若에 옷이 있다면 반드시 그 떨어진 것을 보며, 사람이 萬若에 말을 한다면 반드시 그 音을 듣고, 萬若에 行을 한다면 반드시 그 成함을 보라. 周南葛章篇에는「그 옷 싫지(射) 않았느라.」고 하였다.

⑤말을 따라서 行한다면 그 말은 假飾한 것이 아니고, 行을 따라서 말한다면 그 行도 假飾은 아닐 것이다. 그러므로 君子는 寡言으로 實行해서 그의 信義를 이루면 사람들(民)은 그의 美德은 誇張(大)하고 그의 惡行은 省略(小)하지 않을 것이다. 그러므로 大雅抑篇에는「白圭에 玷 있는 것은 갈면 없어지지마는 말에 缺点 있는 것은 어찌할 수가 없는 거다.」고 하고, 小雅車攻篇에는「믿었도다. 그 君子는 發展해서 大成했다.」고 했으며 君奭에는「옛적에 上帝께서 殷紂를 征伐해서 거듭(申) 寧王의 德을 권(勸)하시와 그 몸(厥躬)에 大命을 내려(集) 주셨다.」고 하였다.

⑥南人에 말이 있되「사람으로서 恆心이 없으면 卜筮도 할 수 없다.」고 하였으니 이것은 古人의 遺言인가. 龜筮도 오히려 알지 못하는데 하물며 人間일까. 小雅小旻篇에는「나의 龜 싫어해서 내게 아니 告했도다.」고 하고, 説命에는「官爵은 惡德에게 주지 말고 오직 賢者에게 주라.」고 하고, 또「祭祀에 瀆(黷)하면 이것이 不敬이니 事(禮)煩하면 亂하고 事神에는 難한 것이다.」고 하며, 恆卦九三에는「그 德性이 一貫(恆)하지 않으면 或은 恥辱(羞)도 받는다.」고 하고, 또 六五에는 「그 德性이 一貫함은 貞한 것이나 그것도 婦人에게는 吉하지마는 男子에게는 凶할 때도 있다.」고 하였다.

【餘説】日本의 譯書들은 모두 鄭玄의 古註에만 依據하였으나 나는 説文的 眞理에 依據해서 그의 不當性을 指摘하지 않을 수 없는 것이다. 鄭玄은「君子能好其正 小人毒其正이 란 正字를 匹字의 誤記라고 해서 文義를 曲解하였다. 『禮記』全篇内에서『書經』『詩經』등의 古典의 原文을 引用한 데는 誤記된 字가 無數히 있는 데도 그것은 하나도 誤記라고 指摘하지 않았음은 何故인가. 「詩云」「君子好仇」를 好述의 誤記라고도 하지 안하고, 또 仇字도 匹字로 解釋했으니 仇와 匹은 正反對의

뜻인 것이다. 더구나 前章에서도 大雅抑篇에서 引用한 「淑愼爾止 不愆于儀」에 愆字가 謉字로 誤記되었는데도 謉을 愆이라고 註釋하였으 니 이 두 字는 説文上으로 正反對의 뜻인 것이다.

　이 章에 끝으로 『書經』君奭篇과 説命篇에서 引用한 것이 原文과는 數多한 差誤가 있어서 文義가 不通하는 데도 이것을 無理하게 註解하 였다. 君奭篇에는 「上帝割申勸寧王之德」이라고 한 것은 「上帝周田觀文 王之德」이라 하고, 説命篇에는 「爵罔及惡德惟其賢」이라고 한 것은 「爵 無及惡德民立而正事」라고 해서 誤記된 것을 나는 原文대로 訂正해서 解 釋하였다. 옛적 訓詁家는 왜 誤記된 것도 不當하게 註釋했던가. 그래서 東洋의 學問은 衰退의 一路로만 내려온 것이다. 그러면 이것을 革 新하는 方道는 무엇인가 하면 그것은 오직 説文的 眞理를 闡明함에만 있는 것이다. 그러니 謉을 愆이라 하고 仇를 匹이라고 하는 등 盲目的 으로 註釋해 온 從來의 學風은 根本的으로 革新하지 않으면 안 될 것이 다.

第十二編　儒　行

魯哀公問於孔子曰　夫子之服　其儒服與　孔子對曰　丘少居魯　衣縫掖之衣　長居宋　冠章甫之冠　丘聞之也　君子之學也博　其服也鄉　丘不知儒服　哀公曰　敢問儒行　孔子對曰　遽數之不能終其物　悉數之乃留　更僕未可終也　哀公命席　孔子侍.

【通釋】魯나라 哀公이 孔子께 묻되, 「先生(夫子)님의 服裝은 儒服인가요?」고 하니, 對答하시되 「저(丘)가 少時에 魯나라에서 살(居) 때는 縫掖之衣(소매가 큰 옷)를 입었고, 커서(長) 宋나라에서 살 때는 章甫의 之冠(殷代의 緇布冠)을 썼(冠)사온데 저는 들으니 君子의 學問은 博하게 해도 그 服裝은 鄉俗에 따르기 때문에 저는 儒服이 따로 있다는 말은 듣지 못했습니다.」고 하니, 哀公은 「敢히 儒行을 묻나이다.」고 함에 孔子는 對答하시되 「갑자(遽)기 그 가지 數를 다 세려면 限이 없사와 그것을 다 들려면 時間이 걸리(留)니 다시(更) 모셔(僕)도 다는 말씀 드릴 수 없을 것입니다.」고 말씀하시니 哀公이 坐席을 命한즉, 孔子는 모시(侍)고 말씀하시되,

①儒有席上之珍以待聘　夙夜强學以待問　懷忠信以待舉　力行以待取　其自立有如此者.

【通釋】儒者는 席上에 보배(珍)가 있으니 招聘해 오기를 기다리고, 晝夜로 勉學해서는 質問해 오기를 기다리며, 忠信을 품(懷)고서는　登

用(擧) 되기를 기다리고, 힘써(力) 篤行해서는 取用하기를 기다리나
니 그의 自立함은 이와 같은 것이고,

---

②儒有衣冠中　動作愼　其大讓如慢　小讓如僞　大則如威
小則如愧　其難進而易退也　粥粥若無能也　其容貌有如此者.

【通釋】儒者는 衣冠을 쓴 동안은 動作을 삼가하나니 그의 大讓은 倨慢한
듯도 하고 小讓은 虛僞같기도 하며, 크게는 威嚴같기도 하고 작게는
羞愧한 듯도 하며, 進仕하기는 어렵게 알고 退官하기는 쉽게 함은 힘
이 없어(粥粥)서 無能한 듯도 하니, 그의 容貌는 이와 같은 것이며,

---

③儒有居處齊難　其坐起恭敬　言必先信　行必中正　道塗
不爭險易之利　冬夏不爭陰陽之和　愛其死以有待也　養其
身以有爲也　其備豫有如此者.

【通釋】儒者는 그 居處를 整齊하게 하고 그 坐起는 恭敬하게 하며, 言
은 반드시 先信하고 行은 반드시 中正하며, 道途에는 險과 平(易)의
利를 다투지 아니하고, 冬夏에는 陰과 陽이 和하고 否함을 다투지 아
니하며, 그 自身을 아껴(愛)서는 待望함이 있고, 그 自身을 길러(養)
서는 事業을 하려는 것이니, 그의 豫備함이 이러한 것이고,

---

④儒有不寶金玉　而忠信以爲寶　不祈土地　立義以爲土
地　不祈多積　多文以爲富　難得而易祿也　易祿而難畜也
非時不見　不亦難得乎　非義不合　不亦難畜乎　先勞而後祿
不亦易祿乎　其近人有如此者.

276

【通釋】儒者는 金玉을 보배로 하지 않고 忠信을 보배로 하며, 土地는 祈求하지 않고 義理를 세워서 土地로 하며, 多財를 祈求하지 안하고 多文함을 富財로 하며, 得位를 어렵게 해서도 俸祿은 輕視(易)하나니, 俸祿을 輕視함은 富財를 어렵게 아는 것이며, 非時에는 不見하니 또한 得位하기가 어려운 것이 아니며, 非義에는 不合하니 또한 富財하기가 어려운 것이 아닐까. 先勞한 뒤에 俸祿을 받으니 또한 俸祿을 輕視함이 아닌가요. 그의 近人함은 이와 같은 것이며,

---

⑤儒有委之以貨財 淹之以樂好 見利不虧其義 劫之以衆 沮之以兵 見死不更其守 鷙蟲攫搏不程勇者 引重鼎不程其力 往者不悔 來者不豫 過言不再 流言不極 不斷其威 不習其謀 其特立有如此者.

【通釋】儒者는 財貨를 맡겨 주(委)고 享樂에 빠지(淹)게 해서 利益을 보아도 그 義理는 損傷하지 아니하고, 衆人으로써 威脅(劫)하고 兵力으로써 沮止해서 生命이 危殆해도 그의 志操(守)는 變更하지 아니하며, 難關을 當해 鷙(지) 蟲(충)이 侵犯(攫搏)해도 勇者로서 對하지(程) 아니하고, 重任을 當해도 勇力으로만 當하지 않으며, 지난(往) 것은 後悔하지도 안하고, 오는 것은 豫言하지도 않으며, 過言은 거듭(再)하지 안하고 流言은 追窮(極)하지 않으며, 그의 威儀는 잃지(失) 아니하고 그 陰謀는 익히지 않나니, 그의 特立함은 이러한 것이고,

---

⑥儒有可親而不可劫也 可近而不可迫也 可殺而不可辱也 其居處不淫 其飲食不溽 其過失可微辨 而不可面數也 其剛毅有如此者.

【通釋】儒者는 親交할 수는 있어도 威脅할 수는 없으며, 近接할 수는 있어도 迫害할 수는 없으며, 殺傷할 수는 있어도 侮辱할 수는 없나니, 그의 生活(居處)은 淫亂하지 안하고 그의 飮食은 飽滿(溽)하지 않으며, 그 過失은 微辨해 주어도 面數하지는 않으니 그의 剛毅함은 이러한 것이며,

⑦ 儒有忠信以爲甲冑　禮義以爲干櫓　戴仁而行　抱義而處　雖有暴政　不更其所　其自立有如此者.

【通釋】儒者는 忠信으로써 甲冑로 하고, 禮義로써 방패(干櫓)로 하며, 仁을 이고(戴)서 行하고 義를 안고(抱)서 處하며, 비록 暴政이 있어도 그의 居所를 옮기(更)지 않나니, 그의 自立함은 이러한 것이고,

⑧ 儒有一畝之宮　環堵之室　篳門圭窬　蓬戶甕牖　易衣而出　幷日而食　上答之不敢以疑　上不答不敢以諂　其仕有如此者.

【通釋】儒者는 一畝의 基地, 垣墻(環) 속에 家屋은 싸리(篳)門과 木板門(圭窬), 쑥(蓬)대門과 단지(甕)같은 광창(牖)인데 衣裝을 바꿔(易) 입고 나가(出)서 終日토록 一食을 하면서도 在上者가 答하는데는 敢히 疑心하지 아니하고 在上者가 不答해도 敢히 阿諂하지 아니하나니, 그의 奉仕함은 이러한 것이며,

⑨ 儒有今人與居　古人與稽　今世行之　後世以爲楷　適弗逢世　上弗援　下弗推　讒諂之民　有比黨而危之者　身可危也　而志不可奪也　雖危起居　竟信其志　猶將不忘百姓之病

也 其憂思有如此者.

【通釋】儒者는 今人과 더불어서 살지마는 古人과 더불어서 상고하고, 今世에서 行하지마는 後世에서 法(楷)이 되며, 마침 世上에 不遇해도 上者는 끌어(援)잡지 안하고, 下者는 밀어(推)내지 않으며, 毁謗(讒)하고 阿諂하는 者가 作黨을 하여 危殆하게 만드는 者가 있어서 自身을 威脅해도 그 뜻은 빼앗기(奪)지 아니하고, 起居는 危殆해도 끝내(竟) 그 뜻은 미덥(信)게 百姓의 苦難(病)은 잊지(忘) 않으니 그의 憂思함은 이러하고,

⑩ 儒有博學而不窮 篤行而不倦 幽居而不淫 上通而不困 禮之以和爲貴 忠信之美 優游之法 慕賢而容衆 毁方而瓦合 其寬裕有如此者.

【通釋】儒者는 博學해서 窮盡함이 없고, 篤行해서 倦怠하지 않으며, 幽居해서도 淫亂하지 않고 上通해서 困窮하지 않으며, 禮는 和를 貴히해서 忠信의 美와 優遊의 法으로 賢者를 尊慕하고 民衆을 包容하며, 方角을 끊어(毁)서 圓滿(瓦)히 合하니 그의 寬裕함은 이러한 것이며,

⑪ 儒有内稱不辟親 外擧不辟怨 程功積事 推賢而進達之 不望其報 君得其志 苟利國家 不求富貴 其擧賢援能有如此者.

【通釋】儒者는 内的으로 批判(稱)하는 데는 親私를 避(辟)하지 아니하고, 外的으로 用人(擧)하는 데는 私怨도 避하지 아니하며, 積功한 事實을 評定(程)하여 賢者를 推崇해서 進達하게 하여도 그의 報酬를 바

라지 아니하고 國家에 利益만 된다면 富貴는 求하지 아니하나니, 그
의 選賢하고 讓能함이 이러한 것이고,

⑫ 儒有聞善以相告也 見善以相示也 爵位相先也 患難
相死也 久相待也 遠相致也 其任擧有如此者.

【通釋】儒者는 善事가 있으면 서로 告해 주고, 善事를 보면 서로 보이
며, 職位에서는 서로 讓步(先)하고 患難에서는 서로 犧牲하며, 오래
면 서로 기다리고 먼데서는 서로 이르(致)게 하나니, 그의 任擧는 이
러한 것이며,

⑬ 儒有澡身而浴德 陳言而伏 靜而正之 上弗知也 麤
而翹之 又不急爲也 不臨深而爲高 不加少而爲多 世治不
輕 世亂不沮 同弗與 異弗非也 其特立獨行有如此者.

【通釋】儒者는 몸을 씻(澡)고 德에 들(浴)며, 陳言을 하고는   엎드려
(伏) 기다리고 靜居해서는 바루어(正)가도 在上者는 알지도 못해서
理想이 멀(麤)고도 높(翹)지만 急히 하려고 하지는 아니하니,   깊은
데 臨하지 않아도 높아지고 조금(少) 더(加)하지 않아도 많게(多)되
며 世上이 治할 땐 輕擧하지 안하고 世上이 亂해도 沮止되지 않으며,
同類만을 相對(與)하지도 안하고 異類라고 反對(非)하지도   않으니
그의 特立해서 獨行함이 이러한 것이고,

⑭ 儒有上不臣天子 下不事諸侯 愼靜而尙寬 强毅以與
人 博學以知服 近文章 砥厲廉隅 雖分國如錙銖   不臣不
仕 其規爲有如此者.

【通釋】儒者는 위로 天子도 臣下로 하지 못하고 아래로 諸侯도 섬기지 않으며, 愼靜해서는 寬大함을 崇尙하고 强毅해서는 世人들과 相對하며, 博學해서는 實行(服)할 줄을 알고 文化를 하는 데(近文章)는 琢磨(砥礪)해서 方正하게 하여 비록 國土를 나눠준다고 해도 그것을 微小(錙銖)한 것으로 보아 臣下도 되지 않고 섬기지도 않으니 그의 法度는 이러한 것이고,

---

⑮儒有合志同方 營道同術 竝立則樂 相下不厭 久不相見 聞流言不信 其行本方立義 同而進 不同而退 其交友有如此者 溫良者 仁之本也 敬愼者 仁之地也 寬裕者 仁之作也 孫接者 仁之能也 禮節者 仁之貌也 言談者 仁之文也 歌樂者 仁之和也 分散者 仁之施也.

【通釋】儒者는 同志를 合해서 方向을 같이 하고 營道를 함에는 治術을 같이 하여 같이 立身하면 和樂해서 서로 謙下함을 싫어하지 아니하고, 서로 오래 보지 못할 때는 流言을 믿지 않으며, 그의 行爲는 方向에 根據(本)하여 義理를 세워서 相同하면 前進하고 不同하면 退出하나니 그의 交友함은 이러한 것입니다. 그것이 仁이니, 溫良은 仁의 本이고 敬愼은 仁의 地며, 寬裕는 仁의 作이고 遊接은 仁의 能이며, 禮節은 仁의 貌고 言談은 仁의 文이며, 歌樂은 仁의 和고 分散은 仁의 施입니다.

儒皆兼此而有之 猶且不敢言仁也 其尊讓有如此者 儒有不隕穫於貧賤 不充詘於富貴 不慁君王 不累長上 不閔有司 故曰儒.

【通釋】儒者는 이것을 다 兼有해도 오히려 仁이라고는 敢히 말하지 않

으니 그의 謙讓함은 이러한 것입니다. 그러니 儒者는 貧賤하다고 没
落(隕穫)하지도 안하고 富貴하다고 歡樂(充詘)하지도 않으며, 君王
을 辱(恩)되게 하지도 안하고 長上을 累되게 하지도 않으며, 有司를
괴롭히(閔)지도 안하기 때문(故)에 儒라고 하는 것입니다.

---

⑰ 今衆人之命儒也妄 常以儒相詬病. 孔子至舍 哀公館
之 聞此言也 言加信 行加義 終没吾世 不敢以儒爲戲.

【通釋】 그러나 至今의 俗人들은 儒를 不當(妄)하게 알(命)고서 항상
儒를 誹謗(病)합니다.」고 말씀하셨다. 孔子께서 來訪하시니 哀公이
舍館을 定해 주고 이 말씀을 들은 뒤로는 말은 더욱(加) 信하게 하
고 行은 더욱 義롭게 하사 죽을 때까지(終没吾世) 敢히 儒로써 戲弄
하지는 아니하였다.

【字解】 ① 聘(빙)─그 말씀(甹)을 듣(耳)고「불러 오는」것.
② 粥(죽)─쌀(米)에 물을 많이 붓고 끓여서 퍼져 弱(弜)化된 것이니
「죽」.
③ 塗(도)─물도랑(涂)의 흙(土)을 갖다가 壁에「바르」는 것.
④ 祈(기)─神(示)前에 重量(斤)이 있는 말로써「기도」하는 것.
⑤ 淹(엄)─문득(奄) 물(水)에「담그는」것.
⑥ 鷙(지)─새(鳥)를 잡아(執)먹는「새매」.
⑦ 攫(확)─손(又)에서 날린 새매(瞿)가 잡아오는 꿩을 손(手)으로
「取得」하는 것.
⑧ 劫(겁)─强한 힘(力)으로 가서(去) 威脅하는 것.
⑨ 溽(욕)─水로 辱보는 것이니「더워」서 不快한 것.
⑩ 櫓(로)─魯木의 合字나「방패」를 뜻함.
⑪ 堵(도)─흙(土)으로 구은 벽돌을 쌓은 것이니「담」.
⑫ 篳(필)─모두(畢) 대(竹)처럼 바르게 자란「싸리」.

⑬ 援(원)―이에(爰) 손(手)으로써「도와주는」것이나「끌어잡는」다는 뜻도 됨.

⑭ 推(추)―참새(隹)가 나아가는 것처럼 손(手)으로「밀어」서 「내버리는」것.

⑮ 毁(훼)―절구(臼)에 흙(土)을 창(殳)으로「부수는」것.

⑯ 稱(칭)―벼(禾)를 左右 두 손(爪)으로 드는 것이니, 그 重量을 다는 뜻으로 批判한다는 뜻도 되는 것.

⑰ 爵(작)―法度(寸)에 終止(艮)하도록 警戒하는 뜻에 손(爪)으로 잡는 술잔(皿)을 合한 것이니, 이 잔으로써 주는 職位란 뜻이 된 것.

⑱ 澡(조)―여러 바가지로 줄기(喿) 물(水)로써「몸을 씻는」것.

⑲ 浴(욕)―물(水) 골짜기(谷)에 들어가서 沐浴하는 것.

⑳ 麤(추)―사슴(鹿) 여러 마리가 뛰어가니 먼지가 날아서「더러운」것이나,「멀리 가는」뜻도 되는 것.

㉑ 翹(교)―큰(堯) 날개(羽)로써「높이 나는」것.

㉒ 砥(지)―낮은(氐) 돌(石)이니「숫돌」.

㉓ 錙(치)―무거운(甾) 쇠(金)로 만든 저울추로써 다는「저울 눈금」.

㉔ 銖(수)―쇠(金)로 만든 저울추로 물건을 다는 저울대에 朱色으로表示한「눈금」.

㉕ 孫(손)―子의 系에 子는「손자」인데, 孫子는 祖父를 따라 가(辶)는「遜」字의 뜻으로 쓴 것.

㉖ 隕(운)―언덕(阜)에서 둥근(員) 物件이「떨어지는」것.

㉗ 詘(굴)―말(言)이 나가(出)다가「막히는」것.

㉘ 悃(혼)―圂은 돼지(豕)우리(囗)니 그것은 더럽기 때문에 混濁하다는 뜻인데,「心」字를 붙였으니「마음이 混濁한」것.

㉙ 詬(구)―뒷(后)말(言)은「나무라는」것이니「꾸짖는다」는 뜻도 되는 것.

【餘説】元來의 儒는 周代의 制度에 鄕人을 敎育하는 師傅의 稱으로써需人의 合字니, 精神的으로 社會를 指導하는데 需用되는 人材를 뜻한것이다. 그러나 時代가 降衰하여 權力이 판을 치고 眞理가 無視되었기

때문에 俗人들은 儒를 誤認하고 항상 儒를 誹謗하였던 것이다. 그러므로 哀公은 儒를 嘲弄하다가 孔子께서 이「儒行」十五條를 說하신 後로는 敢히 儒를 嘲弄하지 못하였으니 眞理의 說에는 權力도 降伏한 것이다. 無知한 權力이 獨專해서는 自身도 亡하지마는 眞理를 實行하면 自身이 興하게 되기 때문이다. 그러면 무엇이 眞理인가 하면 그것은 民衆의 公共福利를 爲해 주는 精神인 것이다. 그런데 儒者는 鄕民을 知的으로 啓導하고 自身은 行的으로 示範하니, 이것이 師傅가 되는 것이다. 그러니 指導者(儒)가 行的으로 示範하는 데서 民衆들은 知的으로 啓導가 되는 것이니 儒者의 行爲를 說明한 것이「儒行」인 것이다.

儒者는 ①晝夜로 工夫해서는 顧問하기를, 忠信을 決心해서는 登用되기를, 篤實히 行動해서는 招聘되기를 기다리고, ②動作을 謹愼해서 大讓은 如慢하고 小讓은 如僞하여 無能한 듯이 難進하고 易退하며, ③반드시 言은 信用있게, 行은 中正하게 敬愼해서 죽지 않고 사는 것은 救世事業을 하기 爲한 것이고, ④金玉이나 土地는 欲求하지 아니하고 忠信과 義理만 希求하여 先勞하고 後祿하며, ⑤財貨를 주고 享樂을 시켜 私益을 봐도 義理는 變치 않고, 衆兵이 威脅을 해서 犧牲을 當해도 志操는 고치지 않는 것이다.

그리고 ⑥그의 居處는 不淫하고 飮食은 不溽하며, 그 過失은 微辨해도 面數하지는 않는 것이고, ⑦戴仁해서 行하고 抱義해서 處하여 暴政이 있어도 그 居所는 옮기지 않으며, ⑧그의 生活은 窮困해도 上者의 對答은 疑하지 않고 不答해도 謟하지 않으며, ⑨비록 危險이 있어도 끝내 그 뜻을 固守해서 百姓의 苦生을 잊지 않으며, ⑩博學하고 篤行해서 賢者를 尊慕하고 民衆을 包容하는 것이다.

그런데 또 ⑪內로는 私親만 돕지 않고 外로는 私怨을 갚지 않으며 國家에 利益만 되면 富貴는 求하지 않으며, ⑫서로가 善事를 勸하고 보이며, 爵位는 相讓하고 患難은 相救하며, ⑬修身行德함을 上者가 알아주지 않아도 遠高한 마음으로 急하게 서두르지 않고, ⑭愼靜하고 尙寬해서 强毅로 與人하며, 博學해서 服事함을 알아 臣仕하지는 않으며, ⑮合志해서는 같은 方向으로 가고 營道함에는 같은 方法으로 해서 進退하는 것이니, 이것은 모두 仁의 精神으로만 하는 것이다.

그러므로 仁의 根本은 温良한 것이고, 仁의 地点은 敬愼하는 것이며, 仁의 作用은 寬裕한 것이고 仁의 能力은 遜接하는 것이며, 仁의 外貌는 禮節인 것이고 仁의 文彩는 言談하는 것이며, 仁의 和合은 歌樂하는 것이고 仁의 布施는 分散하는 것이다. 儒者는 이것들을 모두 다 兼有한 것이나 그래도 敢히 仁이라고 말하지는 않으니 그의 謙讓함은 이러한 것이다. 그러므로 儒者는 貧賤해도 失意하지 안하고 富貴해도 驕慢하지 않으며, 君王을 迷하게도 하지 않고 長上을 累하게도 하지 않으며, 有司를 閔하게도 않는 것이다.

第十三編　經　解

1

孔子曰　入其國　其敎可知也　其爲人也　溫柔敦厚　詩敎
也　疏通知遠　書敎也　廣博易良　樂敎也　絜靜精微　易敎也
恭儉莊敬　禮敎也　屬辭比事　春秋敎也　故詩之失愚　書之
失誣　樂之失奢　易之失賊　禮之失煩　春秋之失亂　其爲人
也　溫柔敦厚而不愚　則深於詩者也　疏通知遠而不誣　則深
於書者也　廣博易良而不奢　則深於樂者也　絜靜精微而不
賊　則深於易者也　恭儉莊敬而不煩　則深於禮者也　屬辭比
事而不亂　則深於春秋者也.

【字解】① 爲(위)—손(爪)으로써(曰) 力(火)을 싸(勹)서 動하니「일
을 해서」「되는」것.

② 敦(돈)—잘못해서 치는 매(攴)를 받(享)고는 改過遷善하는 데「篤
實한」것.

③ 通(통)—左右가 막힌(甬) 좁은 길을 가(辵)니 이쪽에서 저쪽으로
通하는 것.

④ 良(량)—努力하다가 그쳐(艮)서 쉬는 그 때(ヽ)가「좋은」것.

⑤ 絜(혈)—실(糸)을 用道에 맞게 끊(刧)으니 길이를「헤아린」것.

⑥ 靜(정)—다투(爭)다가 푸르(靑)게 平和하니「고요한」것.

⑦ 屬(속)—짐승의 꼬리(尾)에 벌레(蜀)가「붙은」것.

⑧ 失(실)—矢(화살)촉이 위로 나갔으니 쏘아서 나가면「잃어버린」
것.

⑨ 愚(우)—원숭(禺)이 마음(心)은「어리석은」것.

【通釋】孔子께서 말씀하시되, 「그 나라에 들어가면 그의 敎育을 알 수가 있으니 그 사람됨이(爲人) 溫柔하고 敦厚함은 詩經을 敎育한 것이고, 疏通하고 知遠함은 書經을 敎育한 것이며, 廣博하고 易良함은 樂經을 敎育한 것이고, 絜靜하고 精微함은 易經을 敎育한 것이며, 恭儉하고 莊敬함은 禮經을 敎育한 것이고, 屬辭하고 比事함은 春秋를 敎育한 것이다. 그러므로 詩敎를 잃으면 愚하게 되고 書敎를 잃으면 誣하게 되며, 樂敎를 잃으면 奢하게 되고, 易敎를 잃으면 賊하게 되며, 禮敎를 잃으면 煩하게 되고, 春秋를 잃으면 亂하게 되는 것이다. 그러니 그 爲人이 溫柔하고 敦厚해서 不愚함은 詩敎에 깊은 것이고, 疏通하고 知遠해서 不誣함은 書敎에 깊은 것이며, 廣博하고 易良해서 不奢함은 樂敎에 깊은 것이고, 絜靜하고 精微해서 不賊함은 易敎에 깊은 것이며, 恭儉하고 莊敬해서 不煩함은 禮敎에 깊은 것이고, 屬辭하고 比事해서 不亂함은 春秋에 깊은 것이다.」고 하셨다.

【餘說】우리 東洋의 易經, 書經, 詩經, 春秋, 禮書, 樂書 등 六經은 모두 人間性을 敎育하는 世界에 最古 最高의 經典이다. 이것은 모두 다 孔子께서 贊述하고 刪正해서 後世에 傳來한 것이니, 그의 大業은 世界에 다시 類例가 없는 것이다. 人類에는 四聖이 있지마는 佛蛇와 基督의 經典들은 모두 그의 弟子에 依해서 記錄된 宗敎의 信仰만 爲한 것이고, 소크라테스의 哲學的 眞理는 그의 弟子에 依해서 闡發된 것이기에 獨自的인 經典은 없는 것이다. 그리고 後世에 끼친 그의 影響으로 보더라도 소크라테스의 哲學은 敎壇을 通해서만 傳來하였고, 佛陀의 宗敎는 東南亞로 傳播되고 基督의 宗敎는 西北歐로 傳來되어 世界的으로 弘布되었으나, 東亞에 傳來한 孔子의 哲學은 將來에 必要한 救世의 大道가 될 必然性도 있는 것이다.

人間의 知的 發達은 宗敎時代에서 哲學時代로 進化하였으나 지금 文明時代에도 宗敎에는 亦是 迷信的인 信仰이 있으니 將來에는 論理的인 思惟를 하는 哲學이 必要하게 되는 것이다. 그런데 易經의 敎育은 絜靜 精微하고, 書經의 敎育은 疏通 知遠하며, 詩經의 敎育은 溫柔敦厚하고, 春秋의 敎育은 屬辭比事하며, 禮書의 敎育은 恭儉莊敬하고, 樂書

의 敎育은 廣博易良하게 人間性을 育成하는 것이다. 그러나 敎育은 人間이 하는 것이라 그 人間이 잘못한다면 易經의 敎는 賊하게 되고, 書經의 敎는 誣하게 되며, 詩經의 敎는 愚하게 되고, 春秋의 敎는 亂하게 되며, 禮書의 敎는 煩하게 되고, 樂書의 敎는 奢하게 되는 것이다. 그래도 祈福宗敎가 잘못 되어 惑世誣民하는 것보다는 그의 害毒이 적을 것이다.

2

①天子者 與天地参 故德配天地 兼利萬物 與日月竝明 明照四海 而不遺微小 其在朝廷 則道仁聖禮義之序 燕處 則聽雅頌之音 行步 則有環佩之聲 升車 則有鸞和之音 居處有禮 進退有度 百官得其宜 萬事得其序 詩云 淑人君子 其儀不忒 其儀不忒 正是四國 此之謂也. ②發號出令 而民説 謂之和 上下相親 謂之仁 民不求其所欲而得之 謂之信 除去天地之害 謂之義 義與信 和與仁 霸王之器也 有治民之意 而無其器則不成.

【字解】 ① 竝(병)―둘이 같이 섰(立)으니 「아울러」 있는 것인데, 二立을 合作해서 並으로도 쓰고 幷과도 같은 字.

② 遺(유)―貴한 것이 가(辵)니 무엇을 「잃는」 것, 「주는」 것, 「끼치는」 것 등의 뜻이 된 것.

③ 雅(아)―본시는 새 이름으로서 그 소리가 「맑고」 「바른」 것이기에 『詩經』에 小雅, 大雅라는 篇名으로 한 것.

④ 頌(송)―그 얼굴(頁)을 公으로 드러나게 「노래하는」 것이니, 『詩經』에 篇名으로 한 것.

⑤ 佩(패)―무릇(凡) 수건(巾)은 사람(人)이 다닐 때 「차는」 것.

⑥ 宜(의)―본시는 宀와 多의 合字였으나, 多가 且로 變했으니 且는 여러벌 쌓아올려 多하게 만들었으니 「마땅한」 것.

⑦ 忒(특)―주살(弋)을 쏘는데 마음(心)으로만 쏘니 「어긋난」 것.

⑧ 覇(패)―西革月의 三合字로 쓰니 西方에 變革된 初生月이라, 勢力
鬪爭으로 달처럼 변화되는 西洋의 政治思潮를 意味하게 된 것이니,
가장 強大한 勢力을 指稱하는 것.

【通釋】 ① 天子란 것은 天地에 參與하기 때문에 그의 德이 天地에 配合
해서 萬物을 兼利하게 하고 日月과 共明하여 四海(天下)를 고루 밝혀
서 微小한 곳도 남기(遺)지 않아야만 하는 것이다. 그가 朝廷에 있어
서는 仁聖한 禮義의 秩序로 指導(道)하고, 家庭에 있어서(燕處)는 雅
頌의 詩歌를 들으며, 行步를 함에는 佩玉의 소리를 듣고 乘車를 함에
는 鑾(鸞)和의 소리를 들으며, 居處에는 禮節이 있고 進退에는 法度가
있으며, 百官에는 그 適材(宜)를 쓰고, 萬事에는 그 秩序가 있는거니,
『詩經』曹風鳲鳩章에는 「착하옵신 君子께선 그 行儀가 不忒하네. 그 行
動이 不忒하사 모든 나라 바루셨네.」라고 한 것이 이것을 말한 것이다.

② 號令을 내리면 百姓이 즐거워(說)함을 和라고 하고, 上下가 相親
하는 것을 仁이라고 하며, 百姓이 그의 欲하는 바를 求하지 않아도 얻
는 것을 信이라 하고, 天下에 害가 되는 것을 除去하는 것은 義라고 하
나니 義와 信, 和와 仁은 覇王의 器具다. 그러니 治民할 뜻만 가지고
서 그의 器具가 없으면 成功할 수가 없는 것이다.

【餘說】 天子는 天地의 元子로서 「兼利萬物」하고 天地의 大德을 模倣해
서 「兼利萬民」하는 것이 그의 使命이니, 그의 使命을 遂行하는 데는 日
月과 같은 明智가 있어야 하는 것이다. 그래서 朝廷에서는 仁聖禮義의
序로써 指導하는데 居處에는 有禮하고 進退에는 有度하여 百官에는 適
材를 얻고 萬事에는 順序가 있어야 하니, 「其儀不忒함이 正是四國하는」
것이다. 이러한 當爲의 原則을 遂行해야만 天子인 것이고, 最高의 權力
만 잡았다고 해서 天子는 아니다. 그러니 禪位를 받은 聖王은 天子지
마는 繼世를 받은 暴君은 天子가 아니라, 그것을 放伐하는 것은 當然
한 것이나, 그것은 오직 湯武같은 聖者가 아니면 안 되는 것이다.

그런데 命令을 해서 民悅함은 和라 하고, 上下가 서로 親和함은 仁

이라 하며, 民衆의 所願을 充足시키는 것은 信이라 하고, 天下의 害惡을 除去하는 것은 義라고 하나니, 이러한 義와 信, 和와 仁은 覇王의 道具인 것이다. 覇王이 되는 方道는 오직 民心을 順應함에만 있는 것이니, 그의 勢力으로써 天下를 平治하는 데에 天命이 있는 것이다. 아무리 高貴한 理想을 가졌다고 해도 現實에 勢力이 없이는 天下를 平治할 수가 없는 것이니, 勢力이 없는 眞理는 空想이 되고 眞理가 없는 勢力은 禍亂이 되는 것이라, 至公無私한 天來의 眞理로써 各自對立한 地上의 勢力을 統一하는 이것이 教政一致한 王道思想인 것이다. 그러므로 地上의 勢力이 對立한 亂世를 平定하는 方道는 오직 王道思想에 있는 것이다.

3

①禮之於正國也 猶衡之於輕重也 繩墨之於曲直也 規矩之於方圜也 故衡誠縣 不可欺以輕重 繩墨誠陳 不可欺以曲直 規矩誠設 不可欺以方圜 君子審禮 不可誣以姦詐 是故隆禮由禮 謂之有方之士 不隆禮不由禮 謂之無方之民 敬讓之道也 故以奉宗廟 則敬 以入朝廷 則貴賤有位 以處室家 則父子親 兄弟和 以處鄉里 則長幼有序 孔子曰 安上治民 莫善於禮 此之謂也. ②故朝覲之禮 所以明君臣之義也 聘問之禮 所以使諸侯相尊敬也 喪祭之禮 所以明臣子之恩也 鄉飲酒之禮 所以明長幼之序也 昏姻之禮 所以明男女之別 也.

【字解】 ① 衡(형)—물고기(魚)가 가는(行) 데는 「가로」니, 水平으로 다는 「저울대」란 뜻이 된 것.

② 輕(경)—수레(車)바퀴는 길이(巠)로 움직여서 가니 「가벼운」 것.

③ 圜(환)—口은 ○이 楷字한 것이고, 睘(환)은 돌아가는 뜻이니 「둥근 테두리」.

④ 縣(현)—県은 督를 거꾸로 쓴 字고, 糸는 실로 만든 밧줄이니 罪人을 거꾸로 「매달아」 刑罰하는 것이나, 行政區域의 이름으로 쓰니 매단다는 뜻으로는 心字를 덧붙여서 懸으로 씀.

⑤ 詐(사)—임시로 잠깐(乍) 造作한 밀(言)이니 「거짓말로 속이는」것.

⑥ 隆(륭)—祭天(夅)하는 두던(阜)이니 「높은」 곳.

⑦ 覲(근)—어렵게(堇) 삼가서 보는 「見」것이니 높은 사람을 「뵙는」 것.

⑧ 昏(혼)—햇빛(日)이 西山의 풀뿌리 밑(氐)으로 내려가니 「어두운」 것이나, 그 때 新郞이 新婦(女) 집에 가서 지내는 「婚禮」.

⑨ 姻(인)—男子가 女子로 因해서 作配하는 婚姻인데, 新郞은 婚이고 新婦는 姻이니 女로 因해서 된 親族은 姻戚.

【通釋】① 政治를 하는 데 禮法은 輕重을 다는데 權衡, 曲直을 보는데 繩墨, 方圓을 짓는데 規矩와 같은 것이다. 그러므로 眞實(誠)하게 權衡으로 단다(縣)면 輕重을 속일(欺) 수가 없는 것이고, 繩墨으로 친다 (陳)면 曲直을 속일 수가 없는 것이며, 規矩로써 한다(設)면 方圓을 속일 수가 없는 것이니, 君子는 禮法만 살핀(審)다면 姦詐로써 속일 (誣) 수가 없을 것이다. 그러므로 禮法을 崇尙(隆)하고 禮法을 遂行 (由)함을 有方之士라 하고, 禮法을 尙行하지 아니함은 無方之民이라 하나니, 이것은 敬讓하는 道인 것이다. 그러니 이것으로써(以) 宗廟를 받들(奉)면 敬하게 되고 朝廷에 들어(入) 가면 貴賤의 位가 있으며, 이 것으로써 家庭에 處하면 父子가 親하고, 兄弟가 和하며, 鄕里에 處하면 長幼에 秩序가 있게 되는 것이다. 孔子께서 「安上해서 治民함에는 禮 보다 더 重要(善)한 것은 없다.」고 말씀하셨음은 이것을 말한 것이다.

② 그러므로 朝覲의 禮는 君臣의 義를 밝히(明) 는 所以고 聘問의 禮는 諸侯로 하여금 서로 尊敬하게 하는 所以며, 喪祭의 禮는 臣子의 恩을 밝히는 所以고 鄕飮酒禮는 長幼의 序를 밝히는 所以며, 婚姻의 禮는 男女의 別을 밝히는 所以인 것이다.

【餘説】 무릇 物件의 輕重을 다는 데는 權衡이 있고, 木材의 曲直을 보

는 데는 繩墨이 있으며, 方形을 긋는 데는 矩尺을 쓰고, 圓形을 긋는
데는 規器를 쓰니 權衡을 쓰면 輕重을 속일 수가 없고, 繩墨을 쓰면 曲
直을 속일 수 없으며, 矩尺을 쓰면 方形을 속일 수 없고, 規器를 쓰면
圓形을 속일 수 없는 것이다. 이와 같이 人間의 輕重과 曲直, 方正함과
圓滿함을 보는 데는 禮儀가 있으니, 禮儀로만 보면 輕重과 曲直, 方正
함과 圓滿함을 알 수가 있기 때문에 君子는 禮儀만 살핀다면 奸詐하게
속일 수는 없을 것이다. 그러므로 禮儀를 尊重하는 者는 有道한 人士
고 禮儀를 無視하는 者는 無道한 亂民인 것이다.

무릇 禮儀는 敬讓하는 道이니 이로써 宗廟를 받들면 靈位에 恭敬하
고 朝廷에 들어가면 貴賤의 位序가 있으며, 家庭에서는 父子와 兄弟가
和親하고 鄕里에서는 長幼와 上下에 秩序가 있으니, 孔子께서는 「安上
治民엔 莫善於禮라.」고 하셨다. 安上治民하는 것은 바로 救世安民하는
것이니, 「救世安民엔 莫善於禮라.」고 할 수도 있는 것이다. 安民한 다
는 것은 國民을 治安하는 것이니, 國民이 治安돼야만 上者가 安心할 수
있기 때문이다. 그런데 禮儀란 것은 人間이 自制해서 社會의 秩序를 세
우는 것이니, 즉 말하면 自治하는 能力이다. 國民이 自治만 하면 그것
이 바로 安上하는 것이나, 安民하는 方道는 오직 上者가 禮儀를 行함
에만 있는 것이다.

4

夫禮 禁亂之所由生 猶防止水之所自來也 故以舊坊爲
無所用而壞之者 必有水敗 以舊禮爲無所用而去之者 必
有亂患 故昏姻之禮廢 則夫婦之道苦 而淫辟之罪多矣 鄕
飮酒之禮廢 則長幼之序失 而爭鬪之獄繁矣 喪祭之禮廢
則臣子之恩薄 而倍死忘生者衆矣 聘覲之禮廢 則君臣之
位失 諸侯之行惡 而倍畔侵陵之敗起矣 故禮之 敎化也微
其止邪也於未形 使人日徙善遠罪 而不自知也 是以先王
隆之也 易曰 君子愼始 差若毫氂 繆以千里 此之謂也.

【字解】① 禁(금)—樹木(林)에 둘러싸인 神(示)殿에 不正한 것이 못 들어오게 「금지」하는 것.

② 廢(폐)—활(弓)창(殳)처럼 집(广) 기둥이 밖으로 나갔으니 「못쓰는」 것.

③ 繁(번)—여러(每) 실(糸)가닥을 쳐(攵)서 나가니 「퍼지는」 것.

④ 忘(망)—마음(心)에 意識이 識閾 아래로 내려가서 記憶에 없으(亡)니 「잊은」 것.

⑤ 陵(릉)—높(夌)게 만든 두던(阜)이니 王의 墓를 뜻한 것이나, 여기서는 높은 데(夌) 올라서 낮은 데 사람을 冷(冫)情하게 「업신여기」는 「凌」字의 뜻으로 썼음.

⑥ 徙(사)—辵과 止의 合字니 그쳐(止) 있을 곳으로 가(辵)는 것이니 「이사하는」 것.

⑦ 毫(호)—高의 省字와 毛의 合字니 높(高)고 길게 난 털(毛)이니, 「가늘」고 「작은」 것을 뜻함.

⑧ 氂(리)—털(毛)보다도 더 작게 터진(犛) 금이니 毫의 十分之一을 뜻함.

⑨ 繆(류)—실(糸)가닥이 날아(翏)서 서로 「섞인」 것이니, 말(言)이 날아(翏)서 「잘못된」 謬字와 共通한 것.

【通釋】 무릇 禮는 混亂의 由來하는 所以를 禁하는 것이니, 漏水의 由來를 防止하는 것과 같은 것이다. 그러므로 오래 된(舊) 川防을 無用하다고 해서 破壞하는 것은 반드시 水敗를 當하는 것처럼 오래 된 禮節을 無用하다고 해서 廢止(去)하는 것은 반드시 亂患이 있는 것이다. 그러므로 婚姻의 禮를 廢하면 夫婦의 道가 苦해져서 淫僻한 罪가 增加(多)해지고 鄕飮酒禮를 廢하면 長幼의 序가 喪失되어서 爭鬪하는 訟事(獄)가 繁多해지며, 喪祭의 禮를 廢하면 臣子의 恩이 薄해져서 背(倍)死忘生하는 者가 數多(衆)해지며, 聘覲의 禮를 廢하면 君臣의 位序가 喪失되어 諸侯의 行爲가 惡해져서 背(倍)叛(畔)하고, 侵凌(陵)하는 敗亂이 일어날 것이다. 그러므로 禮의 敎化함은 微小해도 그의 邪惡을 未然(形)할 때 豫防하며, 人間으로 하여금 날로 善으로 옮겨(徙)가서 罪

에서 멀어짐은 그 自身도 모르게 될 것이다. 그러므로 先王은 禮를 崇尙(隆)하셨으니, 『易經』에는「君子는 動機(始)를 삼가하나니, 萬若에 毫釐만 差가 있어도 그 結果는 千里나 벌어진(繆)다.」고 하였음은 이것을 말한 것이다.

【餘說】各自의 夫婦를 區別하기 爲해서는 婚姻의 禮가 있고, 社會에 長幼를 序定하기 爲해서는 鄕飮酒禮가 있으며, 臣下나 子息된 報恩을 하기 爲해서는 喪祭의 禮가 있고, 諸侯가 서로 尊敬을 하기 爲해서는 聘問의 禮가 있으며, 君臣이 된 義理를 지키기 爲해서는 朝覲의 禮가 있는 것이다. 이러한 古禮를 케케묵었다(舊)고 해서 버린다면 반드시 社會가 混亂해질 것이다. 그러므로「婚姻之禮가 廢則 夫婦之道가 苦而, 淫僻之罪가 多矣요, 鄕飮酒禮가 廢則 長幼之序가 失, 而爭鬪之獄이 繁矣며, 喪祭之禮가 廢則 臣子之恩이 薄而, 倍死忘生者가 衆矣요, 聘覲之禮가 廢則 君臣之位가 失하고 諸侯之行이 惡해져 倍畔侵陵之敗가 起矣리라.」고 하였으니, 犯罪를 未然에 防止하는 것이 禮의 敎化인 것이다.

무릇 禮는 良心으로써 自治하는 것이라, 自治할 良心의 能力이 없는 者는 반드시 權力으로써 他治를 해야만 하니 法이 이에서 必要한 것이다. 曲禮의 上篇에는「禮不下庶人하고 刑不上大夫라.」는 말이 있으니, 良心으로써 自治하는 大夫 以上의 指導者들은 禮로 行해서 刑罰을 加할 것이 없는 것이나, 慾心으로써 努力하는 庶民大衆의 生産者들은 法을 犯하니, 禮儀가 없기 때문이다. 그러니 法의 强權은 오직 禮의 自制를 하지 못하는 者에게만 必要한 것이다. 그런데 上位에 있는 指導者가 禮의 自制를 못하고 法의 制裁를 받는다면 그것은 指導者로서의 資格이 없는 것이니, 社會에 끼치는 그의 害毒은 甚重한 것이다.

第十四編　曲　禮

1

曲禮曰 毋不敬 儼若思 安定辭 安民哉. 敖不可長 欲
不可從 志不可滿 樂不可極. 賢者狎而敬之 畏而愛之 愛
而知其惡 憎而知其善 積而能散 安安而能遷 臨財毋苟得
臨難毋苟免 很毋求勝 分毋求多 疑事毋質 直而勿有. 若
夫坐如尸 立如齊. 禮從宜 使從俗 夫禮者所以定親疏 決
嫌疑 別同異 明是非也 禮不妄說人 不辭費 禮不踰節 不
侵侮 不好狎. 脩身踐言 謂之善行 行脩言道 禮之質也.
禮聞取於人 不聞取人 禮聞來學 不聞往敎.

【字解】 ① 曲(곡)—日과 ‖의 合字로서 말하는(日) 속에 하나 둘(‖)
등의 條目을 뜻한 것이니, 이 條目에서 저 條目으로 가는 데는 曲線
이 되므로「굽다」는 뜻이 되고, 또 이 音節에서 저 音節로 變化하
는데 高下長短이 다른 歌謠의「曲目」이란 뜻으로도 轉注된 것.

② 儼(엄)—嚴한 사람(人)의 態度를 형용한 것.

③ 敖(오)—出의 略字와 攴의 變字를 合한 것으로, 매로 쳐(攴)서 제
대로 나가(出)는 것이니「논다」는 뜻인데, 노는 사람(傲)은 거만한
것.

④ 狎(압)—사람은 첫째(甲) 가까운 짐승(犬)을 親愛하는 것.

⑤ 很(흔)—사람이 가다(彳)가 沮止(艮)하는 者와「싸우는」것이니,
개(犬)가 가다 沮止(艮)當해서「싸우는」것은 狠.

⑥ 質(질)—財物(貝)의 斤數와 斤數를 比較해서 抵當하는 것.

⑦ 疏(소)—充는 流의 略字고 疋는 匹로 通해서 깃발(㐬)을 들어「멀

리」있는 相對(匹)에게 意思를 通하는 것이니, 人君에게 올리는 글
이란 뜻도 된 것.

⑧ 嫌(혐)―두 女子를 兼했으니 愛情의 輕重에 嫌疑가 있는 것.

【通釋】『曲禮』에는 말하되, 「恭敬하지 않(不)지를 말(毋)고 處身하는
態度는 生覺하는 듯(若)이 하며, 言辭는 安定하게 하고 百姓을 便安하
게 하라. 倨敖함을 길이(長)해서는 不可하고 慾心대로 따라(從)가서는
不可하며, 心志는 滿足해서도 不可하고 快樂을 過度히 해서는 不可한
것이다. 賢人은 相對와 親密(狎)해도 恭敬하고 敬畏해도 親愛하며, 親
愛해도 그의 缺點(惡)을 알고 憎惡해도 그의 長點(善)을 알며, 積財해
서는 能히 善用(散)하고 安定해서도 能히 改遷을 하며, 財物에 對해서
는 苟且하게 얻으려고만 하지 말고 變難을 當해서는 苟且하게 免하려
고만 하지 말며, 鬪爭함에는 이기려고만 하지 말고, 疑心나는 일은 斷
言(質)하지 말고 正直하게 해도 自矜(有)하지 말라. 앉았을(坐) 때는
尸처럼 動搖하지 말고 서(立) 있을 때는 齊하게 直立하라. 禮는 原則
(宜)대로 따라야만 하나 風俗에도 合當해야 한다. 그 禮란 것은 親과
疎(疏)를 定하고 此와 彼(嫌疑)를 決하며, 同과 異를 別하고 是와 非를
明하는 所以인 것이니, 妖妄하게 남을 즐겁(説)게만 하는 것이 아니고
말만 잘 하는(辭) 것도 아니며, 節度를 넘어(踰)가지도 안하고 남을 侵
侮하거나 親狎하지도 않는 것이 禮인 것이다. 몸을 닦고 말을 實行하
는 것을 善行이라고 말하나니, 實行을 닦고 道를 말하는 것이 禮의 바
탕(質)이다. 禮에는 남의 取함을 받아도 自己가 取하지는 않는 것이며,
와서 배우기는 하지마는 가서 가르치지는 않는다고 한다.

【餘説】『曲禮』는 누가 輯録한 것인지는 알 수가 없으나 題目은 여러 가
지(曲) 行動規範(禮)이란 뜻인데, 劈頭에 此章은 그의 緒論格으로 禮
의 根本原則을 말한 것이다. 禮란 것은 勿論 누구에라도 恭敬(毋不敬)
하고 언제라도 生覺하는 듯(儼若思)한 態度를 하며, 말은 安定하(安定
辭)게 하고 民衆을 편케(安民)하라는 것이다. 倨慢한 態度나 貪欲하는
心事는 對人하는 禮가 아니고, 心志가 驕滿하거나 快樂을 極度로 함은

自身에게 有害한 것이다. 賢者는 오직 理性的으로 行動해서 親해도 敬하고 畏해도 愛하며, 愛와 憎에 치우치지 안하고 財産을 모아서는 救恤하는 데 쓰고, 嗜好하는 것이라도 自制할 수 있으며, 臨財해서나 遭難에서나 鬪爭에서나 分配에서나 自己 慾心대로만 하지 않고 疑事는 斷定하지 않으며, 正直을 誇示하지도 않는 것이다.

2

道德仁義 非禮不成 敎訓正俗 非禮不備 分爭辨訟 非禮不決 君臣上下 父子兄弟 非禮不定 宦學事師 非禮不親 班朝治軍 涖官行法 非禮威嚴不行 禱祠祭祀 供給鬼神 非禮不誠不莊 是以君子恭敬撙節 退讓以明禮. 鸚鵡能言 不離飛鳥 猩猩能言 不離禽獸 今人無禮 雖能言 不亦禽獸之心乎 夫惟禽獸無禮 故父子聚麀 是故聖人作 爲禮以敎人 使人以有禮 知自別於禽獸. 太上貴德 其次務施報 禮尚往來 往而不來 非禮也 來而不往 亦非禮也. 人有禮則安 無禮則危 故曰 禮者不可不學也 夫禮者 自卑而尊人 雖負販者 必有尊也 而況富貴乎 寅貴而知好禮 則不驕不淫 貧賤而知好禮 則志不懾.

【語解】 ① 道德(도덕)―道는 抽象的인 道理고 德은 倶象的인 德行.

② 仁義(인의)―仁은 全體的인 中心이고 義는 部分的인 線分.

③ 宦學(환학)―國家(宀)의 臣下로서 「벼슬」하는 것과 스승에게 「배우는」 것.

④ 撙節(준절)―손(手)을 높(尊)이 올려서 過度한 것을 節制하는 것.

⑤ 鸚鵡(앵무)―새 이름 「앵무」.

⑥ 猩猩(성성)―사람과 近似한 「큰원숭이」.

⑦ 禽獸(금수)―날개 달린 새(禽)와 네 발 달린 짐승(獸).

⑧ 聚麀(취우)―한 암(牝)사슴(鹿)에 숫사슴 父子가 서로 모여(聚)서

交尾하는 것.

⑨ 太上(태상)─가장(太) 위(上)에 있는 것.

⑩ 負販(부판)─지고(負) 다니면서 商品을 파는(販) 것.

【通釋】道德과 仁義는 禮가 아니면 成立될 수 없고, 敎訓으로 正俗함도 禮가 아니면 完備할 수 없으며, 紛爭하고 辯訟함도 禮가 아니면 判決되지 못하고 君과 臣, 上과 下, 父와 子, 兄과 弟도 禮가 아니면 定位되지 않으며 宦學하고 事師함에도 禮가 아니면 親하지 아니하고, 分職해서 治軍하고 官職에서 行法함에도 禮가 아니면 威嚴이 서지 않으며, 禱祠하고 祭祀하여 鬼神께 供物함에도 禮가 아니면 誠하지도 莊하지도 않으니, 그러므로 君子는 恭敬하고 撙節해서 물러나와 禮를 밝히는 것이다. 鸚鵡는 말을 해도 飛鳥에 不過하고, 猩猩이도 말을 하나 走獸에 不過한 것인데, 至今에 사람들은 禮가 없으니, 비록 말은 해도 自身을 禽獸와 區別할 줄은 알지 못하는 것이다. 그 禽獸들은 無禮하기 때문에 父子가 같이 聚麀하는 것이다. 그러므로 聖人이 나시(作)어 禮를 만들어(爲)서 사람을 가르쳐 禮가 있게 하여 自身을 禽獸와 區別할 줄 알게 된 것이다. 太上은 德을 尊重(貴)하고 그 다음은 恩惠를 베풀(施)고 갚는(報)데 힘을 쓰(務)니, 禮란 것은 항상 往來하는 것이라 往해도 來하지 않는 것은 禮가 아니고 來해도 往하지 않는 것도 禮가 아니다. 人間은 有禮하면 安全하고 無禮하면 危殆하게 되기 때문에 禮란 것은 배우지 않으면 안 되는 것이다. 무릇 禮란 것은 自身을 낮추고 相對를 높이는 것이니, 비록 負販하는 者라도 반드시 높여 주는데 하물며 富貴한 者일까. 富貴해서 禮를 좋아할 줄 안다면 驕하지도 淫하지도 아니하고 貧賤해도 禮를 좋아할 줄 안다면 마음(志)에 무서울(慴) 것이 없게 되는 것이다.

【餘説】老子에 依하면 「道를 失한 後에 德이 났고, 德을 失한 後에 仁이 났으며, 仁을 失한 後에 義가 났고, 義를 失한 後에 禮가 났으니, 그 禮란 것은 忠信之末이고 亂의 首라.」는 것이나, 孔子에 있어서는 禮는 義에서 生했고 義는 仁에서 生했으며, 仁에는 德이 있고 德에는 道가 있

으니, 禮를 가장 重要視한 것이다. 道는 靈次元이라면 德은 零次元이고 仁은 一次元이라면 義는 二次元이며, 禮는 三次元이다. 靈은 零이니 空間上으로 存在하지 않는 것이나, 仁은 中心의 一點이니 義는 仁點을 延長한 線分이고 禮는 義線이 終止한 規範이다. 道는 首辵이니 頭腦(首)의 理想이고, 德은 悳彳이니 良心(悳)의 行爲이며, 仁은 二人이니 相對(第二人)를 尊重함이고, 義는 羊我이니 自身(我)이 群體에 順從함이며, 禮는 豊示이니 豊厚한 精神을 表示하는 것이다. 그런데 「太上貴德」은 老子의 道고 「其次務施報」는 孔子의 禮인 것이다.

3

人生十年日幼 學 二十日弱 冠 三十日壯 有室 四十日
强 而仕 五十日艾 服官政 六十日耆 指使 七十日 老而
傳 八十九十日耄 七年日悼 悼與耄雖有罪 不加刑焉 百
年日期 頤. 大夫七十而致事 若不得謝 則必賜之几杖 行
役以婦人 適四方 乘安車 自稱日老夫 於其國則稱名 越
國而問焉 必告之以其制. 謀於長者 必操几杖以從之 長
者問 不辭讓而對 非禮也. 凡爲人子之禮 冬溫而夏清 昏
定而晨省 在醜夷不爭. 夫爲人子者 三賜不及車馬 故州
閭鄉黨稱其孝也 兄弟親戚稱其慈也 僚友稱其弟也 執友
稱其仁也 交遊稱其信也 見父之執 不謂之進不敢進 不謂
之退不敢退 不問不敢對 此孝子之行也.

【字解】 ① 室(실)―집(宀)에 이르러(至) 家庭生活에 中心이 되는 房
이니 內室.

② 仕(사)―修養工夫를 한 士人이 官職에 벼슬하는 것.

③ 艾(애)―病을 다스리(乂)는 풀(艹)은 「쑥」이나, 그 잎은 前面이 푸
르고 後面이 희니 흰머리가 나는 나이.

④ 耆(기)―回甲(日) 老人 行世하는 六十歲 때.

⑤ 耄(모)—氣力이 消耗된 老人.

⑥ 期(기)—그(其) 달(月)이 돌아온 것이나, 百年은 人生의　一期로한 것.

⑦ 頤(이)—얼굴(頁)에 턱(匝)을 表示한 것이나, 턱으로 飮食을 씹어서 身體를「기르는」뜻으로 轉注된 것.

⑧ 淸(정)—얼음(冫)에 푸른(靑) 氣分이니「서늘한」것.

⑨ 醜(추)—鬼酉(酒)는 人間이「싫어하」니「나쁜」것,「보기 흉한」것이나, 또한「種類」란 뜻도 있음.

⑩ 夷(이)—大弓이니 그로써 猛獸를 잡아서「平定」한 것이니, 여기서「醜夷」란 것은 類平이란 뜻으로써「同類」로 轉注된 것.

⑪ 三賜(삼사)—初賜는 任官, 再賜는 衣服, 三賜는 車馬.

【通釋】사람이 나서 十歲 때에는 어리니 배우고, 二十까지는 弱하나 成人(冠禮)이 되며, 三十까지는 壯하니 聚妻(有室)하고, 四十까지는　强하니 奉職(仕)하며, 五十까지는 白髮(艾)이 되니, 官政에 服務하고 六十까지는 老年(耆)에 드니 年少者들에게 시키며, 七十까지는 老喪했으니 家事를 子에게 傳하고, 八十에서 九十까지는 耄라 하고, 그後 七年은 悼라고 하니, 悼와 耄는 비록 犯罪를 해도 刑은 加하지 않으며, 百歲가 되면 期라고 하니, 靜養(頤)해야만 하는 것이다.

　大夫는 七十이면 退官(致仕)하는 것이나, 退官할 수가 없을 것 같으면 반드시 几杖을 두고 行役을 하는 데는 婦人이 看護를 하며, 四方으로 가는 데는 安車를 타며, 自身은「老夫」라고 稱하고 그　나라에서는 그 이름을 부르고 다른 나라에 가서 물으면 반드시 그 制度를　말하는 것이다. 어른(長者)을 爲해서는 반드시 几杖을 가지고 따라가는 데 어른이 물으면 辭讓하지 않고 對答하는 것은 禮가 아니다. 무릇　남(人)의 子息이 된 禮는 겨울에는 따스하도록, 여름에는 시원하도록 努力하고, 저녁에는 寢席을 定해 드리고, 아침에는 가서 問安드리며, 自己의 同類(醜夷)와 다투(爭)지 않는 것이다.

　무릇 남의 子息이 된 者는 三賜에 車馬는 쓰지 않는 것이니, 그러므로 州里나 鄕黨에서는 그의 孝를 稱하고, 兄弟와 親戚에서는 그의 慈를

稱하며, 僚友들은 그의 悌를 稱하고 執友들은 그의 仁을 稱하며, 交遊들은 그의 信을 稱하는 것이다. 父執(父親의 年輩)을 만나서는 그가 나아오라고 하지 않으면 敢히 나아가지 안하고, 물러가라고 하지 않으면 敢히 물러가지 않으며, 묻지 않는 것은 敢히 말하지 않는 이것이 孝子의 行動인 것이다.

【餘説】前章에서「人有禮則安하고 無禮則危하니, 故로 禮者는 不可不學也라.」고 하였음은 人生福利를 希求하는 禮의 目的을 말한 것이고, 「禮者는 自卑而尊人이라.」하고, 「禮는 尚往來한다.」는 것은 禮의 本質과 方法을 말한 것이니, 이것이 人間社會의 精神的 紐帶인 것이다. 그러니 禮의 이러한 根本原則은 東西古今에 差異가 없지마는 禮의 小小한 末端條目은 社會와 時代에 따라서 差違와 變化가 있는 것이다. 그러므로 此章에서「謀於長者에는 必操几杖以從之하여 長者問에 不辭讓而對는 非禮也라.」고 한 것이나, 「見父 執에는 不謂之進하면 不敢進하고, 不謂之退하면 不敢退하며, 不問이면 不敢對라.」고 한 것은 至今時代에 合當하지 않는 것이다. 그러나 「爲人子之禮는 冬温而夏清하고 昏定而晨省하며, 在醜夷不爭하라.」는 것이야 變化될 수 없지마는 冬温而夏清」케 할 經濟的 能力이 없고 昏定而晨省」할 時間的 餘裕가 없는 데도 強要해서는 안 될 것이다.

4

夫爲人子者 出必告 反必面 所遊必有常 所習必有業 恆言不稱老. 年長以倍 則父事之 十年以長 則兄事之 五年以長 則肩隨之 羣居五人 則長者必異席. 將上堂 聲必揚 戸外有二屨 言聞則入 言不聞則不入 將入戸 視必下 入戸奉扃 視瞻毋回 戸開亦開 戸闔亦闔 有後入者 闔而勿遂毋踐屨 毋踏席 摳衣趨隅 必愼唯諾. 男女不雜坐 不同椸枷 不同巾櫛 不親授 嫂叔不通問 諸母不漱裳 外言不

入於梱　內言不出於梱　女子許嫁纓　非有大故　不入其門
姑姊妹女子子　已嫁而反　兄弟弗與同席而坐　弗與同器而
食　父子不同席. 男女非有行媒　不相知名　非受幣　不交不
親　故日月以告君　齊戒以告鬼神　爲酒食以召鄕黨僚友　以
厚其別也　娶妻不取同姓　故買妾不知其姓　則卜之.

【字解】 ① 反(반) —厂 이러한 왼쪽이 있으면 반드시 또(又) 厂 이러한
오른쪽이 있는 것이니, 出의 反으로「돌아오」(返)는 것.

② 屨(구) —걸어가는(彳)데 발에 신는 用具(尸)로 속이 빈(婁)「신발」.

③ 扃(경) —집에 방으로 들어가(向)는데 문(戶)을 여는「문고리」.

④ 闔(합) —문(門)을 열었다가「닫는」(盍) 것.

⑤ 蹜(척) —失足했던 昔日을 생각해서「조심해서 걷는」것이나, 여기
서는 蹴과 音이 通해서「찬다」는 뜻.

⑥ 摳(구) —손(手)으로 區別지우는 것이니,「옷을 걷는」것.

⑦ 趨(추) —牛馬가 꼴(芻)을 먹는 것처럼 머리를 구부리고 달려가(走)
는 것.

⑧ 諾(낙) —相對方의 말(言)과 같이(若)「허락하는」것.

⑨ 椸(이) —나무(木) 장대로 만든(施)「옷걸이」.

⑩ 架(가) —나무(木)를 걸쳐(加)서 만든「시렁」.

⑪ 櫛(질) —머리털을 調節하기 爲해서 나무(木)로 만든「빗」.

⑫ 梱(곤) —房에서 바깥과 區劃하는 나무(木)로 만든「문지방」.

⑬ 漱(수) —옷을 물(水)에 넣어 뭉쳐(束) 쳐서(攵)「빨래」하는 것.

⑭ 謀(매) —女人과 某男과를 仲介하는 것.

【通釋】 무릇 남의 子息이 된 者들은 집을 나갈 때는 반드시 나간다
고 告하고 돌아와서는 반드시 가서 뵙는(面) 것이며, 가서 노는 場所
는 반드시 一定(常)해야 하고, 每日 工夫(習)하는 바는 반드시 課程
(業)이 있어야 하며, 말을 하는 데는 自身이 늙었다고 하지 않는 것이
다. 相對者의 나이(年)가 自己보다 倍나 되면 父처럼 섬기(事)고 十歲

가 더 많으면(長) 兄처럼 섬기며, 五歲가 더 많으면 어깨(肩)를 겨누고 따라가며, 五人만 모여(群)도 年長者는 반드시 자리를 달리하는 것이다. 남의 집에 가서 마루에 올라 갈 때는 반드시 소리를 높여(揚)서 문밖에 二人의 신발이 있는데 말소리가 나면 들어가고 안 나면 늘어가지 말며, 문을 들어갈 때는 반드시 아래만 보고 들어가, 문고리를 잡(奉)고 둘러보지 말며, 문이 열렸으면 열려진 대로, 문이 닫혔으면 닫혀진 대로 두지마는 뒤에 들어 올 사람이 있으면 문을 다 닫지 아니하고 남의 신을 밟지 말며, 앉을 자리를 찾지 말며, 옷을 걷고 구석(隅)으로 나아가(趨)서 對話(唯諾)하는 데는 반드시 삼가해야만 한다. (中略)

男과 女는 서로 섞여(雜) 앉지 않고 옷걸이(椸枷)나 手巾이나 빗(櫛)을 같이 쓰지 않으며, 물건을 두는 데는 손이 닿지(親) 않게 하고, 嫂氏와 媤叔은 서로 通間하지 않으며, 諸母는 下衣(裳)를 빨지(漱) 않으며, 外言은 內室에 들어가지 않고 內言은 外室로 나가지 않게 하라. 女子가 出嫁하려고 纓(色絲의 首飾)하면 大故가 없는 限은 남의 집에 가지 않으며, 姑나 妹가 出嫁해서 돌아(反)오면 兄弟들은 더불어서 同席하지 안하고 食事도 同器로 하지 않으며, 男女間에는 仲媒가 없이는 서로 이름을 알리지 안하고, 幣帛을 받기(受) 前에는 親交하지 않는 것이다. 그러므로 婚姻 날짜는 人君에게 告하고 鬼神께도 告해서 酒食으로 宴會하는 데는 鄕內의 僚友를 招待해야 하니, 그는 別禮를 厚하게 하기 爲해서다. 妻를 娶하는 데는 同姓은 取하지 않는 것이니, 妾을 두는 데도 그 姓을 모르면 占을 쳐서 알아 보아야 한다.

【餘説】 至今은 西洋風潮에 依해서 風俗習慣이 重大한 變化를 하였으나 그래도 우리는 東洋人이라, 決코 西洋人이 될 수는 없는 것이다. 西洋社會의 單位는 個人이지마는 東洋社會의 單位는 家族이니 家族을 떠나서는 우리 東洋人의 社會秩序를 維持할 수가 없는 것이다. 비록 核家族化해서 父子 兄弟가 各居한다고 해도 「爲人子者는 出必告하고 反必面하는」 原則을 지켜야만 할 것이다. 各居하는 家庭에서는 每日 出退勤할 때는 할 수가 없지마는 여러 날 旅行을 갈 때는 반드시 實行해야만 할 것이다. 그리고 親知의 關係에서는 「年長以倍則父事之하고 十年以

長則兄事之하며 五年以長則肩隨之하는」原則도 變할 수는 없는 것이다. 지금 우리 言語는 差別性이 甚하니, 親戚關係에는 行列의 高下로 區別하지마는 凡常知舊에는 七年까지는 許交하지마는 그 以上에는 尊待하는 것이 原則이다. 그리고 남의 집에 갔을 때 지킬 禮節과 男女間에 對할 때 지킬 禮節도 이 中에서 取할 것은 取해야만 할 것이다.

5

天子之妃曰后 諸侯曰夫人 大夫曰孺人 士曰婦人 庶人曰妻 公侯有夫人 有世婦 有妻 有妾 夫人自稱於 天子曰老婦 自稱於諸侯曰寡小君 自稱於其君曰小童　自世婦以下自稱曰婢子 子於父母則自名也. 侍食於長者 主人親饋則拜而食 主人不親饋 則不拜而食 共食不飽 共飯不澤手 毋摶飯 毋放飯 毋流歠 毋咤食 毋齧骨 毋反魚肉 毋投與狗骨 毋固獲 毋揚飯 飯黍毋以箸 毋嚃羹 毋絮羹 毋刺齒毋歠醢 客絮羹 主人辭不能亨 客歠醢 主人辭以窶　濡肉齒決 乾肉不齒決 毋嘬炙卒食 客自前跪 徹飯齊以授相者主人興辭於客 然後客坐. 侍飲於長者 酒進則起 拜受於尊所 長者辭 少者反席而飲 長者擧未釂 少者不敢飲　長者賜 少者賤者不敢辭.

【字解】① 妃(비)ー王이 自己의 配匹로 한 女子니 王妃.
② 孺(유)ー젖먹이(需) 아이(子)란 뜻이나, 아이를 젖먹여 키운 婦人의 死後稱으로 쓰는 것.
③ 婢(비)ー낮은(卑) 계집(女)이니 「종년」.
④ 饋(궤)ー飢者에게 貴한 食物을 「먹이는」 것.
⑤ 摶(단)ー專手로써 「뭉치는」 것.
⑥ 歠(철)ー입벌리(欠)고 마시는 술(酉)을 땅에 흘리는(癶) 것.
⑦ 咤(타)ー입(口)에서 食物이 나오는(宅) 것.

304

⑧ 齧(설) — 이(齒)로써 고기를 끊는(切) 것이니 「물어뜯는」 것.

⑨ 嚃(탑) — 입(口)에 들어 오(遝)도록 「훅훅 들이마시는」 것.

⑩ 醢(해) — 단지(酉)에 고기를 넣고 소금(血)을 쳐서 「담근 젓」.

⑪ 窶(구) — 집(穴)에 財物이 없어 비었(婁)으니 「가난한」 것.

⑫ 濡(유) — 物體가 水分(氵)을 써(需)서 「젖은」 것.

⑬ 嘬(최) — 입(口)에 가장(最) 맞는 食物을 넣어 「씹는」 것.

⑭ 醋(작) — 술(酉)잔(爵)을 「홀쩍 들어 마시는」 것.

【通釋】天子의 妃는 后라 하고 諸侯의 配는 夫人이라 하며, 大夫의 配는 孺人이라 하고 士者의 配는 婦人이라 하며, 庶人의 配는 妻라고 한다. 公侯는 夫人이 있고 世婦가 있으며, 妻가 있고 妾도 있는데 夫人은 天子에게 自身을 老婦라 하고 諸侯에게는 自身을 寡小君이라 하며, 그 人君에게는 自身을 小童이라 하고 世婦의 以下는 自身을 婢子라고 한다. 子息은 父母에게 自身을 이름으로 말하는 것이다.

長者를 모시고 食事를 하는 데는 主人이 親히 食物을 갖다 주(饋)면 절하고 먹으나, 主人이 손수 주는 것이 아니면 절은 안하고 먹는 것이다. 여럿이 같은(共) 그릇에 食事를 할 때는 배부르지(飽) 않게 하고 한 그릇에 食飮을 할 때는 손으로 집어 먹지 않으며, 밥을 뭉쳐(搏)서 먹지 말고 밥알을 입에서 나오(放)게 하지 말며, 물음식을 마시는(歠)데는 흘리지 말고 먹는 소리(咤)가 나지 말게 하며, 뼈에 고기를 이로 뜯지(齧) 말고 먹던 魚肉을 되돌리(反)지 말며, 그 뼈를 개(狗)에게 주지도 말고 즐기는 것만 求하지 말며, 밥을 퍼 올리(揚)지도 말고 기장(黍)밥을 절로 먹지도 말며, 국(羹)을 마시(歠)지 말고 국을 건데기(絮)만 남기지 말며, 니(齒)를 쑤시(刺)지 말고 젓(醢)을 마시지(歠) 말며, 손님이 국을 건데기만 남기면 主人은 잘 익지(烹) 않았냐고 人事말을 하며, 손님이 젓을 마시면 主人은 家難하기 때문이라고 말을 하고, 젖은(濡) 고기는 이로 찢어도 마른(乾) 고기는 이로 뜯지 않는 것이다. 적(炙)은 한 입 가득 씹지(嘬) 말고 食事를 마치(卒)면 손님 앞에 主人이 꿇어앉아(跪)서 食床을 들어서 使者에 주고 서서 말한 然後에 손님은 坐定하는 것이다.

長者를 모시고 飮酒할 때는 술상이 오면 일어나서 잔(樽)이 있는 곳에 가 절하고 받아 놓고 長者가 말하면 少者도 反席해서 마시는 것이다. 그러나 長者가 아직 술잔을 들지 않으면 少者는 敢히 마시지 아니하고 長者가 주면 少者賤者는 敢히 辭讓하지 못하는 것이다.

【餘說】此章에서 말한 女人의 自稱이나 他稱이 至今時代에는 不合하지마는 우리 社會에서는 一般 女人은 「婦人」이라 하고 相對人 妻는 「夫人」이라 하며, 一般 士人의 死去한 先妣 祖妣 등에는 「孺人」이라고 附書해서 尊稱으로만 쓰는 것이다. 그리고 年長者를 모시고 食事나 飮酒를 할 때의 禮節이 數多하게 있지만, 至今時代에는 거의가 必要없는 것이나 그의 要點은 오직 相對方이 듣기에나 보기에 거슬리지 않게 그에 對한 敬意를 表示하는 言動만 하면 되는 것이다. 그런데 이 文章 속에는 「毋」字가 十五字나 重出하였으니, 이것은 「하지 말라」는 것이다. 「口」 이것은 女字의 속을 擴大해서 三方角에 나온 촉을 除去한 것이니 妖艷한 女子의 言動을 「十」 이렇게 封鎖하는 것이니, 音은 無 无와 通하는 것이다. 无는 天字에서 西北을 구부렸으니 空虛한 天에 物件이 「없는」 것이고, 無는 㷺字에서 林이 火로 타서 「없어진」 것이니, 있던 숲이 없어진 것은 「無」고 없던 달(月)이 또(又) 나타나는 「有」의 反對 概念이다.

6

天子死曰崩 諸侯曰薨 大夫曰卒 士曰不祿　庶人曰死 在牀曰尸 在棺曰柩 羽鳥曰降 四足曰漬 死寇曰兵. 祭王 父曰皇祖考 王母曰皇祖妣 父曰皇考 母曰皇妣 夫曰皇辟 生曰父 曰母曰妻 死曰考 曰妣 曰嬪 壽考曰卒 短折曰不 祿. 天子視不上於袷 不下於帶 國君綏視 大夫衡視 士視 五步 凡視 上於面則敖 下於帶則憂 傾則姦. 毋側聽 毋 噭應 毋淫視 毋怠荒 遊毋倨 立毋跛 坐毋箕 寢毋伏 斂

髮毋髢 冠毋免 勞毋袒 暑毋褰裳. 博聞强識而讓 敦善行
而不怠 謂之君子 君子不盡人之歡 不竭人之忠 以全交也.
爲人臣之禮 不顯諫 三諫而不聽 則逃之 子之事親也 三
諫而不聽 則號泣而隨之. 君有疾 飮藥 臣先嘗之 親有疾
飮藥 子先嘗之 醫不三世 不服其藥.

【字解】① 崩(붕)—鵬의 本字인 朋은 空中에서 날아 내리는 것이니,
그처럼 山이 무너져 내리는 것처럼 天子가 무너지는 것을 뜻하는
것.

② 薨(흥)—莊은 蕙의 略字로서 날아 올라가는 뜻인데, 죽어서 魂이
날아 올라간다는 뜻으로써 諸侯가 昇遐함을 뜻한 것.

③ 棺(관)—나무(木)로 만든 속이 빈(官)「널」.

④ 柩(구)—나무(木)로 만들어서 尸身을 넣어 永久하게 감추(匿)는
「널」.

⑤ 漬(지)—責은 積의 略字로서 소금물(水) 속에 쌓아(責)서 맛이 들
면 먹는「지」이지마는 여기서는「짐승의 죽음」을 뜻함.

⑥ 妣(비)—女에 比한다는 것은「돌아가신 어머니」를 뜻함.

⑦ 嬪(빈)—女子의 賓官이나 여기서는 아내(女)를 손님(賓)으로 待遇
하는 것.

⑧ 袷(겹)—겹(合) 옷(衣)이나 여기서는「옷깃」.

⑨ 噭(교)—입(口)으로 淸郎(敫)하게 노래를「부르는」것.

⑩ 跛(파)—발(足)이 기울어(皮)진「절뚝발이」.

⑪ 箕(기)—곡식을 찧어서 그(其) 겨를 부쳐내는 대(竹)로 만든「키」
인데, 그 形狀이 ㄴ字形으로 되는 것.

⑫ 髢(체)—긴(長) 털(彡)이라(也)는 것은 假髮로 쓰는「다리」.

⑬ 袒(단)—어깨가 드러나(旦)게 옷(衣)을「벗는」것.

⑭ 褰(건)—옷(衣)을 걷는(寒) 것.

【通釋】天子의 死는 崩이라 하고 諸侯의 死는 薨이라 하며, 大夫의 死

는 卒이라 하고 庶民의 죽음은 死라고 한다. 죽어서 牀에 있는 것은 尸라 하고 棺에 넣은 것은 柩라 한다. 날개 달린 새는 降이라 하고 네 발 짐승은 漬라 하며, 칼에 죽은 것은 兵이라 한다. 祖父에 祭할 때는 皇祖考라 하고 祖母는 皇祖妣라 하며, 父는 皇考라 하고 母는 皇妣라 하며, 男便은 皇辟이라 한다. 生時에는 父,·母, 妻라 하고 死後에는 考, 妣, 嬪이라 하며, 享壽한 것은 卒이라 하고 失死한 것은 不祿이라 한다. 天子가 보는 데는 옷깃 위나 띠 아래로, 올리거나 내리지 안하고 國君을 보는 데는 옷깃 위에 限하며, 大夫가 보는 데는 平衡하게 하고 士者가 보는 데는 五步의 間으로 하는 것이니, 무릇 사람을 보는 데는 面正으로 올라가면 傲慢하고, 帶 아래 내려오면 憂愁한 듯하며, 기울게 보면 姦한 듯한 것이다.

　남의 얘기는 엿듣지 말고 對答을 큰소리로 하지 말며, 淫視하지 말고 荒怠하지 말며, 倨慢하게 놀지 말고 한쪽 발로 서지 말며, 箕처럼 直角으로 앉지 말고 자는 데는 엎드리지 말며, 머리는 땋지 말고, 冠은 비뚤게 쓰지 말며, 勞動을 해도 옷을 벗지 말고, 더울 때라도 下衣를 걷지 말라. 博聞해서 多識하고 謙讓하며, 善行에 篤實해서 게으르지 않는 者를 君子라고 하나니, 君子는 남의 歡心만 사려 하지 안하고 남의 忠心만을 求하지 않아야만 完全한 交際가 되는 것이다. 남의 臣下가 되는 禮는 드러나(顯)게는 諫하지 아니하고, 三諫해도 듣지 않으면 退去(逃)해야 하고, 남의 子息으로서 父母를 섬기는 데는 三諫해도 듣지 않으면 울면서(號泣) 따르는 것이다. 人君의 病에 湯藥을 드릴 때는 臣下가 먼저 맛을 보(嘗)고 父母의 病에 湯藥을 드릴 때는 子息이 먼저 맛을 보나니, 醫師는 三世의 經驗이 없다면 그의 藥劑는 服用하지 않는 것이다.

【餘説】우리 나라에서는 人君의 죽음은 昇遐라 하고, 尊者의 죽음은 逝去라 하며, 또한 下世, 別世라고 하는 것은 通稱이다. 至今의 風俗에 祭祀하는 데는 皇字의 代로 顯字를 쓰는 것이다. 그런데 側聽, 噭應, 淫視, 荒怠, 倨傲, 跛立, 箕坐, 伏寢 등을 말하는 것은 至今도 當然한 것이나 髽髮, 免冠, 勞袒, 褰裳 등을 말하는 것은 必要가 없는 것이다.

君子란 것은「君天下而子小民」하는 指導者이니 博聞多識한 知와 謙讓 善行하는 德으로써 全體의 公益을 爲해야 하지 그의 私利만 爲하고 남 의 歡心이나 사며, 남의 忠誠이나 求해서는 안 되는 것이다. 남의 部下 가 되고 남의 子息이 되어서는 上官이나 父母가 過失을 거듭하지 않도 록 그의 非行을 諫해야만 하는 것이다. 그러나 그가 頑迷해서 改過하 지 않을 때는 部下된 者는 退去하면 되지마는 子息된 者야 絶緣할 수가 없으니 울면서 呼想해야만 하라는 것이다.

7

居喪之禮 毀瘠不形 視聽不衰 升降不由阼階 出入不當 門隧 居喪之禮 頭有創則沐 身有瘍則浴 有疾則飮酒食肉 疾止復初 不勝喪 乃比於不慈不孝 五十不致毀 六十不毀 七十唯衰麻在身 飮酒食肉處於內. 生與來日 死與往日. 知生者弔 知死者傷 知生而不知死 弔而不傷 知死而不知 生 傷而不弔. 弔喪弗能賻 不問其所費 問疾弗能遺 不問 其所欲 見人弗能館 不問其所舍 賜人者 不曰來取 與人 者 不問其所欲. 適墓不登壟 助葬必執紼 臨喪不笑 揖人 必違其位 望柩不歌 入臨不翔 當食不歎 鄰有喪 舂不相 里有殯 不巷歌 適墓不歌 哭日不歌 送喪不由徑 送葬不 辟塗潦 臨喪則必有哀色 執紼不笑 臨樂不歎 介冑則有不 可犯之色 故君子戒愼 不失色於人.

【字解】 ① 瘠(척)—脊柱처럼 뼈가 드러난 病(疒)이니「파리한」것.
② 阼(조)—높은(阜) 마루 위로 올라가기 爲해서 東쪽에다 만든(乍) 「디딤돌」.
③ 隧(수)—山 언덕(阜)을 뚫어서 드디어(遂) 저쪽과 서로 通하는「穴 道」인 것이나, 여기서는 門의「가운데」를 指稱한 것.
④ 創(창)—倉庫를 짓는데 연장(刀)을 가지고「시작」하는 것을 뜻한

것이나 여기서는 瘡으로 通해서 「종기」를 뜻한 것.

⑤ 瘍(양)―위에(昜) 있는 종기(疒)는 頭瘡.

⑥ 賻(부)―펴는(尃) 물건(貝)이니 喪布같은 것으로써 喪事를 도우는 「부의」.

⑦ 館(관)―사람들이 모여(官)서 食事하는 會館이나, 群衆이 모이는 會館은 舍字偏에 官字를 써야만 함.

⑧ 壟(롱)―흙(土)이 쌓인 높은(龍) 「무덤」.

⑨ 紼(불)―이 世上을 떠나(弗)가는 喪輿를 메는 줄(糸).

⑩ 翔(상)―새가 날개(羽)로 잘(羊) 날으는 것이니, 나는 듯한 氣分으로 가는 것.

⑪ 殯(빈)―죽은(歹) 尸身을 손님(賓)처럼 暫時 동안 묻어 두는 곳.

⑫ 徑(경)―곧은(巠) 길로 질러 가는(彳) 것.

【通釋】居喪하는 禮節은 哀毀해도 瘦瘠하지 않게 하고, 視聽함이 衰弱하지 아니하게 하며, 升降함에는 東阼(阻)로 다니지 아니하고, 出入에는 門 가운데(隱)로 다니지 않으며, 머리에 瘡(創)이 있으면 沐을 하고 몸에 종기(瘍)가 있으면 浴을 하며, 疾病이 있으면 食肉하고 飮酒하며, 病이 나으면 처음대로(復) 素食을 하지만 몸이 衰弱해서 喪主노릇을 못하게 된다면 그것은 慈孝함이 되지 않는 것이다. 五十歲가 되어서는 哀毀하지 말고 六十歲가 돼서도 그러하며, 七十歲가 되면 오직 喪服(衰麻)이나 입지 飮酒하고 食肉하며, 生者에는 來日로 치고, 死者에는 往日로 친다. 喪主를 아는 데는 弔하고 亡者만 아는 데는 傷하나니 喪主만 알고 亡者는 모르는 데는 弔만 하고 傷하지는 않으며, 亡者만 알고 喪主는 모르는 데는 傷만 하고 弔하지는 않는 것이다.

弔喪가서 賻儀도 못한다면 그의 喪費는 묻지 말고, 問病 가서 贈物(遺)도 않으면서 그의 食味를 묻지 말며, 旅行 온 親知를 留宿도 시키지 않으면서 그의 舍館은 묻지 말고 남에게 膳物을 하는 데는 와서 가져가라고 하지 말며, 남을 相對로 해서는 그의 欲求함을 묻지 말 것이니라. 墓所에 가서(適)는 무덤(壟) 위에 올라가지 말고 葬事에 가서는 반드시 喪輿 끈을 잡으며, 問喪을 가서는 喜笑하지 말고 남에게 揖을 하는 데는 반드시 그 자리를 비켜서 하고, 棺柩를 보고는 노래하지 않으며, 問喪(入臨) 가는 데는 揚揚(翔)하게 하지 안하고 食事를 當해서는 歎息하지 않으며, 이웃에 初喪이 났으면 방아찧는(舂)데 소리를 안내고 마을에 殯葬이 있으면 노래를 하지 않으며, 墓所에 가서는 노래하지 안하고 哭한 날에도 노래하지 안하고 送喪하는 데는 直逕으로 가지 않으며, 喪輿가 가는 데는 泥水(塗潦)를 避(辟)하지 안하고 喪家에 가서는 반드시 슬픈 氣色을 하며, 執紼하고 喜笑하지 안하고 音樂하는 데는 歎息하지 않으며, 武裝(介冑)을 하면 侵犯할 수 없는 氣色이 있어야만 하는 것이다. 그러므로 君子는 戒愼해서 남보기에 그 氣色을 잃지 않는 것이니라.

【餘説】 이 居喪하는 禮節에는 「毁瘠이 不形하고 視聽이 不衰하도록 衛生을 해야지 體力이 衰弱해서 「不勝喪함은 乃比不孝라.」고 하였는데 過去 우리 나라에서는 五百餘年來로 全然히 衛生은 하지 안하고 居喪하는데 侍墓까지 하다가 促死한 者가 無數하게 있었으니 이러한 風習이 儒家를 衰亡하게 만든 것이다. 過去만 爲해서 將來를 亡치는 것은 儒道의 眞理는 모르고 無益한 虛名만 爲한 指導者의 過誤에서 緣由한 것이다. 그런데 옛적에는 「知生而不知死하면 弔而不傷하고 知死而不知生하면 傷而不弔했다.」고 했어도 至今은 亡靈만 안다고 喪主는 弔問하지 안거나 喪主만 안다고 靈位에는 參拜하지 않을 수가 없는 것이다. 그러나 至今에는 「弔喪不能賻하고 問疾不能遺하며, 見人不能館하고」서는 그의 所費, 所欲, 所館을 묻지 않는 것이 可할 것이다. 그리고 以下에 十七條目은 누구나 理性的으로 判斷해서 良心的으로 實行만 하면 될 것이다. (以下는 省略함)

第十五編　冠　義

凡人之所以爲人者　禮義也　禮義之始　在於正容體　齊顏色　順辭令. 容體正　顏色齊　辭令順　而后禮義備　以正君臣　親父子　和長幼. 君臣正　父子親　長幼和　而后禮義立　故冠而后服備　服備而后容體正　顏色齊　辭令順　故曰　冠者　禮之始也. 是故古者聖王重冠　古者冠禮　筮日筮賓　所以敬冠事　所以重禮　重禮　所以爲國本也　故冠於阼　以著代也　醮於客位　三加彌尊　加有成也　已冠而字之　成人之道也　見於母　母拜之　見於兄弟　兄弟拜之　成人而與爲禮也　玄冠玄端　奠摯於君　遂以摯見於鄉大夫鄉先生　以成人見也　成人之者　將責成人禮焉也　責成人禮焉者　將責爲人子　爲人弟　爲人臣　爲人少者之禮行焉　將責四者之行於人　其禮可不重與. 故孝弟忠順之行立　而后可以爲人　可以爲人而后可以治人也　故聖王重禮　故曰　冠者　禮之始也　嘉事之重者也　是故古者重冠　重冠　故行之於廟　行之於廟者　所以尊重事　尊重事而不敢擅重事　不敢擅重事　所以自卑而尊先祖也.

【字解】①備(비) — イ茍用의 三合字니 사람(人)이 萬若(茍→艹)에 쓸(用)일이 생긴다면 그 때를 爲해서 미리 「갖추어」두는 것.

② 冠(관) — 冖元寸의 三合字니 사람이 머리(元)에 法度(寸)있게 덮는(冖) 것이니, 成年이 되어 쓰는 「갓」.

③ 阼(조) — 손님이 오면 主人이 暫間(乍) 나가서 迎接하는 「東쪽　축

담」.

④ 醮(초) ─ 술(酉)을 마시고 잔이 마른(焦) 것이니 反盃하지 않는 것.

⑤ 筮(서) ─ 산댓(竹)가지로 操作해서 神이 내려(巫) 알게 「점」하는것.

⑥ 彌(미) ─ 平字가 二爻를 內包한 「爾」字에 「弓」字를 붙였으니 公正(平)하고 廣交(爻)한 武力(弓)으로 征伐을 하면 「더욱더」 勝利한다는 것.

⑦ 摯(지) ─ 長者를 뵈우러 갈 때 손(手)으로 가지(執)고 가는 禮物.

【通釋】 무릇 人間이 人間되는 所以는 禮義인 것이다. 禮義의 始發은 容體를 正하고 顔色을 齊하며, 言辭를 順하게 해서 容體가 正하고 顔色을 齊하며, 言辭를 順하게 한 後에야만 禮義가 갖추어지고, 그래서 君臣이 正하고 父子가 親하며, 長幼가 和하게 해서 君臣이 正하고 父子가 親하며, 長幼가 和하게 된 後에야만 禮義가 서는 것이다. 그러므로 冠禮를 한 後에 衣服을 備하고, 衣服을 備한 後에 容體가 正하고 顔色이 齊하며, 言辭가 順하는 것이기 때문에 冠禮는 禮義의 始發이라는 것이다. 그러므로 옛적에 聖王은 冠禮를 重히 하셨다. 옛적 冠禮에는 日字를 擇(筮)하고 賓客을 請했던 것이니, 이것이 冠事를 敬하는 所以고 冠事를 敬하는 것은 禮儀를 重히 하는 所以며, 禮儀를 重히 한 것은 國本을 爲하는 所以였던 것이다. 그러므로 阼階에서 冠事를 하는 것은 그 代를 나타내는 것이고, 客位에서 醮事를 하는 데는 三加를 해서 더욱(彌) 높이는 成年의 式인 것이다.

이미 冠禮를 했으면 字를 짓나니, 이것이 成人하는 道다. 그래서 母를 拜하면 母도 拜하고, 兄을 拜하면 兄도 拜하나니, 成人으로서 서로 禮를 하는 것이다. 그리고 또 玄冠을 쓰고 玄緞을 입고 君前에 가서 禮物(摯)을 드리고 다음은 禮物을 가지고 卿大夫와 鄕先輩께 가서 成人으로서 人事를 치는 것이다. 成人된 者는 將次로 成人의 禮를 行할 責任을 지는 격이니 成人의 禮란 것은 將次로 남의 子息이 되고 남의 아우가 되며, 남의 臣下가 되고 남의 少者가 되는 禮를 行하는 것이니, 그들 四者에게 禮를 行할 責任을 진 것이니, 그 禮가 重大하지 아니한가. 그러므로 孝弟忠順의 行을 遂行한 後에야만 可히 人間이 되는 것이니

人間이 된 後에야만 可히 남을 다스릴 수가 있는 것이다. 그러므로 聖
王은 禮를 重히 했기 때문에 冠禮는 禮儀의 始發인 것이고, 嘉事의 重
大한 것이다. 그러므로 옛적에는 冠禮를 重히 하였으니, 冠禮를 重히
하기 때문에 祠堂(廟)에서 行하고 祠堂에서 行하는 것은 重事가 되는
所以이니, 敢히 重事는 獨擅하지 못하고 重事를 獨擅하지 못하는 것은
自卑해서 先祖를 높이는 所以인 것이다.

【餘說】 무릇 男子는 二十歲가 되면 結婚을 하는 데 먼저 冠禮를 하니,
冠禮란 것은 成人의 禮다. 成人이란 것은 사람(人)이 되는(成) 것이니,
그 때까지는 自然的 本能대로만 사는 一種의 動物에 不過하였으나, 冠
禮를 한 뒤에는 文化的 禮義를 알아서 참다운 人間이 되라는 것이다. 禮
義란 것은 容體를 正하고 顔色을 齊하며, 言辭를 順하게 하는 行動主
體가 되어서 父子가 親하고 長幼가 和하고 君臣이 正하게 하는 倫理義
務를 遂行하는 것이다. 未成한 兒時에는 아무런 責任도 없었지마는 冠
禮를 한 後로는 家庭에서는 父母兄弟, 社會에서는 朋友長上, 官職에서
는 君上先輩 등에 對한 責任이 重大한 것이다. 머리에 쓰는 冠은 그러
한 精神的인 負擔을 象徵한 것이다. 그러니 그의 머리에 責任意職이 없
는 者는 人間的인 價値가 없는 것이다. 이것이 先聖의 冠禮를 制定한
根本意義였던 것이나 우리 儒家에 와서는 兒子十歲만 되어도 冠禮를 하
고 娶妻를 시키는 早婚의 風이 盛行하였으니, 十歲 小兒가 어찌 그의 責
任을 意識하여 遂行할 能力이 있을 理가 있을까. 그러니 冠禮란 것이
全然 히 意味를 喪失한 것이다. 더구나 그의 早婚은 肉體的 發育에 莫
大한 害毒을 끼쳐서 그의 壽命까지 短縮시켰으니, 그래서 儒道의 眞理
는 荒廢해졌던 것이다.

第十六編　昏　義

1

　　昏禮者 將合二姓之好 上以事宗廟 而下以繼後世也 故
君子重之 是以昏禮 納采 問名 納吉 納徵 請期 皆主人
筵几於廟 而拜迎於門外 入揖讓而升 聽命於廟 所以敬愼
重正昏禮也 父親醮子 而命之迎 男先於女也 子承命以迎
主人筵几於廟 而拜迎於門外 婿執鴈入 揖讓升堂 再拜奠
鴈 蓋親受之於父母也 降出御婦車 而婿授綏 御輪三周
先俟于門外 婦至 婿揖婦以入 共牢而食 合卺而酳 所以
合體 同尊卑以親之也 敬愼重正而后親之 禮之大體 而所
以成男女之別 而立夫婦之義也 男女有別 而后夫婦有義
而后父子有親 父子有親 而后君臣有正 故曰 昏禮者 禮
之本也.

【字解】① 昏(혼)—氐(氏)와 日의 合字니 해(日)가 풀뿌리(氏) 밑으
　　로 내려가니 「어두운」 것이나, 어두울(昏) 때 新郞이 가서 因해 新
　　婦와 結婚式을 했기 때문에 「婚姻」이라고 하였음.
② 繼(계)—여러 실가닥(䜌)을 한 실(糸)줄로 「잇는」 것.
③ 采(채)—나무(木) 위에 잎사귀 빛(彩)을 보고 손끝(爫)으로 「가려
　　서 따는」 것이니, 新婦를 採擇했다는 意思表示로써 禮物을 드리는
　　것이 「納采」.
④ 筵(연)—대(竹)를 엮어서 펴고(延) 앉는 「자리」.
⑤ 婿(서)—딸(女)과 서(胥)로 사는 선비(士)는 「사위」니 女변에도

쓰는 字.

⑥ 綏(유) ― 車에서 편(妥)케 잡는 끈(糸)이니 「손잡이」.

⑦ 卺(근) ― 自己를 丞助하는 配遇를 意味한 字이나 박을 兩分해서 新郎과 新婦가 술잔으로 하는 것.

【通釋】婚禮란 것은 將次로 二姓이 好合해서 위로는 宗廟를 奉祀하고 아래로는 後孫이 繼承하는 것이기 때문에 君子는 重視하는 것이다. 그러므로 婚禮에는 納采하고 問名하며, 納吉하고 納徵하며, 請期하는 데 모두 女家의 主人은 祠堂에 자리(筵)를 펴고 參拜한 뒤 門外에 나가 맞이하여 揖讓하고 들어와 使者가 所傳하는 男家의 命을 祠堂에서 듣나니, 이것은 婚禮를 敬愼하고 正重하는 所以인 것이다.

　父는 親히 子에게 醮를 命해서 맞이하게 하며, 男은 女보다 먼저 하는 것이니, 子는 命令을 받고 맞이하며, 主人은 祠堂에 자리를 펴고 參拜한 뒤에 門外로 가 맞이하여, 壻는 雁을 받들고 들어와 揖讓하며, 昇堂해서 再拜하고 奠雁하나니, 그것은 親히 父母에게 받는 것이다. 그리고 나가서는 婦의 車를 몰고서 壻는 綏를 주고 車輪을 三回 돌리고서 먼저 門外에서 기다렸다가 婦가 이르면 壻는 婦에게 揖하고 들어가서 共牢로 食하고 合卺해 酳하는 것은 合體해서 尊卑를 같이 해서 親하게 하는 所以인 것이다.

　敬愼하고 重正한 뒤에 親하는 것은 禮의 大體로써 男女의 別을 이르는 所以이니, 夫婦의 義를 세우는 것이다. 男女는 有別한 後에야만 夫婦가 有義하고, 夫婦는 有義한 後에야만 父子가 有親하며, 父子가 有親한 後에야만 君臣이 有正하게 되는 것이니, 그러므로 婚禮는 모든 禮의 根本이 되는 것이다.

【餘説】二姓이 作配함에는 六禮란 것이 있으니, 그것은 納采, 問名, 納吉, 納徵, 請期, 禮式 등이다. ①納采란 것은 仲媒를 通해서 合議가 되면 男家에서 女家에 采擇의 禮物을 드리는 것이고, ②問名은 男家에서 主人이 書翰으로 使者를 보내 女의 生母 姓을 묻는 것이며, ③納吉은 男家에서 卜筮를 해서 吉兆를 얻으면 그로써 婚姻이 決定된 것을 女

家에 告하는 것. ④納徵은 男家에서 女家에 禮物을 送納해서 約婚이 成立되었음을 表徵하는 것. ⑤請期는 男家에서 納徵한 뒤에 婚期를 擇해서 使者를 女家에 보내 要請하는 것이다. 以上 다섯 가지는 모두 男家에서 女家로 보내면 女家의 主人은 祠堂에 筵几를 設置하고 門外에서 拜迎하는데 그 때 禮物은 雁으로 했던 것이다. 이렇게 五重의 節次를 거듭하는 것은 愼重하는 道理이니, 그래서 禮式을 하면 六禮가 되는 것이다. 그래서 結婚을 하면 成人이니 「人」字에 左ノ은 男字고 右\은 女로 作配해서 成한 것이고, 成人한 男便은 夫라고 하니 「夫」는 二人의 合字로서 女便보다는 「二人」分의 能力이 있어서 家庭의 支柱가 되어 社會生活이 始發하는 것이다. 그런데 夫人은 家事를 專擔하며, 비(帚)로써 掃除하는 것이 急先務이기 때문에 그는 「婦」라고 하는 것이다. 그러니 家庭에서 私事만 하는 婦는 社會에서 公事를 하는 夫의 사람이기 때문에 「夫人」이라고 稱하는 것이다.

2

夫禮 始於冠 本於昏 重於喪祭 尊於朝聘 和於射鄕 此禮之大體也 夙興 婦沐浴以俟見 質明 贊見婦於舅姑 歸執笲棗栗段脩以見 贊醴婦 婦祭脯醢 祭醴 成婦禮也 舅姑入室 婦以特豚饋 明婦順也 厥明舅姑共饗婦 以一獻之禮 奠酬 舅姑先降自西階 婦降自阼階 以著代也 成婦禮 明婦順 又申之以著代 所以重責婦順焉也 婦順者 順於舅姑 和於室人 而后當於夫 以成絲麻布帛之事 以審守委積蓋藏 是故婦順備 而后內和理 內和理 而后家可長久也 故聖王重之 是以古者婦人 先嫁三月 祖廟未毀 敎于公宮 祖廟旣毀 敎于宗室 敎以婦德 婦言 婦容 婦功 敎成祭之 牲用魚 芼之以蘋藻 所以成婦順也.

【字解】① 聘(빙)—名聲을 듣(耳)고 말미알아(由) 參考(丂)로 하려고

「청해 가는」 것.

② 射(사) — 自身의 體勢를 法度(寸)있게 해서 目的을 마치는 「弓道」.

③ 贊(찬) — 財物(貝)을 가지고 나아가(兓)서 「도우는」 것.

④ 笲(변) — 대(竹)로 만든 고깔(弁)이나 禮物을 담는 「대그릇」.

⑤ 段(단) — 阝은 층계고 殳는 장대니 높은 데로 올라가는 「계단」.

⑥ 醢(해) — 술(酉) 오른(右)쪽 접시(皿)에 있는 「육젓」.

⑦ 酬(수) — 술(酉)잔을 주고 받는(州) 것.

⑧ 嫁(가) — 女子가 家庭을 차리니 「시집가는」 것.

⑨ 芼(모) — 털(毛)처럼 난 풀(艹)에서 「나물을 뜯어 모우는」 것.

⑩ 蘋(빈) — 水中에 흔히(頻) 있는 풀(艹)이니 「浮萍草」.

⑪ 藻(조) — 水中에 씻겨(澡)서 잎에 文彩가 있는 풀(艹)이니 「마름」
인데, 「文章」이란 뜻으로도 쓰이는 것.

【通釋】 무릇 禮는 冠에서 始發해서 婚에다 根本하고, 喪祭에서 加重하
며 朝聘에서 尊讓하고 鄕射에서 和合하는 이것이 禮의 大體인 것이다.

新婦는 일찍 일어나 沐浴하고, 時間을 기다려서 날이 샐(質明) 때 贊
者(案內者)는 新婦를 舅姑(媤父母)께 가서 뵙게 하는데, 棗와 栗에 段
脩(薑桂를 加한 것)를 竹器에 담아 가져가고 贊者는 醴酒를 가져가면
新婦가 脯醢와 醴酒로 祭함은 婦禮를 成함이고 舅姑가 房에 들어갈 때
는 新婦가 特히 豚肉을 올리(饋)는 것은 婦順함을 밝히는 것이다. 그
明日에는 舅姑가 같이 新婦를 먹이(饗)는데, 一獻의 禮로써 奠酬를 다
하고서 舅姑는 먼저 西階로 내려오고 新婦는 東階로 내려옴은 代를 나
타내는 것이다.

新婦의 禮를 成하고 新婦의 順을 明했는데, 또 거듭(申) 代를 著한
것은 婦順하는 責任을 重히 하는 것이니 婦順이란 것은 舅姑에 順하고
家人에 和한 後에 男便에 當하나니, 그래서 絲麻로 布帛을 만드는 일
을 해서 그것을 積하고 藏置하는 것이다. 그러므로 新婦는 順行을 다
한(備) 後에야만 內和가 될(理) 수 있고, 內和가 된 뒤에야만 家庭이
可히 長久하게 되는 것이다. 그러므로 聖王은 이것을 重히 하셨던 것이
다.

그러므로 옛적에 婦人은 出嫁하기 前 三個月에 祖廟가 있(未毁)으면 廟堂(公宮)에서, 祖廟가 없으(毁)면 宗家에서 敎育을 하는데 그것은 婦德, 婦言, 婦容, 婦功을 가르치는 것이다. 그래서 敎育이 成하면 祭祀하는데 牲은 魚를 쓰고 菜(芼)에는 蘋藻(水草)를 썼으니, 이것은 婦順을 成就하기 爲한 것이다.

【餘説】 무릇 禮는 冠禮와 婚禮에서 始作해서 喪禮와 祭禮에서 加重되고, 朝聘(諸侯가 天子께 朝會하고 聘問하는 것)에서 尊貴하며, 鄕射(鄕土 人士들이 모여 弓道하는 것)에서 和合하는 것이 禮의 大體인 것이다. 冠婚의 禮는 人生에 責任을 지는 것이고 喪祭의 禮는 人生에 恩德을 갚는 것이며, 朝聘의 禮는 世界의 平和를 爲한 것이고 鄕射의 禮는 鄕土의 親睦을 爲한 것이니, 禮란 것은 人生의 價値, 社會의 福利를 圖成하는 方道인 것이다. 그러므로 『詩經』 鄘風相鼠篇에는 「쥐도 보니 體가 있는데 사람되어 禮가 없으랴. 사람되어 禮 없다면 빨리 죽지 않을손가.」고 하였으니, 無禮한 者는 반드시 無道한 惡行을 해서 남을 害치니 저도 害를 받게 되기 때문이다. 그런데 婚禮한 다음날 新婦가 夙興해서 舅姑께 問安감이 當然하나, 舅姑入室에 婦以特豚饋하고 舅姑共饗婦에 以一獻之禮로 奠酬함은 무엇인가. 成婦禮하고 明婦順하여 成絲麻布帛之事하고 審守委積蓋藏함은 一生 동안 할 夫人의 事業인 것이다.

끝으로 嫁前 三月에 敎育을 받고 祭함에 「芼之以蘋藻」한 「芼」를 鄭玄은 「羹」이라고 註했으니, 説文上으로 可當치도 않은 것이다.

3

古者天子后立六宮 三夫人 九嬪 二十七世婦 八十一御妻 以聽天下之内治 以明章婦順 故天下内和而家理 天子立六官 三公九卿 二十七大夫 八十一元士 以聽天下之外治 以明章天下之男教 故外和而國治 故曰 天子聽男教 后聽女順 天子理陽道 后治陰德 天子聽外治 后聽内職 教

順成俗　外內和順　國家理治　此之謂盛德　是故男敎不脩
陽事不得　適見於天　日爲之食　婦順不脩　陰事不得　適見
於天　月爲之食　是故日食　則天子素服而脩六官之職　蕩天
下之陽事　月食則后素服　而脩六宮之職　蕩天下之陰事　故
天子之與后　猶日之與月　陰之與陽　相須而后成者也　天子
脩男敎　父道也　后脩女順　母道也　故曰　天子之與后　猶父
之與母也　故爲天王服斬衰　服父之義也　爲后服齊衰　服母
之義也.

【字解】① 嬪(빈)―王室에서 賓처럼 대우하는 女子이니 「女官」名.
② 蕩(탕)―물(水)이 陽氣의 熱에 依해서 「끓는」 것처럼 洪水가 져서
　　물이 「솟구치는」 것도 뜻하니 「放蕩」하다는 뜻이 되어 「廣濶」하다
　　는 뜻도 되었음.
③ 猶(유)―짐승(犭) 中에서 魁장이 될만한 體力은 있으나　判繼力이
　　없으니 「오히려」 弱者와 「같이」 判斷하지 못하고 「미루는」 것.
④ 斬(참)―車에서 斤으로 사람을 「베는」 것이니, 그것은 慘酷하기 때
　　문에 音은 「참」이다.
⑤ 衰(쇠)―衣字 속에 ㅃ字가 들었으니 옷 속의 몸이 弱해진　것이나,
　　여기서는 「喪服」을 뜻한 것으로써 音은 「최」다.
⑥ 服(복)―月(肉) 卩(節) 又(手)의 三合字니 사람은 肉體(月)가　손
　　(又)으로 器具(卩)를 가지고 「일하는」데 입는 「옷」을 뜻한 것이나,
　　또한 「服從」이란 뜻으로 轉注해서 服從하는 百姓이 사는 「領土」까
　　지 意味한 것.

【通釋】 옛적에 天子의 后는 六宮을 세워서 三夫人, 九嬪, 二十七世婦,
八十一御妻를 두어서 天下의 內治를 듣고 婦人의 順道를 明章하였기 때
문에 天下의 內가 和해서 家庭이 다스려졌던 것이다. 또 天子는 六官을
세워서 三公, 九卿, 二十七大夫, 八十一元士를 두어서 天下의　外治를
듣고 天下의 男敎를 明章했기 때문에 外和해서 國家가 다스려졌던　것

이다. 그러므로 天子는 男教를 들은 後에 女順을 들었고, 天子는 陽道를 다스린(理) 뒤에 陰德을 다스렸으며, 天子는 外治를 들은 後에야만 內治를 들었으니, 教順해서 成俗하고 外由가 和順하여 國家가 平治됐던 이것을 盛德이라고 한다.

그러므로 男教를 不脩해서 陽事를 不得하면 그것이(適) 天象에 나타나(見)서 日蝕이 되고 婦順이 不脩해서 陰事를 不得하면 그것은 天象에 나타나서 月蝕이 되는 것이다. 그러므로 日蝕하면 天子는 素服하고 六官의 職을 脩正해서 天下의 陽事를 蕩平하며, 月蝕하면 皇后는 素服하고 六宮의 職을 脩正해서 天下의 陰事를 蕩平하는 것이다. 그러므로 天子와 皇后는 日과 月, 陰과 陽의 關係로써 相須하여 完成하는 것이다. 天子가 男教를 닦는 것은 父의 道고, 皇后가 女順을 닦는 것은 母의 道다. 그러므로 天子와 皇后는 父와 母의 關係와 같기 때문에 先王을 爲한 喪服은 斬衰(최)를 입으니 이것은 父親 服이고 皇后를 爲한 喪服은 齊衰(재최)를 입으니 이것은 母親服이다.

【餘説】 此節은 婚禮의 意義는 아니고 女官의 存在를 言及한 것이다. 政府에 男子의 官으로는 六官이 있는데 三公, 九卿, 二十七大夫, 八十一元士 등을 두어서 天下의 外治를 分擔한 內面에는 女子의 官으로는 六宮이 있어서 三后, 九嬪, 二十七世婦, 八十一御妻가 있어 天下의 內治를 하는 것이다. 三公以下에 男子의 官이 百二十人이니, 三后의 下에 女子의 官도 百二十人이 있는 것이 當然하니, 陽의 世界와 陰의 世界는 서로 半分이기 때문이다. 大數의 自然法則에 依해서 人間社會는 어디서나 男女가 서로 等數이니, 男子社會를 다스리는 데는 男官이하고 女子社會를 다스리는 데는 女官이 하는 것이 合理的이 아닌가. 그러나 王家에 女官이란 것은 治國하는 事業에는 아무 關係도 없으니 그들은 오직 人君의 性的對象으로만 存在하였으니, 아무 일 없이 놀기만 하는 女官은 治家에 有害한 作用만 했던 것이다. 그러니 지금 男女平等의時代에서는 女官制度를 두어서 治國에 活用하는 것이 有益하지 않을까.

第十七編　射　義

1

古者諸侯之射也　必先行燕禮. 卿大夫士之射也　必先行
鄕飮酒之禮 故燕禮者 所以明君臣之義也. 鄕飮酒之禮者
所以明長幼之序也 故射者 進退周還必中禮 內志正 外體
直 然後持弓矢審固. 持弓矢審固 然後可以言中 此可以觀
德行矣. 其節天子以騶虞爲節 諸侯以貍首爲節 卿大夫以
采蘋爲節 士以采蘩爲節. 騶虞者 樂官備也 貍首者 樂會
時也 采蘋者 樂循法也 采蘩者 樂不失職也 是故天子以
備官爲節 諸侯以時會天子爲節 卿大夫以循法爲節　士以
不失職爲節 故明乎其節之志 以不失其事 則 功成而德行
立 德行立 則無暴亂之禍矣. 功成則國安 故曰 射者所以觀
盛德也. 是故古者天子以射選諸侯卿大夫士. 射者男子之
事也 因而飾之以禮樂也. 故事之盡禮樂 而可數爲以立德
行者 莫若射 故聖王務焉.

【字解】① 節(절) — 대(竹)가 커올라가(即)는 데는 一定한　間隔으로
「마디」를 맺으니 그것이 「節度」가 있으므로 「調節」하는 뜻으로 쓰
는 것.
② 騶(추) — 꼴(芻)만 먹는 말(馬)처럼 生物은 잡아 먹지 않고 生草는
밟지 않는 「착한 짐승」 이름.
③ 貍(리) — 猫같은 들짐승(豸)으로서 마을(里)로 내려와 숨어 다니는
「살쾡이」.

④ 蘩(번)―繁盛하게 나는 草本이나 「흰쑥」을 뜻하는 것.
⑤ 選(선)―事理에 順(巽)해 가(辵)서 最善을 「가리」는 것.

【通釋】 옛적에 諸侯기 弓道(射)를 하는 데는 반드시 먼저 燕禮를 行하고, 卿大夫나 士가 弓道를 하는 데는 반드시 먼저 鄕飮酒禮를 行하는 것이다. 그러므로 燕禮란 것은 君臣의 義를 밝히는 所以고, 鄕飮酒의 禮는 長幼의 序를 밝히는 所以기 때문에 弓道란 것은 進退하고 周旋하는 데 반드시 禮에 맞도록 하여 內志가 正해서 外體가 直해진 然後에야만 弓矢를 잡음(持)이 堅固해지고 弓矢를 堅固히 잡은 然後에야만 可히 的中하나니 이에서 可히 德行을 보는 것이다.

그 樂節로 말하면 天子는 騶虞詩로써 節度로 하고, 諸侯는 貍首詩로써 節度로 하며, 卿大夫는 采蘋詩로써 節度로 하고, 士者는 采蘩詩로써 節度로 하나니, 騶虞詩는 官備함을 樂하고, 貍首詩는 會時를 樂한 것이며, 采蘋詩는 循法을 樂한 것이고, 采蘩詩는 保職을 樂한 것이다. 그러므로 天子는 備官함을 節度로 하고, 諸侯는 天子와 時會함을 節度로 하며, 卿大夫는 遵法으로써 節度로 하고, 士者는 保職함을 節度로 하였기 때문에 그 節度의 志를 밝히어서 그 職事를 不失하면 功成해서 德行이 서나니, 德行이 서면 亂暴한 禍가 없고 功成하면 國家가 平해지는 것이다. 그러므로 弓道란 것은 盛德을 보는 所以가 되는 것이다.

그러니 옛적에 天子는 弓道로써 諸侯, 卿大夫, 士者를 選出했던 것이다. 弓道는 男子의 事이니 그로 因해서 禮樂으로써 꾸몄기 때문에 人事는 禮樂을 다해서 자주(數) 하여 德行을 세우는 데는 弓道보다 나은 것이 없기 때문에 聖王은 이것에 힘쓰셨던 것이다.

【餘說】 東洋文化는 거의다 精神的인 禮讓에 있는거니 『禮記』는 그것을 記錄한 것이나, 이 中에도 西洋文化에 特徵인 肉體的인 競技가 두 가지 있으니 그것이 「射義」와 「投壺」다. 그러나 이것도 精神的인 性格이 있으니 「射者는 進退周還에 必中禮하여 內志正해서 外體直함」에 있는 것이다. 諸侯의 射는 먼저 燕禮를 行하니 이것은 君臣의 義를 밝히는 것이고, 卿大夫士의 射는 먼저 鄕飮酒禮를 行하니 이것은 長幼의 序를 밝

히는 것이다. 弓道를 할 때는 詩를 노래하면서 發射하는 것이니「騶虞」「采蘋」「采蘩」등은『詩經』國風의 召南章에 收錄된 것이나,「貍首」는 逸失한 것이다. 옛적에 天子는 諸侯를 選任할 때 弓道의 能力을 試驗했기 때문에「侯」字는 工矢人의 三合字로 된 것이다. 그리고 「卿」은 卯字 속에 皀(香)字가 들었으니 開春하는 卯月에 花草가 피는 香氣가 始發하는 뜻이니 政治가 始發하는 人君이 任命한 丞相이란 意味가 된 것이다. 그런데「士」는 十과 一의 合字니 民間에서 修養工夫를 해서 十人中에 特出한 一人「선비」를 뜻한 것이니 禮樂으로 꾸미고 德行에만 힘쓰게 하는 데도 弓道가 必要하기 때문에 聖王은 이것을 힘썼던 것이다.

2

是故古者天子之制 諸侯歲獻貢士於天子 天子試之於射宮 其容體比於禮 其節比於樂 而中多者 得與於祭 其容體不比於禮 其節不比於樂 而中少者 不得與於祭 數與於祭而君有慶 數不與於祭而君有讓 數有慶而益地 數有讓則削地 故曰射者 射爲諸侯也 是以諸侯君臣盡志於射 以習禮樂. 夫君臣習禮樂 而以流亡者 未之有也 故詩曰 曾孫侯氏 四正具擧 大夫君子 凡以庶士 小大莫處 御于君所 以燕以射 則燕則譽 言君臣相與盡志於射 以習禮樂 則安則譽也 是以天子制之 而諸侯務焉. 此天子之所以養諸侯而兵不用 諸侯自爲正之具也. 孔子射於矍相之圃 蓋觀者如堵牆 射至于司馬 使子路執弓矢出延射曰 賁軍之將 亡國之大夫 與爲人後者 不入其餘皆入 蓋去者半 入者半 又使公罔之裘序點揚觶而語 公罔之裘揚觶而語曰 幼壯孝弟 耆耋好禮 不從流俗 脩身以俟死者 不在此位也. 蓋去者半 處者半 序點又揚觶而語曰 好學不倦 好禮不變 旄期稱道不亂者 不在此位也 蓋厪有存者.

【字解】① 瞿(확)―매(隹)가 두 눈(䀠)으로 또(又) 左右로 돌려「노려보는」것이나, 또한「놀라 본다」는 뜻도 있음.

② 圃(포)―囗 이러한 土地에 여러(甫) 가지 나물을 심는「菜田」이나, 瞿相이린 魯나라의 地名.

③ 堵(도)―흙(土) 벽돌로 만든 것(者)이니「토담」.

④ 賁(비)―花草(卉)와 財寶(貝)같이「빛나게」「꾸민」것이나, 여기서는 僨(자빠질 분)의 略字니 音이「분」이다.

⑤ 裘(구)―尊者에게 必要해서 求한 衣이니 가죽으로 길게 만든「갓옷」.

⑥ 觶(치)―單角으로 만든「술잔」이니「卮」字와 通하는 것.

⑦ 耊(질)―高齡에 到達(至)한 老人이니 八十代가 된 것.

⑧ 旄(모)―羽毛로 붙인 旗屬이나, 여기서는 수염난 八九十代 老人을 뜻한 것.

⑨ 勴(근)―이 字는 大辭典에 없으니「勤」字로 解釋함.

【通釋】그러므로 옛적에 天子는 諸侯가 每年(歲) 天子에게 善士를 選出해서 獻上하는 制度를 만들어서 善士가 오면 天子는 그를 射宮에서 試驗하는데 그 容儀는 禮에 比하고 그 節度는 樂에 比해서 合格(中)點이 많은 者는 祭典에 參與할 수 있고, 그 容儀가 禮에 比하지 않고 그 節度가 樂에 比하지 못해서 合格點이 적은 者는 祭典에 參與할 수 없게 하였다. 그래서 여러 번(數數) 參祭한 者가 있으면 그 君侯에는 慶賀해서 領土를 增大해 주고, 여러 번 參祭하지 못하면 그 君侯는 問責해서 領土를 削減하였다. 그러므로「弓道란 射로써 諸侯가 된다.」고 말하는 것이다. 그러므로 諸侯 君臣은 弓道에 盡力해서 禮樂을 演習하는 것이니, 그 君臣은 禮樂을 演習하기 때문에 衰亡되는 者가 있지 않은 것이다. 그러므로 貍首의 詩에는「受封해온 그 曾孫은 四正道를 다하였고 大夫가 된 그 君子는 모두 그의 庶士로서 小大로는 안 處했다. 君所에서 모시는덴 燕(安)하게도 射했으니 燕한 것이 名譽롭다.」고 하였으니 이것은 君臣이 서로 더불어서 弓道에 盡力하며, 禮樂을 演習하면 燕安함이 名譽가 된다는 것을 말한 것이다. 그러므로 天子가 制한 것을 諸侯는 務한 것이니, 이것이 天子는 諸侯를 養成해서 兵力은 쓰지 않아

도 諸侯는 스스로 正道가 되는 器具가 된 것이다.

孔子께서 矍相의 圃에서 弓道를 할 그 때 觀衆들이 堵立하였다. 그래서 射할 順番이 司馬에 이를 때 子路가 弓矢를 잡고 나가서는　射하는데 말하되,「敗(債)軍의 將과 亡國의 君과 남의 相續者가 된 者는 들어오지 말고 그 外에는 다 들어오라.」고 하니 가버리(去)는 者가 半이고 들어오는 者도 半이었다. 그리고는 公罔之裘와 序點으로 하여금 大夫에게 잔(觶)을 올리게 하니 公罔之裘가 잔을 들면서 말하되,「孝悌하는 幼壯者와 好禮하는 老耄者와 流俗에는 不從하고 修身해서 待死하는 者는 이 자리에 있지 않나」고 하니, 또 가는 者가 半이고 있는 者가 半이며, 다음에 序點이 또 잔을 들면서 말하되,「好學해서 不俗하고 好禮해서 不變하며, 最高齡(旄期)으로도 理論이 不亂한 者가 이 자리에 있지 않나」고 하니 대개는 힘써(勤)서 남아 있었(存)다.

【餘説】『王制』에는「天子가 爵祿을 制定하는 데는 公侯伯子男의 五等級이 있으니 天子의 領地는 平方千里인데 公侯는 百里고 伯國은 七十里며 子男은 五十里니 五十里가 未滿되는 小國은 諸侯國에 附庸으로 한다.」고 하였다. 그런데「國」은 口戈口一의 四合字니 領土(口), 武力(戈), 人民(口)을 統合(一)한「나라」를 뜻한 것이고,「侯」는 人工矢의 三合字니 弓道(矢)의 技能(工)을 갖은 사람(人)인「임금」을 뜻한 것이다. 國家를 平定하는 實力은 武術이고 國民을 統治하는 道理는 文德인 것이다. 그러므로「大道行也」하던 堯舜時에는 文德으로만 統治하였던 것이나,「大道旣隱」한 夏殷周 三代에는 武術도 必要했던 것이다. 그래서 文武를 兼修하였기 때문에 弓道를 하는 데도 禮樂를 重視했던 것이다. 그러므로「古者天子의 制에는 諸侯가 歲獻貢士於天子하면　天子는 試之於射宮하여 其容體는 比於禮하고 其節은 比於樂이라 云云하였다. 元來에「射」字는 自己(身)가 法度(寸)를 지키라.」는 뜻으로 됐기 때문에 孔子는「弓道는 君子의 道에 近似하니 正鵠을 맞추지 못하면 그 自身을 反省하는 것이다.」고 하셨다. 그러므로 矍相의 圃에서 弓道를 實習하셨던 것이다.

3

　　射之爲言者　繹也　或曰　舍也　繹者　各繹己之志也　故心
平體正　持弓矢審固　持弓矢審固　則射中矣　故曰　爲人父
者以爲父鵠　爲人子者以爲子鵠　爲人君者以爲君鵠　爲人
臣者以爲臣鵠　故射者　各射己之鵠　故天子之大射　謂之射
侯　射侯者　射爲諸侯也. 射中則得爲諸侯　射不中則不得爲
諸侯. 天子將祭　必先習射於澤　澤者　所以擇士也. 已射於
澤　而后射於射宮　射中者得與於祭　不中者不得與於祭　不
得與於祭者有讓　削以地　得與於祭者有慶　益以地　進爵絀
地是也. 故男子生　桑弧蓬矢六　以射天地四方　天地四方
者　男子之所有事也　故必先有志於其所有事　然後敢用穀
也　飯食之謂也. 射者　仁之道也　求正諸己　己正而后發　發
而不中　則不怨勝己者　反求諸己而已矣. 孔子曰　君子無
所爭　必也射乎　揖讓而升　下而飮　其爭也君子. 孔子曰　射
者　何以射　何以聽　循聲而發　發而不失正鵠者　其唯賢者
乎　若夫不肖之人　則彼將安能以中　詩云　發彼有的以祈爾
爵　祈求也　求中以辭爵也　酒者　所以養老也　所以養病也
求中以辭爵者　辭養也.

【字解】① 繹(역)ー실(糸)오리를 엿보아(睪)서 매듭을 「풀어 나가는」
것.

② 舍(사)ー合는 집 形狀인데 土字가 그 속에 들었으니 「토담집」인데
그것은 移舍가면 가져갈 수 없으니 「버린」다는 뜻도 되었음.

③ 鵠(곡)ー우는 소리가(告) 곡하는 새(鳥)로서 긴부리로 目標를 잘
맞춰 쪼는 「따오기」.

④ 擇(택)ー좋을(幸) 것을 엿보아(罒＝目)서 손으(手)로 「뽑는」 것.

⑤ 澤(택)ー논에 必要(幸)할 때 보아(罒) 빼 쓰려고 물(水)을 막아 가
둬둔 「못」.

⑥ 絀(출) ― 실(糸)을 내(出)서「꿰매는」것이나,「굽다」란 뜻도 됨.

⑦ 蓬(봉) ― 어디 가나 만나(逢)는 풀(艹)이니「쑥」을 뜻함.

⑧ 穀(곡) ― 껍질(殼) 속에 쌀(米)이 든 것이니「곡식」인데, 옛적에는 穀物로 官吏의 年俸을 주었기 때문에「祿」이란 뜻으로 쓴 것.

【通釋】 射의 音은 繹(역)이나 或은 舍(사)라고도 하니, 繹이란 各其 自己의 뜻을 演繹하는 것이다. 故로 心은 平하고 體는 正해서 弓矢를 잡는데 審固하고, 審固하게 弓矢를 잡으면 쏜(射) 화살이 的中되는 것이다. 그러므로 남의 父가 된 者는 父가 되는데 的中(鵠)하고 남의 子가 된 者는 子가 되는데 的中하며, 남의 君된 者는 君이 되는데 的中하고, 남의 臣이 된 者는 臣이 되는데 的中하게 하는 것이다. 故로 射란 各其 自己가 的中하게 하는 것이기 때문에 天子의 大射는 射侯라 하니, 射侯란 弓道로써 諸侯가 되는 것이다. 弓道에 的中하면 諸侯가 되고, 的中하지 못하면 諸侯가 되지 못하는 것이다. 天子는 祭祀 지내려 할 때 반드시 먼저 澤에서 弓道를 演習하니, 澤이란 善士를 擇하는 所以인 것이다. 이미 澤에서 弓道를 한 後에는 宮에서 하는데, 그 때에 的中한 者는 祭典에 參席하고 的中하지 못한 者는 參祭하지 못하니, 參祭하지 못한 者는 問責(讓)해서 領地를 削減하고, 參祭한 者는 慶賀해서 領地를 增益하나니「進爵하고 贈地한다.」는 것이 이것이다.

그러므로 男子로 出生해서는 뽕나무활(桑弧)에 쑥대화살(蓬矢) 여섯 개로써 天地 四方으로 활을 쏘나니, 男子의 활 事業은 天地 四方에 있는 것이다. 그러므로 반드시 먼저 그의 할 事業에 뜻을 가진 然後에야만 敢히 穀物로 食事를 한다고 하는 것이다.

弓道는 仁者의 길이니 그 自身에 正함을 求해서 自身이 正한 後에 發射하여 그것이 的中하지 못하면 自身을 이긴 者를 怨望하지 아니하고 自己를 反省할 뿐인 것이다.

孔子께서는「君子는 다투는 일이 없지마는 반드시 弓道에서는 다투나니, 揖讓을 하고 射場으로 올라가 的中하지 못하고 내려와서는 罰酒를 마시나니 그것이 君子의 다툼이다.」고 말씀하셨다.

또 孔子의 말씀에는「射란 것은 무엇을 目的(射)으로 하며, 무엇을

聽取하려는가. 音樂 소리를 따라(循聲)서 發射하는데 發射를 해서 正鵠을 잃지 않는 者는 그 오직 賢者일 것이다. 萬若에 不肖한 者라면 그 어찌 能히 的中할 것인가.」고 하셨다. 『詩經』에는 「저 標的을 發射해서 그 爵位를 祈하였네.」(小雅 賓之初筵)고 하였는데, 祈는 求함이니 的中을 求함은 爵祿을 말(辭)한 것이다. 酒란 것은 養老하는 것이고 療病하는 것이니, 的中을 求함이 爵位를 말한다는 것은 療養함을 말한 것이다.

【餘説】 弓道는 標的을 的中함이 目的이니, 人生에 目的을 세우는 것이다. 父는 子를 爲하고 子는 父를 爲함이 目的이고, 君은 臣을 爲하고 臣은 君을 爲함이 目的이니, 그 目的을 達하는데 人生의 意味와 價値가 있는 것이다. 그런데 弓道에 的中한 者만 祭典에 參席하고, 祭典에 參席한 者만 領地를 增加해 주니, 政治하는 諸侯는 文武가 兼全해야만 되기 때문이다. 그리고 男兒는 幼時에 桑弧蓬矢로써 上下 四方을 쏘는 것은 六方으로 發展하는 氣象을 表示하는 것이다. 弓道는 반드시 正己해야만 的中되기 때문에 이것을 仁道라고 하였으니, 仁道는 對人鬪爭이 아니라 對自鬪爭인 것이다. 그런데 末尾에 引用한 『詩經』 小雅賓之初筵의 「發彼有的 以祈爾爵」이란 一句를 朱子의 註에는 「爵은 射不中者가 飮豊上觶之也라.」고 하였으니, 어째서 「爵」을 罰酒의 酌으로 보았는가. 그래서는 本書 『射義』에서 引用한 意義에 矛盾이 되는 것이다. 「저의 的에 發射해서」 的中하지 못하고 「너의 罰酒 祈求한다.」고 해서 事理에 合當할까. 그리고 다음에 「祈求也 求中以辭爵也」란 一句의 鄭玄의 註에는 「射的에 必欲中之者는 以求不飮女爵也라.」고 하였으니, 어째서 「辭」를 辭讓이라고 하였는지 이것도 亦是 本書의 論旨에 不合한 것이다. 「的中하려는 者는 汝爵을 안 마시기 求한다.」고 한 言旨는 무엇인가. 위의 引用句에 「너가 罰酒 마시기를 求한다.」고 한 朱子의 註와 아래 承叙한 「的中하려는 者는 汝爵을 不飮하기 求한다.」는 鄭玄의 註를 連結한다면 아무런 意味도 될 수가 없는 것이다. 그러므로 나는 이에 내나름대로 解釋한 것이다.

第十八編　祭　義

1

①祭不欲數　數則煩　煩則不敬　祭不欲疏　疏則怠　怠則
忘　是故君子合諸天道　春禘秋嘗　霜露旣降　君子履之　必
有悽愴之心　非其寒之謂也　春雨露旣濡　君子履之　必有怵
惕之心　如將見之　樂以迎來　哀以送往　故禘有樂而嘗無
樂.　②致齊於內　散齊於外　齊之日　思其居處　思其笑語
思其志意　思其所樂　思其所嗜　齊三日　乃見其所爲　齊者
祭之日　入室　僾然必有見乎其位　周還出戶　肅然必有聞乎
其容聲　出戶而聽　愾然必有聞乎其歎息之聲　是故先王之
孝也　色不忘乎目　聲不絕乎耳　心志嗜欲不忘乎心　致愛則
存　致慤則著　著存不忘乎心　夫安得不敬乎　君子生則敬養
死則敬享　思終身弗辱也.　③君子有終身之喪　忌日之謂也
忌日不用　非不祥也　言夫日志有所至　而不敢盡其私也.

【字解】① 祭(제)—夕(肉) 又(手) 示(神)의 三合字니　神前에　手로써
　肉을 올리는 犧牲을 뜻하는 儀式.
② 數(수·삭·촉)—婁와 攴의 合字니 속이 비어(婁) 잘못한 者를 자
　주(삭) 쳐서(攴) 가르치니 그 번 數(수)한 뜻이 되고, 자주 걸어 맨
　그물이 「빽빽하다」는 뜻으로는 음을 「촉」이라 함.
③ 煩(번)—머리(頁)에 火가 치미니 「번거로운」 것.
④ 禘(체)—帝의 示에 올리는 「大祭」의 名.
⑤ 嘗(상)—每年 新穀을 「맛보는」 秋祭의 名.

⑥ 悵(창)—妻의 心이나「슬퍼하는」것.

⑦ 愴(창)—倉의 心이나「서러워 하는」것.

⑧ 怵(출)—朮(藥)을 쓰는 마음.

⑨ 惕(척)—變易된 마음 等은 모두「슬픈」것.

⑩ 濡(유)—비(雨)가 와서(而) 물에「젖은」것.

⑪ 嗜(기)—口味가 없는 耆年에 찾는「맛」.

⑫ 僾(애)—사랑하는 사람을「그리워 하는」것.

⑬ 愾(개)—心의 氣니 精神的 能力.

⑭ 愨(각)—殼(本)心으로「삼가하는」것.

【通釋】 ① 祭祀는 자주(數) 하려(欲) 하지 않으니 자주 하면 煩해지고 煩해지면 不敬하게 되며, 祭祀는 疏하게 하면 怠해지고 怠해지면 忘却하게 되는 것이다. 그러므로 君子는 天道에 合當하도록 春에는 禘祭, 秋에는 嘗祭만 지내는 것이다. (秋에) 霜露가 내려서 君子가 그것을 밟으(履)면 반드시 悵愴한 마음이 나니 그것은 寒함만 말하는 것이 아니라, 歲月이 變하기 때문이고, 春에 雨露가 젖어(濡)서 君子가 그것을 밟으면 반드시 怵惕하는 마음이 나나니 그것을 보는 듯하여서 樂으로써는 보는 것을 맞이하고 哀로써는 가는 것을 보내기 때문에 禘祭에는 樂이 있으나 嘗祭에는 樂이 없는 것이다.

② 內에서는 齊(齋)戒를 致하고 外에서는 齊戒를 散해서 齋戒하는 날에는 그의 居處, 그의 笑語, 그의 志意, 그의 所樂, 그의 所嗜 등을 生覺하여 齋戒하는 날에는 그의 所爲를 보는 것이다. 齋戒라는 것은 祭祀날 방(室)에 들어가서는 僾然해서 반드시 그의 位를 본 것이 있고, 둘러(周還)나와 出戶해서는 肅然해서 반드시 그의 音聲을 들음이 있으며 出戶해서 聽함에는 愾然해서 반드시 그의 歎息하는 소리를 듣는 듯한 것이다. 그러므로 先王께서 孝道를 하시는 데는 그 容色이 目에 잊혀지지 않고 그 音聲이 耳에 끊어지지 않으며, 心中에는 그 嗜欲이 잊혀지지 않았으니 致愛해서는 存하게 하고 致愨해서는 著하게 하사 그 存著함이 마음이 잊혀지지 않으셨다. 그 어찌(安) 敬하지 않고서야 可能할 수가 있을까. 君子는 生時에는 敬養하고 死後에는 敬享하여 終身

토록 生覺해서 辱되지 않게 하는 것이다.

③ 君子는 終身토록 初喪 때처럼 哀痛하나니 그것은 忌日을 말한 것이다. 그래서 忌日에는 他事를 하지 않으니 不吉하기 때문이 아니라 그것은 忌日을 當到해(所至)서 敢히 다른 私事를 하지 못함을 말한 것이다.

【餘説】 ①「祭義」란 것은 祭祀의 意義니 그것은 追享繼孝라는 것이다. 祭祀는 數(삭)해서는 안 되니, 數하면 煩해서 不敬하게 되고, 또 疏해도 안 되니 疏하면 怠해서 忘却되기 때문이다. 그러므로 天道에 合致되게 春秋로 二次씩 하는 것이 可하다는 것이다. 春에는 雨露가 既濡하고 秋에는 霜雪이 既降하니 그 때는 悽愴하고 怵惕하는 마음이 나니 樂으로써는 迎來하고 哀로써는 送往하라는 것이다.

② 忌日에 齋戒하는 데는 그의 居處하고 笑語하며, 그의 心志가 所樂하고 所嗜하시던 것을 思慕하여 三日에는 그의 事爲하신 바를 보는 것이다. 그래서 入室하면 그의 居位가 보이고 出戶하면 그의 音聲이 들리며, 그의 嘆聲도 들리는 것이다. 君子는 生時에 敬養하고 死後에는 敬享해서 一生을 辱되지 않게 하는 것이다.

그런데 ③ 節에 「忌日不用非不祥也」라는 것은 ① 節에 「君子合諸天道 春禘秋嘗」이란 原則으로 보면 忌日不用은 祭奠을 不用하는 뜻으로도 解釋할 수 있지 않을까. 初喪 때처럼 哀痛함에는 祭奠이 必要없기 때문이다. 그런데 우리 先賢들은 朱子의 『家禮』에 依해서 三年喪祭에 이어 四代奉祀를 하는데 忌祭 墓祭 時祭 吉祭 등 無數한 祭奠만 奉行하였으니 人生社會에 有益한 生産的인 事業에는 暇及도 없었던 것이다. 元來에 祭奠하는 意義는 「愼終追遠하면 民德이 歸厚한다.」는 曾子의 말씀에 있는데, 愼終追遠만 했던 것이 民德이 歸厚하지 못했다면 이제는 그의 舊習만 墨守할 것이 아니라, 民德이 歸厚하도록 改革을 해야만 할 것이 아닌가.

2

唯聖人爲能饗帝 孝子爲能饗親 饗者 鄕也 鄕之然後能

饗焉 是故孝子臨尸而不怍 君牽牲 夫人奠盎君獻尸 夫人薦豆 卿大夫相君 命婦相夫人 齊齊乎其敬也 愉愉乎其忠也 勿勿諸其欲其饗之也 文王之祭也 事死者如事生 思死者如不欲生 忌日必哀 稱諱如見親 祀之忠也 如見親之所愛 如欲色然 其文王與 詩云 明發不寐 有懷二人 文王之詩也 祭之明日 明發不寐 饗而致之 又從而思之 祭之日 樂與哀半 饗之必樂 已至必哀 仲尼嘗 奉薦而進 其親也愨 其行也趨趨以數 已祭 子贛問曰 子之言祭 濟濟漆漆然 今子之祭 無濟濟漆漆 何也 子曰 濟濟者 容也 遠也 漆漆者 容也 自反也 容以遠 若容 以自反也 夫何神明之及交 夫何濟濟漆漆之有乎 反饋 樂成 薦其薦俎 序其禮樂 備其百官 君子致其濟濟漆漆 夫何慌惚之有乎 夫言豈一端而已 夫各有所當也.

【字解】 ① 饗(향)—鄕土에 여러 사람이 食物을 드리는 것.

② 怍(작)—나갔던 마음(心)이 되돌아오는(乍) 感情이니 「부끄러워하는」 것.

③ 牲(생)—神前에 바치는 生牛.

④ 盎(앙)—食物을 담는 陶器.

⑤ 豆(두)—발높은 나무그릇.

⑥ 愉(유)—마음(心)이 通(俞)했으니 「즐거운」 것.

⑦ 贛(공)—이르러(夂)서 빛나(章)게 바치(貢)니 「주는」 것.

⑧ 漆(칠)—나무(木)에서 나오는(丿) 물(水)이니, 塗料로 쓰는 「옻」인데 그 나무는 「桼」이다.

⑨ 饋(궤)—貴한 食物을 「먹이는」 것.

⑩ 慌(황)—마음(心)이 거치(荒)니 「分明하지 않은」 것.

⑪ 惚(홀)—마음(心)이 갑자기(忽) 變하게 「황홀」한 것.

【通釋】 오직 聖人만이 能히 上帝(하나님)께 饗祀하나니 孝子가 能히 父母께 饗祀하는데, 饗祀란 鄕人도 供饗하는 것이다. 鄕人도 饗하는 然後에야만 饗祀하기 때문에 孝子는 尸에 臨해도 부끄럽지 않은 것이다. 國君은 牲牛를 몰(牽)고 夫人은 祭器(盎)를 드리며 國君은 尸에 드리고, 夫人은 祭器(豆)를 드리며, 卿大夫는 國君을 도우(相)고, 命婦는 夫人을 도우는데 그 敬함은 齊齊하고 그 忠함은 愉愉하여 그 欲求함이 없으(勿勿)니 饗하는 것이다. 文王은 祭祀할 때 死親을 섬기는 것이 生時에 섬기는 것과 같고, 死親을 생각하는 것이 欲生하지 않는듯 하셨다. 忌日에는 반드시 哀痛해서 諱字를 말씀하고 先親을 뵙는 듯이 尊祀하니 그것이 衷心(忠)이셨다. 先親의 愛하시던 것을 보면, 美色을 본 것처럼 좋아함은 그 文王이신저. 『詩經』 小雅의 小宛篇에는 「밤새도록(明發) 자지 않고 父母(二人)님을 生覺노라.」고 하였으니, 이 詩는 文王의 뜻을 말한 詩다. 祭祀한 明日이 새기까지 잠을 안 잔 것은 饗祀를 다하도록 따라서 思慕하신 것이다. 祭祀하던 날은 樂과 哀가 相半이니 饗奠함엔 必要하나 已至하면 必哀하는 것이다.

　孔子께서 일찍이 秋祭를 올릴 때 나아가심에는 親行함이 恭愨하시고 行步함에 趨趨시는 데에는 敏速(數數)하게 하셨다. 祭祀를 마친 뒤에 子貢(贛)이 묻되, 「先生님의 말씀에 〈祭祀할 때는 濟濟漆漆한다.〉고 하셨는데 이제 先生님께서 祭祀하심에는 濟濟漆漆하지 않으심은 何故입니까.」고 하니, 孔子께서는 「濟濟란 것은 態度(容)가 敬遠하는 것이고, 漆漆이란 것은 態度가 自反하는 것이니 態度를 敬遠한 듯도 하고, 態度를 自反한 듯도 한 것이나, 그 어찌 神明을 及交하는 데 그 어찌 外形的인 漆漆함이 있을 것인가. 反饋를 하고는 音樂을 하나니 薦陳을 함에는 그 俎豆로 하고, 順序를 함에는 그 禮樂으로 하는데 그 百官들이 모두(備) 參祭를 하니 君子는 그의 濟濟漆漆함을 다한(致) 것이다. 그 어찌 慌惚(變幻)함이 있으며, 그 言意가 어찌 一端뿐일까. 모두 各其 다 適當한 點이 있는 것이다.

【餘説】 이어서 나는 鄭玄의 古註에 依據한 日本의 安井小太郎의 註解를 많이 改釋하였다. 原文에 「饗者鄕也」란 鄕을 嚮이라 하였으니 先親

을 對象으로 한 祭饗은 勿論 向한 것이지마는 그래서는 意味가 없는 것
이고, 「勿勿諸其欲其饗之也」라는 勿勿을 切切이라고 하였음은 字義에
矛盾된 것이다. 二重否定한 勿勿이 어찌 二重肯定한 切切과 同意가 될
수 있을까. 또한 前置詞인 「諸」를 語助詞라고 한 것도 無意味한 것이
다. 그리고 「忌日必哀稱諱如見親祀之忠也」의 句切을 哀字와 親字에 찍
고서 「稱諱」를 辨明하는 데는 「高祖의 祭에는 曾祖 以下의 名은 諱하
지 않는다.」고 하였으니, 高曾祖의 神位前에서 先親의 名을 부를 必要
가 무엇일까. 名을 부르지 않는 것이 諱니 諱字도 말못할 것은 없는 것
이다. 그런데 또 「容以遠若容以自反也」란 句切은 遠字에 찍고 若字는
아래로 붙였으니 全體의 文義가 어긋난 것이다. 濟는 河川을 건너는 것
이니 濟濟는 多數를 뜻한 것이고 漆은 塗料로 쓰는 것이니 漆漆은 美觀
을 爲한 것이다. 여러 祭官들이 秩序(濟濟) 있고 優美(漆漆)하게 해야
만 하는 것이나, 그것만이 神明에 及交하는 것은 아니다.

3

孝子將祭 慮事不可以不豫 比時具物 不可以不備 虛中
以治之 宮室既脩 牆屋既設 百物既備 夫婦齊戒沐浴 奉
承而進之 洞洞乎 屬屬乎 如弗勝 如將失之 其孝敬之心
至也與 薦其薦俎 序其禮樂 備其百官 奉承而進之 於是諭
其志意 以其慌惚 以與神明交 庶或饗之 庶或饗之 孝子
之志也. 孝子之祭也 盡其慤焉 盡其信而信焉 盡其敬而敬
焉 盡其禮而不過失焉 進退必敬 如親聽命 則或使之也.
孝子之祭可知也 其立之也敬以詘 其進之也敬以愉 其薦
之也敬以欲 退而立 如將受命 已徹而退 敬齊之色不絶於
面 孝子之祭也 立而不詘固也 進而不愉疏也 薦而不欲
不愛也 退立而不如受命 敖也 已徹而退 無敬齊之色 而
忘本也 如是而祭 失之矣.

【字解】① 慮(려)―범(虍)이 올까 將來를 걱정해「생각」하는 것.
② 備(비)―사람(人)이 將來에 萬若(苟) 쓸(用) 데가 있을까 해서「갖추어」預備하는 것.
③ 洞(동)―물(水) 흐르는「山골짝」다같은(同) 물(水)을 쓰는「區域」을 뜻한 것이나, 깊이 들어가 있는 虛한 곳도 뜻하니 洞洞이라 함은 虛心으로 操心하는 뜻이 되었음.
④ 屬(속)―尾와 蜀의 合字니 짐승의 꼬리(尾)가 몸에 蜀처럼 딱 들러「붙는」것이니 音은「속」이나 屬屬이라 함은 둘이 一體가 되어「專一」하다는 뜻이 되는데 音은「촉촉」이다.
⑤ 詘(굴)―말(言)이 나와(出)서「굽어진」것이니 꼬리(尾)가 나와(出) 굽은「尾」와 같음.
⑥ 敖(오)―出의 略字와 放의 合字니 그 行動이 放자하게 出현해서「노는」것.

【通釋】孝子가 將次로 祭奠을 하려 하면 일을 念慮해서 미처 하지 않으면 안 되고, 때가 되어서는 物品을 모두(具) 갖추지 않으면 안 되나니 虛心해서 處事(治)하는 것이다.
　宮室을 이미 修理하고 垣墻을 이미 設置해서 百物을 이미 準備했으면 夫婦는 齋戒하는데 沐浴하고 改服하여 奉承해 나아가는 데는 洞洞하고 屬屬하여 無力(不勝)한 듯이 하고 失意한 듯이 하나니, 그것은 孝敬이 至極한 것이며, 그 俎豆를 薦하고 그 禮樂을 序하며, 그 百官을 備해서 奉承해 나아가는 것이다. 그래서 그의 志意를 깨우쳐 그 慌惚하게도 神明에 交함에는「거의(庶) 或歆饗하시는지? 거의 或歆饗하시는지?」고 생각함은 孝子의 뜻인 것이다.
　孝子가 祭奠함에는 그 恭遜을 다해서 恭行하고, 그 信心을 다해서 信行하며, 그 敬을 다해서 敬하고, 그 禮를 다해서 過失하지 않는 것이니 進退는 반드시 敬信해서 親히 命令을 듣고서는 或行使하는 듯하게 하는 것이다.
　孝子가 祭奠함은 可히 알 것이니 그 立할 때는 敬해서 구부리(詘)고, 고 進할 때는 敬해서 즐거워(愉)하며, 그 薦할 때는 敬해서 하려(欲)

336

하고, 물러나 설 때는 將次로 命令을 받을 듯이 하며, 이미 撤床하고
물러나서는 敬齊하는 氣色이 面上에 그치지(絶) 않는 것이다. 그러니
孝子가 祭祀함에 立할 때 不詘함은 固한 것이고 進할 때 不愉함은 疏한
것이며, 薦할 때 不欲함은 不愛한 것이고, 退立해도 受命할 듯이 하지
않음은 傲한 것이며, 己撤하고 退해도 敬齊하는 色이 없는 것은 忘本
한 것이니, 그래서(如是) 祭祀하는 것은 過失인 것이다.

【餘説】 이에서 보면 祭祀란 것은 하나의 宗教的인 行事인 것이다. 첫째
는 準備를 하고 다음은 齋戒를 하는데 洞洞乎, 屬屬乎하게 如不勝하고
如將失하여 孝敬하는 마음을 다하는 것이며, 셋째는 行事를 하는 데 其
立之也는 敬以詘하고 其進之也는 敬以愉하며, 其薦之也는 敬以欲하는
것이니 그래서 마치는 것이다. 그러니 祭祀의 意義는 自然으로 난 人間
을 文化로 善化함에 있는 것이다. 肉體的인 人間을 精神化하고, 個人的
인 人間을 社會化하는 鬪爭的인 人間을 倫理化해서 社會를 平治하는데
祭祀의 意義가 있는 것이다. 그러므로「薦其俎豆하고 序其禮樂하며, 備
其百官하며, 奉承而進之하는」王侯의 祭祀에 重大한 意義가 있는 것이
다. 物質的으로 生産하는 下位의 庶民에는 祭祀의 必要가 最小하나 精
神的으로 指導하는 上位의 王侯에는 祭祀의 意義가 重大한 것이다.

4

孝子之有深愛者 必有和氣 有和氣者 必有愉色 有愉色
者 必有婉容 孝子如執玉 如奉盈 洞洞屬屬然如弗勝 如
將失之 嚴威儼恪 非所以事親也 成人之道也. 先王之所
以治天下者五 貴有德 貴貴 貴老 敬長 慈幼 此五者 先
王之所以定天下也 貴有德 何爲也 爲其近於道也 貴貴
爲其近於君也 貴老 爲其近於親也 敬長 爲其近於兄也
慈幼 爲其近於子也 是故至孝近乎王 至弟近乎霸 至孝近
乎王 雖天子必有父 至弟近乎霸 雖諸侯必有兄 先王之教

因而弗改 所以領天下國家也. 子曰 立愛自親始 敎民睦
也 立敬自長始 敎民順也 敎以慈睦而民貴有親 敎以敬長
而民貴用命 孝以事親 順以聽命 錯諸天下 無所不行. 郊
之祭也 喪者不敢哭 凶服者不敢入國門 敬之至也.

【字解】 ① 婉(완)―얼굴이 宛연하게 드러나는 女자니 「예쁜」 것.

② 儼(엄)―嚴한 人이니 얼굴이 「莊嚴」한 것.

③ 恪(각)―各自의 성심으로 「공경」하는 것.

④ 霸＝覇(패)―西쪽에 변혁되어 나온 月이니 「初三日달」인데, 이 光
이 난 部分을 魄(백)이라 하므로 이 字音이 伯으로 通해서 方伯의
首位에 있는 最强者를 意味하게 된 것.

⑤ 睦(목)―土층이 上下로 合하고 目가죽이 上下로 合하는 것처럼 人
間이 서로 「接合하는」 것을 뜻한 것.

⑥ 錯(착)―옛날(昔) 쇠(金)에 녹이 슬어서 「뒤섞인」 것이나, 古文에
는 「놓아두는」 措(조)字의 뜻으로 쓴 것.

【通釋】 孝子가 深愛함이 있는 것은 반드시 和氣가 있고, 和氣가 있는
것은 반드시 愉色이 있으며, 愉色이 있는 것은 반드시 婉容이 있나니
라. 孝子는 寶玉을 잡은듯, 盈水를 받드는듯, 洞洞하고 屬屬해서 不勝
하는듯, 將失할 듯이 하나 嚴威로 儼恪한 것은 事親하는 所以가 아니
라 成人하는 道理인 것이다.

先王이 天下를 다스리는 所以는 다섯 가지가 있으니 有德者를 尊貴
하고 有位(貴)者를 尊貴하며, 老者를 尊貴하고 長者를 敬待하며 幼者
를 慈愛하는 것이니, 이 五者는 先王이 天下를 平定하는 所以인 것이
다. 有德者를 尊待함은 무엇 때문인가 하면 그는 道理에 가깝기 때문
이고 有位者를 貴待함은 君上에게 가깝기 때문이며, 老者를 貴待함은
家親에게 가깝기 때문이고 長者를 敬待함은 舍兄에게 가깝기 때문이며,
幼者를 慈愛함은 子息에게 가깝기 때문이다. 그러므로 至孝는 王者에
게 가깝고 至悌는 霸者에게 가까운 것이다. 至孝가 王者에 가깝다는 것

은 비록天子라도 반드시 父親은 있는 것이고, 至悌가 覇에 가깝다는 것은 비록 諸侯라도 반드시 舍兄은 있기 때문이니 先王의 敎는 그래서(因) 變更이 없는 것이니, 이것이 天下國家를 支配(領)하는 所以인 것이다.

孔子께서 말씀하시되, 「立愛를 兩親으로부터 始發한은 民衆에게 和睦함을 가르치는 것이고 立敬을 親兄으로부터 始發함은 民衆에게 恭順함을 가르치는 것이며, 慈睦을 가르치는 데서 民衆은 親愛가 있음을 貴히 알고 敬長을 가르치는 데서 民衆은 用命함을 貴히 아니, 孝로써는 父母를 섬기고, 順으로써는 命令을 들으면 天下(諸)에 다 實施(錯)해도 通하지 않는 곳이 없는 것이다.」 하셨다.

郊에서 祭天하는 데는 喪主도 敢히 哭하지 못하고 凶服者도 敢히 國門에 들어오지 못하는 것은 敬함이 至極하기 때문이다.

【餘說】深愛, 和氣, 愉色, 婉容함은 孝子의 事親하는 道理이니 嚴威로 儼恪함은 事親하는 所以가 아니라 成人하는 道理인 것이고 貴德, 貴貴, 貴老, 敬長, 慈幼하는 五者는 先王이 天下를 平治하는 道니, 貴德은 道에서 나오고 貴貴는 君에서 나오며, 貴老는 親에서 나오고 敬長은 兄에서 나오며, 慈幼는 子에서 나오는 것이다. 그러므로 孔子께서는 「立貴는 自親하니 敎民睦也요, 立敬은 自長하니 敎民順也라.」 云云 하셨다. 옛적에 先王은 家庭에서 貴老, 敬長, 慈幼하던 倫理로써 社會에서는 貴德하고 國家에서는 貴貴하는 대로 發展하셨던 것이다. 그러니 倫理는 家庭을 根本으로 해서 社會로 發展하는 것이므로 그의 根本이 없는 市民社會에서는 倫理가 發展될 수가 없는 것이다. 그러므로 市民社會에는 오직 法律의 強權으로만 秩序를 維持하는 것이나, 至今은 人間社會가 物質萬能으로 變化해 오는 데서 兇暴한 犯罪가 날로 增加하고 있으니 市民은 不安하게 되었다. 이것이 法治主義의 限界點에 다다른 것이 아닌가. 이것을 救治하는 方道는 오직 德治主義에 있는 것이니, 極端에 이르면 根本으로 돌아가는 外에는 進路가 없기 때문이다.

5

祭之日 君牽牲 穆答君 卿大夫序從 既入廟門 麗于碑
卿大夫袒而毛牛 尚耳 鸞刀以刲 取膟膋 乃退 燗祭 祭腥
而退 敬之至也. 郊之祭 大報天面主日 配以月 夏后氏祭
其闇 殷人祭其陽 周人祭日以朝及闇. 祭日於壇 祭月於
坎 以別幽明 以制上下 祭日於東 祭月於西 以別外內 以
端其位 日出於東 月生於西 陰陽長短 終始相巡 以致天
下之和. 天下之禮 致反始也 致鬼神也 致和用也 致義也
致讓也 致反始 以厚其本也 致鬼神 以尊上也 致物用 以
立民紀也 致義 則上下不悖逆矣 致讓以去爭也 合此五者
以治天下之禮也 雖有奇邪 而不治者 則微矣.

【字解】 ① 穆(목)—벼(禾)가 팰 때는 갈라졌던 껍질이 受精을 해서
　한덩어리로 結實한 금(㣺)이 「和合한」 것이나, 「太子」를 뜻한 것.
② 麗(려)—꽃(㒭) 사슴(鹿) 뿔이 「곱다」는 뜻으로 쓰나, 그 뿔이 사
　슴에 걸렸기 때문에 여기서는 「맨다」는 뜻으로 쓴 것.
③ 袒(단)—아침(旦)에 옷(衣)을 입는데 한쪽 어깨는 아직 안 낀 것.
④ 刲(규)—칼(刀)로 土와 土의 中을 「찌르는」 것.
⑤ 膟(률)—牽肉(全體)을 도는 「피」.
⑥ 膋(로)—肉體(肉) 속(宀)에 消化(炊)作用을 하는 腸에 있는 「기름」
　을 뜻함.
⑦ 燗(염)—불꽃(焰)을 通過(門)해서 「익힌」 것.
⑧ 腥(성)—生肉이라고 하(日)니 「비린 것」.
⑨ 闇(암)—門을 닫아 音만 들기니 色은 안 보여 「어두운」 것.
⑩ 坎(감)—땅(土)이 입벌린(欠) 것은 「구덩이」.

【通釋】 ① 祭祀날에는 君이 牲牛를 몰면 太子는 君에 答하고 鄕大夫는 次
序로 따라가 宗廟의 外門에 들어가서는 牲牛를 碑石에 매고, 卿大夫는

袒해서 牛耳에 毛를 빼고 鸞刀로써 찔러 膵膋를 取해서 물러나와 익힌
고기(燗), 生고기(腥)로 祭奠하고 물러나는 것은 敬이 至極한 것이다.
　②郊에서 祭하여 크게 天帝께 報恩하는 데는 日을 主로 하고 月을
配하는데 夏代에는 闇에서 祭하고 殷代에는 陽에서 祭하며, 周代에는
朝에서 暮까지 하였던거다. 日에 祭함은 壇에서, 月에 祭함은 坎에서
하여 幽明을 分別하고 上下를 制定하며, 日에 祭함은 東에서, 月에 祭
함은 西에서 하여 內外를 分明하고, 그 位를 正(端)하는 것이다. 日은
東에서 뜨고 月은 西에서 나니 陰陽의 長短과 始終의 相巡하여서 天下
의 和를 이루는 것이다.
　③天下의 禮는 反始를 致하고 鬼神를 致하며, 和用을 致하고 義를
致하며, 讓을 致하는 것이니, 致反始는 그 本을 厚하게 하는 것이고,
致鬼神은 그 上을 尊하는 것이며, 致和用은 民紀를 立하는 것이고, 致
義함은 上下가 悖逆하지 않는 것이며, 致讓함은 爭鬪를 除去하는 것이
니 이 五者를 合한 것이 天下를 다스리는 禮인 것이다. 비록 여기에 어
긋난(奇邪) 것이 있다 해도 不治되는 일은 微少할 것이다.

【餘説】①節의 記錄은 誤字나 脱字가 있는지 모르나 너무도 事理에 當
치도 않는 것이다. 人君이 어찌 牲牛를 모는 것이며,「太子가 君에 答한
다.」고 함은 무엇인가. 또 廟門에 들어가서는 碑石에다 매는 것은 무슨
意味며, 卿大夫는 袒하고 牛耳에 毛를 尙할 必要는 무엇인가. 더구나
鸞刀로써 膵膋를 刺取한다는 것은 殘忍한 것이고, 燗祭 祭腥하는 것은
무엇인가. 人君과 大臣이 屠獸하는 殘忍한 行爲를 하는 것이 決코 祭
禮가 될 수는 없는 것이고, 先王의 治平하는 道理가 될理도 없는 것이
다. 그러나 ②節과 ③節은 合理的이다. 上帝께 郊祀하는 데는 太陽을
主로 해서 太陰을 配하였는데, 夏代에는 陰時에 祭하고 殷代에는 陽時
에 祭하며, 周代에는 陽時에서 陰時까지 하는데 祭日함에는 高壇에서
하고 祭月함에는 低坎에서 하여 幽와 明, 上과 下를 分別하고 祭日함
에는 東方에서 하고, 祭月함에는 西方에서 하여 內外를 分別하나니, 太
陽은 東에서 뜨고 太陰은 西에서 나나 陰陽의 長과 短, 始와 終이 서로
循環해서 天下의 和를 이루는 것이다. 그리고 天下에 禮란 것은 返始

鬼神, 和用, 義와 讓을 이루는 것이니, 이 五者는 天下를 다스리기 爲한 것이니 이렇게 해서 天下가 다스려지지 않는 일은 적다는 것이다.

6

宰我曰 吾聞鬼神之名 不知其所謂 子曰 氣也者 神之
盛也 魄也者 鬼之盛也 合鬼與神 教之至也 衆生必死 死
必歸土 此之謂鬼 骨肉斃于下 陰爲野土 其氣發揚于上
爲昭明焄蒿悽愴 此百物之精也 神之著也 因物之精 制爲
之極 明命鬼神 以爲黔首則 百衆以畏 萬民以服 聖人以
是爲未足也 築爲宮室 設爲宗祧 以別親疏遠邇 教民反古
復始 不忘其所由生也 衆之服自此 故聽且速也 二端旣立
報以二禮 建設朝事 燔燎羶薌 見以蕭光 以報氣也 此教
衆反始也 薦黍稷 羞肝肺首心 見間以俠甒 加以鬱鬯 以
報魄也 教民相愛 上下用情 禮之至也 君子反古復始 不
忘其所由生也 是以致其敬 發其情 竭力從事 以報其親
不敢弗盡也 是故昔者天子爲藉千畝 冕而朱紘 躬秉耒 諸
侯爲藉百畝 冕而青紘 躬秉耒 以事天地山川神稷先古 以
爲醴酪齊盛 於是乎取之 敬之至也.

【字解】① 斃(폐)—生命이 떨어져(敝)서 죽(死)는 것.

② 焄(훈)—불(火)이 타서 오르(君)는 煙氣에서 나는 「香氣」를 뜻한
   것이니 熏으로도 쓰는 것,

③ 蒿(고)—높이(高) 크는 풀(艹)이나 「쑥」을 뜻한 것.

④ 黔(검)—지금(今) 머리가 검은(黑) 「民衆」을 뜻한 것.

⑤ 祧(조)—멀어져 兆만 보이는 示(神)이니 遠祖의 廟.

⑥ 燔(번)—여러 燈에 불(火)을 次例로 붙이는 것.

⑦ 燎(료)—밝히는(尞) 불(火)이니 뜰에 세운 「횃불」.

⑧ 羴(전)—다만(亶) 羊에만 나는「냄새」.

⑨ 薌(향)—여러 邑中에서 皀(香)氣나는 邑은 故鄕이고, 香氣나는 풀 (艹)은 薌이니 香字와 같은 것.

⑩ 俠(협)—義憤과 勇氣를 끼고(夾) 있는 사람(人)이나, 여기서는 兩 掖에다 끼는 挾字의 뜻으로 쓴 것.

⑪ 甒(무)—「작은 酒瓶」이나 説文上의 意味는 없음.

⑫ 冕(면)—庶民을 免한 王侯가 쓰(曰)는「면류관」.

⑬ 紘(굉)—실(糸)로 크게(厷) 만든「갓끈」.

【通釋】宰我는 말하되,「저는 鬼神이란 이름은 들었사오나 그 實在는 모르겠습니다.」고 하니, 孔子께서「氣란 것은 神이 盛한 것이고, 魄이란 것은 鬼가 盛한 것이니 鬼와 神을 合한 것은 教化의 至極한 것이다. 衆生은 必死하는데 死者는 반드시 歸土하나니, 이것을 鬼라 한다. 骨肉이 下에 죽으면 陰體는 野土가 되고, 그 氣體는 上으로 發揚하여 昭昭하게 되니 쑥을 태운(焄蒿)悽愴한 그것에 百物의 精으로써 神이 著하는 것이다. 物의 精에 因해서 極이 되는 것을 鬼神이라 明命하여 黎民(黔民)을 爲하면 百衆은 두려워 하고 萬民은 服從하는 것이다. 聖人은 이것으로써는 未足해서 宮室을 建築하고 宗廟(祧)를 設立하여 親과 疏, 遠과 近을 分別하사 民衆에게 返古하고 復始하는 것을 가르치셨으니 이것이 그 自身의 由來를 잊지 않게 하기 爲한 것이다. 民衆이 服從함이 이로부터서 나왔기 때문에 그 聽함이 또한 連한 것이다. 氣와 魄이 二端이 있는 데에 二禮로써 報하나니 二禮로써 報하였으니 廟宇(朝事)를 建設해서 點燈(燔燎)을 하고 焚香(羶薌)을 해서 蕭光을 보인 것은 氣에 報하는 것이니, 이것은 民衆에게 返始함을 가르친 것이고, 黍稷을 드리고 眞心(肝肺)을 다(羞)하는데 首心에는 고요(見聞)하게 酒瓶(甒)에 香酒(鬱鬯)를 加하는 것은 魄에 報하는 것이니, 人民에게 相愛함을 가르치니 上下가 用情함은 禮가 至極한 것이다.」고 하셨다.

君子가 返古해서 復始함은 自身이 由來했음을 잊지 않는 것이기 때문에 그의 敬을 致하고 그의 情을 發하여 힘을 다하여 從事해서는 그의 先親에 報恩함을 敢히 다하지 아니치 못하는 것이다. 그러므로 옛적에

天子는 千畝를 耕作하는데 冕冠에 朱紘을 매고 쟁기(耒)를 잡으며, 諸侯는 百畝를 耕作하는데 冕冠에 靑紘을 맺고 쟁기를 잡아 天地, 山川, 社稷, 先祖를 섬기는데 醴酪과 粢盛(米穀食品)을 於是乎 取하였으니 敬함이 至極한 것이다.

【餘說】宰我가 提起한「鬼神이란 무엇인가?」하는 問題에 對해서 孔子께서 説明하신 데는「衆生은 必死하고 死者는 必歸土하나니　이것을 鬼也라.」고 하시고,「其氣가 發揚于上하는 것은 神之著也다.」고 하시었다. 이것을 말한다면 歸土하는 鬼는 體魄인 것이고 發揚하는 神은 靈魂인 것이다. 體魄은 下降해서 固體化하고 靈魂은 上昇해서　氣體化하는 것이니 그래서「氣也者는 神之盛也요, 魄也者는 鬼之盛이라.」고　하신 것이 아닌가.「鬼」字는 死한「私(厶)人(儿)의 頭部(甶)를 象想한 것이고,「神」字는 生한 氣가 伸(申)해서 作用하는 精神(示)을 意味한 것이다. 그런데 옛 聖人은「反古復始해서 不忘其所由生하는」意味에서　先鬼에 對한 祭祀의 禮를 만들었으니 이것은 生人의 精神을 相互가 愛護하고 上下가 用情하게 하기 爲한 것이다. 그런데 옛적에 王子는 千畝를 耕作하는데 冕冠을 쓰고 朱紘을 매어 쟁기를 잡았고 諸侯는 百畝를 耕作하는데 冕冠을 쓰고 靑紘을 매어 쟁기를 잡아서 天地, 山川, 社稷, 先祖를 섬기는데 醴酪과 粢盛으로 하였으니 그것은 敬이 至極한　것이었던 것이다.

7

古者天子諸侯　必有養獸之官　及歲時　齊戒沐浴　而躬朝之　犧牷祭牲　必於是取之　敬之至也　君召牛　納而視之　擇其毛　而卜之吉　然後養之　君皮弁素積　朔月月半　君巡牲所以致力　孝之至也　古者天子諸侯　必有公桑蠶室　近川而爲之築宮　仞有三尺　棘牆而外閉之　及大昕之朝　君皮弁素積　卜三宮之夫人　世婦之吉者　使入蠶于蠶室　奉種浴于川

桑于公桑 風戾以食之 歲旣單矣 世婦卒蠶 奉繭以示于君
遂獻繭于夫人 夫人曰 此所以爲君服與 遂副褘而受之
因少牢以禮之 古之獻繭者 其率用此與 及良日 夫人繰三
盆手 遂布于三宮夫人世婦之吉者 使繰 遂朱綠之 玄黃之
以爲黼黻文章 服旣成 君服以祀先王先公 敬之至也.

【字解】 ① 牷(전)—純色(全)의 소(牛).

② 弁(변)—白鹿 가죽으로 만들어 武人이 쓰는 冠.

③ 素(소)—生의 略字와 糸의 合字니 生糸의 色이 「희다」는 뜻으로써 布木의 「바탕」을 뜻함.

④ 朔(삭)—풀(屮)이 머리(屮) 위로 커올라가(屰)는 것처럼 한 달(月) 이 다가고 거슬러(屰) 올라간 「초하룻날」.

⑤ 築(축)—대(竹)와 나무(木)를 가지(凡)고 집을 만드(工)는 것.

⑥ 昕(흔)—날(日)짜를 끊어(斤)서 다시 始作하는 「초하루」와 「해가 뜨는」 것.

⑦ 戾(려)—문(戶) 앞에 있는 개(犬)가 사람이 들어가면 「사납게 짖으 면서 周圍를 「도는」 것.

⑧ 褘(휘)—보통의 옷(衣)과는 틀리(韋)는 「王后服」.

⑨ 繰(소)—새집(巢)에서 새가 날아 나오는 것처럼 蠶繭(고치)나 木棉 (무명)에서 실줄(糸)이 나오는 것.

⑩ 黼(보)—繡(黹)를 斧形으로 만든 큰(甫) 禮服이니 黑白色.

⑪ 黻(불)—繡(黹)를 亞字形으로 만든 뛰어난(犮) 禮服이니 靑黑인데 黼黻은 天子의 禮服.

【通釋】 옛적에 天子와 諸侯는 반드시 養獸하는 官職이 있어서 歲時가 되(及)면 齋戒 沐浴하고서 몸소(躬) 朝會하고 犧牲으로 祭典함을 반드 시 여기서 取했으니 敬함이 至極한 것이다. 君은 소(牛)를 몰고 오게 해서 보고(視), 그 털(毛)을 가려(擇)서 卜하여 吉해야만 養畜하는데, 君은 皮弁(鹿皮로 만든 冠)을 쓰고 素積(白布로 辟積한 주름잡은 下裳)

을 입고, 朔日(朔月) 月半(望日)에 그 牲牛를 둘러(巡)보고 致力하는 所以는 孝가 至極한 것이다.

옛적에 天子와 諸侯는 반드시 公田에 뽕나무를 심고 蠶室이 있으니, 그것은 내 가까이(近川) 짓는(築宮) 데는 一仞(八尺) 三尺 높이로 하고 가시울타리(棘墻)를 하고 삽짝門을 닫(外閉)게 하여 春季 朔旦(大昕)에는 君이 皮弁을 쓰고 素積을 입고 三宮(首相左相右相)의 夫人과 世婦(諸侯의 女官) 中에서 吉한 者를 가려서 하여금 蠶室에서 養蠶을 시키는 것이다. 그래서 蠶種을 가지(奉)고 냇물에 浴하고 뽕잎을 따다가 風氣에 乾燥(戾)해 기르(食)는 것이다. 歲月이 이미 지나(單)서 世婦가 養蠶을 마치(卒)고 고치(繭)를 따면 君에게 보이고 드디어(遂) 夫人에게 드리면 夫人은 「이것이 君服을 만드는 것인가.」고 하고, 드디어 副褘(王后服)로 받고 因해서 少牢로써 禮로 하는 것이다. 옛적에 蠶繭을 드린 者는 모두(率) 이러했던 것이니, 吉日(良日)이 되어 夫人은 깁실을 뽑(繅)는데 고치를 넣은 물그릇(盆) 세 개를 三宮에다가 나누어 주면 夫人은 世婦에 吉者로 하여금 깁실을 뽑아내게 하였다. 그래서 드디어 朱緑色, 玄黄色으로 染色해서 黼黻로 文采(文章)나게 繡를 놓아 君服이 完成되어 先王과 先公께 祭祀하는 것은 敬의 至極한 것이다.

【餘説】 옛적에 天子나 諸侯들은 반드시 祭祀에 犠牲으로 쓰는 良牛를 選擇하고 禮服에 使用하는데 繭絲를 만드는 良工을 選擇하였으니 「吉者」란 것은 最善한 「良者」를 뜻하고, 「卜之」한 것은 良者를 「選擇」한 것이다. 牲牛에 良者는 毛色으로 標準하였고 女工에 良者는 技術로써 標準했던 것이다. 그래서 祭祀하는데 天子나 諸侯가 全心專力을 다하였으니 이것을 治民하는 精神的 事業의 基本으로 한 것이다. 이것이 在上者를 精神化해서 物質的인 重力을 輕減하는 方法으로 했던 것이다. 在上者가 物質的인 自然人이면 그의 重力은 반드시 民衆을 抑壓하게 되고, 그것이 또한 權力化해서 民衆의 自由를 束縛하는 것이니, 그래서 物質과 權力으로 統治하면 그것이 人間의 禍難을 造成하기 때문에 老子는 「聖人이 在上하면 民衆에 重力이 加해지지 않는다.」고 하였다. 그런데 西洋의 政治는 金力과 權力으로만 하는 것이니, 그것이 伯道인 것

이다. 그러므로 歐羅巴의 世界에는 戰爭으로 寧日이 없었던 것이다.

8

君子曰 禮樂不可斯須去身 致樂以治心 則易直子諒之
心油然生矣 易直子諒之心生則樂 樂則安 安則久 久則天
天則神 天則不言而信 神則不怒而威 致樂以治心者也 致
禮以治躬則莊敬 莊敬則嚴威 心中斯須不和不樂 而鄙詐
之心入之矣 外貌斯須不莊不敬 而慢易之心入之矣 故樂
也者 動於內者也 禮也者 動於外直也 樂極和 禮極順 內和
而外順 則民瞻其顏色 而不與爭也 望其容 貌而衆不生慢
易焉 故德煇動乎內 而民莫不承聽 理發乎外 而衆莫不承
順 故曰 致禮樂之道 而天下塞焉 舉而措之無難矣. 樂也
者 動於內者也 禮也者 動於外者也 故禮主其減 樂主其
盈 禮減而進 以進爲文 樂盈而反 以反爲文 禮減而不進則
銷 樂盈而不反則放 故禮有報 而樂有反 禮得其報則樂
樂得其反則安 禮之報 樂之反 其義一也.

【字解】① 諒(량)—서울(京) 말(言)을 하나의 標準으로 해서 믿고「양
해」하는 것.
② 詐(사)—잠깐(乍) 조작한 말(言)은「속이는」것.
③ 斯(사)—그것(其)을 끊(斤)은 한쪽은「이것」.
④ 須(수)—男子는 반드시 턱(頁)에 수염(彡)이나니「모름지기」란 뜻
이나「斯須」란 것은「暫間」이란 뜻으로 쓰는 것.
⑤ 瞻(첨)—눈(目)으로 높이(詹)「보는」것.
⑥ 煇(휘)—火의 軍이나 불「빛」을 뜻하니「輝」와 같은 것.
⑦ 塞(색)—집(宀)을 짓는데 웨(共)를 한데 흙(土)으로「막아」서 壁
이 되는 것.

⑧ 鎖(소)—肖는 消의 略字로서 金이 肖하게 「녹이는」 것.

【通釋】 君子는 말씀하시되, 「禮樂은 暫時(斯須)라도 버릴(去身) 수가 없는 것이다. 樂을 이루어서는 마음을 다스리면 易(이)直하고, 子諒하는 마음이 油然하게 나오나니 易直하고 子諒하는 마음이 나면 즐거웁고, 즐거우면 편해지고, 편해지면 오래 가고, 오래감은 天과 같고, 天과 같으면 神이 되는 것이다. 天은 不言해도 信하고, 神은 不怒해도 威하는 이것이 樂을 致해서 마음을 다스린다는 것이고, 禮를 致해서는 躬을 다스리면 莊하고도 敬해지니 莊하고도 敬해지면 嚴威해서 心中이 暫時라도 不和하고 不樂하여 鄙詐하는 마음이 들고, 外貌가 暫時라도 不莊하고 不敬해서 慢易한 마음이 드는 것이다. 그러므로 樂이란 것은 內心에서 動하고 禮한 것은 外貌에서 動하는 것이다. 樂은 和에 極하고 禮는 順에 極해서 內和하고 外順하면 民衆은 그의 顔色을 쳐다보(瞻)고 더불어 다투지 않는 것이다. 그의 容貌를 바라보고는 民衆이 慢易한 마음이 나지 않기 때문에 德의 光輝(輝)가 內에서 動하여 民衆이 承聽하지 아니치 못하고, 理가 外로 發하는 데는 民衆이 承順하지 아니치 못하는 것이다. 그러므로 禮樂의 道를 이루어서 天下에 가득 차(塞)게 된다면 그것을 擧措(錯)함이 無難할 것이다. 樂이란 것은 內에서 動하고, 禮란 것은 外에서 動하기 때문에 禮는 減을 主로 하고 樂은 盈을 主로 한 것이니, 禮는 減해서 進하여 進으로써 文이 되고 樂은 盈해서 反하여 反으로써 文이 되는 것이다. 禮는 減해서 不進하면 鎖해지고, 樂은 盈해서 不反하면 放해지기 때문에 禮는 報가 있고 樂은 反이 있으며, 禮가 그 報를 얻으면 樂(락)하게 되고, 樂이 가 그 反을 얻으면 安하게 되나니, 禮의 報와 樂의 反은 그 意義가 同一한 것이다.

【餘説】 이 一節은 『樂記』의 第十八節이 來入해서 重出한 것이니 再説하지 아니함.

9

曾子曰 孝有三 大孝尊親 其次弗辱 其下能養 公明儀
問於曾子曰 夫子可以爲孝乎 曾子曰 是何言與 是何言與
君子之所謂孝者 先意承志 諭父母於道 參直養者也 安能
爲孝乎. 曾子曰 身也者 父母之遺體也 行父母之遺體 敢
不敬乎 居處不莊非孝也 事君不忠 非孝也 涖官不敬 非
孝也 朋友不信 非孝也 戰陳無勇 非孝也 五者不遂 烖及
於親 敢不敬乎. 亨孰膻薌 嘗而薦之 非孝也 養也 君子之
所謂孝也者 國人稱願然曰 幸哉有子如此 所謂孝也已 衆
之本敎曰孝 其行曰養 養可能也 敬爲難 敬可能也 安爲
難 安可能也 卒爲難 父母旣沒 愼行其身 不遺父母 惡名
可謂能終矣 仁者仁此者也 禮者履此者也 義者宜此者也
信者信此者也 强者强此者也 樂自順此生 刑自反此作.

【字解】① 儀(의)—義人이 하는 行動을 뜻함.

② 涖(리)—물(水)자리(位)는 위에서 아래로 흐르니, 위에서 아래로
「臨하는」것.

③ 烖(재)—불(火)을 끊으(戈)니 「禍難이 낫는」것. 집(宀)에 불(火)
이 난 「灾」字와 불(火)에 물(川)을 붓는 「災」字와 다 같은 字임.

④ 亨(형)—머리(亠)로 생각하는 것을 입(口)으로 말해서 理解(了)시
키니 「通한다」는 뜻이나, 여기서는 물로 불(火)을 通해서 「삶는」것
을 뜻한 「烹」(팽)의 略字.

⑤ 孰(숙)—食物을 잡(丸)아 먹이(享)는 이는 「누구」인가란 뜻이나,
여기서는 누구(孰)가 불(火)로써 「익힌」食物인 「熟」의 略字.

【通釋】曾子는 말씀하시되, 「孝에는 세 가지가 있으니 大孝는 父母(親)
를 높이는 것이고, 中孝는 辱되지 않게 하는 것이며, 小孝는 奉養이나
잘 하는 것이다.」고 하였다. 公明儀가 曾子께 묻되, 「先生(夫子)은 可

히 孝한다고 할 수 있는가요?」고 하니「그것이 무슨 말인가.　그것이
무슨 말인가. 君子의 所謂 孝란 것은 父母의 뜻을 먼저 알고 받아서 道
를 깨우치(諭)게 하는 것이나, 나(參)는 바로(直) 奉養이나 하는 것인
데 어찌 能히 孝가 될 수 있을까.」고 對答하였다.

　曾子는 말씀하시되, 「自身은 父母의 遺體이니 父母의 遺體로 行動하
는데 敢히 恭敬하지 안해서 될까. 平居에 莊하지 않은 것도 孝가 아니
고, 事君에 忠하지 않은 것도 孝가 아니며, 臨官해서 敬하지 않은 것
도 孝가 아니고, 朋友에 不信하는 것도 孝가 아니고 臨陣해서　無勇함
도 孝가 아니니, 이 五者를 遂行하지 않으면 災害가 그 父母께 미치는
것이니 敢히 敬하지 아니할까. 食物을 烹熟하고 羶香함만 맛보아서 奉
親하는 것은 孝가 아니라 養하는 것 뿐이니, 君子의 所謂 孝란 것은 國
人이 모두 歆羨(願然)해서 말하되〈多幸이로다! 이러한　子息이 있음
이여〉고 해야만 孝라고 할 수 있는 것이다. 大衆의 本教가 되는 것을
孝라 하고, 父母의 一身만 爲하는 것은 養이라 하니, 養은 可能하지마
는 敬은 難能한 것이고 敬은 可能하지마는 安은 難能하며, 安은 可能해
도 卒은 難能한 것이다. 父母가 逝去하신 뒤에는 自身의　行動을　謹愼
해서 父母에 惡名이 가지 않게 하는 것이 可히 完成(能終)이라고 할 수
있는 것이다. 仁이란 이것을 仁하게 함이고, 禮란 이것을 履行하는 것
이며, 義란 이것을 宜하게 하는 것이고 信이란 이것을 信하게 하는 것
이며, 強이란 이것을 勉強하는 것이고 樂은 이것을 順行함에서 生하고
刑은 이것을 逆行(反)함에서 作하는 것이다.

【餘說】曾子는 孝를 三等級으로 定해서 大孝는 尊親, 其次는 不辱, 其
下는 能養이라 하고, 自己는 能養하는 下孝로 自處하고,　또한　處世하
는데 居處不莊, 事君不忠, 涖官不敬, 朋友不信, 戰陣無勇 등 五者를 遂
行하지 못하는 것도 孝가 아니라고 하였다. 그러니 眞正한　孝는 오직
國家社會에 有益한 事業을 해서 國人이 모두 그의 功績을　認定함에만
있는 것이니, 個人的으로 父母께만 잘 奉養하는 것은 下孝인 것이다.
이것이『孝經』에서「夫孝는 始於事親하고 中於事君하며, 終於立身 이
라.」는 孔子의 말씀에서 由來한 것이다. 物質的으로 奉養하기는 쉬워도

精神的으로 恭敬하기는 어려우며, 自身의 行儀를 恭敬하기는 쉬워도 兩親의 心情을 便安케 하기는 어려우며, 一時的으로 便安케 하기는 쉬워도 永續的으로 實行하기는 어려운 것이다. 그래서 父母가 逝去한 뒤에도 自身을 謹愼해서 惡名이 돌아가지 않게 하여야만 孝道는 完成 된다는 것이니, 그래야만 强해지고 이래야만 樂이 되나, 그래서 못하면 刑받게도 되는 것이다.

10

曾子曰 夫孝置之而塞乎天地 溥之而橫乎四海 施諸後世而無朝夕 推而放諸東海而準 推而放諸四海而準 推而放諸南海而準 推而放諸北海而準 詩云 自西自東 自南自北 無思不服 此之謂也. 曾子曰 樹木以時伐焉 禽獸以時殺焉 夫子曰 斷一樹 殺一獸 不以其時 非孝也. 孝有三小孝用力 中孝用勞 大孝不匱 思慈愛忘勞 可謂用力矣 尊仁安義 可謂用勞矣 博施備物 可謂不匱矣 父母愛之 喜而弗忘 父母惡之 懼而無怨 父母有過 諫而不逆 父母旣沒 必求仁者之粟以祀之 此之謂禮終.

【字解】① 溥(부) ─ 平面上에다 물(水)을 부으면 퍼지(專)니 「넓어지는」 것.

② 博(박) ─ 十분 다 퍼졌(專)으니 「넓은」 것.

③ 匱(궤) ─ 그릇(匚) 속에다 貴한 物件을 넣어 두는 「櫃」字와 같으나 「遺」字의 뜻으로 쓰인 것.

④ 諫(간) ─ 말(言)을 가려(東)서 上者의 過失을 「忠告하는」 것.

【通釋】曾子는 말씀하시되, 「무릇 孝는 내놓으(置)면 天地에 가득(塞)하고 펴(溥)가면 四海를 橫斷하며, 後世에 施行하면 變化(朝夕)가 없으며, 미루어(推)서 東海에 放散해도 平準할 것이고, 또 미루어 西海

에 放散해도 平準할 것이며, 또 미루어 南海에 放散해도 平準할 것이고, 또 미루어 北海에 放散해도 平準할 것이니, 『詩經』 大雅 文王有聲篇에는 「西에서, 東에서, 南에서, 北에서 생각이 不服함을 있지 않았다.」고 한 것은 이것을 말한 것이다.」고 하고, 또 曾子는 「樹木도 必要할 때만 치고 禽獸도 必要할 때만 죽여야 한다. 그러므로 夫子께서는 「一樹를 끊고 一獸를 죽이는 것도 必要할 때만 하지 않음은 孝가 아니다.」고 말씀하셨다.

　孝에는 세 가지가 있으니 小孝는 用力하는 것이고, 中孝는 用勞하는 것이며, 大孝는 不遺하는 것이다. 父母의 慈愛를 생각해서는 苦勞함도 잊으니 可히 用力이라고 할 수가 있고, 尊仁하고 安義함은 可히 用勞한다고 할 수 있으며, 備物해서 博施하는 것은 可히 不匱하다고 할 수 있는 것이다. 父母가 愛하시면 즐거워서 잊지 안하고, 父母가 惡하셔도 겁내서 怨하지 않으며, 父母가 過失이 있으면 諫해도 거슬리지는 않는 것이고, 父母가 逝去하면 반드시 仁者의 粟을 求해다가 祭祀하는 이것을 禮의 終結이라고 하는 것이다.

【餘説】 무릇 孝道는 모든 人間關係, 倫理世界를 이루는 根源이라, 모든 源泉의 물은 모여서 河海를 이루고 모든 나무는 各其 다 根本에 依해서 森林을 이루는 것처럼 모든 孝道는 모이면 人間世界에 平和를 이루는 것이다. 그 뿐만 아니라 孝道에는 「斷一樹, 殺一獸도 不以其時하는 慈悲心으로써 草木과 禽獸에까지 그의 恩愛가 미치는 것이다. 그러나 孟子는 「仁之實은 事親이 是也요, 義之實은 從兄이 是也니 智之實은 知斯二者하여 不去是也오. 禮之實은 節文斯二者가 是也며, 樂之實은 樂斯二者 是也라.」고 하였으니, 이것은 偉大한 仁義의 思想을 家庭의 孝悌로만 縮小시켰으니 그의 流弊는 莫大한 것이다. 孝道의 名分으로 된 絶對의 父權은 「父雖不慈나 子不可以不孝」니 「天下無不是底父母也라.」고 해서 「在下者는 有口無言으로」 만들었으니, 儒家는 世世代代로 衰退의 一路로만 내려오는 데서 子는 父만 못해지고, 孫은 祖만 못해져서 人材는 없어지고 文化는 亡해진 그 때 西洋風潮가 侵入해서 儒教는 滅亡하게 된 것이다. 그러므로 西洋人은 自然의 眞理를 探究해서

偉大한 物質文明을 建設했으나, 東洋人은 人生의 眞理를 教訓하신 先聖의 精神文化를 自壞하고서 西洋의 勢力에만 追從하고 있으니 이 아니 寒心한 일인가.

11

樂正子春下堂而傷其足 數月不出 猶有憂色 門弟子曰 夫子之足瘳矣 數月不出 猶有憂色何也 樂正子春曰 善如爾之問也 善如爾之問也 吾聞諸曾子 曾子聞諸夫子曰 天之所生 地之所養 無人爲大 父母全而生之 子全而歸之 可謂孝矣 不虧其體 不辱其身 可謂全矣 故君子頃步而弗敢忘孝也 今予忘孝之道 予是以有憂色也 壹擧足而 不敢忘父母 壹出言而不敢忘父母 壹擧足而不敢忘父母 是故道而不徑 舟而不游 不敢以先父母之遺體行殆 壹出言而不敢忘父母 是故惡言不出於口 忿言不反於身 不辱其身 不羞其親 可謂孝矣.

【字解】① 瘳(류)—病(疒)이 날아가(翏)서「나은」것이니 病(疒)이 나은(愈)「癒」(유)와 같은 字.

② 虧(휴)—범이 울어(虖) 새(隹)가「빠져나간」것.

③ 壹(일)—壺字 속에 吉가 一口로 되었으니 병(壺)의 一口로 물이나 알곡을 넣으니 여럿이「하나」로 되는「專一」을 뜻함.

④ 徑(경)—바로(巠) 가는(彳)「지름길」이니 巠과 辵의 合字인「逕」으로 서로 같은 字.

⑤ 游(유)—깃발(斿)이 펄럭이는 것처럼 고기가 물(水) 속에서「노는」것이니 다니면서(辵) 노는「遊」와 通用함.

⑥ 忿(분)—마음(心)이 나누어(分)졌으니「분이 나는」것.

【通釋】樂正子春이 마루에서 내려가다가 그 발을 다쳐서 數月 동안 집을 나가지 않고 오히려 憂色이 있기에 그 門下에 弟子가「先生님의 발은 나으신(瘳) 데도 數月 동안이나 나가지도 않으시고 憂色이 있으니 무엇 때문입니까?」고 물으니, 그는 말하되「참으로 너의 말과 같다. 참으로 너의 말과 같다. 나는 曾子께 들으니 孔子께서는〈天이 所生한 것과 地가 所養한 中에는 人間처럼 尊大한 것은 없는데 父母가 全하게 生하셨으니 子는 全하게 歸하는 것이 可히 孝라고 할 것이다. 그러니 그 肉體를 毁損하지 말고 그 自身을 恥辱되게 하지 말아야만 全하다고 할 수 있는 것이다. 그러므로 君子는 暫間 行步하는 사이라도 敢히 孝를 잊지 않는 것이다.〉고 하셨는데, 이제 나는 孝의 道를 잊었기 때문(是以)에 憂色이 있노라. 一擧足에도 敢히 父母를 잊지 않고 一出言에도 敢히 父母를 잊지 않는 것이다. 一擧足에도 敢히 父母를 잊지 않기 때문에 行路에는 지름길로 가지 않고 船路에는 헤엄치지 않아서 敢히 先父母의 遺體를 危殆롭게 하지 않는 것이고, 一出言에도 敢히 父母를 잊지 않기 때문에 입에서는 惡言이 나오지 아니하고 自身에는 忿言이 돌아오지 않는 것이다. 그래서 自身을 屈辱되게 하지 않고 其親을 羞恥하게 하지 않아야만 可히 孝라고 할 것이다.」고 하였다.

【餘説】무릇 孝는「置之에 塞乎天地하니」空間的으로는「溥之에 橫乎四海하고」時間的으로는「施諸後世 而無所朝夕하여」草木禽獸 등 모든 生命을 다 愛護하는 것이다. 그러니 더구나「全而生之」한 父母의 遺體를 毁損하거나 屈辱되지 않게「全而歸之」하는 것이 孝道인 것이다. 그러므로 樂正子春은「一擧足而不敢忘父母하고 一出言而不敢忘父母하여」自身을 危殆하게 하거나 恥辱되게 하는 일이 없게 操心하는 것이 孝의 原則인 데도 그는 操心하지 못해서 발을 다쳤다고 해서 발은 나았는데도 數月 동안이나 外出도 하지 아니하고 憂愁해서 悔改하였으니 孝道는 一種의 宗教인 것이다. 그러나 本尊의 偉力에 畏敬해서 自身의 福利만 祈願하는 迷信的인 宗教가 아니라, 祖先의 恩德에 感謝해서 自身의 責任을 遂行하는 人道的인 宗教인 것이다. 西方的인 宗教는 福利를 祈願해서 未來志向的으로 發展해 왔지마는 東方的인 孝道는 責任을 遂行

하는 過去志向的으로 衰退해 왔던 것이다. 그러나 지금 宗教들은 宗派로 分裂하고 異教가 對立해서 世界가 混亂하게 되었으니, 이에서 孝道는 天下를 一家로 하는 治平의 宗教가 되는 것이다.

12

昔者有虞氏貴德而尚齒 夏后氏貴爵而尚齒 殷人貴富而尚齒 周人貴親而尚齒 虞夏殷周 天下之盛王也 未有遺年者 年之貴乎天下久矣 次乎事親也 是故朝廷同爵則 尚齒 七十杖於朝 君問則席 八十不俟朝 君問則就之 而弟達乎朝廷矣 行肩而不倂 不錯則隨 見老者則車徒辟 斑白者不以其任行乎道路 而弟達乎道路矣 居鄉以齒 而老窮不遺 强不犯弱 衆不暴寡 而弟達乎州巷矣 古之道 五十不爲甸徒 頒禽隆諸長者 而弟達乎搜狩矣 軍旅什伍 同爵則尚齒 而弟達乎軍旅矣 孝弟發諸朝廷 行乎道路 至乎州巷 放乎搜狩 脩乎軍旅 衆以義死之 而弗敢犯也.

【字解】 ① 齒(치)—입의 「이」를 象形한 위에 止字를 加해서 「年齡」으로 轉注한 것.

② 俟(사)—사람(人)이 이곳까지 와서 그치기(矣)를 「기다리」는 것.

③ 朝(조)—月은 西쪽으로 내려가(丁)고 日이 東쪽에서 떠오르(⊥)는 「아침」을 뜻한 字나 아침에 百官이 出勤해서 모이는 「政府」란 뜻으로 쓰니 政府는 國民을 잘(壬) 끌어(廴)가야 한다는 「廷」字와 結合해서 「朝廷」이라고 함.

④ 斑(반)—玉과 玉의 가운데 文이 들었으니 「아롱진」 것.

⑤ 甸(전)—市街地를 縱橫으로 區劃한(田) 그 全體를 總括(勹)한 「首都 서울」.

⑥ 頒(반)—머리(頁)로 생각해서 고루 나눠(分) 주는 것.

⑦ 獀(수)―南越語로 犬을 뜻한 字라고 하니 여기서는 搜로 通해서
「찾는다」는 뜻.

⑧ 狩(수)―짐승을 發見해서 群衆이 둘러싸서 지키(守)고 개(犬)가
「사냥」을 하는 것.

【通釋】옛적에 虞舜때는 貴德해서 尙齒하고 夏代에는 貴爵해서 尙齒하
며, 殷代에는 貴富해서 尙齒하고 周代에는 貴親해서 尙齒하였으니, 虞
夏殷周의 四代는 天下에 盛王이라도 老人의 年德을 重視하였으니 天下
에서 年德을 貴待한지는 오래 되었는데 그 다음은 父母를 尊奉하는 것
이다. 그러므로 朝廷에서 爵位가 같으면 年長을 높이나니 七十歲만 되
면 朝廷에서도 짝지를 집고 人君이 물으면 자리를 펴주며, 八十歲가 되
면 退勤時間을 기다리지 않고, 人君이 물으면 就家하나니 이것은 敬長
함이 朝廷에 達한 것이고, 同行하는 데는 어깨를 나란히 (幷) 하지는 안
하고 順序있게 (不錯) 따라가며 老者를 보면 乘車나 徒步에 避해 가며,
斑白 老人은 道路에서 짐을 가지고 다니지 않게 하나니, 이것은 敬長
함이 道路에 達하는 것이고, 그의 鄕土에서는 年齒로써 老窮한 者를 無
視(遺)하지 않으므로 强者는 弱者를 犯하지 아니하고 衆者는 寡者를 害
하지 아니하나니 이것은 敬長함이 州縣에 達하는 것이며, 古道에 五十
歲가 되면 畿(甸)內에서는 賦役하는 卒徒가 되지 않고, 狩獵을 해서 分
配(頒)할 때는 長者에게는 厚待(隆)하나니 이것은 敬長함이　狩獵에도
達하는 것이며, 軍隊의 隊列에서는 같은 階級이면 年齡을 尊待하나니,
이것은 敬長함이 軍隊에도 達하는 것이다. 그러니 孝悌는 朝廷에서 發
해서 道路로 行하여 州縣에 이르러 狩獵에도 放하고 軍隊에도　脩하여
衆人은 義理에 죽어도 敢히 犯하지 않는 것이다.

【餘說】上古에 虞夏殷周의 四代에 貴德하고 貴爵하며, 貴富하고　貴親
하는 差異는 있었으나 언제나 尙齒하는 것은 共通하였으니, 이것이 上
下先後를 規定하는 標準으로 하였다는 것이다. 그래서 朝廷에서나　道
路에서나 州縣에서나 狩獵에서나 軍隊에서나 年齒로써 秩序를　세워서
紊亂하지 않게 했던 것이다.　그래서 「長幼有序」함은 「父子有親」에서

發源해서「朋友有信」에서 基準이 된 것이다. 그래서 七十, 八十이 되면「元老로써 尊待하였으니 年長者는 年少者보다는 知識이나 德行이 優秀하지 않으면 안 될 것이다. 이것이 立體的으로 秩序를 세우는 東洋社會의 特徵인 것이다. 그러므로 西洋社會에는 年德으로 待遇하는 風習은 없었으니 그것은 萬人이 平等하기 때문이다. 무릇 相對者가 平等하면 그들은 반드시 競爭하고 鬪爭하는 것이니 그의 社會에 秩序를 세우는 데는 반드시 國家의 權力으로써 法律의 規定대로 統治하지 않으면 안 되는 것이다. 元來에 平面的인 西洋社會에서는 知力이나 能力으로 競爭해서 發達했으나 立體的인 東洋社會에는 아무 知能도 없는 年長者를 優待하니 그래서 衰退해 온 것이다.

13

祀乎明堂 所以教諸侯之孝也 食三老五更於大學 所以教諸侯之弟也 祀先賢於西學 所以教諸侯之德也 耕藉所以教諸侯之養也 朝覲 所以教諸侯之臣也 五者天下 之大教也 食三老五更於大學 天子袒而割牲 執醬而饋 執爵而酳 冕而總干 所以教諸侯之弟也 是故鄉里有齒 而老窮不遺 强不犯弱 衆不暴寡 此由大學來者也 天子設四學 當入學而大子齒 天子巡守 諸侯于竟 天子先見百年者 八十九十者東行 西行者弗敢過 西行 東行者弗敢過 欲言政者 君就之可也 壹命齒于鄉里 再命齒于族 三命不齒 族有七十者弗敢先 七十者不有大故不入朝 若有大故而入 君必與之揖讓 而后及爵者.

【字解】① 藉(자)—天子가 옛(昔)부터 傳來하는 農具인 쟁기(耒)를 가지고 밭을 갈아서 苗草(艹)를 심으므로「因」해서「借」해서 그의 年例儀式을 하였음.

② 割(할)―物件을 칼(刀)로 베서(害) 「나누」는 것이니 「十分比例」도 意味하는 것.

③ 醬(장)―장차(將)로 먹을 食物에 調味하려고 단지(酉)에 담근 「간장」.

④ 揖(읍)―머리를 구부리고 두 손(手)을 모아(咠)서 相對者에게 敬意를 表하는 것.

⑤ 酳(윤)―술(酉) 마시고 작은(厶) 고기(肉)점으로 安酒하는 것.

【通釋】 天子가 明堂(王者의 宗廟)에 祭祀를 올리는 것은 諸侯에 孝를 가르치는 所以인 것이고, 太學에서 三老五更(三人의 元老와 五人의 更年)을 기르(食)는 것은 諸侯에게 悌를 가르치는 所以인 것이며, 西學에 다가 先賢을 享祀하는 것은 諸侯에게 德을 가르치는 所以인 것이고, 親耕을 하는 것은 諸侯에게 養民함을 가르치는 所以인 것이며, 朝覲하는 것은 諸侯에게 臣道를 가르치는 所以인 것이니 이 五者는 天下의 大敎인 것이다.

太學에서 三老(三人의 元老) 五更(五人의 更老)을 饗하는 데는 天子가 袒하고 牲牛를 베어(割)서 醬을 집어(執) 먹이(饋)고 잔(爵)을 집에서 安酒(酳)하고 冕冠을 쓰고 干戚을 잡는(總) 것은 諸侯에 悌를 가르치는 所以이다. 그러므로 鄕里에서는 나이 들어(有齒) 老窮해도 忘却(遺)하지 아니하고 强者도 弱者를 犯하지 아니하고 衆者도 寡者를 害하지 않나니, 이것이 大學에서 由來하는 것이다. 天子는 四學을 設置해서 入學할 때는 太子도 年齡(齒)을 尊重하는 것이다.

天子가 地方을 巡視할 때는 諸侯들이 그 國境에서 기다리(待)다가 天子가 到着하면 먼저 百歲老人을 찾아서 보고, 八十 九十 되는 老者가 東쪽으로 오면 敢히 西쪽으로 지나가지 않고 西쪽으로 오면 敢히 東쪽으로 지나가지 아니하며, 政見을 말하려 한다면 人君은 그에게로 가서 말을 들어야만 하는 것이다.

壹命(初任官)은 鄕里에서만 年齒順으로 座席을 하고, 再命(次任官)은 族中에서만 年齒順으로 座席을 하며, 三命(高任官)에서는 族中에서도 年齒順으로는 하지 아니하니 七十 老人이라도 敢히 先頭에는 座席

할 수 없는 것이다. 七十 老人은 大故가 없이는 朝廷에 들지 아니하나니, 萬若에 大故가 있어서 朝廷에 든다면 人君이 반드시 더불어 揖讓한 뒤에 卿大夫(爵者)와 揖禮를 하는 것이다.

【餘説】天子는 諸侯에게 孝悌德養 등의 道理를 敎育하는 것이니, 이것이 天下에서 가장 重大한 敎育인 것이다.그의 敎育은「老窮을 不遺하니 強不犯弱하고 衆不暴寡하는」것이니라. 이것이 太學에서 하는 敎育인 것이다. 天子는 四郊에다 學校를 設置해서 入學을 하는 데는 太子도 特待하는 것이 아니라, 모두 다 年齒順으로만 待遇하는 것이다. 天子가 天下를 巡視할 때는 諸侯가 國境에서 기다려서 近接해 오면 天子는 먼저 百歲의 高壽者를 찾아보고 마중나온 八十 九十歲 되는 高齡者도 만나는데 그 中에 特히 政見을 進言하려는 者가 있으면 人君이 그에게로 나아가서 聽取하는 것이다.그리고 七十이 넘은 老者는 大故가 없이는 政府에 들어가지 않는 것이니 大故가 있어서 들어간다면 人君이 반드시 나와서 揖禮를 하고 高官도 따라서 揖禮하는 것이다. 그래서 座定을 하는 데는 下官들은 모두 年齒대로 着席하지마는 高官이 있는 데는 비록 七十 넘은 老人이라도 上座에 앉지는 못하는 것이다. 그러니 社會的 秩序는 年齒를 標準으로 하고 政治的 秩序는 官爵을 標準으로 한 이것이 事理를 爲한 것이고 權威를 爲한 것은 아니다.

14

　天子有善 讓德於天 諸侯有善 歸諸天子 卿大夫有善 薦
於諸侯 士庶人有善 本諸父母 存諸長老 祿爵慶賞 成諸
宗廟 所以示順也. 昔者聖人建陰陽天地之情 立以爲易 易
抱龜南面 天子卷冕北面 雖有明知之心 必進斷其志焉 示
不敢專 以尊天也 善則稱人 過則稱己 敎不伐 以尊賢也.
孝子將祭祀 必有齊莊之心以慮事 以具服物 以脩宮室 以
治百事 及祭之日 顏色必溫 行必恐 如懼不及愛然 其奠
之也 容貌必溫 身必詘 如語焉而未之然 宿者皆出 其立

卑靜以正 如將弗見然 及祭之後 陶陶遂遂 如將復入然
是故慤善不違身 耳目不違心 思慮不違親 結諸心 形諸色
而術省之 孝子之志也. 建國之神位 右社稷而左宗廟.

【字解】① 廟(묘)―朝會하는 집(广)은 政廳이나 그에는 神意를 받드
　는 祠堂이 있으니 사람의 精神生活은 祠堂에서 싹(苗)트기 때문에
　音은「묘」다.

② 易(역)―日과 月(勿)이 서로「바꿔」가는 것은 自然이니「쉽다」는
　뜻으로 轉注되는 音은「이」다.

③ 卷(권)―紙物이 發明되기 前에는 대조각(卩)에 글자를 써서 엮어
　가지고 말아(釆)서 한「뭉」의 冊을 뜻한 것.

④ 脩(수)―고기(肉)를 길게 오려서 말린 바(攸)이니 禮物로써 人事
　를「닦는」것이고, 物體를「닦는」것은「修」字로 쓴다.

⑤ 術(술)―食用하는 기장이나 藥用하는 삽주는 다 朮이니 人生의 行
　路에 必要한「技能」을 뜻함.

⑥ 省(성)―눈(目)을 적게(少) 떠서「살피」는 것인데, 外物은 적게 보
　니 省(생)略이란 뜻이 되고 自身을 살피는「反省(성)」이란 뜻이 되
　고, 또한 地方名이나 官廳名에다 붙여서 쓰기도 하니 그의 官長들
　은 반드시 自身을 反省할 수 있는 脩道者라야만 하기 때문임.

⑦ 宿(숙)―집(宀)에 모인 여러(百) 사람(人)이「자는」것.

【通釋】天子는 善이 있으면 天神에게 그 德을 미루(讓)고, 諸侯는 善
이 있으면 天子에게 그 功을 돌리며, 大臣은 善이 있으면 그 功을 諸侯
에게 돌리고, 士者는 善이 있으면 그 德을 父母에게 돌리나니, 여러 長
老에게 祿爵으로 慶賞을 주는 데는 宗廟에서 施行하는 것은 그러한 順
서를 보이는 所以인 것이다.

　옛적에 聖人은 天地에 陰陽의 情을 세워서 그것을 易理로 하였으니
그 易官은 神龜를 가지(抱)고 南面을 하면 天子는 冕冠을 벗(卷)고 北
面을 하여 비록 明知하는 마음이 있어도 반드시 그의 判斷을 기다리(進)

나니, 그래서 敢히 自專하지 않는 것은 天神을 尊信하기 때문이다. 善事는 他人이 했다(稱)하고 過失은 自身이 했다고 함은 自矜(伐)하지 않음을 가르쳐서 賢人을 높이기 때문이다.

　孝子는 將次로 祭祀할 때는 반드시 齊莊한 마음을 가지(有)고서 行事를 생각하고, 服物을 갖추며 宮室을 修하고 百事를 治하여 祭祀날이되(及)면 顏色은 반드시 따뜻하게 하고 行動은 반드시 두려운 듯하여 愛然한 것을 보지(及) 못할까 겁내는 것이다. 그래서 祭奠을 할 때에는 容貌는 반드시 溫하게 하고 體勢는 반드시 屈(詘)하게 하며, 말하려다가 못하는 듯하게 하는 것이다. 그리고 參祭員이 다가간 뒤에 主人은 혼자(卑) 靜하고도 正하게 서서 보지 못(不見)한 듯하게 하는 것이다. 그래서 祭를 마친 뒤에는 그 心事가 陶陶하게 內在하고 遂遂하게 外行하여 다시 들어오는 듯이 하는 것이다. 그러므로 敬善함은 그 自身에 違하지 않고 耳目은 그 心上에 違하지 않으며, 思慮는 그 先親에 違하지 않게 그 心中에 맺혀(結)서 그 顏色에 나타나(形)서 반드시 살피(術省)는 것이 孝子의 心志인 것이다. 建國하는 神位는 社稷을 右로 하고 宗廟를 左로 한다.

【餘説】 天子는 天神에게, 諸侯는 天子에게, 大臣은 諸侯에게, 士人은 父母에게로, 무릇 功德은 마땅히 그의 上者(根源)으로 돌리는 것이 原則이기 때문에 國家에서 祿爵으로 褒賞하는 데도 宗廟에서 施行하는 것은 그 때문이다. 옛적에 聖人은 天地에 陰陽의 眞理를 發見해서 易官을 세워서 政治上에 重大한 問題에 對해서는 반드시 天地神明에 可否를 묻는 占을 하였으니 그 易官은 天子보다도 오히려 높은 것이다. 그러므로 易官은 抱龜하고 南面하면 天子는 脫冕하고 北面했던 것이다. 聖王은 重大한 問題를 當하면 반드시 左右에게 묻고, 諸臣에게 묻고, 民衆에게 물어 決定하지 못할 때는 神明에 묻는 卜筮로써 判斷하였으니 自己는 비록 明知가 있다 해도 그렇게 해서 獨專하지 않음을 보인 것이다. 天地神明이란 것은 다름아닌 自然法理니, 自然法理대로 政治하는 것이 王道인 것이다. 그런데 伯道는 權力이 法理를 抑壓하니 民衆이 그에 抗爭해서 勢力均衡의 制度를 造成한 것이 民主主義란 것이다. 그러

므로 民主國家에서도 亦是 抑鬱한 無産大衆이 있어서 그의 勢力으로 共
産主義로 革命했던 것이나, 그것은 더욱 暴惡해서 滅亡한 것이다.

第十九編　祭　統

1

凡治人之道　莫急於禮　禮有五經　莫重於祭　夫祭者　非
物自外至者也　自中出　生於心者也　心怵而奉之以禮　是故
唯賢者能盡祭之義. 賢者之祭也　必受其福　非世所謂福也
福者備也　備者　百順之名也　無所不順者之謂備　言内盡於
己　而外順於道也　忠臣以事其君　孝子以事其親　其本一也
上則順於鬼神　外則順於君長　内則以孝於親　如此之謂備
唯賢者能備　能備然後能祭　是故賢者之祭也　致其誠信　與
其忠敬　奉之以物　道之以禮　安之以樂　參之以時　明薦之
而已矣　不求其爲　此孝子之心也. 夫祭者　所以追養繼孝也
孝者　畜也　順於道　不逆於倫　是之謂畜. 是故孝子之事親
也　有三道焉　生則養　沒則喪　喪畢則祭　養則觀其順也　喪
則觀其哀也　祭則觀其敬而時也　盡此三道者　孝子之行也.

【字解】① 莫(막)—艸(卄) 日과 大(卄)의 三合字니 풀(卄)과 풀(大)
　속으로 해(日)가 들어가 날이 저물어서 일을 하지「말라」는 否定辭
　로 轉注되니「저문다」는 뜻으로는 또 日字를 덧붙인「暮」字로 쓰게
　된 것.
② 急(급)—刍(及)과 心의 合字니 마음(心)만 미쳐(及) 가니「빨리 하
　려는」것.
③ 盡(진)—食器(皿)에 熱氣(火)가 드디어(聿)물이 蒸發해「다한」것.
④ 追(추)—두던(自)으로 가(辵)니 높은 데로「따르는」것.

⑤ 喪(상)―哭과 亡의 合字가 變形된 것이니 亡한데 哭하는 것은 「초 상난」 것.

⑥ 畢(필)―田은 밭이고 華은 汚物을 치는 器具이니 이 器具로써 汚物 을 쳐다가 田地에다 버리니 淸掃하는 일을 「마치는」 것.

【通釋】 무릇 治人하는 道理에는 禮보다(於) 더 急한 것은 없고, 禮에 는 五經(吉凶軍賓嘉)이 있으니 祭보다 重한 것은 없는 것이다. 그 祭란 것은 物이 外에서 오는(至) 것이 아니라 內에서 心이 나오는 것이니 마 음에 슬퍼(怵)서 禮로써 奉行하는 것이다. 그러므로 오직(唯) 賢者만 이 能히 祭의 意義를 다하는(盡) 것이다.

賢者가 祭함에는 반드시 그 복을 받나니 그것은 世俗에서 말하는 바 (所謂) 福이 아니라, 이 福이란 備함이고 備란 것은 百順을 名稱한 것 이다. 不順하는 것이 없음을 備라고 하나니, 內로는 마음에 다하고 外 로는 道理를 다하는 것이다. 忠臣은 이로써 君長을 섬기고 孝子는 이 로써 그 父母를 섬기니 그 根本은 同一한 것이다. 위로는 鬼神에 順하 고 外로는 君長에 順하며, 內로는 父母께 孝하는 이것을 備라고 하니 오직 賢者만이 能히 備하게 되고, 備한 然後에야만 能祭하는 것이다. 그러므로 賢者가 祭함에는 그의 誠信과 그의 忠敬을 다하(致)여서 物 로써는 奉하고 禮로써는 道하며, 樂으로써는 安하고 時로써는 參하며, 明薦할 뿐이고 그 事爲를 强求하지는 않는 이것이 孝子의 心情인 것이 다.

祭란 것은 奉養하던 것을 따라(追) 하고 孝道하던 것을 이어(繼) 하 는 것이다. 孝란 것은 기르는(畜) 것이니, 道에 順하고 倫에 거슬(逆) 리지 않는 이것을 畜이라 한다. 그러므로 孝子가 父母를 섬기는 데는 三道가 있으니 生時에는 養하고 沒하시면 喪하며, 喪을 마치(畢)면 祭 하는 것이다. 養함에는 그 順함을 보고 喪함에는 그 哀함을 보며, 祭함 에는 그 敬함을 보는 것이니, 그 때에 이 三道를 다하는 것이 孝子의 行인 것이다.

2

既內自盡 又外求助 昏禮是也 故國君取夫人之辭曰 請
君之玉女 與寡人共有敝邑 事宗廟社稷 此求助之本也 夫
祭也者 必夫婦親之 所以備外內之官也 官備則具備 水草
之菹 陸產之醢 小物備矣. 三牲之俎 八簋之實 美物備矣
昆蟲之異 草木之實 陰陽之物備矣 凡天之所生 地之所長
苟可薦者 莫不咸在 示盡物也. 內則盡物 外則盡志 此祭
之心也 是故天子親耕於南郊 以共齊盛 王后蠶於北郊 以
共純服 諸侯耕於東郊 亦以共齊盛 夫人蠶於北郊 以共冕
服 天子諸侯 非莫耕也 王后夫人 非莫蠶也. 身致其誠信
誠信之謂盡 盡之謂敬 敬盡然後可以事神明 此祭之道也.
及時將祭 君子乃齊 齊之為言齊也 齊不齊以致齊者也 是
故君子非有大事也 非有恭敬也 則不齊. 不齊則於物無防
也 耆欲無止也 及其將齊也 防其邪物 訖其耆欲 耳不聽
樂 故記曰 齊者不樂 言不敢散其志也 心不苟慮 必依於
道 手足不苟動 必依於禮 是故君子之齊也 專致其精明之
德也 故散齊七日以定之 致齊三日以齊之 定之之謂齊 齊
者 精明之至也 然後可以交於神明也 是故先期 旬有一日
宮宰宿夫人 夫人亦散齊七日 致祭三日 君致齊於外 夫人
致齊於內 然後會於大廟 君純冕立於阼 夫人副褘 立於東
房 君執圭瓚祼尸 大宗執璋瓚亞祼 及迎牲 君執紖 卿大
夫從 士執芻 宗婦執盎從 夫人薦涗水 君執鸞刀 羞嚌夫
人薦豆 此之謂夫婦親之. 及入舞 君執干戚 就舞位 君為
東上 冕而總干 率其羣臣 以樂皇尸 是故天子之祭也 與
天下樂之 諸侯之祭也 與竟內樂之 冕而總干 率其羣臣以
樂皇尸 此與竟內樂之之義也.

【字解】① 敝(폐)―巾(布)을 쳐서(攵) 네 군데(∷) 구멍이 났으니「떨어진」것.

② 菹(저)―나물(艹)에 소금을 치고, 또(且)한 물을 부어 만든「김치」.

③ 醢(혜)―단지에 술(酉)처럼 肉類에 소금을 쳐서(盍) 密閉해 두었다가 먹는「젓」.

④ 俎(조)―肉(仌)을 또(且) 여러벌 괴올리는「적대」.

⑤ 簋(궤)―黍稷을 담는(艮) 대(竹)로 만든 그릇(皿).

⑥ 昆(곤)―여럿이 서로 연대(比) 있음을 말(曰)하니 昆虫, 昆卉, 昆裔 등은 모두 多衆을 뜻함.

⑦ 齊(제)―本是는 논에 벼가 平面으로「같은」것을 象形한 字가 變한 것이나, 여기서는 齊字 속에 示字가 들어서 精神(示)을 같게(齊)하는「재계」를 뜻함.

⑧ 訖(흘)―비는(乞) 말(言)을 함은 窮地에「이르렀」으니 그로써「끝나는」것.

⑨ 褘(위)―庶民의 옷(衣)과는 틀리(韋)는「王后의 上衣」.

⑩ 瓚(찬)―宗廟에 祭祀를 돕는(贊) 玉잔.

⑪ 祼(관)―神(示)께 祭奠을 始作하는(果)데「降神하는」것.

⑫ 璋(장)―章玉인데『玉篇』에는「半玉」이라고 하였음.

⑬ 紖(인)―수레(車)를 끄는(引) 줄.

⑭ 盎(앙)―混和酒를 넣는 陶製(央) 그릇(皿)「동이」.

⑮ 沈(세)―깨끗한(兑) 물(水).

⑯ 嚌(제)―입(口)에 같게(齊) 맞는지「맛보는」것.

⑰ 羞(수)―羊과 丑의 合字니 羊과 牛(丑)의 고기는 맛있는 珍饌이니「食物」이란 뜻으로 쓰는데, 飮食만 먹고 아무 일도 하지 않는 것은「부끄러운」것이기 때문에「羞恥」란 뜻으로도 轉注된 것.

【通釋】이미 内的으로 스스로를 다해서 外的으로 内助를 求하는 것은 婚禮이다. 그러므로 國君은 夫人을 娶할 때 말하되(辭曰),「請컨대 君의 玉女와 寡人이 같이 우리 고을(敝邑)을 가지(有)고 宗廟와 社稷에 奉事하려 합니다.」고 하니 이것이 内助를 求하는 始發(本)이었다. 무릇

祭란 것은 반드시 夫婦가 親하는 것이 內外의 官을 備하는 所以인 것이다. 官에 備함이 具備할 것은 水草의 菹와 陸産한 醢로써는 小物을 備하고 三牲의 俎와 八簋의 實로써는 美物을 備하며, 昆虫의 異와 草木의 實로써는 陰陽의 物을 備하는 것이다.

그래서 무릇 天의 所生과 地의 所長에 可薦할 것이라(苟)면 모두(莫不) 다(咸) 있게 하여 모든 것을 다(盡) 보이는 것이다. 外的으로는 物을 다하고 內的으로는 志를 다하는 이것이 祭하는 心情이다. 그러므로 天子는 南郊에서 親耕하여서 粢盛(穀物로 만든 祭需)을 提供(共)하고 王后는 北郊에서 養蠶해서는 純服을 供給하며, 諸后는 東郊에서 親耕해서는 粢盛을 提供하고 夫人은 北郊에서 養蠶해서는 冕服을 供給하나니 天子와 諸侯도 모두(莫非) 親耕을 하고 王后와 夫人도 모두 養蠶하여 몸소(身) 그의 誠信을 致하는 것이다. 그 誠信을 盡이라 하고 盡을 敬한다고 하니, 敬을 盡한 然後에야만 可히 神明을 섬기는 이것이 祭하는 道인 것이다.

그래서 때를 當(及)해서 祭를 지내는 데 君子는 齋戒하나니, 齋戒란 말은 齊心하는 것이다. 不齊한 것을 齊一하게 함으로써 齋戒를 致하는 것이다. 그러므로 君子가 大事도 없고(非有) 恭敬도 않으면 그것이 不齊한 것이고, 不齊하면 外物을 防止할 수가 없고, 嗜欲도 制止할 수 없는 것이다. 그러니 齋戒를 할(將) 때는 그 邪物을 防止하고 그 嗜欲을 終止(訖)하며, 귀로는 音樂도 듣지 않는 것이다. 그러므로 옛 記錄에는 말하되, 「齋戒함에는 喜樂하지 않나니, 그것은 敢히 그 뜻을 放散하지 않음을 말한 것이다. 그래서 心은 苟且하게 思慮하지 아니하고 반드시 道에만 依據하며 手足도 苟且하게 制動하지 아니하고 반드시 禮에만 依據하는 것이다.

그러므로 君子가 齋戒함에는 그의 精明한 德만 專致하기 때문에 散齋는 七日로 定하고 致齋는 三日間 齊하나니, 定하는 것을 齋라 한다. 齋란 것은 精明이 至極한 然後에야만 可히 神明에 交할 수 있는 것이다. 그러므로 十一日(旬有一日) 先期해서 宮宰(宮中敎官)는 夫人을 가르쳐 (宿)서 夫人도 또한 散齋를 七日 하고 致齋를 三日 하나니, 君은 外에서 致齋하고 夫人은 內에서 致齋한 然後에야만 大廟에서 모여 君은 純

冕을 쓰고 東階(阼)에서 서며, 夫人은 副褘를 입고 東房에 서며, 君은 圭瓚을 받들고 尸前에 降神(祼)하며, 大宗(宗廟의 禮官)은 璋瓚을 받들고 다음(亞) 降神을 하는 것이다. 그리고 牲物을 맞이(迎)하러 가는 데는 君은 車줄(紖)을 잡고 卿大夫는 따르며, 士者는 끄레미(錣)를 잡고 宗婦(同宗의 婦人)는 盎을 잡고 따르며, 夫人은 淸水(涗)를 드리고 君은 鸞刀를 가지고 처음 고기(羞嚌)를 드리면 夫人은 豆(木祭器)에 올려 놓으(薦)니 이것을 夫婦가 親하는 것이라고 하는 것이다.

　그리고 入舞할 때가 되(及)면 君은 干戚을 잡고 舞位에 나아가서 君은 東上해서 冕冠을 쓰고 總干으로　그 群臣을 거느리며 皇尸(神位)에 音樂하는 것이다. 그러므로 天子가 祭함에는 天下人과 더불어서 즐기는 것이고, 諸侯가 祭함에는 國內人과 더불어서 즐기는 것이며, 冕冠을 쓰고 總干으로 群臣을 거느리어 皇尸에 音樂하는 이것은 境內人과　더불어서 즐긴다는 義理가 있는 것이다.

3

夫祭有三重焉 獻之屬莫重於祼 聲莫重於升歌　舞莫重於武宿夜 此周道也 凡三道者 所以假於外 而以增君子之志也 故與志進退 志輕則亦輕 志重則亦重 輕其志而求外之重也 雖聖人弗能得也 是故君子之祭也 必身自盡也 所以明重也 道之以禮 以奉三重 而薦諸皇尸 此聖人之道也. 夫祭有餕 餕者 祭之末也 不可不知也 是故古之人有言曰 善終者如始 餕其是已 是故古之君子曰 尸亦餕鬼神之餘也 惠術也 可以觀政矣 是故尸謖 君與卿四人餕 君起 大夫六人餕 臣餕君之餘也 大夫起 士八人餕 賤餕貴之餘也 士起 各執其具以出 陳于堂下 百官進徹之 下餕上之餘也 凡餕之道 每變以衆 所以別貴賤之等 而興施惠之象也 是故以四簋黍 見其脩於廟中也 廟中者 竟內之象也. 祭者 澤之大者也 是故上有大澤 則惠必及下 顧上先下後耳 非

上積重 而下有凍餒之民也 是故上有大澤 則民夫人待于
下流 知惠之必將至也 由餒見之矣 故曰 可以觀政矣. 夫祭
之爲物大矣 其興物備矣 順以備者也 其敎之本與 是故君
子之敎也 外則敎之以尊其君長 内則敎之以孝於其親 是故
明君在上 則諸臣服從 崇事宗廟社稷 則子孫順孝 盡其道
端其義 而敎生焉 是故君子之事君也 必身行之 所不安於
上 則不以使下 所惡於下 則不以事上 非諸人 行諸己 非
敎之道也 是故君子之敎也 必由其本 順之至也 祭其是與
故曰 祭者 敎之本也已.

【字解】① 餒(준)— 高位者(夋)가 食事를 하고「남은 대궁」이니 祭祀
飮食을 뜻함.

② 謖(속)— 田儿(人)夂言의 四合字니 田人(農夫)은 천천히 가(夂)라는
말(言)을 하니「일어나는」것.

③ 徹(철)— 매를 쳐(攴)서 길러(育) 가(彳)게 하니 目的地까지「通達
하는」것이나, 여기서는 手(扌)偏에 쓴「撤」의 뜻이니「걷어」가는
것.

④ 顧(고)—門(戶)前에 와 우는 새(隹 : 뻐꾹새)가 머리(頁)를 들어
「돌아보는」것.

⑤ 凍(동)— 冫(빙)은「얼음」이고 東은 뜨는 햇(日)빛이 나무(木) 속
으로 보이는「동쪽」이니 그와같이 物건 속에 든 水分이「얼었는」것.

⑥ 餒(뇌)— 食事함이 妥當하니「배고픈」것.

⑦ 崇(숭)— 山의 宗은「높은」것.

⑧ 社(사)— 土地의 神(示)이니 生産하는 곳.

⑨ 稷(직)— 農夫(田人)가 가(夂)서 耕作한 벼(禾)는 五穀의 첫째니
農政하는 官名인데,「社稷」은 豊年을 祈願하는 壇所.

⑩ 端(단)— 처음(耑)에 서(立)서 가는 出發點이니「끝」이란 뜻이 되
고, 그 出發點에서는 삼가해야 하니「端正」하다는 뜻으로 轉注되었음.

⑪ 是(시) ― 바르(正)다고 말(曰)하는 「이것」은 「옳은」 것.

【通釋】 무릇 祭에는 三重이 있으니 獻爵하는 種類(屬)로는 降神(祼)하는 것보다 더 重한 것은 없고, 聲樂에는 升歌보다 더 重한 것이 없으며, 舞踊에는 武宿夜(武舞의 曲名)보다 더 重한 것은 없으니, 이것이 周代의 道이다. 무릇 三道란 것은 外的인 것을 빌려(假)서 君子의 志를 篤實(增)하게 하는 것이기 때문에 志로써(與) 進退하는데 志가 輕하면 또한 輕해지고 志가 重하면 重해지니 그 志가 輕해도 外的으로 重함을 求하는 것은 비록 聖人이라도 能히 얻지 못할 것이다. 그러므로 君子가 祭함에는 반드시 自身을 다하는 것이 志를 重히 하는 所以인 것이다. 禮로써 道하여 三重을 奉해서 皇尸에 薦하는 이것이 聖人의 道인 것이다.

　무릇 祭에는 餕이 있으니 餕이란 祭에 末이나 알지 못해서는 안 되는(不可) 것이다. 그러므로 古人은 말씀하되, 「끝을 잘 맺는 者는 처음과 같이 하는 것이니, 餕이 이것(是)이다.」고 하였으니, 옛적에 君子는 「尸도 또한 鬼神의 餘를 餕(飲福)하는 것이니, 惠澤을 주는 方法(術)에서 可히 政治를 보는 것이다.」고 하였다. 그러므로 尸(祖先)을 祭할 때 主體로 세운 사람)가 일어나(謖)고 다음에 君과 卿 등 四人이 餕하며, 君이 일어난 뒤에 大夫 六人이 餕하고, 臣은 君이 남긴 것을 餕하고 大夫가 일어난 뒤에는 士者 八人이 餕하나니 賤人은 貴人이 남긴 것을 餕하는 것이다. 士者는 일어나서 各其 다 器具를 가지고 나가서 堂下에 陳列하고 百官은 나아가서 撤床에서 내려와서는 윗사람들이 남긴 것을 餕하는 것이다.

　무릇 餕하는 道는 여러 번 變해서 衆庶에 이르나니, 이것은 貴賤의 等級을 別하는 施惠의 象을 보이(與)는 것이다. 그러므로 四簋의 黍로써는 廟中에서 修禮함을 보이(見)나니, 廟中이란 境內를 象하는 것이고 祭란 것은 惠澤이 큰 것이다. 그러므로 위에 大澤이 있으면 그 施惠는 반드시 아래로 내려오는 것이니 돌아보아 上者를 先으로 하고 下者는 後로 하는 것이며 上者는 積財한 데도 下者에는 凍餓한 百姓이 있지 않게 하는 것이다. 그러므로 위에 大澤이 있으면 百姓들은 아래서 기다리나니, 그 惠澤이 반드시 將次로 올(至) 것을 알게 됨은 餕으로 말미암아 보는 것이기 때문에 「可히 政治를 볼 수 있다.」고 말하는 것이다.

　무릇 祭란 것(物)은 重大한 것이니 그의 興物함이 具備하고 順序함도 具備하는 그것이 敎化의 根本이다. 그러므로 君子가 敎化함에서 外的으로는 그 君長을 尊하는 것을 가르치고 內的으로는 그 父母에 孝하는 것을 가르치는 것이다. 그러니 明君이 上位에 있으면 諸臣이 服從하고 宗廟와 社稷을 崇奉(事)하면 子孫들이 孝順해서 그 道를 다하고 그 義로 가(端)서 敎化가 生하는 것이다. 그러므로 君子가 事君함에는 반드시 몸소 行해서 上者에게 不平하는 바로는 下者를 使命하지 아니하고 下者에게 嫌惡하는 바로는 上者께 事仕하지 아니하나니, 남들(人)에(諸)는 나무라면서 自己는 그대로 함은 敎化하는 道理가 아니다. 그러므로 君子가 敎化하는 데는 반드시 그 根本으로 由行하나니, 이것이 順의 至極함인데 祭가 이러(是)하기 때문에 「祭란 것은 敎化의 根本이다.」고 말하는 것이다.

4

　夫祭有十倫焉 見事鬼神之道焉 見君臣之義焉　見父子之倫焉 見貴賤之等焉 見親疏之殺焉 見爵賞之施焉 見夫婦之別焉 見政事之均焉 見長幼之序焉 見上下之際焉 此之謂十倫 鋪筵 設同几 爲依神也 詔祝於室 而出于祊 此交神明之道也 君迎牲而不迎尸 別嫌也 尸在廟門外 則疑於臣 在廟中 則全於君 君在廟門外 則疑於君 入廟門 則全於臣 全於子 是故不出者 明君臣之義也 夫祭之道 孫爲王父尸 所使爲尸者 於祭者子行也 父北面而事之 所以明子事父之道也 此父子之倫也 尸飮五 君洗玉爵獻卿 尸飮七 以瑤爵獻大夫 尸飮九 以散爵獻士及羣有司 皆以齒明尊卑之等也 夫祭有昭穆 昭穆者 所以別父子遠近 長幼親疏之序而無亂也 是故有事於大廟 則羣昭羣穆咸在 而

不失其倫 此之謂親疏之殺也 古者明君 爵有德而祿有功
必賜爵祿於大廟 示不敢專也 故祭之日 一獻 君降立于阼
階之南 南鄉 所命北面 史由君右 執策命之 再拜稽首 受
書以歸 而舍奠于其廟 此爵賞之施也 君卷冕立于阼 夫人
副褘立于東房 夫人薦豆執校 執醴授之執鐙 尸酢夫人執
柄 夫人受尸執足 夫婦相授受 不相襲處 酢必易爵 明夫
婦之別也 凡爲俎者 以骨爲主 骨有貴賤 殷人貴髀 周人
貴肩 凡前貴於後 俎者 所以明祭之必有惠也 是故貴者取
貴骨 賤者取賤骨 貴者不重 賤者不虛 示均也 惠均則政
行 政行則事成 事成則功立 功之所以立者 不可不知也 俎
者 所以明惠之必均也 善爲政者如此 故曰 見政事之均焉
(續).

【字解】 ① 鋪(포)―여러(甫) 鐵物(金)을「펼치는」것이니「布」와 같
은 뜻이나, 物品을 펴놓고 파는 商店이란 뜻도 되나, 商店이란 뜻
으로는「舖」로 쓰니 여러(甫) 物品을 파는 집(舍)이다.
② 祊(방)―神(示)位가 있는 方向이니「廟門」이란 뜻임.
③ 瑤(요)―陶器(𦈢)같은 器物을 만드는「美玉」.
④ 校(교)―本是는 罪人을 붙들어매(交)서 刑罰하는 데 쓰는 나무(木)
로 만든「틀」이나, 이것은 잘못된 者를「바루는」것이기 때문에 철
없는 兒童을 바르게 가르치는「學校」란 뜻으로 轉注되었는데, 여기
서는 豆의 발이「바른 곳」을 뜻한 것.
⑤ 鐙(등)―말 안장에 올라(登)타는데 발로 디디는 鐵(金)製用具인 것
이나, 여기서는「豆의 아랫발」을 뜻한 것임.
⑥ 髀(비)―人體의 낮은(卑)데는 뼈(骨)니「넓적다리뼈」.
⑦ 肩(견)―人體(肉→月)에서 門(戶)처럼 벌어진「어깨」.

【通釋】 무릇 祭에는 十倫이 있으니 ①鬼神 섬기는 道를 보는 것, ②

君臣의 義理를 보는 것, ③父子의 倫을 보는 것, ④貴賤의 差等을 보는 것, ⑤親疏의 殺(쇄)를 보는 것, ⑥爵賞의 施를 보는 것, ⑦夫婦의 別을 보는 것, ⑧政事의 均을 보는 것, ⑨長幼이 序를 보는 것, ⑩上下의 際를 보는 것 等이다. 이것을 十倫이라고 하는데 ① 자리를 펴(鋪)고 床几를 놓는 것은 神이 依支하게 함이니, 告祝을 해서 廟門(祊)으로 나가는 것은 神明에 交하는 道順이고, ②君은 犧牲物을 맞이해도 尸는 맞이하지 않는 것은 嫌疑를 分別함이고, 尸가 廟門의 外에 있으면 臣으로 疑하고 廟中에 있으면 君으로 全하며, 君이 廟門外에 있으면 君으로 疑하고 廟門에 들어오면 臣으로 全하고 子로도 全하니, 그러므로 不出하는 것은 君臣의 義를 밝히는 것이다.

③그 祭의 道는 孫이 祖의 尸가 되니 하여금 尸로 하는 者는 祭者에게는 子의 行이다. 父가 北面해서 事하는 것은 子가 父를 事하는 道를 밝히는 所以니 이것이 父子의 倫이다.④尸가 五번 마시면 君은 玉爵을 씻어서 卿에 드리고 尸가 七번 마시면 瑤爵으로써 大夫에 드리며, 尸가 九번 마시면 散爵으로써 士者와 여러 有司에 드리는 데는 모두 年齡으로 하니 이것은 尊卑의 等을 밝히는 것이다. ⑤그 祭에는 昭穆이 있으니 昭穆은 父子, 遠近, 長幼, 親疏의 順序를 分別해서 不亂하게 하는 것이다. 그러므로 大廟에서 祭事할 때는 여러 昭와 여러 穆이 咸께 있어서 秩序(倫)를 잃지 않으니, 이것은 親疏의 殺(쇄)함이라고 한다.⑥옛적에 明君은 有德者엔 爵位를 주고 有功者엔 俸祿을 주는 데는 반드시 大廟에서 爵祿을 주나니 그것은 敢히 恣意(專)로 하지 못함을 보이는 것이기 때문에 祭日에는 一獻하고 君은 내려와 東階의 南에 와 서니 南向은 北面을 命하는 바로써 策命官(史)은 君의 右便에서 策을 가지고 命하는 데는 再拜하고 稽首하며, 策書를 가지고 돌아와서 그 廟에 奠禮를 하나니 이것은 爵賞을 施行하는 것이다. ⑦君은 冕冠을 쓰고 東階에 와서 서고 夫人은 副褘를 입고 東房에 와 섰다가 夫人은 薦豆할 때는 校를 잡고 執醴者는 鐙을 잡아 거두며, 尸는 夫人에게 酢을 주는데 柄을 잡고 夫人은 尸에서 받는 데는 그 足을 잡는 것이니, 夫婦가 서로 授受하는 데는 서로 그곳에서 하지 아니하고 酢함에는 반드시 爵을 바꾸나니 이것은 夫婦의 別을 밝힌 것이다. ⑧무릇 俎란 것은 骨을

主로 하는데 骨에는 貴賤이 있으니 殷人은 髀를 重視하고 周人은 肩을
重視했으니 무릇 前은 後보다 貴한 것이다. 俎(肉을 돌리는 것)는 祭
에는 반드시 惠澤을 줌을 明祭하는 所以인 것이다. 그러므로 貴者는 貴
骨을 取하고 賤者는 賤骨을 取하며, 貴者는 二重하지 않고 賤者는 空
虛하지 않게 하니, 이것은 均等하게 함을 보이는 것이다. 惠澤이 均等
하면 政治가 된 것이고 政治가 됐다면 事業이 成就된 것이고, 事業이
成就됐으면 功績이 成立된 것이니 功績이 成立된 所以를 알지 못해서
는 안 되는 것이다. 俎란 것은 惠澤은 반드시 均等함을 밝히는 所以인
것이니 政治를 잘 하는 者는 이와 같이 하기 때문에「政事의 均等함을
본다.」고 말하는 것이다.

5

凡賜爵 昭爲一 穆爲一 昭與昭齒 穆與穆齒 凡羣有司
皆以齒 此之謂長幼有序 夫祭有畀煇胞翟閽者　惠下之道
也 惟有德之君爲能行此 明足以見之 仁足以與之 畀之爲
言與也 能以其餘畀其下者也 煇者甲吏之賤者也 胞者 肉
吏之賤者也 翟者 樂吏之賤者也 閽者 守門之賤者也 古
者不使刑人守門 此四守者 吏之至賤者也 尸又至尊 以至
尊旣祭之末 而不忘至賤 而以其餘畀之 是故明君在上 則
竟内之民 無凍餒者矣 此之謂上下之際. 凡祭有四時　春
祭曰礿 夏祭曰禘 秋祭曰嘗 冬祭曰烝 礿禘 陽義也 嘗烝
陰義也 禘者 陽之盛也 嘗者 陰之盛也 故曰 莫重於禘嘗
古者於禘也 發爵賜服 順陽義也 於嘗也 出田邑 發秋政
順陰義也 故記曰 嘗之日 發公室 示賞也 草艾則墨 未發
秋政 則民弗敢草也 故曰 禘嘗之義大矣 治國之本也 不
可不知也 明其義者君也 能其事者臣也 不明其義 君人不
全 不能其事 爲臣不全 夫義者 所以濟志也 諸德之發也

是故其德盛者其志厚　其志厚者其義章　其義章者其祭也敬
祭敬　則竟内之子孫莫敢不敬矣　是故君子之祭也　必身親
涖之　有故　則使人可也　雖使人也　君不失其義者　君明其
義故也　其德薄者其志輕　疑於其義　而求祭使之必敬也　弗
可得巳　祭而不敬　何以爲民父母矣.

【字解】① 畀(비)—丌는 床이고 田은 物品 덩어리니 윗사람이 내려보
　　낸 物品을 받아 榮光스러워서 床에 받쳐 놓은 것이니 「내려준」 것.

② 燻(훈)— 火軍으로「지지는」것이나 光과 軍의 合字인「輝」(휘)로
　　通用하기도 함.

③ 胞(포)—孕婦가 밴 아이(月)를 싼(包)「태」를 뜻한 것이나, 여기서
　　는 고기(月)를 싸(包)서 파는 것을 뜻하는 것.

④ 翟(적)—날개(羽)가 아름다운 새(隹)는「꿩」이지마는 여기서는 아
　　름다운 音樂을 하는 것을 뜻한 것.

⑤ 閽(혼)—어둡(昏)게 門을 닫아놓고 지키는「문지기」.

⑥ 礿(야)—夏代에는 夏祭의 名이고 周代에는 春祭의 名이나　會意上
　　에 意味는 없으니 形聲字로만 보아 勺은 變音이라「禴」으로도 쓰니
　　龠(약)은「피리」다.

⑦ 禘(체)—帝의 神(示)에 드리는 大祭의 名.

⑧ 嘗(상)—맛(旨)이 좋은(尙)지 알아보니「맛보는」것이니 그것은 먹
　　어본 經驗을 標準으로 하기 때문에「일찍이」란 뜻으로도 쓰는데, 여
　　기서는 新穀이 나서 맛보기 때문에 秋祭의 名이 된 것.

⑨ 烝(증)—물(水)그릇(二) 밑에 불(火)을 때니 올라가는「蒸氣」니 寒
　　節에 溫氣가 있게 하는 冬祭의 名이 된 것.

⑩ 艾(애)—病을 다스리는 풀(艹)은「약쑥」이나, 여기서는 풀(艹)을
　　다스리(乂)니「풀베는」것을 뜻함.

⑪ 濟(제)—平(齊)面의 물(水)을「건너가는」것.

⑫ 涖(이)—물(水)을 보는 자리(位)에「臨하는」것이니 풀(艹)을　보
　　는 자리(位)에 臨하는「苙」字와　通用하는 것.

【通釋】飲福잔을 주는 데는 昭位 參祭者를 一列, 穆位參祭者를 一列로 해 年齡順으로 하고, 또 여러 有司들도 모두 年齡順으로 하니 이것은 長幼의 序를 말하는 것이다. 그 祭物을 煇者, 胞者, 翟者, 閽者 등에 까지 나눠주는(畀) 것은 下者에도 惠澤을 주는 道이니 오직 有德한 人君만이 能히 이 道로 行하는 것이다. 그의 明함은 보는데 足하고 그의 仁함은 주는데 足하니 畀라는 말은 주는 것이니 能히 그 餘分을 그 下者들에게 주는 것이다. 煇者는 甲吏(皮革工)의 賤者이고 胞者는 肉吏(獸肉商)의 賤者이며, 翟者는 樂吏의 賤者이고 閽者는 守門의 賤者이니 옛적에는 刑人을 守門으로 쓰지(使) 않았으니 이상의 四者는 吏屬의 至賤한 者인 것이나, 尸는 또한 至尊이니 至尊으로써 祭祀지낸 末로써 至賤도 잊지 아니하고 그가 남긴(餘) 餕을 주는 것이다. 그러므로 明君이 上位에 있으면 境内의 百姓에는 얼고 굶는 者가 없다고 하는 이것을 上下의 際라고 하는 것이다.

무릇 祭祀에는 四時가 있으니 春祭는 礿이라 하고, 夏祭는 禘라 하며, 秋祭는 嘗이라 하고, 冬祭는 烝이라 하나니, 礿禘에는 陽的인 義가 있고, 嘗烝에는 陰的인 義가 있는 것이다. 禘는 陽이 盛한 것이고, 嘗은 陰이 盛한 것이기 때문에 禘嘗보다 더 重한 것은 없는(莫) 것이다. 옛적에 禘祭 때는 爵과 服을 下賜하였으니, 이것은 陽에 順하는 意味인 것이고, 嘗祭 때는 田邑에 秋政을 發表하였으니 이것은 陰에 順하는 意味인 것이다. 그러므로 傳記에는 「嘗祭日에는 公室을 開放(發)해서 示嘗을 한다.」고 하였으니, 풀을 베는(草艾) 者는 墨刑을 하니 秋政을 發表하기 前에는 百姓이 敢히 풀을 베지 못했던 것이다. 그러므로 禘嘗의 意義는 重大하니 그것이 治國의 大本임을 알지 못해서는 안 되는 것이다.

그의 意義를 밝히는 者는 君이고 그 實事를 하는(能) 者는 臣이다. 그러니 그 意義를 밝히지 못하는 人君은 不全하고 그 實事를 하지 못하는 臣下도 不全한 것이다. 그 意義란 것은 意志를 濟行하는 것이니 諸德의 始發인 것이다. 그러므로 그 德이 盛한 者는 그 志가 厚하고 그 志가 厚한 者는 그 義가 章하며, 그 義가 章한 者는 그 祭에 敬하나니 그 祭에 敬하면 境内에 子孫들이 敢히 敬하지 아니치 못하는 것이다. 그

러므로 君子가 祭함에는 반드시 親히 參席(涖)하는 것이나, 有故하면
代行(使人)해도 될 것이다. 비록 代行해도 人君이 그 義理만 잃지 않는
者는 君으로서 그 義理를 밝혔기 때문이다. 그 德이 薄한 者는 그 志기
輕한 것이니 그 義에 疑해서 祭에 代行者를 求했다면 반드시 敬하지 아
니(已)치 못할 것이다. 祭祀에 不敬한다면 어찌 百姓의 父母가 될 수
있을까.

6

夫鼎有銘 銘者自名也 自名以稱揚其先祖之美 而明著
之後世者也 爲先祖者 莫不有美焉 莫不有惡焉 銘之義 稱
美而不稱惡 此孝子孝孫之心也 唯賢者能之 銘者 論譔其
先祖之有德善功烈 勳勞慶賞 聲名列於天下 而酌之祭器
自成其名焉 以祀其先祖者也 顯揚先祖 所以崇孝也 身比
焉順也 明示後世教也 夫銘者壹稱 而上下皆得焉耳矣 是
故君子之觀於銘也 既美其所稱 又美其所爲 爲之者 明足
以見之 仁足以與之 知足以利之 可謂賢矣 賢而勿伐 可
謂恭矣 故衛孔悝之鼎銘曰 六月丁亥 公假于大廟 公曰叔
舅 乃祖莊叔 左右成公 成公乃命莊叔 隨難于漢陽 即宮
于宗周 奔走無射 啓右獻公 獻公乃命成叔 纂乃祖服 乃
考文叔 興舊耆欲 作率慶士 躬恤衛國 其勤公家 夙夜不
解 民咸曰休哉 公曰叔舅 予女銘 若纂乃考服 悝拜稽首
曰 對揚以辟之勤大命 施于烝彝鼎 此衛孔悝之鼎銘也 古
之君子 論譔其先祖之美 而明著之後世者也 以比其身 以
重其國家如此 子孫之守宗廟社稷者 其先祖無美而稱之 是
誣也 有善而弗知 不明也 知而弗傳 不仁也 此三者 君子
之所恥也. 昔者周公旦有勳勞於天下 周公既沒 成王康王
追念周公之所以勳勞者 而欲尊魯 故賜之以重祭 外祭則

郊社是也　内祭則大嘗禘是也　夫大嘗禘　升歌清廟　下而管
象　朱干玉戚以舞大武　八佾以舞大夏　此天子之樂也　康周
公　故以賜魯也　子孫纂之　至于今不廢　所以明周公之德
而又以重其國也.

【字解】① 鼎(정)―目은 食物을 넣은 象形이고 𤔲은 木을 쪼개고 잘
라서 불을 때는 燃料의 象形이니 「솥」.

② 銘(명)―金石에 새기는 名句이니 대개 四字文으로 지은 것.

③ 譔(선)―理論(言)에 順從(巽)하여 選해서 撰하는 것.

④ 酌(작)―술(酉)잔(勺)을 「치는」 것.

⑤ 伐(벌)―사람(人)이 창(戈)을 가졌으니 그것은 敵을 「치는」 것이
나, 또한 그의 武器를 「자랑」도 하는 것.

⑥ 悝(리)―마을(里)을 위하는 마음(心)이니 그것은 公心이기 때문에
「큰」 것이고 큰일을 하니 「근심」도 있는 것. 人名으로는 音이 「회」.

⑦ 纂(찬)―算대까치를 糸로써 「엮는」 것.

⑧ 率(솔)―머리(亠) 아래 左右로 딸린(冫) 작은(幺) 것들은 모두 열
(十)을 「거느린」 것이니, 十分이나 百分의 比例로도 쓰는 데 音이
「률」이다.

⑨ 彝(이)―宗廟에 常備한 器物名이니 그 뚜껑은 豕頭(彑)形이고, 그
内腹에는 食用하는 米를 닮고 그 外耳에는 衣用하는 糸로 꾸몄는데
발(廾)이 달린 것이니, 이것은 人間의 生活에 「언제라도」 必要한
衣食物을 象徵하는 器物로 만들어서 宗廟에 언제라도 備置하니 「떳
떳한」 것이기에 「常法」이란 뜻으로도 쓰는 것.

⑩ 誣(무)―鬼神과 交接한다는 무당(巫)의 말(言)은 「속이는」 것.

⑪ 旦(단)―地平線(一)上에 해(日)가 떠오르니 「아침」이나, 여기서는
周公의 諱字로 썼음.

【通釋】 무릇 鼎에는 銘이 있으니 銘이란 것은 스스로를 名한 것이다.
스스로 名하는데 그 先祖의 美點을 稱揚해서 後世에 顯彰하는 것이다.

先祖를 爲하는 者는 모두(莫不) 美點이 있고 모두 惡點도 있는 것이나 銘하는 뜻은 그 美點만 稱하는 것이고 그 缺點은 稱하지 않는 것이 孝子의 心情이니 오직 賢者만이 能하는 것이다. 銘이란 그 先祖의 善德과 功績과 勳業 등의 名聲을 慶賞해서 天下에 列하게 하는데 祭器에 酌해서 스스로 그 名을 이루어 그 先祖에 祭祀하는 것이다. 先祖를 顯揚하는 것은 崇孝하는 所이니 自身은 그에 比順해서 後世에 敎化를 明示하는 것이다. 그 銘하는 것은 한번 稱함으로써 上祖下孫이 모두 得하는 것이다. 그러므로 君子가 銘에서 보는 것은 이미 그 所稱을 美하게 하고 또한 그 所爲를 美하게 하니 그 하는 것은 明함이 見함에 足하고 仁함이 興함에 足하며, 知함이 利함에 足한 이것은 賢하다고 할 것이고 賢해도 자랑(伐)하지 않는 이것은 恭하다고 할 것이다.

그러므로 衛나라 大夫에 孔悝의 鼎銘에는「六月丁亥日에 公(衛莊公蒯聵)이 大廟祭에 이르러(假)서 말하되 叔舅여! 당신의 七代祖에 莊叔은 우리 先王에 成公을 도우시(左右)니 成公은 莊叔에게 命하사 晋文公의 侵攻해 올 때 楚나라 漢陽으로 避難가는데 隨行하게 하셔서 宗周의 宮에 가 奔走하셔도 싫어하지 않으셨고, 成公의 曾孫에 獻公 때 와서는 莊叔의 孫에 成叔이 그 先祖의 服을 이어(纂) 받았으며, 또 成叔의 孫으로 당신의 先考인 文叔께서도 옛 世臣의 義理로써 卿士가 되시와 몸소 衛國을 도우(恤)셨으니 그 公家에 勤務하심 晝夜로 解弛하지 않으시니 國民이 모두「거룩하다」고 하였다.」고 하고 이어서 말하되「叔舅시여! 당신(女)에게 銘을 하오(予)니「당신(乃) 先考의 服을 繼承하세요.」고 하니 孔悝는 절하고 稽首하면서「王(辟)政을 宣揚해서 大命을 勤行하심을 彝鼎에 새기겠나이다.」고 하였으니 이것이 孔悝의 鼎銘이다. 옛적에 君子는 그 先祖의 美點을 撰述해서 後世에 顯彰함으로써 그 自身에 比하고, 그 國家를 尊重하셨음이 이러했던 것이다.(以下 는 省略함)

옛적에 周公旦은 天下에 功勳이 있어서 그가 逝去(旣沒)한 뒤에 成王과 康王은 周公의 功勳을 追念해서 그의 所封한 魯나라를 높이려고 重祭를 下命(賜)했으니 外祭로는 祭天하는 郊社고 內祭로는 周公께 한 嘗禘다. 그 大嘗禘는 위에서는 淸廟之什(詩經周頌)을 노래하고 아래서는 管樂으로 象武를 불고 朱干과 玉戚으로써는 大武를 춤추며, 八佾로서는 大夏를 춤추는 것이니 이것은 天子의 樂인 것이다. 周公을 편하게(康) 하기 爲해서 魯나라에 大嘗禘를 두었는데 子孫들은 그것을 繼承해서 至今까지 廢止되지 않은 것은 周公의 德을 彰明해서 또한 그 國家를 尊重하는 所以인 것이다.

【餘説】 이 「祭統」이란 祭祀에 對한 統論이니 그의 要點만 指摘한다면 祭祀의 發源은 孝道에서 由來한 것이다. 「孝子之事親也에 有三道焉하니 生則養하고 没則喪하며 喪畢則祭하나니 養則觀其順也요, 喪則觀其哀也며 祭則觀其敬而時也니 盡此三道者는 孝子之行也라」. 祭란 것은 追養해서 繼孝하는 것이다. 그러니 孝道는 根本的인 精神이고 祭祀는 末端的인 儀式이니 生時에 奉養하지도 아니하고서 死後에 祭祀만을 지낸다면 그것은 虛僞에 不過한 것이다. 그러므로 「夫祭者는 非物이 自外至者也라. 自中出이 生於心也니, 心怵而奉之禮라. 是로 唯賢者아 能盡祭之義니라.」고 하였다.

그런데 「及時將祭에는 君子乃齋하여 專致其精明之德也라, 故先期旬有一日에 散齋七日以定之하고 致齋三日以齊之하는」 精神的 準備를 해서 祭物로써는 水草之菹와 陸産之醢 등 小物을 具備하고 三牲之組와 八簋之實 등 美物을 具備하며, 昆虫之異와 草木之實 등 陰陽之物을 具備하며, 「凡天之所生과 地之所長 등 苟可薦者는 莫不咸在로 示盡物也라.」그런데 祭式에서는 「孫을 祖의 尸로 하니 하여금 尸가 되는 者는 祭主에게는 子다.」고 하였으니 왜 神位는 設置하지 아니하고 子를 父의 尸로 하였던가. 참으로 理解할 수 없는 것이다. 그러니 神位는 後世에 되었던 것이다.

그런데 「賢者之祭也엔 必受其福하나니 非世所謂福也라, 福者는 備也니 備者는 百順之名也라. 無所不順者之謂備라.」고 하였으니 至今 우리 風俗에 祭祀飲食을 나눠먹는 것을 「飲福」이라고 하는 것은 여기서 由來한 것이 아닌가. 그 때는 飲福을 餕이라고 하였는데 「尸謖하면 君與卿四人餕하고 君起하면 大夫之人餕하니 臣餕은 君之餘也요, 大夫起하면 士八人餕하나니 賤餕은 貴之餘也요, 士起면 各執其具以出하여 陳于

堂下하고 百官이 進徹之하여 下餕上之餘也라.」「祭者는 澤之大者也라. 是故上有大澤 則惠必及下하나니 顧上先下後耳라. 非上積重 而下有凍餒 之民也니라.」고 하였다.

여기서 보면 祭祀는 私祭가 아니라 公祭인 것이다. 物質的으로 生産 事業을 하는 庶民에는 考妣의 祭만 지내면 되지마는 精神的으로 指導 事業을 하는 天子는 七廟, 諸侯는 五廟, 大夫는 三廟로 하였으니 祭祀 는 精神的인 事業이기 때문이다. 그러므로「天子는 親耕於南郊하여 以 供齊粢하고 王后는 蠶於北郊하여 以供純服하며, 諸侯는 耕於東郊하여 亦以供齊粢하고 夫人은 蠶於北郊하여 以供冕服하나니 天子 諸侯도 莫 非耕也요, 王后 夫人도 莫非蠶也라, 身致其誠信하니라.」고 하였으니 天 子, 諸侯, 大夫도 祭祀에 所要되는 物品을 生産하는데 조금이나마 努 力했던 것이나, 許行이처럼 農事를 專門으로 해서는 政治하는데 妨害 가 되는 것이다.

그런데 끝으로「夫鼎有銘하니 銘者는 自名也라. 自名以揚稱其先祖之 美 而明著之後世者也라. 爲先祖者는 莫不有美焉하고 莫不有惡焉하나니 銘之義는 稱美而不稱惡하는 此孝孫之心也라.」고 하였으니, 이것이 五百 年來로 이 땅에 家族主義 兩班놀음을 해 온 根據가 되었던 것이다. 事實이 國家生民에 有益한 指導事業을 했다면 그의 美點은 百世를 두고 길이 宣揚해야 하지마는 아무런 有功한 實績은 없는 데도 높은 指導的 地位 에 올라서 名聲만 있으면 모든 士者들은 그들만 模範하는 工夫를 하였 으니 眞理를 探究하는 者는 없어지고 權威를 獲得하는 것만이 目的으 로 된 것이니, 이것이 至今에 大學의 入試로까지 發展해 온 것이다.

그래서 救世安民하려는 東洋思想의 眞理는 다 없어지고 教育界나 政 治界에 指導者들은 모두 西洋思想에 心醉해서 民主主義, 共産主義의 勢 力에만 따라서 致富하고 貪權하는 것만을 目的으로 하니 南北이 對立 해서 이 民族은 自爆할 危機에까지 致達한 것이다. 東洋思想과 西洋思 想은 正相反되는데 東洋人은 西洋化해서 生理的으로는 東洋人인데 思 想的으로만 西洋化하니 口號는 平等主義를 主唱하나 所爲는 權威主義 로 實行하니 仁道인 東洋思想의 長點을 버리고 鬪爭的인 西洋思想의 短點만 배운 것이다. 그래서 至今 이 民族은 重大한 危機에 들었으니

이것을 救援하는 方道는 오직 鬪爭思想을 버리고 仁道思想으로 돌아옴
에 있는 것이다.

第二十編　月　令

1

孟春之月　日在營室　昏參中　旦尾中　其日甲乙　其帝太皞　其神句芒　其蟲鱗　其音角　律中大蔟　其數八　其味酸　其臭羶　其祀戶　祭先脾. 東風解凍　蟄蟲始振　魚上冰　獺祭魚　鴻鴈來. 天子居青陽左个　乘鸞路　駕倉龍　載青旂　衣青衣　服倉玉　食麥與羊　其器疏以達. 是月也　以立春　先立春三日　大史謁之天子曰　某日立春　盛德在木　天子乃齊　立春之日　天子親帥三公九卿諸侯大夫　以迎春於東郊　還反　賞公卿大夫於朝　命相布德和令　行慶施惠　下及兆民　慶賜遂行　毋有不當　乃命大史守典奉法　司天日月星辰之行　宿離不貸　毋失經紀　以初爲常. 是月也　天子乃以元日祈穀于上帝　乃擇元辰　天子親載耒耜　措之于參保介之御間　帥三公九卿諸侯大夫　躬耕帝籍　天子三推　三公五推　卿諸侯九推　反　執爵于大寢　三公九卿諸侯大夫皆御　命曰勞酒. 是月也　天氣下降　地氣上騰　天地和同　草木萌動　王命布農事　命田舍東郊　皆脩封疆　審端徑術　善相丘陵阪險厚隰　土地所宜　五穀所殖　以教道民　必躬親之　田事既飭　先定準直　農乃不惑. 是月也　命樂正入學習舞　乃脩祭典　命祀山林川澤　犧牲毋用牝　禁止伐木　毋覆巢　毋殺孩蟲　胎夭飛鳥　毋麛　毋卵　毋聚大衆　毋置城郭　掩骼埋胔. 是月也　不可以稱兵　稱兵必天殃　兵戎不起　不可從我始　毋變天之

道 毋絶地之理 毋亂人之紀. 孟春行夏令 則雨水不時 草
木蚤落 國時有恐 行秋令 則其民大疫 猋風暴雨總至. 藜
莠蓬蒿並興 行冬令 則水潦爲敗 雪霜大摯 首種不入.

【字解】① 皞(호)―두던(皐)이 희(白)니 「밝은」것.

② 芒(망)―풀(艹)이 죽어(亡)서 부서진 「가시랭이」.

③ 鱗(린)―고기(魚)의 어두운 데서 發光하는(粦) 「비늘」.

④ 蔟(족)―풀(艹)같은 類(族)의 풀(艹)이 「모여」서 난 것.

⑤ 酸(산)―濁酒(酉)가 한물가(夋)서 맛이 「신」것.

⑥ 羶(전)―羊에서만(亶) 나는 「노른 냄새」.

⑦ 脾(비)―胃아래(卑)서 消化를 도우는 五臟(月)의 하나.

⑧ 獺(달)―물(水)에 힘입은(賴) 짐승이니 「물개」.

⑨ 个(개)―丿과 乀의 사이에 丨이 끼어있는 「한낱」이니 「介」와 通함.

⑩ 謁(알)―어찌(曷) 敢히 말(言)하오리까, 尊嚴한 長者를 「뵙는」것.

⑪ 耒(뢰)―풀을 갈아서 제치는(丰) 나무(木)로 만든 「쟁기」.

⑫ 耜(사)―鐵製刃物로써(目) 쟁기(耒)에 附着하여 밭을 갈게 하는 「보습」.

⑬ 隰(습)―언덕(阜) 밑에 젖은(濕) 곳.

⑭ 萌(맹)―땅에 묻힌 풀(艹) 種子에서 밝은(明) 地上으로 「싹이 트는」것.

⑮ 麛(미)―사슴(鹿)이 쉬는(弭) 것이나, 그 「새끼」를 뜻함.

⑯ 骼(격)―骨組가 各各이니 「마른 뼈」를 뜻함.

⑰ 胔(지)―此肉이니 鳥獸의 骨에 붙은 肉.

⑱ 猋(표)―여러 개(犬)가 달려가는 것을 뜻하니 「회오리바람」을 뜻함.

⑲ 潦(료)―길에 물(水)이 고여서 밝게(尞) 보이니 「장마빗물」.

⑳ 摯(지)―손(手)으로 잡은(執) 것이니 幣帛이란 뜻도 되나, 여기서는 「至」로 通한 것.

【通釋】孟春(正月)달에는 太陽이 營室에 있고 昏時에는 參星이 南中하며,

旦時에는 尾星이 南中하며, 이 달에 天干은 甲乙이고 古帝는 太皞伏羲氏 며, 輔神은 少皞氏子(句芒)고, 이 달에 動物은 鱗族이며, 樂音은 角이고 音律은 大蔟이며, 數字로는 八이고 味覺으로는 酸이며, 嗅覺으로는 羶 이고 祭神으로는 戶에 있으며, 祭物로는 脾를 먼저 하고 東風에 凍土 가 풀리며, 蟄虫이 비로소 振動하고 魚族은 氷上에 오르며, 수달(獺) 은 고기를 잡아 祭하고 鴻雁은 南쪽에서 돌아온다.

天子는 青陽(聽政하는 東方이 明堂)의 左个(堂이 끼어 있는 北室)에 居處하고 鸞路車를 타고 蒼龍馬가 끌며, 青旗를 꽂고 青衣를 입으며, 蒼玉을 차고 麥과 羊을 먹으며, 器物은 彫線이 疏함을 쓴다.

이달에는 立春三日前 太史(典禮官)가 天子를 뵙고 말하되, 「某日은 立春이니 盛德이 木에 있습니다.」고 하면 天子는 이에 齋를 하는 것이 다. 立春日에는 天子가 親히 三公과 九卿, 諸侯와 大夫를 거느리고 東 郊로 나가 陽春을 맞이해 돌아와서는 朝廷에서 公卿, 諸侯, 大夫들에게 施賞하고 三公에게 命해서 德을 宣布하고 令을 調和하며, 慶宴을 行해 서 惠澤을 施하여 兆民에 普及하는데, 慶賜를 遂行함에 不當함이 없게 한다. 그리고 太史에게 命해서는 典法을 守奉하게 하는데 天에 日月星 辰의 運行을 보는 天文官은 宿次가 正確하게 經紀를 잃지 않게 하여 原 初를 常으로 한다.

이달에는 天子가 元日이면 天帝에게 豐年을 祈願하고, 이에 元辰을 擇定해서는 天子가 親히 耒耜를 싣고가 그것을 勇士(保介)와 御者에게 주고 三公과 九卿, 諸侯와 大夫를 거느리고 몸소 帝의 祭田(籍)을 쟁 기로 推進해 가는데, 天子는 三推하고 三公은 五推하며, 九卿과 諸侯 는 九推하며, 마치고 돌아와서는 大寢에서 爵을 가지고 모두 다같이 宴 飮을 하니 이것을 「勞酒」라고 命名하였다.

이달에는 天氣가 下降하고 地氣는 上昇하여 天地가 和同해서 草木이 萌動하는 것이다. 王이 農事를 宣布하는데 田官에 命해서는 東郊에 居 留해서 모두 境界를 脩正하고 間道와 水路를 審査해서 잘 丘陵의 阪驗 과 原隰한 土地의 適宜한 곳에 五穀이 잘 될는지를 보아(相)서 百姓을 教導하는 데는 반드시 몸소하사 田事가 이미 準備되면 첫째 原則(準直) 을 定해서 農事에 迷惑함이 없게 하는 것이다.

이달에는 樂正에게 命해서 太學에 들어 舞를 練習하여 祭典을 닦고
또 山林과 川澤의 祭典에 犧牲을 써도 孕胎하는 牝(암컷)은 쓰지 말고
伐木은 禁止하며 鳥巢를 덮치지 말고, 幼虫, 胎夭, 飛鳥 등을 죽이지
말고 짐승들 새끼나 새들의 알은 取하지 말며, 大衆을 動員하지 말고
城郭을 쓰지 말며, 枯骨(骼)은 덮어주고 死獸는 묻어준다.

이달에는 兵力을 쓰지 말라. 兵力을 쓰면 반드시 天殃을 받는다. 兵
力을 쓰지 않으니 내가 먼저 하지 않는 것이다. 天道는 變하지 않고 地
理도 絶하지 않으니 人紀를 亂하게 하지 않는 것이다.

그러니 孟春에서 夏令을 行하면 雨水가 不時하고 草木이 早落하며, 國
時가 恐有할 것이고 秋令을 行하면 民間에 疫病이 들고 猋風暴雨가 몰
아치며, 藜莠蓬蒿 등이 盛할 것이고, 冬令을 行하면 潦雨로 水敗가 나
고 雪霜이 大至하며 首穀이 不實할 것이다.

2

仲春之月 日在奎 昏弧中 旦建星中 其日甲乙 其帝太
皞 其神句芒 其蟲鱗 其音角 律中夾鍾 其數八 其味酸 其
臭羶 其祀戶 祭先脾. 始雨水 桃始華 倉庚鳴 鷹化爲鳩.
天子居靑陽大廟 乘鸞路 駕倉龍 載靑旂 衣靑衣 服倉玉
食麥與羊 其器疏以達. 是月也 安萌芽 養幼少 存諸孤 擇
元日 命民社 命有司省囹圄 去桎梏 毋肆掠 止獄訟. 是
月也 玄鳥至 至之日 以大牢祠于高禖 天子親往 后妃帥
九嬪御 乃禮天子所御 帶以弓韣 授以弓矢 于高禖之前.
是月也 日夜分 雷乃發聲 始電 蟄蟲咸動 啓戶始出 先雷
三日 奮木鐸以令兆民曰 雷將發聲 有不戒其容止者 生子
不備 必有凶災 日夜分 則同度量 鈞衡石 角斗甬 正權概.
是月也 耕者少舍 乃脩闔扇 寢廟畢備 毋作大事 以妨農
之事. 是月也 毋竭川澤 毋漉陂池 毋焚山林 天子乃鮮羔

開冰 先薦寢廟 上丁 命樂正習舞釋菜 天子乃帥三公九卿
諸侯大夫親往視之 仲丁 又命樂正入學習樂. 是月也 祀
不用犧牲 用圭璧 更皮幣. 仲春行秋令 則其國大水 寒氣
總至 寇戎來征 行冬令 則陽氣不勝 麥乃不熟 民多相掠
行夏令 則國乃大旱 煖氣早來 蟲螟爲害.

【字解】① 囹(령)—하여금(令)이 口 속에 가두는「감옥」.
② 圄(오)—自身(吾)이 罪를 짓고 이 口 속으로 가둬지는「감옥」.
③ 桎(질)—罪人이 逮捕되어(至) 逃亡가지 못하게 채우는 木製의
「足鎖」.
④ 梏(곡)—罪人을 잡아서 채우는 木製「手匣」.
⑤ 禖(매)—天子가 神(示)에게 嫁娶生子(某)하기를 祈願한 祭名「高
媒」.
⑥ 韣(독)—가죽(韋)으로 만든「활집」이니 蜀은 音符로 쓴 形聲字다.
⑦ 嬪(빈)—女賓으로 들어간 王의 后宮.
⑧ 鐸(탁)—必要(睪)할 때 치는 金屬製「방울」이니 이것은 武事에 쓰
는 것이고, 文事에 쓰는 木製는「木鐸」.
⑨ 衡(형)—魚行은 가로인 것처럼 가로로 쓰는「저울대」를 뜻함.
⑩ 甬(용)—머리(マ)가 이 用의 위로「솟아오른」것.
⑪ 闔(합)—책상에 蓋을 뺐다가 닫는 것처럼 집의 문을 열었다가「닫
는」것.
⑫ 漉(록)—「거르는」것이니 水는 들지마는 鹿은 音符로만 썼기 때문
에 淥 또는 盝과도 通함.
⑬ 羔(고)—白羊이 黑色으로 變한「염소」.
⑭ 螟(명)—어두운(冥) 벌레(虫)니 곡식 싹을 먹어치우는「며루」.

【通釋】仲春(二月)달에는 太陽이 奎星에 있고 昏時에는 弧星이 南中하
며, 旦時에는 建星이 南中하고 이달 天干은 甲乙이며, 古帝는 太皥伏
義氏며, 輔神은 少皞氏子(句芒)이고 이달 動物은 鱗族이며, 樂音은 角

이고 音律은 夾種이며, 數字로는 八이고 味覺으로는 酸이며, 嗅覺으로는 羶이고 祭神은 戶며, 祭物은 脾를 먼저 하고 비로소 雨水가 오며 桃花가 피고 꾀꼬리 울며, 鷹은 鳩로 化하는 것이다.

天子는 靑陽의 大廟에 居處하고 鸞路車를 타고 倉龍馬로 끌리며, 靑旗를 꽂고 靑衣를 입으며, 蒼玉을 차고 麥과 羊을 먹으며, 그 器物은 疏로써 達한다.

이달에는 萌芽를 도우고 幼少를 기르며, 孤兒를 돌보고 元日을 擇해서 土神(社)에 祭奠하며, 有司(獄吏)를 命해서 獄囚을 減(省)免하고 刑具(桎梏)를 버리고 公開刑(肆掠)을 못하게 하며, 訴訟도 禁止하는 것이다.

이달에는 제비(玄鳥)가 날아오거든 그 때는 大牢(犧牲)으로써 高禖祭를 올리고 天子가 親히 가시면 后妃는 九嬪을 거느리고 天子의 御所에 가서 禮를 하면 찼던 활집에 든 弓矢를 내서 高禖의 前에 올리는 것이다.

이달에는 晝夜의 길이가 같은 春分節이니 雨雷도 울고 번개도 치며 蟄虫이 모두 움직여 땅 위로 나온다. 우뢰가 울기 三日 前에는 木鐸을 치고 兆民에게 令을 내려 말하되, 「將次로 雷聲이 發生할 것이니 그의 行動을 警戒하지 않는 者는 生子해도 不具해서 반드시 凶災가 날 것이다.」고 하고 晝夜가 平分이니 度量衡器도 모두 같도록 斗升이나 權衡을 바르게 하라.

이달에는 農夫가 작은 집(少舍)에서 삽짝을 修理하나니, 廟堂(政府)에서는 武備를 마쳤더라도 兵事를 일으(作)켜서 農事를 妨害하지 말지어다.

이달에는 川澤을 마르게(竭) 하지 말고 陂池에 물을 빼지(漉) 말며, 山林을 불태우지 말고, 天子는 新鮮한 염소고기를 氷庫에서 내(開)가지고 먼저 寢廟에 薦奠하고 上丁에는 樂正에게 命해서 習舞하여 先師에게 釋菜(蔬菜로써 祭奠하는 것)함에는 天子는 이에 三公과 九卿, 諸侯와 大夫를 거느리고 親히 가보는 것이다. 이달에는 祭祀에 犧牲을 쓰지 아니하고 圭璧만 쓰며, 皮幣는 고치느니라.

仲春에서 秋令을 行한다면 그 나라에는 大水가 지고 寒氣가 總至하며, 寇賊이 來侵하고, 冬令을 行한다면 陽氣가 不勝해서 麥作이 不熟하여 百姓이 서로 掠奪함이 많으며, 夏令을 行하면 나라가 大旱해서 煖氣가 일찍 오니 蟊虫의 害가 있을 것이다.

3

季春之月 日在胃 昏七星中 旦牽牛中 其日甲乙 其帝大皞 其神句芒 其蟲鱗 其音角 律中姑洗 其數八 其味酸 其臭羶 其祀戸 祭先脾. 桐始華 田鼠化爲鴽 虹始見 萍始生. 天子居靑陽右个 乘鸞路 駕倉龍 載靑旂 衣靑衣服倉玉 食麥與羊 其器疏以達. 是月也 天子乃薦 鞠衣于先帝 命舟牧覆舟 五覆五反 乃告舟備具于天子焉 天子始乘舟 薦鮪于寢廟 乃爲麥祈實. 是月也 生氣方盛 陽氣發泄 句者畢出 萌者盡達 不可以内 天子布德行惠 命有司發倉廩賜貧窮 振乏絶 開府庫 出幣帛 周天下 勉諸侯 聘名士禮賢者. 是月也 命司空曰 時雨將降 下水上騰 循行國邑 周視原野 脩利隄防 道達溝瀆 開通道路 毋有障塞 田獵罝罘羅網畢翳餧獸之藥 毋出九門. 是月也 命野虞毋伐桑柘 鳴鳩拂其羽 戴勝降于桑 具曲植籧筐 后妃齊戒 親東鄉躬桑 禁婦女毋觀 省婦使 以勸蠶事 蠶事既登 分繭稱絲效功 以共郊廟之服 毋有敢惰. 是月也 命工師令百工審五庫之量 金鐵 皮革筋 角齒 羽箭幹 脂膠丹漆 毋或不良 百工咸理 監工日號 毋悖于時 毋或作爲淫巧 以蕩上心. 是月之末 擇吉日大合樂 天子乃帥三公九卿諸侯大夫親往視之. 是月也 乃合累牛騰馬 遊牝于牧 犧牲駒犢 擧書其數 命國難 九門磔攘 以畢春氣. 季春行冬令 則寒氣時發 草木皆肅 國有大恐 行夏令 則民多疾疫 時雨不降山陵不收 行秋令 則天多沈陰 淫雨蚤降 兵革竝起.

【字解】① 鴽(여)—大空을 나는 데는 새(鳥)같으(如)나 人家로 돌아 오는「집비둘기」.

② 蓱(평)—모두(幷) 물(水) 위에 떠서 사는 풀(艹)이니 물(水) 위 平面에서 사는 풀인「萍」과 같은 뜻임.

③ 鞠(국)—가죽(革) 쌀(米)을 싸(勹)다가 먹여「기르는」것.

④ 鮪(유)—有魚는 有力한 고기(魚)니「상어」.

⑤ 泄(설)—물(水)이 上에서 下로(世)「새는」것이니, 물(水)이 끌어 (曳)서 새는「曳」와 같은 뜻.

⑥ 乏(핍)—삐쳐(丿)서 가(之)버렸으니「떨어져」없어진 것.

⑦ 廩(름)—食糧을 타오는(稟) 집(广)이니 곡식을 貯藏하는「곳간」.

⑦ 溝(구)—물(水)이 上下左右로(冓) 흐르는 논「도랑」.

⑧ 瀆(독)—水와 賣의 結合이 會意字는 되지 않으니 形聲字로서는 賣의 音이「독」으로 되었음.

⑨ 罝(저)—높고 길게(且) 친 그물(网)이니「짐승 잡는 그물」을 뜻함.

⑩ 罘(부)—그물(网)이 아닌(不) 듯한「토끼 그물」.

⑪ 翳(예)—창(殳)과 화살(矢)를 날개(羽)로써 숨기(匚)니「가리는」것.

⑫ 餧(위)—먹이(食)를 맡기(委)니「먹이는」것.

⑬ 籧(거)—갑자기(遽) 대(竹)로 만든「대자리」.

⑭ 筐(광)—대(竹)로 만든 正方形(匡)의「광주리」.

⑮ 箭(전)—앞(前)으로 내쏘는 대(竹)로 만든「화살」.

⑯ 膠(교)—날개털(翏) 같은 것을 하나로 붙이는 肉製(月)의「아교풀」.

⑰ 駒(구)—작은(句) 말(馬)이니「망아지」.

⑱ 磔(척)—桀같은 暴君을 石으로 쳐서「處刑하는」것.

⑲ 攘(양)—손(手)으로 크게(襄)「물리치는」것이나 또한「奪取」하는 뜻으로도 쓰는 것.

⑳ 疫(역)—殳은 役(역)의 略字로서 賦役하는 것처럼 여러 사람에 퍼지는 病(疒)이니「傳染病」.

【通釋】季春(三月)에는 太陽이 胃星에 있고 昏時에는 七星이 南中하며, 旦時에는 牽牛가 南中하고 日干으로는 甲乙이며, 古帝는 太皞伏羲氏고

輔神은 少皞氏의 子며, 虫類로는 鱗族이고 樂音은 角이며, 音律은 姑洗이고 數字로는 八이며, 味覺으로는 酸이고 嗅覺으로는 羶이며, 祭神은 戶고 祭肉은 脾를 먼저 한다. 桐花기 비로소 피고 田鼠는 家鳩로 化하며, 虹이 비로소 보이고 萍이 비로소 生한다.

天子는 靑陽의 右个에 居處하고 鸞路車를 타는데 倉龍馬가 끌며, 靑旗를 꽂고 靑衣를 입으며, 蒼玉을 차고 麥과 羊을 먹는데 그 그릇은 疏로써 達한다.

이달에는 天子가 鞠衣를 先帝께 薦하고 舟官에게 命해서 배를 엎어놓고 틈이 있는지 檢査하는데 다섯 번 反覆하여 배가 完全함을 天子께 報告하면 天子는 비로소 배를 타고 鮪를 寢廟에 薦하여 麥의 結實을 祈願하는 것이다.

이달에는 生氣가 方盛해서 陽氣가 發泄하여 풀이 다 나오고, 萌芽는 다 達하나니 外로 發하는 때라, 天子는 德을 펴고 惠를 施해야 한다. 倉庫를 열어서 貧者를 도와주고 乏者를 이어주며, 府庫를 열어서는 布帛을 내서 天下를 周賑하고 諸侯를 勉戒해서 名士를 招聘하고 賢者를 禮遇하라.

이달에는 司空(國土主官者)에 命하되, 「將次로 時雨가 와 洪水가 지면 아랫물이 위로 올라갈 것이니 地方(國邑)을 돌아다니면서 原野를 둘러보고 隄防을 修理하며, 水路(溝瀆)를 通達하게 하고 道路를 開通하게 하여 막히지 않게 하며, 畋獵하는 罝罘 등 羅網은 모두 덮(畢翳)고 짐승 먹이(餧獸)려는 毒藥은 九門 밖으로 나가지 못하게 하라.」고 한다.

이달에는 野虞(山林官)에게 命해서 田桑과 山柘를 치지 말게 하라. 산비둘기(鳴鳩)는 그 날개를 털고 뻐꾹새(戴勝)는 뽕나무에 내려앉느니라. 여러 가지 養蠶하는 器具(曲植籧筐)을 갖추어서 王后는 齋戒하여 東郷으로 가 몸소 뽕을 따고, 婦女들은 裝身具를 禁하며, 女事는 省略하고 蠶事만 勸하는 것이다. 그래서 蠶事가 完成되면 그 고치(繭)를 나눠다가 絹糸로 만들어 織組(效功)가 되면 郊祀 廟祭에 禮服으로 提供하여 敢히 怠惰하지 않게 하는 것이다.

이달에는 工師와 百工에게 命令해서 五庫의 量을 審査하여 金鐵, 皮革, 筋, 角齒, 羽, 箭幹, 脂膠, 丹漆 등이 或是나 不良하지 않게 하는 것

이다. 그래서 百工들이 모두 잘 하(理)게 監督工은 날로 부르짖(號)되 「제때에 어긋나지(悖) 않게 하고, 或是나 淫巧하게 해서 上心을 蕩하게 하지 말라.」고 하는 것이다.

이달 末에는 吉日을 擇해서 크게 音樂을 合奏하는데 天子는 三公 九卿, 諸侯 大夫를 거느리고 親히 가서 보며, 이달에는 여러 牛馬를 들에 몰아다가 交尾를 시키고 犧牲하는 駒犢의 數字를 적고 國家에서 命하여, 九門에서 굿(儺)을 하여 惡鬼를 磔攘하고 春節을 마치는 것이다.

季春에 冬令을 行하면 寒氣가 때로 나고 草木이 다 肅해지며, 國家에 大恐이 있는 것이고 夏令을 行하면 百姓에 疾疫이 많으며, 時雨가 내리지 않아 山陵에 草木이 不長하고 秋令을 行하면 天氣가 많이 沈陰해서 淫雨가 일찍 내리고, 兵亂이 많이 일어나는 것이다.

4

孟夏之月　日在畢　昏翼中　旦婺女中　其日丙丁　其帝炎帝　其神祝融　其蟲羽　其音徵　律中中呂　其數七　其味苦　其臭焦　其祀竈　祭先肺. 螻蟈鳴　蚯蚓出　王瓜生　苦菜秀. 天子居明堂左个　乘朱路　駕赤駵　載赤旂　衣朱衣　服赤玉　食菽與雞　其器高以粗. 是月也　以立夏　先立夏三日　大史謁之天子曰　某日立夏　盛德在火　天子乃齊　立夏之日　天子親帥三公九卿大夫　以迎夏於南郊　還反行賞　封諸侯　慶賜遂行　無不欣說　乃命樂師　習合禮樂　命大尉　贊桀俊　遂賢良　舉長大　行爵出祿　必當其位. 是月也　繼長增高　毋有壞墮　毋起土功　毋發大衆　毋伐大樹. 是月也　天子始絺　命野虞　出行田原　爲天子勞農勸民　毋或失時　命司徒循行縣鄙　命農勉作　毋休于都. 是月也　驅獸毋害五穀　毋大田獵　農乃登麥　天子乃以彘嘗麥　先薦寢廟. 是月也　聚畜百藥　靡草死　麥秋至　斷薄刑　決小罪　出輕繫　蠶事畢　后妃獻繭　乃收繭稅　以桑爲均　貴賤長幼如一　以給郊廟之服. 是月也

天子飲酎 用禮樂. 孟夏行秋令 則苦雨數來 五穀不滋 四
鄙入保 行冬令 則草木蚤枯 後乃大水 敗其城郭　行春令
則蝗蟲爲災 暴風來格 秀草不實.

【字解】 ① 婺(무)―일하는(務) 女子나「별이름」.

② 焦(초)―새(隹)에 불(火)을 지르면 그 털은 다 타고 남은 몸뚱이를
뜻함.

③ 竈(조)―房에 불을 때는 구멍(穴)에 흙(土)으로 맹꽁이(黽)　形을
만들어 묻은「부엌」.

④ 肺(폐)―肉(月)體의 가슴 속에 市字形으로 된 臟器니「허파」.

⑤ 螻(루)―婁(루)虫이고,

⑥ 蟈(국)―國虫이니 이 두 字는「개구리」를 뜻하는 形聲字.

⑦ 蚯(구)―丘를 만드는 虫이고,

⑧ 蚓(인)―引해서 가는 虫이니, 이 두 字는「지렁이」를 뜻하는 會意
字로서 形聲字를 兼한 것.

⑨ 駵(류)―卯(二月)는 겨울 黑色과 여름 赤色의 봄이 된 때라, 검은
갈기의 붉은 말을 指稱한 것.

⑩ 絺(치)―시원하기를 바라(希)는 여름 衣服(糸)이니「細葛布」.

⑪ 酎(주)―法度(寸)가 있는 술(酉)이니 燒酒란 뜻도 됨.

⑫ 蝗(황)―穀草(풀)를 没蝕해서 民生을 威脅하는「황충」인데, 어째서
皇虫의 合字로 하였을까.

【通釋】 孟夏(四月)에는 太陽이 畢星있는 데 있고, 저녁에는 翼星이 南
中하며, 아침에는 婺女星이 南中하고, 日干으로는 丙丁이고, 先帝로는
炎帝이며, 그 神으로는 祝融이고, 그 虫으로는 羽族이고, 그 音으로는
徵(치)音이며, 律로는 中呂이고, 數로는 七이며, 그 味는 苦한 것이고, 그
臭는 焦한 것이며, 그 祀는 竈에서 하고, 祭는 肺를 先으로 한다. 螻蟈
이 울고 蚯蚓이 나오며, 王瓜가 結實하고 苦菜가 秀長한다.

天子는 明堂의 左个에 居處하고, 朱色의 鸞車에 赤色의 駵馬가 끌고,

赤旐를 꽂으며 朱衣에 赤玉을 차고 菽과 鷄를 먹는데, 그 器物은 高하고도 粗한 것으로 한다.

이 달에는 立夏가 드니 立夏前 三日에 太史가 天子께 가서 뵙고 말하되, 「어느 날이 立夏이오니 盛德이 火에 있나이다.」고 하면 天子는 齋戒를 하고, 그 날 親히 三公 九卿과 大夫를 거느리고 南郊로 나가서 夏節을 맞이해 돌아와서는 施賞을 行하고, 諸侯를 對하는 慶賜를 遂行하시면 모두들 欣悅하나니, 이에 樂師를 命해서는 禮樂을 習命하고, 大尉를 命해서는 俊傑을 贊하고, 賢良을 遂하며, 長大를 擧해서 그에 爵祿을 주는 데는 반드시 그 職位에 合當하도록 하는 것이다.

이 달에는 長點과 高行을 繼增해서 壞廢함이 없게 하고, 土木工事를 일으켜서 大衆을 動員하지 말며, 大樹를 치지도 말 것이다.

이 달에는 天子가 비로소 葛布衣를 입고 山林官(虞)을 命해서는 田原으로 出行하여 天子를 爲해서 農民을 勸勉하여 失時됨이 없게 하고, 司徒를 命해서는 地方으로 巡行하면서 農事를 獎勵하고 首都에서 놀기만 하지 말게 하라.

이 달에는 五穀을 害하지 못하게 禽獸를 驅除하고, 큰 畋獵도 하지 말아야만 麥農도 잘 될 것이니 天子는 이에 麥과 彘를 맛보는 데는 먼저 祠堂에 薦新해야 한다.

이 달에는 百樂을 聚集하고 靡草(冬生 夏死하는 풀)가 죽으면 麥秋가 되니 薄刑을 斷하고 小罪를 決하며, 輕犯은 散하고 養蠶을 마쳐서 后妃에게 蠶繭을 갖다 드리면 이에 繭稅를 거두고, 桑田은 均等하게 해서 貴賤과 長幼가 다 平等하게 郊廟에 禮服을 供給하는 것이다. 이 달에는 天子가 燒酒를 마시고 禮樂을 쓰는 것이다.

孟夏에 秋令을 行하면 苦雨가 자주 오고, 五穀이 자라지 아니하며, 四方의 百姓들이 城內로 入保하고, 冬令을 行하면 草木이 早枯한 뒤에 大水가 져서 그 城郭을 敗하고, 春令을 行하면 蝗虫의 災害가 나고 暴風이 來襲하며, 穀粒이 不實하게 되나니라.

5

仲夏之月 日在東井 昏亢中 旦危中 其日丙丁 其帝炎
帝 其神祝融 其蟲羽 其音徵 律中蕤賓 其數七 其味苦 其
臭焦 其祀竈 祭先肺. 小暑至 螳蜋生 鵙始鳴 反舌無聲.
天子居明堂大廟 乘朱路 駕赤駵 載赤旂 衣朱衣 服赤玉
食菽與雞 其器高以粗. 養壯佼. 是月也 命樂師脩鞀鞞鼓
均琴瑟管簫 執干戚戈羽 調竽笙篪簧 飭鐘磬柷敔 命有司
爲民祈祀山川百源 大雩帝 用盛樂 乃命百縣 雩祀百辟卿
士有益於民者 以祈穀實. 是月也 農乃登黍 天子乃以雛
嘗黍 羞以含桃 先薦寢廟 令民毋艾藍以染 毋燒灰 毋暴
布 門閭毋閉 關市毋索 挺重囚 益其食 游牝別羣 則縶騰
駒 班馬政. 是月也 日長至 陰陽爭 死生分 君子齊戒 處
必掩身 毋躁 止聲色 毋或進 薄滋味 毋致和 節者欲 定
心氣 百官靜事毋刑 以定晏陰之所成 鹿角解 蟬始鳴 半
夏生 木堇榮. 是月也 毋用火南方 可以居高明 可以遠眺
望 可以升山陵 可以處臺榭. 仲夏行冬令 則雹凍傷穀 道
路不通 暴兵來至 行春令 則五穀晚熟 百螣時起 其國乃
饑 行秋令 則草木零落 果實早成 民殃於疫.

【字解】① 亢(항)ㅡ사람(儿)의 머리(亠)니「높은」것.

② 蕤(유)ㅡ돼지(豕)가 새끼를 낳(生)는 데는 한 탯줄에 여러 마리가
나니 풀(艸)에 열매가 많이 달린 것을 뜻한 것.

③ 螳(당)ㅡ堂虫이고,

④ 蜋(랑)ㅡ良虫이니 이 두 字는「버마재비」니 堂과 良은 音符로 쓴
形聲字인 것.

⑤ 鵙(격)ㅡ貝鳥는「왜가리」니, 이것은 會意字가 아니고 形聲字도 아
닌 것.

⑥ 佼(교) ― 交人은 서로 「좋아해」서 「예쁘게」 보는 것.

⑦ 鞀(소) ― 音樂을 始作하라는 데 치게 革으로 만든 「작은 북」.

⑧ 鞞(비) ― 낮은(卑) 데서 고루 들리는 가죽(革)으로 만들어 말 위에서 치는 「작은 북」.

⑨ 竽(우) ― 대(竹)로 만든 「큰 피리」고,

⑩ 笙(생) ― 대(竹)로 만들어 불면 소리나(生)는 「피리」인데, 竽笙은 女媧氏의 所作이라고 함.

⑪ 箎(지) ― 篪와 同字인데, 篪는 長竹으로 만든 樂器.

⑫ 柷(축) ― 演奏를 始作(兄)할 때 치는 木製의 樂器.

⑬ 敔(아) ― 演奏를 終止(吾)할 때 치는 木製의 樂器.

⑭ 雩(우) ― 비(雨)가 오기를 비는 곳(于).

⑮ 縶(집) ― 말의 고삐(糸)를 잡아(執)서 「말뚝에 매는」 것.

⑯ 菫(근) ― 「씀바귀」 나물을 뜻한 것이나, 여기서는 槿의 略字임.

⑰ 雹(박) ― 빗(雨)방울이 차가운 空氣에 싸여(包)서 떨어지는 얼음덩어리.

⑱ 螣(등) ― 空中으로 飛騰하는 蝗虫.

【通釋】 仲夏(五月)에는 太陽이 東井에 있고, 저녁에는 亢星이 南中하며, 아침에는 危星이 南中하고, 그 天干으로는 丙丁이며, 그 先帝는 炎帝고 그 司神은 祝融이며, 그 虫으로는 羽虫이고 그 樂音으로는 徵音이며, 律로서는 蕤賓이고 그 數는 七이며, 그 味는 苦하고 그 臭는 焦하며, 그 祀는 竈에 하고 祭에는 肺를 先으로 한다.

　小暑가 되면 螳螂이 나오고 鵙이 처음 울며, 百舌鳥(反舌)는 소리가 없어진다. 天子는 明堂 大廟에 居處하고 朱東에 赤駵를 끓으며, 赤旗를 꽂고 朱衣를 입으며, 赤玉을 차고 菽과 鷄를 먹는 데는 그 器物은 粗로 쓴다. 그리고 身體가 壯하고 美한 者를 敎養한다.

　이 달에는 樂師에게 命해서 鞀鞞 북을 修理하고, 琴瑟과 管簫를 고르게 하며, 干戚과 戈羽를 잡고, 竽笙箎簧을 고르며, 鍾磬과 柷敔를 準備하고, 有司로 하여금 百姓을 爲爲해서 山川의 百源에 祈祀하며, 크게 上帝께 祈雨를 하는 데는 盛樂을 演奏하고 이에 百縣에 命해서는 諸侯

와 卿士가 百姓에게 有益한 것에는 다 祭祀해서 穀實을 祈願하게 하는 것이다.

이 달에는 農事에 黍가 익으면 天子는 이에 병아리로써 黍飯을 먹을 때는 櫻桃로써 祠堂에 薦新하고, 百姓으로 하여금 藍을 베다가 染色하지 못하게 하고, 灰로 사르거나 布를 바래거나 門閭를 닫거나 關市를 찾거나 하지 말며, 重罪囚는 매를 쳐도 食事는 더 해주고, 봄에 受胎한 짐승은 牝과 牡를 別群으로 나누어서 牡가 牝에 오르지 못하게 馬政에 留意해야만 할 것이다.

이 달에는 해가 가장 기니 陰陽이 爭하고, 死生이 分하므로 君子는 齋戒해서 居處에는 반드시 몸을 덥고, 躁動하지 않으며, 聲色은 制止하고, 進行만 하지 말며, 滋味는 적게 하고 致和하지 말며, 嗜欲을 節制하고 心氣를 安定하며, 百官은 事를 靜하게 하고 刑을 無하게 해서 종용하게 陰이 安定되게 하고, 鹿角은 떨어지고 蟬이 비로소 울며, 半夏가 生하고 木槿은 榮하는 것이다.

이 달에는 南方에서 火를 쓰지 말고, 高明한 데 居處해야 하고, 먼곳을 眺望해야 하며, 山陵으로 올라가고 臺榭에 서 있어야만 한다.

仲夏에서 冬令을 行하면 雹氷이 傷穀하고 道路가 不通하며, 暴兵이 來侵하고, 春令을 行하면 五穀이 晩熟하고 百螣이 發生하여 그 나라가 飢饉하며, 秋令을 行하면 草木이 零落하고 果實이 早成하며 百姓은 染病에 걸리는 것이다.

6

季夏之月 日在柳 昏火中 旦奎中 其日丙丁 其帝炎帝 其神祝融 其蟲羽 其音徵 律中林鍾 其數七 其味苦 其臭焦 其祀竈 祭先肺. 溫風始至 蟋蟀居壁 鷹乃學習 腐草爲螢. 天子居明堂右个 乘朱路 駕赤駵 載赤旂 衣朱衣 服赤玉 食菽與雞 其器高以粗. 命漁師伐蛟 取鼉 登龜 取黿 命澤人納材葦. 是月也 命四監大合百縣之秩芻 以養

犧牲 令民無不咸出其力 以共皇天上帝名山大川四方之神
以祠宗廟社稷之靈 以爲民祈福. 是月也 命婦官染采 黼
黻文章 必以法故 無或差貸 黑黃倉赤 莫不質良 毋敢詐
偽 以給郊廟祭祀之服 以爲旗章 以別貴賤等給之度. 是月
也 樹木方盛 乃命虞人入山行木 毋有斬伐 不可以興土功
不可以合諸侯 不可以起兵動衆 毋擧大事以搖養氣 毋發
令而待以妨神農之事也 水潦盛昌 神農將持功 擧大事則
有天殃. 是月也 土潤溽暑 大雨時行 燒薙行水 利以殺草
如以熱湯 可以糞田疇 可以美土疆. 季夏行春令 則穀實
鮮落 國多風欬 民乃遷徙 行秋令 則丘隰水潦 禾稼不熟
乃多女災 行冬令 則風寒不時 鷹隼蚤鷙 四鄙入保.

【字解】① 蟋(실)—悉虫이고,
② 蟀(솔)—率虫이니 秋節이 들면 나서 寒氣가 나면 悉率해서 우
　는「귀뚜라미」.
③ 壁(벽)—흙(土)으로 차가운 外氣를 막(辟)는「집의 벽」.
④ 鷹(응)—꿩이 있으면 應해서 날아가 잡는 새(鳥)는「매」.
⑤ 螢(형)—불빛처럼 반짝(炏)이는 벌레(虫)는「개똥벌레」.
⑥ 蛟(교)—蛇類에서 龍屬으로 가는 中間(交)에 該當하는「교룡」.
⑦ 黿(원)—元黿이니 첫째(元)가는 자라(黿)니「큰 자라」.
⑧ 鼉(타)—黿의 種類로서 單獨히 큰「악어」.
⑨ 芻(추)—풀(艸)을 싸(勹)는 句字를 거듭한 家畜의 飼料니「꼴」.
⑩ 葦(위)—보통풀(艸)과는 틀리(韋)는「굵은 갈대」니 처음 난 것은
　葭고 조금 큰 것은 蘆며, 다 큰 것이 葦다.
⑪ 黼(보)—甫黹(치)고,
⑫ 黻(불)—犮黹니 크(甫)고 뛰어(犮)나게 바느질(黹)로 繡를 놓은 君
　長의 禮服이니 文彩가 빛나는(章) 것.
⑬ 溽(욕)—水蒸氣로 辱되게「무더운」것.

⑭ 薙(치)—艸雉의 合字가 어째서 「풀깎는다」는 뜻이 되었을까.

⑮ 欬(해)—子에서 亥까지 기침이 連續해서 입을 벌리(欠)고 있는「해수」.

⑯ 隼(준)—새(隹)를 十分 다 잡는 貪殘한 「새매」.

⑰ 鷙(지)—생물을 잡는(執) 억센 새(鳥)니 「새매」.

【通釋】 季夏(六月)의 月에는 太陽이 柳星에 있고, 저녁에는 火星이 南中하고, 아침에는 奎星이 南中하며, 天干으로는 丙丁이고, 先帝로는 炎帝시며, 그 神으로는 祝融이고, 그 虫으로는 羽虫이며, 그 樂音은 徵고, 律은 林鍾이며, 그 數는 七이고, 그 味는 苦하고, 그 臭는 焦하며, 그 祀는 竈에 서고, 그 祭에는 肺를 先으로 한다. 溫風이 비로소 불고, 蟋蟀이 壁에 있으며, 鷹은 새 잡기를 實習하고, 腐草에서 개똥벌레가 나오는 것이다.

天子는 明堂의 右个에 居處하고, 朱車를 타는 데는 赤駵를 끌게 하며, 赤旗를 꽂으며, 朱衣를 입고, 赤玉을 차며, 食事에는 菽과 雞를 먹는 데 그 器物은 높고 粗함을 쓴다. 漁夫에게 命令해서는 교룡을 치고 악어를 잡으며, 거북을 건지고 큰 자라를 取하게 하고, 澤人에게 命해서는 葦材를 上納하게 한다.

이 달에는 四監(山虞, 澤虞, 林衡, 川衡)에게 命令해서 크게 百縣의 飼料 꼴을 蒐集해서 犧牲할 家畜을 飼畜하게 하고, 百姓으로 하여금 빠짐없이 그 힘을 合해서 皇天上帝, 名山大川, 四方의 神께 祭祀하고, 또 宗廟社稷의 靈에게도 奠享하여 百姓이 祈福을 하게 하는 것이다.

이 달에는 女官을 命해서 染色을 시켜서 黼黻을 文彩나게 하는 데는 반드시 옛法대로 해서 조금도 差異가 없게 하여 黑黃蒼赤이 모두 質良해서 敢히 속이지 못하게 하여 郊廟에 祭服으로 供給하고, 또한 旗章으로는 貴賤에 等級의 度를 區別하게 하는 것이다.

이 달에는 樹木이 方盛하니 山林官(虞人)을 命令해서는 山林에 들어가서 採伐하는 일이 없게 하고, 土木工事도 일으키지 말며, 諸侯들은 會合하지도 말고, 兵力도 動員하지 말며, 大事를 일으켜서는 養氣함을 動搖시키지 말고, 命令을 내려서 기다리느라고 農事에 妨害가 되지 말게 하며, 장마가 져서 물이 불었는데 農事가 將次로 成功할 때는 大役事를 일으키면 반드시 天災가 나는 것이다.

이 달에는 土潤하고 暑濕해서 大雨가 자주 오나니 雜草를 태우고 깎아서 물을 通하게 하면 雜草를 除去함에 有利하니 熱陽을 갖다가 붓는 것처럼 田地를 肥沃하게도 하고, 土質이 美化하게 되는 것이다. 季夏에 春令으로 行하면 穀實이 鮮落하고, 國人에 欬嗽가 많이 나서 移徙를 하게 되며, 秋令을 行하면 濕地에는 장마빗물로 穀物도 잘 익지 아니하고, 女災가 많이 나며, 冬令으로 行하면 風寒이 不時에 오고, 鷹隼은 일찍부터 새들을 잡아 먹으니 四方을 保全해야만 할 것이다.

7

中央土 其日戊巳 其帝黃帝 其神后土 其蟲倮 其音宮 律中黃鍾之宮 其數五 其味甘 其臭香 其祀中霤 祭先心. 天子居大廟大室 乘大路 駕黃駵 載黃旂 衣黃衣 服黃玉 食稷與牛 其器圜以閎.

【字解】① 倮(과)—果然 個人은 太蒼海에 一衆이니「狹隘」하다는 뜻이나, 여기「其虫」을 말하는 데는 可當치도 않은 글字니 實은 衣偏에 果字를 쓴 裸(라)字가 誤記된 것이라, 羽毛鱗介 등의 外皮가 없는 裸虫을 意味한 것.

② 霤(유)—비(雨)가 오면 처마물이 떨어져 머무르는(留)는 곳.

③ 閎(굉)—門을 활짝 열(玄)면「넓어진」것.

【通釋】中央은 土位니 그 天干은 戊己고 그 先帝는 黃帝며, 그 神은 后土고, 그 虫은 裸軆며, 그 樂音은 宮이고, 律은 黃鍾의 宮이며, 그 數는 五고, 그 味는 甘이며, 그 臭는 香이고, 그 祀는 霤에서 하고, 그 祭에는 心을 먼저 한다.

天子는 大廟의 大室에 居處하고, 大車를 타는 데는 黃駵가 끄는데 黃

旗를 꽂고 黃衣를 입으며, 黃玉을 차고, 稷과 牛를 먹는 데는 그 器物
이 圓하고도 閎한 것이다.

8

孟秋之月 日在翼 昏建星中 旦畢中 其日庚辛 其帝少
皞 其神蓐收 其蟲毛 其音商 律中夷則 其數九 其味辛 其
臭腥 其祀門 祭先肝. 凉風至 白露降 寒蟬鳴 鷹乃祭鳥
用始行戮. 天子居總章左个 乘戎路 駕白駱 載白旂 衣白
衣 服白玉 食麻與犬 其器廉以深. 是月也 以立秋 先立
秋三日 太史謁之天子曰 某日立秋 盛德在金 天子乃齊 立
秋之日 天子親帥三公九卿諸侯大夫 以迎秋於西郊 還反
賞軍帥武人於朝 天子乃命將帥 選士厲兵 簡練桀俊 專任
有功 以征不義 詰誅暴慢 以明好惡 順彼遠方. 是月也 命
有司脩法制 繕囹圄 具桎梏 禁止姦 愼罪邪 務搏執 命理
瞻傷 察創 視折 審斷決 獄訟必端平 戮有罪 嚴斷刑 天
地始肅 不可以贏. 是月也 農乃登穀 天子嘗新 先薦寢廟
命百官始收斂 完隄坊 謹壅塞 以備水潦 脩宮室 坏垣牆
補城郭. 是月也 毋以封諸侯 立大官 毋以割地 行大使 出
大幣. 孟秋行冬令 則陰氣大勝 介蟲敗穀 戎兵乃來 行春
令 則其國乃旱 陽氣復還 五穀無實 行夏令 則國多火災
寒熱不節 民多瘧疾.

【字解】① 蓐(욕)ㅡ이 때까지는 生長해 오던 풀(艸)이 辱되게 凋落해
　　서 收斂되는 가을은 「蓐收」의 神이 司令하는 것.
② 戮(륙)ㅡ창(戈)이 날아(翏) 쳐서 「죽이는」 것.
③ 駱(락)ㅡ각(各) 색깔의 말(馬)이니 거문 갈기에 흰 말을 뜻한 것.
④ 厲(려)ㅡ바우덤(厂) 밑에 있는 땅벌(萬)이 「사나운」 것.

⑤ 詰(힐) ─ 吉言이나 올 때까지 追窮해 들어가는 것.

⑥ 繕(선) ─ 떨어진 옷을 좋(善)도록 실(糸)로「꿰매는」것.

⑦ 搏(박) ─ 넓은(尃) 손(手)으로 붙잡아서「치는」것.

⑧ 贏(영) ─ 亡(망) 肕(환) 貝(패)의 三合字니, 남의 말에는 對答도 안하고 自己의 일만 만들어서(肕) 利益(貝)만「남기는」것.

⑨ 坏(배) ─ 굽지 않(不)은 흙(土)「벽돌」.

⑩ 瘧(학) ─ 惡寒과 發熱이 極甚한 몹쓸(虐) 병(疒)이니「학질」.

【通釋】孟秋(七月)의 달에는 太陽이 翼星에 있는데 저녁에는 建星이 南中하고, 아침에는 畢星이 南中하며, 天干으로는 庚辛이고, 그 先帝로는 少暭金天氏며, 그 神으로는 蓐收가 司令하고, 그 虫으로는 毛虫이며, 그 音으로는 商聲이고, 律로는 夷則이며, 그 數로는 九고, 그 味로는 辛이며, 그 臭로는 腥하고, 그 祀는 門에서 하며, 祭에는 肝을 先으로 한다. 涼風이 불고 白露가 내리며, 寒蟬이 울고, 鷹隼은 잡은 새로 祭하는데 비로소 죽이는 것이다.

天子는 總章의 左介에 居處하고, 戎車를 타는 데는 白駱가 끌게 하며, 白旗를 꽂고 白衣를 입고 白玉을 차며, 麻와 犬을 먹는 데는 그 器物을 廉하고 深한 것을 쓴다.

이 달에는 立秋가 드니 立秋前 三日에는 太史가 天子를 가 뵙고「며칠날이 立秋이니 盛德은 金에 있습니다.」고 하면 그 날 天子는 三公 九卿 諸侯大夫를 거느리고 西郊로 나가 秋節을 맞이하고 돌아와서는 將帥와 武人에게 賞을 주는 것이다. 그리고 天子는 將師에게 命令해서 굳센 兵士를 選出하여 俊傑을 訓練해서 有功者를 專任하며, 不義를 征伐하고, 暴慢한 者를 追窮해서 善惡을 明白히 하여 遠方에 順하는 것이다.

이 달에는 有司에게 命해서 法制를 막고 獄舍를 整理하여 形具도 備置하고, 姦惡함을 禁止하며, 邪慝함을 警戒하여, 罪人을 逮捕하고 獄吏에게 命해서 傷處, 腫瘡, 骨折 등을 檢察해서 判決하는 데는 반드시 公平하게 해서 有罪한 者는 嚴格하게 處刑해야 하니, 天地가 肅殺하는 때는 寬裕(贏)하게 해서는 안 되는 것이다.

이 달에는 農事가 다 되가니 天子는 新穀을 맛보는데 먼저 祠堂에 薦

奠하고, 百官에게 命해서는 收斂을 하는데 堤防을 完全히 하고 壅塞을 通正히 하여 潦雨에 對備하고 宮室을 修理하며, 垣墻도 補缺하고 城郭도 完築하는 것이다. 이 달에는 諸侯를 封하거나 大官을 세우지도 말고, 土地를 分割하거나 大使를 보내거나 大幣를 내는 것들을 말아야만 한다.

　孟秋에 冬令을 行하면 陰氣가 大勝해서 介虫이 敗穀하고, 戎兵이 來侵하며 春令을 行하면 旱災가 나서 陽氣가 다시 돌아와도 五穀이 無實하며, 夏令을 行하면 火災가 많이 나 寒熱이 不節해서 百姓에 瘧疾이 많이 나는 것이다.

9

　　仲秋之月 日在角 昏牽牛中 旦觜觿中 其日庚辛　其帝少皞 其神蓐收 其蟲毛 其音商 律中南呂 其數九 其味辛 其臭腥 其祀門 祭先肝. 盲風至 鴻鴈來 玄鳥歸　羣鳥養羞. 天子居總章大廟 乘戎路 駕白駱 載白旂 衣白衣　服白玉 食麻與犬 其器廉以深. 是月也 養衰老　授几杖　行糜粥飲食 乃命司服 具筋衣裳 文繡有恆 制有小大　度有長短 衣服有量 必循其故 冠帶有常 乃命有司　申嚴百刑 斬殺必當 毋或枉橈 枉橈不當 反受其殃. 是月也 乃命宰祝 循行犧牲 視全具 按芻豢 瞻肥瘠 察物色 必比類 量大小 視長短 皆中度 五者備當 上帝其饗 天子乃難 以達秋氣 以犬嘗麻 先薦寢廟. 是月也 可以築城郭 建都邑 穿竇窖 脩囷倉 乃命有司 趣民收斂 務畜菜 多積聚　乃勸種麥 毋或失時 其有失時 行罪無疑. 是月也 日夜分 雷始收聲 蟄蟲坏戶 殺氣浸盛 陽氣日衰 水始涸 日夜分 則同度量 平權衡 正鈞石 角斗甬. 是月也 易關市 來商旅 納貨賄 以便民事 四方來集 遠鄉皆至 則財不匱 上無乏用百事乃遂 凡擧大事 毋逆大數 必順其時 慎因其類. 仲秋

行春令 則秋雨不降 草木生榮 國乃有恐 行夏令 則其國
乃旱 蟄蟲不藏 五穀復生 行冬令 則風災數起 收雷先行
草木蚤死.

【字解】 ① 牽(견)—마구(宀)에 소(牛)를 머리(宀)에 이가리(玄)로 끌
어내서 「모는」 것.
② 觜(자)—이(此) 方角에 있는 「星座의 名」이니 西方에 있음.
③ 觿(휴)—뿔(角)로 만든 尖物(巂)이니 「뿔송곳」.
④ 腥(성)—짐승의 肉(月) 속에 별(星)같은 粒子가 「비리」다는 것.
⑤ 鴻(홍)—江에 있는 새(鳥)니 「큰 기러기」.
⑥ 糜(미)—쌀(米)을 갈아(磨)서 물에다 끓인 「죽」.
⑦ 粥(죽)—弱의 略字와 米의 合字니 米에 물을 부어 弱化되게 끓인
「죽」.
⑧ 橈(요)—긴 나무(木)를 높(堯)이 세워서 배를 부리는 「노」를 뜻한
것이니, 그것이 水中이 들어간 部分은 「屈折」해 보이고 「動搖」해서
나아가니, 여러 가지 뜻으로 轉注된 것.
⑨ 豢(환)—眷의 略字와 豕의 合字니 돼지(豕)를 보살펴(眷)서 「기르
는」 飼料인 꼴을 먹이는 「家畜」들.
⑩ 穿(천)—쥐가 어금니(牙)로써 「구멍을 뚫는」 것.
⑪ 竇(두)—物件을 파(賣)는 구멍(穴)이니 서로 通하는 「구멍」을 뜻함.
⑫ 窖(고)—告해야만 아는 비밀 구멍(穴)이니 貴重한 財物을 감춰 두
는 땅굴.
⑬ 囷(균)—벼(禾)를 쌓아 두는 곳(囗)이니 「창고」.
⑭ 蟄(칩)—벌레(虫)가 땅 속에 들어가 잡고(執) 冬眠하는 것.
⑮ 涸(확)—液體(水) 속에 固體가 드러나니 「물이 마르는」 것.
⑯ 鈞(균)—모든 物件의 重量을 다같이(勻) 다는데 金을 標準으로 한
三十斤 單位.
⑰ 甬(용)—울타리 形狀인 用字의 위에 子字의 머리(マ)가 「솟아오르
는」 것이나, 여기서는 十斗一斛(한 섬)을 넣는 「桶」.

⑱ 賄(회)—賄와 같은 字니 物財(貝)를 주고 要求가 있는(有) 「뇌물」.

【通釋】 仲秋(八月)의 달에는 太陽(日)이 角星에 있고, 저녁에는 牽牛星이 南中하고, 아침에는 觜觿星이 南中하며, 天干으로는 庚辛이고 先帝로는 少皥金天氏며, 그 神으로는 蓐收가 司令하고, 그 虫으로는 毛虫이며, 그 樂音은 商이고, 律은 南呂며, 그 數는 九고, 그 味는 辛하며, 그 臭는 腥하고, 그 祀는 門에 서고, 祭에는 肝을 先으로 한다. 疾風이 불고 鴻雁이 오며, 제비는 돌아가고 群鳥는 자라난다.

　天子는 總章의 大廟에 居處하고, 戎車를 타는 데는 白駱가 끌며, 白旗를 꽂고 白衣를 입으며, 白玉을 차고, 麻와 犬을 먹는데, 그 器物은 廉하고 深한 것을 쓴다.

　이 달에는 老人을 기르는데 几杖을 주고, 麋粥과 飮食을 供饋하며, 司服을 命해서는 衣裳을 具備하는데 一定하게 繡를 놓아, 大小의 制와 長短의 度가 있고 衣服에는 量이 있으니 반드시 古道를 따르니 冠帶에도 常道가 있는 것이다. 이에 有司께 命해서 모든 刑罪은 嚴重히 해서 死刑은 반드시 正當하게 하여 冤枉함이 없게 하라. 冤枉이 있다면 반드시 그 災殃을 받는 것이다.

　이 달에는 司祭에게 命해서 犧牲으로 쓸 家畜의 꼴 먹는 牛羊(芻), 穀 먹는 鷄豚(豢)이 完全한지를 보고, 肥한지 瘠한지 物色을 보아 반드시 種類를 比해서 大小와 長短도 보아서 다 中度에 맞게 해서 五者가 具備해야만 上帝가 歆享하실 것이다. 그러니 天子는 이것을 어렵게 여겨서 秋氣에 達하게 하고, 犬은 麻實을 먹여서 먼저 祠堂에 薦新하는 것이다.

　이 달에는 城郭을 쌓고 都邑을 세우며, 竇窖을 파는 등 倉庫를 修築해서 有司로 하여금 百姓들의 秋收를 하고, 菜蔬를 갈고 種麥을 勸해서 時期를 놓치지 말게 하라. 時期를 놓치는 者가 있다면 疑心말고 處罰하라.

　이 달에는 晝夜가 平分하며, 雷聲은 끝이 나고, 昆虫은 冬蟄을 準備하나니 殺氣가 漸漸 盛해 오기 때문이다. 陽氣는 날로 衰해지고　水分이 비로소 말라지는 것이니 度量, 鈞石, 重量, 斗斛 등을 모두 公正하게 統一해야 하는 것이다.

이 달에는 市場에서 貿易하고 商人들이 往來하며, 物資를 備置해서 民生에 便利하게 하면 四方에서 來集하여 遠鄕도 가까워지나니, 物資를 浪費하지 않아야 위에는 財政이 不足하지 않아서 百事가 잘 遂行될 것이다. 무릇 大事를 하는 데는 大數를 거스르지 말고 반드시 그 時期에 順應하여 그 種에 따라서 삼가해야만 할 것이다.

仲秋에 春令을 行하면 秋雨가 오지 않고 草木이 盛하지 않아서 나라에 可恐한 일이 나고, 夏令을 行하면 國土가 가물고 昆蟲이 冬蟄하지 못하며, 五穀이 復生하고, 冬令을 行하면 風災가 자주 나고, 雷電이 收聲하기 前에 草木이 早死하는 것이다.

10

季秋之月 日在房 昏虛中 旦柳中 其日庚辛 其帝少皡 其神蓐收 其蟲毛 其音商 律中無射 其數九 其味辛 其臭腥 其祀門 祭先肝. 鴻鴈來賓 爵入大水爲蛤 鞠有黃華 豺乃祭獸 戮禽. 天子居總章右个 乘戎路 駕白駱 載白旂 衣白衣 服白玉 食麻與犬 其器廉以深. 是月也 申嚴號令 命百官貴賤無不務內 以會天地之藏 無有宣出 乃命冢宰 農事備收 擧五穀之要 藏帝籍之收於神倉 祗敬必飭. 是月也 霜始降 則百工休 乃命有司曰 寒氣總至 民力不堪 其皆入室 上丁命樂正 入學習吹. 是月也 大饗帝 嘗 犧牲 告備于天子 合諸侯 制百縣 爲來歲受朔日 與諸侯所稅於民 輕重之法 貢職之數 以遠近土地所宜爲度 以給郊廟之事 無有所私. 是月也 天子乃敎於田獵 以習五戎 班馬政 命僕及七騶咸駕 載旌旐 授車以級 整設于屛外 司徒搢朴 北面誓之 天子乃厲飾 執弓挾矢以獵 命主祠 祭禽于四方. 是月也 草木黃落 乃伐薪爲炭 蟄蟲咸俯 在內皆墐其戶 乃趣獄刑 母留有罪 收祿秩之不當 供養之不宜者. 是月也 天子乃以犬嘗稻 先薦寢廟. 季秋行夏令 則其國大水 冬

藏殃敗 民多鼽嚏 行冬令 則國多盜賊 邊竟不寧　土地分
裂 行春令 則煖風來至 民氣解惰 師興不居.

【字解】 ① 蛤(합)―두쪽 껍데기가 서로 開合하는 介虫이니 水中에 사
는「조개」.

② 豺(시)―才能있는 猛獸(豸)니 狼의 種屬.

③ 籍(적)―紙物이 나기 前에는 대(竹)쪽을 빌어(耤)서 글을 썼던「서
적」.

④ 祇(지)―남을 相對로 해서 自身을 낮추(氐)는 精神(示)이니「공경
하는」것.

⑤ 僕(복)―나무떨기(業)처럼 數多한 일을 하는 사람(人)이니 남의 집
에 사는「종」.

⑥ 旐(조)―龜와 龍을 그린 旗니 龜는 卜兆를 보는 것이고, 龍은 吉兆
를 뜻하는 것.

⑦ 屛(병)―戶의 略字와 幷의 合字니, 문(戶)에서 들어오는 바람을 막
기 爲해서 여러 쪽을 아울러(幷) 붙여 세우는「병풍」.

⑧ 搢(진)―여러 말(叩)中 一에서 一까지(二)明白(日)하게 記錄한 것을
손(手)으로 띠에「꽂는」것.

⑨ 扑(복)―손(手)에 매를 갖고 줄이 서(卜)도록「치는」것.

⑩ 挾(협)―손(手)으로 양쪽 겨드랑이(夾)에「끼는」것.

⑪ 墐(근)―어려운(堇) 흙(土)이니「진흙」이란 뜻이니 그것을 벽
같은 데「바르는」뜻으로 轉注된 것.

⑫ 鼽(구)―感氣로 코(鼻)가 막히는(九) 것.

⑬ 嚔(치)―疐는 외나 호박의 꼭지를 딴다는 뜻인데, 입(口)에서 나오
는「재채기」.

【通釋】 季秋(九月)의 달은 太陽이 房星에 있고, 저녁에는 虛星이 南中
하고 아침에는 柳星이 南中하며, 天干으로는 庚辛이고, 先帝로는 少皞
金天氏며, 그 神으로는 蓐收가 司令하고, 그 虫에는 毛虫이고, 그 音은

商이며, 律은 無射(역)이고, 그 數는 九며, 그 味는 辛이고, 그 臭는 腥이며, 그 祀는 門에서고, 祭는 肝을 先으로 한다. 鴻雁이 오고 참새는 물에 들어가 蛤이 되며, 鞠(菊의 誤字)은 黃花가 피고, 豺는 獸를 잡아다 陳列(祭)하며, 禽을 잡기도 하는 것이다.

天子는 總章의 右个에 居處하고, 戎車를 타는데 白駱을 끌게 하며, 白旗를 꽂고 白衣를 입으며, 白玉을 차고 麻實과 犬을 먹는데 그 器物은 廉하고도 深한 것을 쓴다.

이 달에는 號令을 嚴肅하게 하고, 百官에게 命令해서 貴賤이 모두 内務를 보고 天地가 收藏할 때가 되니 外界로 나가지 않으며, 이에 冢宰(首相)께 命令해서 秋收를 다해서 五穀의 租稅를 거두고 帝王의 文籍을 神倉에 감추는데 敬虔하게 해야 한다.

이 달에는 서리가 비로소 내리니 百工은 쉬고, 이에 有司께 命令해서 말하되,「寒氣가 다가오니 百姓들이 견디지 못하면 모두 房으로 들어가라.」고 한다. 上丁日에는 樂官을 命해서 入學하는데 樂器를 練習하게 한다.

이 달에는 上帝에게 큰 嘗祭를 지내는데 쓸 犧牲을 準備해서 天子께 告해서 諸侯를 合하고, 百縣을 制하여 來歲를 爲하여 朔日을 받아 諸侯와 더불어 百姓에게 課稅하는데 輕重의 法과 貢職의 數는 遠近의 土地에 合當한 程度로써 郊廟의 祭祀에 供給함에 私心이 없게 하는 것이다.

이 달에는 天子가 田獵에 對한 敎示를 해서 五戎(弓矢及戈矛)의 使用을 實習하고 馬政을 整理하여 馬夫와 司馬(七騶)에게 命하여 訓練하며, 軍旗를 꽂고, 階級을 定해서 車를 주어 城門을 지키게 하고, 司徒(教育官)는 鞭撻(扑)해서 搢을 衣帶에 꽂고 北面해서 宣誓하면 天子는 그에 激勵하는 것이다. 그래서 弓을 잡고 矢를 끼우고 畋獵하는 데는 主祠者를 命해서 四方의 禽獸를 잡아다 祭하는 것이다.

이 달에는 草木이 荒落하나니 그 나무를 쳐다가 木炭을 굽고, 昆虫은 모두 俯蟄하나니, 그 문 안에는 泥土를 바르는 것이다. 刑罰을 하는 데는 罪人을 놓치지 말고, 官位가 不當한 者와 供養에 不宜한 者는 俸給을 回收하는 것이다. 이 달에는 天子가 犬으로써 稻米를 맛보는 데는 먼저 先廟에 薦新하는 것이다.

季秋에 夏令을 行하면 國內에 大水가 지고, 冬藏에 支障이 있어 百姓 中에는 感氣(虧嚔)가 流行하고, 冬令을 行하면 國內에 盜賊이 增加하고, 國境은 不安하며, 土地는 分裂되고, 春令을 行하면 暖風이 불어오고, 民心이 解惰해져서 軍事는 不在한 것이다.

11

孟冬之月 日在尾 昏危中 旦七星中 其日壬癸 其帝顓頊 其神玄冥 其蟲介 其音羽 律中應鍾 其數六 其味鹹其臭朽 其祀行 祭先賢. 水始冰 地始凍 雉入大水爲蜃 虹藏不見. 天子居玄堂左个 乘玄路 駕鐵驪 載玄旂 衣黑衣服玄玉 食黍與彘 其器閎以奄. 是月也 以立冬 先立冬三日 大史謁之天子曰 某日立冬 盛德在水. 天子乃齊 立冬之日 天子親帥三公九卿大夫 以迎冬於北郊 還反 賞死事恤孤寡. 是月也 命大史 釁龜筴 占兆 審卦吉凶 是察阿黨 則罪無有掩蔽. 是月也 天子始裘 命有司曰 天氣上騰地氣下降 天地不通 閉塞而成冬 命百官謹蓋藏 命有司循行積聚 無有不斂 坏城郭 戒門閭 脩鍵閉 愼管籥 固封疆備邊竟 完要塞 謹關梁 塞蹊徑 飭喪紀 辨衣裳 審棺槨之厚薄 塋丘壟之大小高卑 厚薄之度 貴賤之等級. 是月也命工師效功 陳祭器 案度程 毋或作爲淫巧 以蕩上心 必功致爲上 物勒工名 以考其誠 功有不當 必行其罪 以窮其情. 是月也 大飲烝 天子乃祈來年于天宗 大割祠于公社及門閭 臘先祖五祀 勞農以休息之 天子乃命將帥講武 習射御 角力. 是月也 乃命水虞漁師 收水泉池澤之賦 毋或敢侵削衆庶兆民 以爲天子取怨于下 其有若此者 行罪無赦. 孟冬行春令 則凍閉不密 地氣上泄 民多流亡 行夏令

則國多暴風　方冬不寒　蟄蟲復出　行秋令　則雪霜不時　小
兵時起　土地侵削.

【字解】① 顓(전)—첫(耑) 얼굴(頁)이지만 星名이고,

② 頊(욱)—玉頁은 謹貌인데, 顓頊은 黃帝의 孫에 高陽氏의 號.

③ 奄(엄)—大申의 合字니 크게 펴는 것.

④ 冥(명)—太陽을 덮은(冖)데 陰數의 代表를 結合해서 「어두움」을 表
現한 것.

⑤ 鹹(함)—모두 다(咸) 소금(鹵)이니 「짠맛」.

⑥ 朽(후)—나무(木) 속에 水分이 들어(丂)가서 「썩는」 것.

⑦ 蜃(신)—陽氣가 始動하는 三月(辰) 벌레(虫)지마는 「큰 조개」를 뜻
한 것.

⑧ 驪(려)—麗馬는 고운(麗) 말(馬)이나 「純黑色馬」.

⑨ 彘(체)—돼지머리(彑) 밑에 왜 丄矢匕의 三合字를 붙여서 「돝」字
로 했던가.

⑩ 釁(흔)—興酉分의 三合字로서 人間 關係가 「벌어지는」 爭端을 뜻
하였으니, 술(酉)醉한 氣分으로 일으킨(興) 것인가. 그런데 物件의
틈에 「피를 바른다」는 뜻도 된 것.

⑪ 筴(협)—무엇을 집는(夾) 대(竹)가지를 뜻한 것.

⑫ 斂(렴)—여럿(僉)을 매로 쳐(攵)서 「거두어들이는」 것.

⑬ 鍵(건)—建設的인 金屬器具니 이것은 廢鎖된 것을 여는 「열쇠」를
뜻한 것.

⑭ 籥(약)—竹亼㗊冊의 四合字니 긴 대(竹)통에 三孔(㗊)을 뚫어서 音
을 連結하는 冊이니 부는 「피리」.

⑮ 蹊(계)—어찌(奚) 발(足)로 다니는 길일까. 질러가는 「지름길」.

⑯ 棺(관)—나무(木)로 짜서 아직 尸身을 넣지 않은 빈(官) 「널」.

⑰ 槨(곽)—郭(곽)의 略字와 木의 合字니, 城 밖에 또 城(郭)이 있는
것처럼 棺 밖에 또 棺을 넣는 「덧널」.

⑱ 壟(롱)—平地上에 龍처럼 솟아오른 흙(土) 「두던」.

⑲ 勒(륵) ― 皮에서 털을 뽑아 革으로 만드는 것처럼 말(馬)이 힘(力)을 못 쓰게 입에 먹이는 「자갈」.

【通釋】孟冬(十月)달에는 太陽이 尾星에 있는데, 저녁에는 危星이 南中하고, 아침에는 七星이 南中하며, 天干으로는 壬癸고, 先帝는 顓頊高陽氏이고, 그 神은 玄冥이며, 그 虫은 介虫이고, 그 音은 羽聲이며, 律은 應鍾이고, 그 數는 六이며, 그 味는 鹹하고, 그 臭는 朽하며, 그 祀는 道路에서 하고, 祭에는 腎을 先으로 한다. 水는 처음으로 結氷하고 地은 처음으로 凍結하며, 雉는 大水로 들어가 蜃이 되고, 虹은 없어져 보이지 않는다.

天子는 玄堂의 左介에 居處하고 玄車를 타는 데는 鐵驪(鐵色의 黑馬)로 끌며, 玄旗를 꽂고 黑衣를 입으며, 玄玉을 차고 黍와 彘를 먹는데, 그 器物은 閎하고 奄한 것으로 한다.

이 달에는 立冬이 드니 그 三日 前에 太史는 天子를 가서 뵙고, 「며칠은 立冬으로 盛德이 水에 있나이다.」고 하면 天子는 이에 齋戒 하고, 立冬날에는 親히 三公九卿과 大夫를 거느리고 北郊로 나가 冬節을 맞이하고 돌아와서는 喪事에 賞을 주고, 孤寡를 救濟(恤)하는 것이다. 이 달에는 太史를 命해서 龜筴(占하는 器具)에 피를 바르(釁)고, 吉兆를 占하는 데는 卦의 吉凶을 詳審해서 奸邪한 阿黨이 있다면 處罰 하는데 隱蔽함이 없게 하라.

이 달에는 天子가 비로소 가죽으로 만든 겉옷을 입고 有司께 命해서 「天氣는 上昇하고, 地氣는 下降해서 天地가 不通하여 閉塞하는 冬節이 되었다.」고 하고는 百官으로 하여금 倉庫(蓋藏)를 淸潔히 하고 有司로 하여금 荷積을 巡視해서 缺損이 없게 하며, 城郭에는 缺損된 벽돌을 補充(坏)하며, 門閭를 警戒하고, 鍵鎖를 修行하며, 樂器를 삼가고 封疆을 굳히며, 國境을 警備하고 要塞를 完備하며, 橋梁을 占檢하고 蹊徑을 防塞하며, 喪紀를 申飭하고 衣裳을 分辨하며, 棺槨의 厚薄, 封墳의 大小高低, 貴賤의 等級 등을 살피게 하는 것이다.

이 달에는 工人을 命해서 工績을 나타내게 하며, 祭器를 陳하고 程度를 案해서 或是나 淫巧한 것을 만들어 上者의 마음을 放蕩하게 함이 없게 하는 것이다. 반드시 功을 이루어 上者를 爲하는데, 그 製品에는 그 工人의 名을 새겨(勒)서 그의 誠心을 考證하고, 萬若에 不當함이 있다면 반드시 그 責任을 追窮해야만 할 것이다.

이 달에는 烝祭를 지내고 크게 饗宴을 하는데 天子는 天帝에게 來年에 農事를 祈豐하고, 크게 公社와 門閭에 獵祭와 先祖에 五祀를 지내서 農事에 勞苦하던 人民을 休息시키며, 天子는 이에 軍將에게 命令해서 講武를 하고 射御를 익히도록 하는 것이다.

이 달에는 川澤官에게 命해서 水泉池澤의 稅를 賦課해서 敢히 脫稅하는 者가 없게 해야하나, 一般 大衆들이 下位에서 天子에게 怨聲을 하게 한다면 그런 者는 處罰함에 容恕함이 없게 하라.

孟冬에 春令을 行하면 凍閉함이 不密해서 地氣가 上洩(泄)해서 百姓에는 流移하는 者가 많아지고, 夏令을 行한다면 國內에 暴風이 많이 나고 겨울에도 춥지 않아 蟄虫이 다시 나오며, 秋令을 行하면 霜雪이 不時에 오고 小兵이 때로 나오며, 또 土地가 侵削되는 것이다.

12

仲冬之月 日在斗 昏東辟中 旦軫中 其日壬癸 其帝顓頊 其神玄冥 其蟲介 其音羽 律中黃鍾 其數六 其味鹹 其臭朽 其祀行 祭先腎. 冰益壯 地始坼 鶡旦不鳴 虎始交. 天子居玄堂大廟 乘玄路 駕鐵驪 載玄旂 衣黑衣 服玄玉 食黍與彘 其器閎以奄 飭死事. 命有司曰 土事毋作 愼毋發蓋 毋發室屋 及起大衆 以固而閉 地氣沮泄 是謂發天地之房 諸蟄則死 民必疾疫 又隨以喪 命之曰暢月. 是月也 命奄尹申宮令 審門閭 謹房室 必重閉 省婦事 毋得淫 雖有貴戚近習 毋有不禁 乃命大酋 秫稻必齊 麴糵必時 湛熾必潔 水泉必香 陶器必良 火齊必得 兼用六物 大酋監之 毋有差貸 天子命有司 祈祀四海大川名源 淵澤井泉. 是月也 農有不收藏積聚者 馬牛畜獸有放佚者 取

之不詰 山林藪澤 有能取蔬食 田獵禽獸者 野虞敎道之 其
有相侵奪者 罪之不赦. 是月也 日短至 陰陽爭 諸生蕩 君
子齊戒 處必掩身 身欲寧 去聲色 禁者欲 安形性 事欲靜
以待陰陽之所定 藝始生 荔挺出 蚯蚓結 麋角解 水泉動
日短至 則伐木取竹箭. 是月也 可以罷官之無事 去器之
無用者 塗闕廷門閭 築囹圄 此以助天地之閉藏也. 仲冬行
夏令 則其國乃旱 氛霧冥冥 雷乃發聲 行秋令 則天時雨
汁 瓜瓠不成 國有大兵 行春令 則蝗蟲爲敗 水泉咸竭 民
多疥癘.

【字解】① 軫(진)—수레(車) 뒤에 形狀(彡)을 나타내는 「橫木」.

② 坼(탁)—흙(土)덩어리를 밀치(斥)면 「터져서 갈라지는」 것.

③ 鶡(갈)—어찌(曷) 새(鳥)라 할까. 鷄의 種類로서 「잘 싸우는 새」
의 이름.

④ 沮(저)—또(且) 물(水)이 흐르는 江이 있으니, 가는 길을 「막는」
것.

⑤ 暢(창)—陽氣(昜)가 伸長(申)하니 氣分이 「通達」하는 것.

⑥ 酋(추)—술단지(酉)를 처음 여는(八) 것인데, 「괴수」란 뜻이 된 것.

⑦ 秫(출)—禾와 朮(출)의 合字로서 「차조」란 뜻이 된 것은 무엇 때문
일까.

⑧ 糵(얼)—벤(辟) 나무(木) 둥치에 나는 풀(艸)은 草木의 「싹」인데,
밀에 싹을 틔워서 만든 「누룩」.

⑨ 湛(담)—甚히 좋은 水는 「맑은」 것.

⑩ 藪(수)—數많은 草木이 茂盛한 「큰 숲」.

⑪ 芸(운)—香氣가 난다고 말(云)하는 풀(艸) 이름.

⑫ 荔(례)—劦과 艸의 合字로 한 香草의 이름이나, 荔枝는 果樹의 이
름인데, 中國 南方에 있는 常緑樹로서 그의 木質은 甚히 堅固하고,
그의 果實은 味美하다고 하니, 그래서 三力의 合字로 된 것인가.

⑬ 挺(정)―손(手)으로 잘 빼내는(廷) 것이나, 빼어난 뜻도 된 것.

⑭ 麋(미)―鹿의 種類로서 水牛같은 「고라니」인데, 米는 音符로만 結合된 것인가.

⑮ 箭(전)―앞(前)으로 쏘아서 나가는 대(竹)로 만든 「화살」.

⑯ 氛(분)―空氣의 分子니 氛圍氣.

⑰ 汁(즙)―固體食物을 찧어서 나는 「十分의 水液」이니 「즙」.

⑱ 疥(개)―皮膚에 介腫이 돋는 병(疒)이니 「옴」.

⑲ 癘(려)―사나운(厲) 병(疒)이니 染病.

【通釋】仲冬(十一月)月에는 太陽이 斗星에 있는데, 저녁에는 東辟星이 南中하고, 아침에는 軫星이 南中하며, 天干으로는 壬癸고, 先帝는 顓頊高陽氏며, 그 神은 玄冥이고, 그 虫은 介虫이며, 그 音은 羽聲이고, 律은 黃鍾이며, 그 數는 六이고, 그 味는 鹹하며, 그 臭는 朽한 것이고, 그 祀는 道에서 하고, 祭에는 腎을 先으로 한다. 얼음은 더욱 壯해지고 땅은 비로소 터지며, 鶡旦은 울지 않고, 虎狼은 비로소 交尾한다. 天子는 玄堂의 大廟에 居處하고, 玄車를 타는 데는 黑馬가 끌고 가며, 玄旗를 꽂고 黑衣를 입고 玄玉을 차며, 黍와 彘를 먹는 데는 그 器物은 閎하고도 奄하고, 軍士는 戰陳에서는 必死할 決心을 한다.

그리고 有司께 命해서는 「土地의 役事는 하지 말고 所藏한 穀物은 내주지 말며, 家屋은 開放하지 말고 大衆을 動員하지도 말고서 굳게 閉藏하라.」고 한다. 地氣가 漏洩하는 이것을 天地의 房을 開發하는 것이라고 말하니, 그러면 여러 蟄虫이 죽고 民間에는 반드시 疾病이 流할 것이다. 그러지마라. 喪事가 나면 그것은 「暢月」이라고 이름하는 것이다.

이 달에는 宦官의 長(奄尹)에게 命해서 宮令을 肅正하며, 門閭를 살피고 房室을 삼가해서 더욱 굳게 닫으며, 女人들을 監督해서 淫亂함이 없게 하고, 비록 近親한 貴族이라도 出入을 禁止하며, 이에 酒官의 長(大酋)에 命해서는 반드시 술 담그는 찹쌀(秫稻)을 準備하고, 누룩(麴蘗)을 제때 갖다가 밥쌀은 반드시 깨끗이 씻고 泉水도 香氣롭게 하며, 술단지는 반드시 좋은 것으로 해서 불도 適當하게 때는 以上의 六物이 具備되면 大酋가 그것을 監督해서 差錯이 없게 해야만 할 것이다. 天子

는 有司에게 命令해서 四海大川의 名源淵澤井泉에 두루 祈祀를 하는
것이다.

이 달에는 農家에 收藏積聚하지 못한 者나 牛馬畜獸를 放逸한 者가
있으면 그를 召喚해도 追窮은 하지 아니하고, 山林澤藪에서 能히 蔬食
을 取하고, 禽獸를 畋獵하는 者는 虞人(山林官)이 그를 指導하는데 그
中에서도 侵奪하는 者가 있으면 그것은 處罰해서 容恕하지 않는 것이다.

이 달에는 晝間이 最短하고 陰陽은 다투지도, 여러 生物은 作用(蕩)
하나니, 君子는 齋戒해서 居處에는 반드시 몸을 덮고 편하려면 聲色을
버리고 嗜欲을 禁하며, 形性을 편케 하여 일은 고요하게 하려고 陰陽
의 所定을 기다리는 것이다. 그 때 芸은 비로소 나고 荔는 줄기가 나며,
蚯蚓은 結하고 麋角은 解하며, 泉水는 動하는 것이다. 晝間이 最短하
니 나무를 치고 竹箭을 取하는 것이다. 이 달에는 怠職한 者는 罷免하
고 無用한 것은 廢棄해야 하고, 闕廷의 門閭를 塗壁하며, 監獄을 修築
하는 이것은 天地의 閉藏을 도우는 것이다.

仲冬에서 夏令을 行하면 國內가 가물고, 氛霧로 어두워져 雨雷가 發
聲하며, 秋令을 行하면 天時로 雨水가 오고, 瓜瓠도 되지 않으며 大兵
이 亂해지고, 春令을 行하면 蝗虫의 災가 나고, 泉水가 마르며, 疥癘가
많아지는 것이다.

13

季冬之月 日在婺女 昏婁中 旦氐中 其日壬癸 其帝顓
頊 其神玄冥 其蟲介 其音羽 律中大呂 其數六 其味鹹其
臭朽 其祀行 祭先賢. 鴈北鄕 鵲始巢 雉雊 雞乳. 天子居
玄堂右个 乘玄路 駕鐵驪 載玄旂 衣黑衣 服玄玉 食黍與
彘 其器閎以奄. 命有司大難 旁磔出土牛. 以送寒氣 征
鳥厲疾 乃畢山川之祀 及帝之大臣 天之神祇. 是月也 命
漁師始漁 天子親往 乃嘗魚 先薦寢廟 冰方盛 水澤腹堅
命取冰 冰以入 令告民出五種 命農計耦耕事 脩耒耜 具

田器 命樂師大合吹而罷 乃命四監收秩薪柴 以共郊廟及
百祀之薪燎. 是月也 日窮于次 月窮于紀 星回于天 數將
幾終 歲且更始 專而農民 毋有所使 天子乃與公卿大夫 共
飭國典 論時令 以待來歲之宜 乃命大史次諸侯之列 賦之
犧牲 以共皇天上帝社稷之饗 乃命同姓之邦 共寢廟之芻
豢 命宰歷卿大夫至于庶民 土田之數 而賦犧牲 以共山林
名川之祀 凡在天下九州之民者 無不咸獻其力 以共皇天
上帝社稷寢廟山林名川之祀. 季冬行秋令 則白露蚤降 介
蟲爲妖 四鄙入保 行春令 則胎天多傷 國多固疾 命之曰
逆 行夏令 則水潦敗國 時雪不降 冰凍消釋.

【字解】 ① 婁(루)—冊(毋)中女의 三合字니 中心이 毋(無)한 女子는
「속이 비어」「어리석은」 것.

② 氐(저)—草木이 地面(一) 위에 올라온 이(氏)것은 줄기와 잎이고,
그 아래 이(氏)것은 뿌리니, 一로써 그 밑을 表示한 것.

③ 雊(구)—隹는 雄雉고 句는 發聲이니 「장끼가 우는」 것.

④ 難(난)—儺(나)의 略字니 무당(人)이 어려운(難) 惡鬼를 「쫓아내
는 굿」.

⑤ 旁(방)—立方은 三次元이니 「크고」「넓은」 것.

⑥ 磔(척)—暴君桀처럼 石으로 치고 四肢를 찢어 죽이는「無慈悲한 刑
罰」.

⑦ 祇(기)—땅에 뿌리(氏)한 神(示)이니, 즉「地神」.

⑧ 耦(우)—두 사람이 짝(偶)을 지어 쟁기(耒)로「밭을 가는」 것.

⑨ 耒(뢰)—丰 와 木의 合字니 나무(木)로 만들어 雜草가 나 있는 밭
을 갈면 그 풀이 散亂(丰)해지는「쟁기」.

⑩ 耜(시)—쟁기(耒) 끝에 쇠로써(目=以) 만든 날이니, 즉「따비날」
「보습끝」.

⑪ 柴(시)—此木은 불 때는 煙料.

⑫ 燎(료)―불(火)로써 밝히는(尞) 것.

⑬ 妖(요)―예쁜(夭) 女子가 男子를 迷惑시켜「災殃을 만든」것.

⑭ 胎(태)―肉體(月)內에서 한 生命의 별(台)이 생겨나니「아이배는」것.

【通釋】季冬(十二月)月에는 太陽이 婺女星位에 있는데, 저녁에는 婁星이 南中하고, 아침에는 氐星이 南中하며, 天干으로는 壬癸고, 先帝로는 顓頊高陽氏며, 그 神으로는 玄冥이 司令하고, 그 虫은 介虫이며, 그 音은 羽聲이고, 律은 大呂이며, 그 數는 六이고, 그 味는 醎하며, 그 臭는 朽하고, 그 祀는 道에서며, 祭에는 腎을 先으로 한다. 雁은 北으로 가고, 鵲은 집을 지으며, 雉는 소리치고 鷄는 알을 품는다.

天子는 玄堂의 右个에 居處하고 玄車를 타는데 黑馬를 끌게 하며, 玄旗를 꽂고 黑衣를 입으며, 玄玉을 차고 黍와 彘를 먹는데, 그 器物은 閎하고도 奄한 것으로 한다. 有司를 命해서 큰 굿(儺)을 하는데 惡鬼에 널리 磔刑하고 土牛를 내서 寒氣를 보내고, 새매(征鳥)는 빨리 날며, 이에 山川의 祀와 帝의 大臣, 天의 神祇에 祭를 마치는 것이다.

이 달에는 漁獵官을 命해서 비로소 漁獲을 하게 하고, 天子는 親히 가서 그 고기를 맛보는 데는 먼저 祠堂에 薦新하며, 江氷은 더욱 두꺼워지고 澤面에 얼음은 굳어지니 그것을 割取해 오며, 百姓들에게 命해서는 五穀의 種子를 準備하게 하고, 農事하는 데는 짝지어 밭가는 耒耜를 修繕해서 田地에 用具를 完備하고는 樂師에게 命해서 크게 吹合하다가 罷하게 하고, 또 四監에게 命해서는 煙料를 收集하여 郊廟와 百祀할 때 불을 밝히는데 供給하도록 한다.

이 달에는 日의 軌道를 다 왔고, 月의 會紀도 다 왔으며, 星도 天을 다 돌았으니 將次는 다들 마치고는 다시 처음으로 돌아갈 것이니, 農民에게는 使役을 시키지 말아야 할 것이다. 天子는 이에 公卿大夫와 더불어서 같이 國家의 法典을 申飭하고 時令을 論議해서 來年에 待備하고, 또한 이에 太史를 命해서는 諸侯의 列에 이어서 犧牲의 物을 賦課하여 皇天上帝와 社稷의 饗祀에 供給하게 하고, 이에 同姓國에 命해서는 宗廟의 祭肉(芻豢)을 같이 하게 하며, 小宰에 命해서는 卿大夫에서

庶民에 이르기까지 그 田地의 數로써 犧牲物을 賦課하여 山林名川의 祭에 供給하게 할 것이다. 그러니 무릇 天下에 九州의 民은 모두들 그 힘들여서 皇天上帝, 社稷宗廟, 山林名川의 祭에 供給하게 하는 것이다.

　季冬에서 秋令을 行하면 白露가 일찍 오고, 介虫에 災가 드니 四方을 入保하며, 春令을 行하면 死胎로 多傷하며, 國内에 固疾이 많아지니 그것을 「逆」이라 하고, 夏令을 行하면 水敗가 나고 눈도 오지 않으며, 凍冰도 풀리는 것이다.

【統説】 이 月令篇은 秦나라 陽翟에 富商인 呂不韋가 始皇의 相國이 되어 儒書를 모아서 學者들로 하여금 十二紀 六十篇 八覽 六十三篇, 六論 三十六篇 등을 지어 『呂氏春秋』라고 題名했는데 그 中에 十二紀의 十二篇만 抄録한 것이니, 十二個月에 春夏秋冬의 變化에 따른 政令의 當爲原則을 規定한 것이다.

　그의 大要만 말한다면 日月星辰의 運行이 位置의 變化에 따라 天干과 成數, 帝名과 神名, 五音과 六律, 五味와 五臭, 虫類와 五祀를 各其 配屬해서 氣候의 變化에 따른 魚鳥의 動態 등 自然의 現象을 列擧하고 天子의 居所와 車馬, 斿色과 服色, 食物과 器物 등을 말하였다. 立春, 立夏, 立秋, 立冬 때는 太史가 天子에게 三日 먼저 上告해서 入節日에는 天子가 親히 三公과 九卿, 諸侯와 大夫를 거느리고 東郊, 南郊, 西郊, 北郊에 나가서 春夏秋冬을 맞이하며, 돌아와서는 公卿, 諸侯, 大夫에게 施惠도 하고 慰恤도 하는 것이었다.

　그래서 十二個月의 變化하는 時令에 따라서 政令을 내리는 原則 六七個條씩을 列擧하고, 萬若에 그의 政令이 時令에 違背될 때는 天罰이 온다는 것을 말하였으니 이것이 自然에 順應하는 東洋의 儒道思想에 依據한 것이다. 그러나 秦始皇은 조금도 이에는 關心하지 않았으니 이것은 그의 武人的인 性格에 根本的으로 相反되는데, 더구나 李斯가 그를 迎合해서 暴君을 만든 것이다. 元來에 李斯는 小人이라 제 一身의 榮達을 爲해서는 제 同門生도 無慈悲하게 毒殺한 者인 것이다. 그러면 李斯는 왜 그러한 惡者가 되었는가 하면 그것은 荀子의 性惡説의 教育을 받았기 때문이다. 荀子는 人性을 惡으로만 보고 善하다는 것은 거짓이니 禮로써만 그 惡을 善으로 改造하라는 것이다. 그러니 그의 敎育을 받은 李斯는 假字 善을 만드는 禮는 行하지 아니하고 그의 性대로 眞字 惡만 하게 된 것이다.

『中庸』에 「天命之謂性 率性之謂道 脩道之謂敎」라고 한 이것이 儒道의 本領이니 天의 命한 性은 善한 것이기 때문에 그 性을 率하는 것이 道가 되고, 그 道를 脩하는 것을 敎로 한 것이다. 그런데 荀子는 天命한 性을 惡하다고 하였으니 그것을 率하는 道는 必要없고 그것을 制하는 禮만 主唱한 것이다. 이것은 儒道의 本領에 矛盾된 것이나 그래도 漢書藝文志에는 그를 儒家者流로 揷入하였으니, 그것은 儒道의 眞理를 몰랐기 때문이다. 荀子에는 儒效說, 脩身說, 五制說 등의 承儒的 側面이 있기는 하지마는 그의 性惡說, 禮本說, 天行說 등의 背儒的 性格이 더욱 重大하니 이것이 自己否定인 것이다. 東方에서 背去하면 西方으로 간 것처럼 荀子는 內的인 東方의 道에서 外的인 西洋의 道로 變化된 것이다.

이 月令篇에는 四季가 變化하는 自然의 現象에 따라서 政令의 變化를 말하였으니 이에서 可히 東西洋의 思想的 變化를 알 수가 있는 것이다. 陽氣가 生長하는 春夏는 東洋의 道고 陰氣가 生長하는 秋冬은 西洋의 道인 것이다. 孟春에는 生物을 助長해서 樹木도 치지 않고 鳥獸도 잡지 않으며, 城郭도 쌓지 않고 兵力도 쓰지 않으며, 仲春에는 農事를 爲해서 賦役도 시키지 않고, 祭祀를 지내는 데 犧牲도 쓰지 않으며, 季春에는 隄防을 해서 水路를 開通하고 禽獸를 爲해 田獵을 禁止하며, 孟夏에는 草木의 增長을 妨害하지 말고, 麥秋가 되어서는 刑罰을 적게 하며, 仲夏에는 陽이 最長하고 陰이 始生하니 君子는 齋戒하여 嗜欲을 調節해서 心氣를 安定하고 季夏에는 皇天上帝, 名山大川, 宗廟社稷의 靈께 生民을 爲해서 祈福하라는 것이다.

그리고 孟秋에는 天子가 將帥에 命令해서 不義를 치고 暴徒를 죽이며, 訴訟을 處決하고 犯罪를 嚴斷하며, 仲秋에는 百刑을 嚴正하게 하고 城郭을 修築하게 하며, 晝夜가 平分하니 度量衡器를 審正하며, 季秋에는 霜降해서 草木이 黃落하니 田獵도 容許하고 犯罪도 斷決하며, 孟

冬에는 天氣가 上昇하고 地氣는 下降해서 天地가 不通하니 闕門을 戒閉하고 武備를 講習하며, 仲冬에는 晝間이 最短하고 陰氣가 最壯하여 爭鬪가 發生하니, 無事한 官은 罷免하고 無用한 器는 棄去하며, 季冬에는 大寒에 陰이 極壯해서 新年도 멀지 않으니 農具를 修理하는 農民을 使役하지 말라는 것이다.

一年四季의 變化를 人類世界로 말하면 東亞는 春節이고 南亞는 夏節이니 이것은 生長을 돕는 東洋思想이고 西歐는 秋節이고 北蘇는 冬節이니 이것은 鬪爭해 온 西洋思想이다. 秋節에는 西方에 白帝가 司令했는데 冬節에는 北方에 黑帝가 司令해서 黑白이 相反하니 이것이 民主資本主義와 共産獨裁主義가 對立鬪爭해 온 것이다. 그래서 近年에는 北蘇가 崩壞하며, 冬將軍이 退去하였으니 이제는 春節에 들었으니 解氷期가 된 것이다. 그래서 西紀二〇〇〇年은 西洋思想의 終末인 同時에 檀紀四三三三年이 되는 해이니 그 때는 人類世界에 立春이 되는 해가 될 것이다.

附　　錄

孝經新講

1. 孝의 始發

> 仲尼居　曾子侍　子曰　先王有至德要道　以順天下　民用
> 和睦　上下無怨　汝知之乎　曾子避席曰　參不敏　何足以知
> 之　子曰　夫孝　德之本也　教之所由生也　復坐　吾語汝　身
> 體髮膚　受之父母　不敢毀傷　孝之始也　立身行道　揚名於
> 後世　以顯父母　孝之終也　夫孝　始於事親　中於事君　終於
> 立身　大雅云　無念爾祖　聿修厥德.

【釋解】孔子께서 앉아 계시(居)는데 曾子가 모시고 있을 때 孔子는 말씀하시되, 「옛적에 先王은 至德의 要道가 있어서 天下를 順治하사, 民衆은 和睦해서 上下에 怨望이 없었으니 너는 그것을 아느냐?」고 하시니, 曾子는 자리를 避하면서 말하되, 「저(參)는 不敏한데 어찌 足히 알겠습니까.」고 하였다. 그래서 孔子는 말씀하시되, 「그 孝는 德의 根本이고 教가 由來하는 바이다. 다시 앉아라. 나는 너에게 말을 하리라. 身體의 髮膚는 父母에게 받은 것이니 敢히 毀傷하지 못하는 것은 孝의 始作이고, 立身해서 行道하여 後世에 名聲이 高揚되어 父母를 드러냄은 孝의 結果(終)이니, 그 孝는 事親에서 始發해서 中間에는 事君하여 立身으로 完成(終)되는 것이다. 그러므로 『詩經』 大雅文王篇에는 「너의 祖上 追慕않나 오직 德에 힘을 쓰라.」고 한 것이다고 하셨다.

2. 孝의 等級

子曰 愛親者不敢惡於人 敬親者 不敢慢於人 愛敬盡於事親 而德教加於百姓 刑于四海 蓋天子之孝也 甫刑云 一人有慶 兆民賴之 在上不驕 高而不危 制節謹度 滿而不溢 高而不危 所以長守貴也 滿而不溢 所以長守富也 富貴不離其身 然後能保其社稷 而和其民人 蓋諸侯之孝也 詩云 戰戰兢兢 如臨深淵 如履薄冰 非先王之法服 不敢服 非先王之法言不敢道 非先王之德行不敢行 是故 非法不言 非道不行 口無擇言 身無擇行 言滿天下 無口過 行滿天下 無怨惡 三者備矣 然後能守其宗廟 蓋卿大夫之孝也 詩云 夙夜匪懈 以事一人 資於事父以事母 而愛同 資於事父以事君 而敬同 故母取其愛 而君取其敬 兼之者父也 故以孝事君則忠 以敬事長則順 忠順不失 以事其上 然後能保其禄位 而守其祭祀 蓋士之孝也. 詩云 夙興夜寐 無忝爾所生 用天之道 分地之利 謹身節用 以養父母 此庶人之孝也 故自天子至於庶人 孝無終始 而患不及者 未之有也.

【釋解】孔子께서「愛親하는 者는 敢히 남에게 憎惡하지 아니하고, 敬親하는 者는 敢히 남에게 倨慢하지 않나니, 事親함에 愛敬을 다해서 百姓에게 德教를 加하여 四海에 模法이 되는 것은 대개 天子의 孝行이다.」 그러므로 『書經』 呂刑(甫刑)篇에는「一人(天子)에 慶事 있으면 兆民이 다 힘을 입는(賴)다고 하였다.」고 하셨다. 在上해도 驕없으면 位高해도 危하지 않고, 節제해서 謹度하면 充滿해도 안넘치나니, 位高해도 不危함은 그 貴를 길이 지키는 所以고, 充滿해도 不溢함은 그 富를 지키는 所以다. 그래서 富貴가 그 自身에서 떠나지 않는 然後에야만 能히 그 社稷을 지켜서 그 人民이 和合하게 되는 것은 대개 諸侯의 孝行

이다. 그러므로 『詩經』 小雅旻篇에는 「戰戰兢兢 조심함을 薄氷 밟는 것과 같이 하라.」고 하였다.

先王의 法服이 아니면 敢히 입지 안하고, 先王의 法言이 아니면 敢히 말하지 않으며, 先王의 德行이 아니면 敢히 行하지 않는 것이니 그래서 法이 아니면 말하지 안하고, 道가 아니면 行하지 않게 되면 입에는 擇言하지 아니하고 身에는 擇行하지 아니하여 天下에 가득하게 言辭해도 口過는 없고, 天下에 가득하게 行動해도 怨惡는 없을 것이다. 이 三者(法服, 法言, 德行)가 갖추어진 然後에야만 能히 그 宗廟를 지킬 것이니, 이것은 대개 卿大夫의 孝行이다. 그러므로 『詩經』 大雅蕩篇에는 「終日 가도 變함없이 오직 一人 섬기도다.」고 하였다.

事父함에 資하여서 事母를 함에는 愛가 共通하고, 事父함에 資하여서 事君을 함에는 敬이 共通하니, 母에는 愛를 取하고 君에는 敬을 取하는데 父에게는 兼한 것이다. 그러므로 孝道로써 事君하면 忠이 되고 敬意로써 事長하면 順이 되나니, 忠順을 잃지 않고 그 上者를 섬기는 然後에야만 能히 그 爵位를 保全해서 그의 祭祀를 守行하는 것은 대개 士者의 孝行이니 『詩經』 衛風珉篇에는 「夙興하고 夜寐해서 父母 辱됨 없게 하라.」고 하였다.

天의 道를 쓰고 地의 利를 나눠 謹身하고 節用해서 父母를 奉養하는 이것은 庶民의 孝行이다. 그러므로 天子로부터 庶民에 이르기까지 孝에는 終始가 없게 하고서 不及함을 걱정하는 者는 있지 않은 것이다.」고 하셨다.

3. 孝의 治平

曾子曰 甚哉孝之大也 子曰 夫孝 天之經也 地之義也 民之行也 天地之經 而民是則之 則天之明 因地之利 以順天下 是以其教不肅而成 其政不嚴而治 先王見教之可以化民也 是故先之以博愛 而民莫遺其親 陳之以德義 而民興行 先之以敬讓 而民不爭 導之以禮樂 而民和睦 示之

以好惡 而民知禁 詩云 赫赫師尹 民具爾瞻 子曰 昔者明
王之以孝治天下也 不敢遺小國之臣 而況於公侯伯子男乎
故得萬國之懽心 以事其先王 治國者 不敢侮於鰥寡 而況
於士民乎 故得百姓之懽心 以事其先君 治家者 不敢失於
臣妾 而況於妻子乎 故得人之懽心以事其親 夫然 故生
則親安之 祭則鬼享之 是以天下和平 災害不生 禍亂不作
故明王之以孝治天下也如此 詩云 有覺德行 四國順之

【釋解】 曾子는 말하되, 「甚합니다. 孝道의 偉大함이여!」고 하니 孔子
께서 「그 孝道란 것은 天의 經이고 地의 義이며, 民의 行이니 天地의
大經을 人民이 模範한 것이다. 天의 明을 法받고 地의 利에 因해서 天
下를 順治하는 것이다. 그러므로 그의 敎化는 嚴肅하지 안해도 成就되
고, 그의 政治는 威力으로 안해도 順治되나니, 先王의 敎導는 可히 化
民함을 보신 것이다. 그러므로 博愛를 先務로 하니 百姓들은 그 父母
를 버리지 아니하고, 德義에 陳情하니 百姓들이 孝行을 振作(興行) 하
며, 敬讓으로 先導하니 百姓들이 鬪爭을 하지 아니하고 禮樂으로 指導
하니 百姓들은 和睦하고, 好惡를 明示하니 百姓들은 禁法을 아는 것이
다. 『詩經』 小雅節篇에는 「光彩나는 太師尹氏 民衆들이 모두 그를 높
이 본다.」고 한 것이다.

　　孔子는 말씀하시되, 「옛적에 明王은 孝道로써 天下를 다스려서 敢
히 小國의 臣도 버리지 않았는데, 하물며 公侯伯子男일까. 그러므로 萬
國의 歡心을 더 얻어서 그의 先王을 섬기시니, 治國하는 者가 敢히 鰥
寡들도 無視하지 않았는데, 하물며 士民일까. 그러므로 百姓들의 歡心
을 다 얻어서 그의 先君을 섬겼으며, 治家하는 者는 敢히 臣妾에도 失
手하지 않았는데, 하물며 妻子일까. 그러므로 남들의 歡心을 다 얻어
서 그의 父母를 섬겼으니, 그래서 生時에는 父母가 安心하고 祭祀하면
魂靈이 歆享하였다. 그러므로 天下가 和平해서 災害가 不生하고 禍亂
이 不作하였으니 明王이 孝道로써 天下를 平治하셨음이 이러했던 것이
다. 그래서 『詩經』 大雅抑篇에는 「德行을 깨우쳐서 四國 모두 順應했

다고 한 것이다.」고 하셨다.

4. 孝의 德化

曾子曰 敢問聖人之德無以加於孝乎 子曰 天地之性 人
爲貴 人之行 莫大於孝 孝莫大於嚴父 嚴父莫大於配天
則周公其人也 昔者周公 郊祀后稷以配天 宗祀文王於明
堂 以配上帝 是以四海之內 各以其職來祭 夫聖人之德 又
何以加於孝乎 故親生之膝下 以養父母曰嚴 聖人因嚴以
教敬 因親以教愛 聖人之教 不肅而成 其政不嚴而治 其
所因者本也 父子之道 天性也 君臣之義也 父母生之 續
莫大焉 君親臨之 厚莫重焉 故不愛其親 而愛他人者 謂
之悖德 不敬其親 而敬他人者 謂之悖禮 以順則逆 民無
則焉 不居於善 而皆在凶德 雖得志之 君子不貴也 君子
則不然 言思可道 行思可樂 德義可尊 作事可法 容止可
觀 進退可度 以臨其民 是以其民畏而愛之 則而象之 故
能成其德教 而行其政令 詩云 淑人君子 其儀不忒.

【釋解】 曾子는 말하되, 「敢히 묻나이다. 聖人의 德은 孝道보다 더 큰
것이 없나이까?」고 하니, 孔子께서는 「天地의 性에는 人間이 最貴하
고 人間의 行爲에는 孝道보다 더 큰 것은 없으며, 孝道에는 父親을 尊
敬함보다 더 큰 것은 없고, 父親을 尊敬(嚴)함에는 上天에 配合함보다
더 큰 것도 없는데 周公은 그러했던 人物이었다. 옛적에 周公은 后稷
(農政官名인데 名은 棄로써 周나라 始祖)을 郊祀해서 上天에 配合하고
文王(周公의 父로서 周王의 元祖)은 明堂에 宗祀해서 上帝에 配合하셨
다. 그러므로 四海의 內(天下)가 各其 다 그의 職分으로 와서 參祭하
였으니 그 聖人의 德이 孝道보다 더한 것이 무엇일까. 그러므로 父母
가 出産하사 膝下에서 養育하시는데 날로 嚴하게 하시니 聖人은 嚴으

로 因해서는 敬을 가르치고 親으로 因해서는 愛를 가르치셨다. 그래서 聖人의 敎는 肅하지 안해도 成功하고, 그의 政治는 嚴하지 않아도 平治되었으니 그 所因한 것이 根本이 되었다. 父子의 道는 天性이고, 君臣의 道는 義理이니 父母가 生育함엔 系代(續)가 莫大하고 君上이 親臨함엔 厚義가 莫重한 것이다. 그러므로 그 父母를 愛하지 아니하고, 他人을 愛하는 것은 悖德이라 하고, 그 父母는 敬하지 아니하고, 他人을 敬하는 것은 悖禮라고 하나니, 그러면 順하려도 逆해서 百姓들이 模法(則)하지 않는 것이다. 善良하게 살지 않으면 모두 凶德이 되니, 비록 得志를 해도 君子는 그를 貴하게 보지 않는 것이다. 그런데 君子는 그러하지 아니하여 言은 可히 行할 것을 생각하고, 行은 可히 樂할 것을 생각하며, 德義는 尊重할 만하고 作事는 模法할만 하며, 容止는 볼만하고 進退는 알(度)만 하니, 그로써 民衆에 對(臨)하기 때문(是以)에 그 民衆은 畏하고도 愛하고, 則해서 象하는 것이다. 그래서 能히 그의 德敎를 成就해서 그의 政令을 遂行했기 때문에 『詩經』曹風鳲鳩篇에는 「착한 사람 君子들은 그 行動(儀)이 어김없다고 한 것이다.」고 하셨다.

5. 孝의 法敎

子曰 孝子之事親也 居則致其敬 養則致其樂 病則致其憂 喪則致其哀 祭則致其嚴 五者備矣 然後能事親 事親者 居上不驕 爲下不亂 在醜不爭 居上而驕則亡 爲下而亂則刑 在醜而爭則兵 三者不除 雖日用三牲之養 猶爲不孝也 子曰五刑之屬三千 而罪莫大於不孝 要君者無上 非聖人者無法 非孝者無親 此大亂之道也 子曰 敎民親愛 莫善於孝 敎民禮順 莫善於悌 移風易俗 莫善於樂 安上治民 莫善於禮 禮者 敬而已矣 故敬其父則子悅 敬其兄則弟悅 敬其君則臣悅 敬一人 而千萬人悅 所敬者寡 而悅

者衆 此之謂要道也 子曰 君子之敎以孝也 非家至而日見
之也 敎以孝 所以敬天下之爲人父者也 敎以悌 所以敬天
下之爲人兄者也 敎以臣 所以敬天下之爲人君者也 詩云
愷悌君子 民之父母 非至德 其孰能順民 如此其大者乎.
子曰 君子之事親孝 故忠可移於君 事兄悌 故順可移於長
居家理 故治可移於官 是以行成於內 而名立後世矣.

【釋解】 孔子는 말씀하시되,「孝子가 事親함에는 居할 때면 그 敬을 다
하고 養할 때면 그 樂을 이루며, 病들 때면 그 憂를 다하고, 喪할 때면
그 哀를 극하며, 祭할 때면 그 嚴을 이루나니, 이 五者를 兼備한 然後
에야만 能히 事親할 것이다. 그래서 事親하는 者는 上位에 있어도 驕慢
하지 아니하고, 下位에 있어도 亂行하지 아니하며, 群中(醜)에 있어도
鬪爭하지 아니하나니, 上位에서 驕慢하면 亡하게 되고 下位에서 亂行
하면 刑을 받게 되고 群中에서 爭鬪하면 兵을 쓰게 되니, 이 三者를 除
去하지 못한다면 每日 三牲(牛羊豚) 肉으로 奉養을 한다 해도 오히려
不孝가 될 것이다.」고 하시고, 또「五刑(墨刑, 劓刑, 荊刑, 宮刑, 大辟)
에 該當하는 罪目이 三千이나 되는 데도 不孝보다 더 큰 罪는 없는 것
이다. 君主께 强要하는 者는 無上한 것이고, 聖人을 非難하는 者는 無
法한 것이며, 不孝者는 無親한 것이니, 이것이 大亂하는 道인 것이다.」
고 하셨다.

　그리고 또「百姓들에 親愛함을 가르치는 데는 孝道보다 나은 것은 없
고 百姓들에 禮順함을 가르치는 데는 悌行보다 나은 것이 없으며, 風俗
을 變易시킴에는 音樂보다 나은 것이 없고 安上해서 治民함에는 禮보
다 나은 것이 없나니, 禮란 것은 敬하는 것뿐이다. 그러므로 그 父를
敬하면 子가 悅하고 그 兄을 敬하면 弟가 悅하며, 그 君을 敬하면 臣
이 悅하나니, 一人을 敬하는 데서 千萬人이 悅하는 것이라, 敬하는 者
는 最少數라도 悅하는 者는 最多數이니 이것을 要道라고 하는 것이다.」
고 하시고, 또「君子가 孝를 가르치는 것은 每日 그 집에 가서 보이는
것이 아니라, 孝를 가르치는 것은 天下에 남의 父된 者를 敬하는 所以

가 되고, 悌를 가르치는 것은 天下에 남의 兄된 者를 敬하는 所以가 되며, 臣을 가르치는 것은 天下에 남의 人君된 者를 敬하는 所以가 되는 것이다. 그러므로 『詩經』에는 「溫良(愷悌)하신 君子시여! 民衆들의 父母로다.」고 하였으니, 그 至德이 아니라면 어찌 能히 百姓을 順治함이 이처럼 偉大할 것인가.」고 하시고, 또 「君子는 事親함에 孝하기 때문에 人君께 가서는 忠이 되고, 事兄함이 悌하기 때문에 長上에 가서는 悌가 되며 居家에는 理하기 때문에 官職에 가서는 平治가 되나니, 그러므로 家內에서 德行을 이룬 데서 後世에는 名聲이 나는 것이다.」고 하셨다.

6. 孝의 諫爭

曾子曰 若夫慈愛恭敬 安親揚名 則聞命矣 敢問子從父之令 可謂孝乎 子曰 是何言與 是何言與 昔者天子 有爭臣七人 雖無道 不失其天下 諸侯有爭臣五人 雖無道 不失其國 大夫有爭臣三人 雖無道 不失其家 士有爭友 則身不離於令名 父有爭子 則身不陷於不義 故當不義 則子不可以不爭於父 臣不可以不爭於君 故當不義則爭之 從父之令 又焉得爲孝乎. 子曰 昔者明王 事父孝 故事天明 事母孝 故事地察 長幼順 故上下治 天地明察 神明影矣 故雖天子 必有尊也 言有父也 必有先也 言有兄也 宗廟致敬 不忘親也 脩身愼行 恐辱先也 宗廟致敬 鬼神著矣 孝悌之至 通於神明 光于四海 無所不通. 詩云 自西自東 自南自北 無思不服 子曰 君子之事上也 進思盡忠 退思補過 將順其美 匡救其惡 故上下能相親也. 詩云 心乎愛矣 退不謂矣 中心藏之 何日忘之.

【釋解】曾子는 말하되, 「그 慈愛하고 恭敬하며 安親하고 揚名함과 같은 것은 言命하심을 들었습니다마는 敢히 또 묻나이다. 子息이 父親의

命令에 服從하는 것을 孝道라고 할 수 있습니까.」고 하니, 孔子께서는
「그것이 무슨 말인가. 그것이 무슨 말인가. 옛적에 天子는 爭臣이 七
人만 있으면 비록 無道해도 天下를 잃지 않고, 諸侯는 爭臣이 五人만
있으면 비록 無道해도 그 國家를 잃지 않으며, 大夫는 爭臣이 三人만
있으면 비록 無道해도 그 家法을 잃지 않으며, 士者는 爭友가 있으면
自身의 令名을 잃지 않는 것이고, 父親은 爭子가 있으면 不義에 빠지
지 않는 것이다. 그러므로 不義에 當해서는 子息도 父親께 諫爭하지 않
으면 안 되는 것이고, 臣下도 君上에게 諫爭하지 않으면 안 되는 것이
다. 그러므로 不義에 當해서는 諫爭을 해야 하는데, 父命에 服從만 하
는 것이 어찌 孝道가 될 수 있을까.」고 하셨다.

  그리고 또 孔子께서「옛적에 明王은 事父함이 孝했기 때문에 事天함에
明하시고, 事母에는 孝하기 때문에 事地에는 察하시며, 長幼에는 順했
기 때문에 上下가 平治되니 天地를 明察함에 神明이 顯彰하였다. 그러
므로 비록 天子라도 반드시 尊奉하는 바가 있는 것이다. 父가 있다고
말하고 兄이 있다고 말하면 반드시 그를 先으로 하고, 宗廟에 敬意를
다함은 先親을 잊지 않는 것이고, 脩身해 行動을 삼가함은 先人에 辱될
까 두려워함이다. 宗廟에 敬意를 다하면 鬼神이 나타나고, 孝悌에 至極
하면 神明에 通하나니, 四海에 光明이 되어 通하지 않는 곳이 없을 것
이다. 『詩經』大雅文王有聲篇에는「西쪽에서, 東쪽에서, 南쪽에서, 北
쪽에서 服從않는 곳이 없다.」고 하였다.」고 하셨다.

  그리고 또「君子가 上者를 섬기는 데는 登廳을 하면 忠誠을 다하고
歸家를 하면 過失을 고쳐서 그 上者의 美德은 順成하게 하고, 그의 不
德은 匡救해 가기 때문에 上下가 能히 相親하는 것이다. 그러니 『詩經』
小雅隰桑篇에는「마음에 愛慕해도 멀어서 말 못하니 中心에 간직함을
어느 땐들 잊으리까.」고 했다.」고 하셨다.

7. 孝説終結

子曰 孝子之喪親 哭不偯 禮無容 言不文 服美不安 聞

樂不樂 食旨不甘 此哀戚之情也 三日而食 敎民無以死傷
生 毁不滅性 此聖人之政也 喪不過三年 示民有終也 爲
之棺槨衣衾而擧之 陳其簠簋而哀戚之 擗踊哭泣 哀以送
之 卜其宅兆 而安措之 爲之宗廟 以鬼享之 春秋祭祀 以
時思之 生事愛敬 死事哀戚 生民之本盡矣 死生之義備矣
孝子之事親終矣.

【釋解】孔子께서 말씀하시되,「孝者가 當喪을 하면 哭할 때는 依(俟)
支하지 않고, 禮하는 데는 擧容하지 않으며, 言辭에는 文餙하지 안하고,
服美해도 편하지 않고 聞樂해도 즐겁지 않으며, 食旨해도 달지 않나니
이것이 哀懴(戚)한 心情이다. 三日만에 食事를 함은 人民에게 死者 때
문(以)에 生者를 傷케 하지 않고, 哀毁해도 失神(滅性)하지 않음을 가
르치신 이것이 聖人의 政治인 것이고, 喪期는 三年에 不過하니 이것은
民衆에서 限定(終)이 있음을 보인 것이다. 棺槨을 만들고 衣衾으로 싸
서 入棺(擧之)을 한 뒤에 祭器(簠簋)를 陳設하고 哀痛해 하여 땅을 치
(擗)고 발로 뛰(踊)며, 哭泣하여 보내는 때는 그 墓地(宅兆)를 잡아서
安葬(措之)하고 宗廟를 지어 鬼神에 享祀하는데 春秋로 祭祀해서 때때
로 思慕하는 것이다. 生時에는 愛敬으로 섬기고 死後에는 哀痛하게 보
내는데 生民의 本은 極盡하고, 死生의 義는 完備하며, 孝子의 事親은
終結하는 것이다.」고 하셨다.

【附説】 무릇 物界에는 主體의 光線이 비쳐가면 客體의 反射가 돌아오고 主體의 音聲이 울려가면 客體의 反響이 돌아오는 것처럼 心界에는 自己가 善德을 行해가면 相對의 報德이 돌아오고, 自己가 惡行을 犯해가면 相對의 報怨이 돌아오는 것이 하나의 自然法則이다. 그러므로 曾子는「警戒하고 警戒하라. 너에게서 나간 것은 너에게로 돌아온다.」고 말씀하셨다. 그래서 善行으로 오는 報德은 相互가 共히 幸福하게 되지마는 惡行으로 오는 報怨은 彼此가 共히 不幸하게 되는 것이다. 그러니 善行에 報德하는 것은 社會를 結合하는 最上의 美德이지마는 惡行에 報怨하는 것은 社會를 破壞하는 最下로 不德하기 때문에 그것은 法律이 報怨해 주는 것이다.

그런데 報德하는 善行中에서 가장 重且大한 것은 孝道이니, 孝道는 人間社會를 平和 幸福하게 하는 根本的인 德行이기 때문이다. 人間이 世上에서 生長하는 것은 오직 父母의 恩德인데, 그의 恩德도 모르는 人間이라면 그는 人間이 아닌 動物에 不過한 것이다. 父母가 子息을 愛育하는 것은 그의 種族을 繁殖하는 動物的인 本能이지마는 子息이 父母께 孝道하는 것은 그의 義務를 遂行하는 人間的인 德行인 것이다. 가장 恩愛가 深重한 父母의 功德도 報答하지 않는 者는 血緣있는 親戚이라고 協助할 理는 없는데, 無緣한 越人에야 말할 것도 없으니 그는 人間社會를 離脫하는 것이다.

그러므로 孔子는 曾子에게 孝道를「民用和睦하여 上下無怨해진」 先王의 至德要道라고 하사『孝經』一篇을 説하신 것이니, 孝道의 意義는 實로 偉大한 것이다. 그래서 數千來로 그것이 東洋社會의 風習으로 傳來하였는데, 後世에 와서는 그의 偉大한 意義는 喪失하고 그의 權威만 承襲해서 祖先의 葬祭에는 專力을 다해도 子女의 養育에는 關心도 아니하고 家事에 使役만 시켰으니,「在下者는 有口無言이라.」그래서 儒家는 世世代로 降衰만 해온 것이다. 그 때에 近代의 西歐思潮가 侵入하니 開明했던 人士들은 모두 孔子를 叱責하고 孝道를 排棄하고 民主主義・共産主義로 歸化해 갔으므로 나도 그 中의 一分子가 되었던 것이다.

그래서 나는 中國의 梁啓超著『飮氷室文集』을 求讀하고, 또 早大의

出版部의 『政治經濟講義録』을 修了해서 二十五歲 때(西紀一九三四年) 東京으로 가게 되었다. 그래서 여러 圖書館에 다니면서 東西古今의 思想書를 涉獵하는 데서 西洋의 民主主義와 共産主義의 理論的 矛盾을 發見하고, 東洋의 儒道思想과 王道政治의 救世的 眞理를 覺惺하였다. 그래서 大東亞戰爭이 熾烈했던 一九四三年 秋에 歸鄕하여 그 해 겨울부터 『世界思想百圖』를 計劃해서 六十圖까지 作成한 그 가운데 「儒道思想十圖」中 第七圖인 「修齊」에는 孝道의 原理를 圖示하였으니, 그것은 다음과 같은 것이다.〈孝圖參照〉

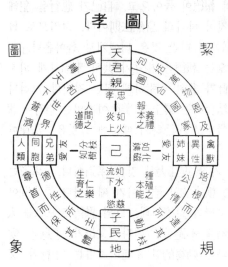

[孝圖]

　自己를 中心으로 해서 위의 父母로 올라가는 孝心은 祖先으로 溯及해 가면 그의 同族이 모두 一體로 되고, 그것을 國家의 元首에게로 移行해서 忠誠을 하면 그의 國民이 모두 一體가 되며, 또한 宗教로써 天神을 信仰하면 禽獸까지도 愛護하는 慈悲가 되는 것이다. 그러니 孝心은 燃上하는 불처럼 社會의 空氣를 温化하고 人生에 光明을 賦與하는 것이기 때문에 聖王은 「以孝로 治天下 했던」 것이다. 그러나 子女로만 내려가는 慈情은 물처럼 社會的으로는 寒冷한 作用을 하는 것이다. 그런데 兄弟姉妹에 對한 友愛는 樹木처럼 分枝된 것이고, 草木禽獸에 對한 慈悲는 磁石처럼 吸鐵하는 것이니, 自身이 中央土에서 縱的으로는 火와 水, 橫的으로는 木과 金 등 自然界에 五行의 原理가 이에 具現된 것이다.

　위에 親으로 上昇하는 孝道의 熱情은 내려오면 반드시 兄弟姉妹를 包容하게 되고, 君으로 올라간 忠心은 내려오면 반드시 同胞와 異性을 包攝하게 되며, 天으로 올라간 信心은 내려오면 반드시 人類와 禽獸까지 包攝하는 것이다. 그런데 孝心, 忠心, 信心은 모두 公情의 所動이고 德性의 所主로써 國家를 團合하고 世界를 平和하게 하니, 그것이 내려와서 子民地로 合하면 그것이 圓體가 되어 天下에 圓轉해서 널리 人類를 救濟하고, 萬物을 包攝해서 恩이 禽獸에까지 普及하게 되는 것이다. 이것을 動物로 말하면 首를 尊해서는 그 肉身을 保全하고, 植物로 말하면 根을 培해서는 그 枝葉을 營養함과 같은 것이다.

그러니 孝道는 人類를 普濟할 뿐만 아니라 禽獸도 恩愛하는 것이다. 그러므로 孔子께서는 「伐一樹 殺一獸도 그 때가 아니면 孝道가 아니다.」고 말씀하셨다. 孝道는 이처럼 偉大한 意義가 있기 때문에 孔子는 그처럼 孝道를 讚揚하였지마는 慈情은 조금도 讚美하지 않았으니, 그것은 慈情이 篤特한 者가 반드시 德行이 있는 것도 아니고, 또한 慈情은 獎勵하지 않아도 本能的으로 篤實하기 때문이다. 위로 올라가는 孝心은 過去에 받은 恩德에 報答하는 義務를 遂行하는 것이니, 그것은 精神化해서 社會의 公益이 되는 것이나 아래로 내려가는 慈情은 將來에 가서 依支할 希望으로 慾心이 作用하는 것이니, 그것은 物質化해서 自身의 私利만 爲하게 되는 것이다.

그러므로 儒道의 救世思想, 孝道의 根本眞理에 對한 나의 理念은 確乎하게 定立되었다. 그런데 日本이 敗戰하고 半島는 兩斷되어 南韓에는 美軍이 進駐해서 民主化하고, 北鮮에는 蘇軍이 占領해서 共産化하게 되니 一生동안 漢文만 배워서 孔子를 尊奉하고 孝道만 主唱해 오던 선비란 사람들은 突然히 民主主義化해서 「이제는 家庭을 子女 本位로 改革해야 한다.」고 하고, 共産主義化해서는 막스 레닌의 靈位를 만들어서 祭祀를 지낸 者도 있었던 것이니, 이것이 眞理는 全然 모르고 勢力에만 追從하는 이 나라 民族性을 實證한 것이다. 나는 그것을 慨嘆해서 儒道의 眞理를 闡明하는 것을 하나의 使命으로 한 것이다.

그래서 解放되던 그 해 겨울에 서울서 儒道會에 關係하다가 歸鄕길에 安東의 어떤 漢學者를 찾아 갔더니, 그는 共産黨이 되어 내게 冷待가 極甚하기에 나는 그만 발을 돌려왔다. 그렇게 換腸했던 者는 亡해졌으니 이것이 天神의 攝理인 것이다. 그 後에 於焉 半世紀를 지나는 동안에 蘇聯의 共産主義는 突然히 崩壞되어 資本主義로 復歸하였으나, 民主主義는 腐敗하였으니 지금 人類世界는 危機에 當着하였다. 이미 歐羅

巴 本土에서는 滅亡된 共産主義가 아직 亞細亞 外地에서만 殘在해서 지금 中國에서는 共産主義의 遺弊에다가 民主主義의 腐敗가 겹쳤으니, 이것을 匡救하는 길은 오직 儒道의 哲學的 社會主義와 仁道的 共生主義에만 있는 것이다.

講述者 柳正基 略歷
(1910. 9. 13 ~ 1997. 11. 7)

慶北 安東郡 臨東面에서 出生.
日本 東京 早稻田大學 附屬 專門學校 政治經濟科 2年 修了.
大邱師範大學 專任講師.
梨花女子大學校 助敎授 兼 成均館大學校 專任講師.
大邱大學校 敎授.
忠南大學校 大學院 敎授 等 歷任.
哲學科 副敎授 및 正敎授 資格證 取得.
語文敎育 是正 促求會 代表.

主要著書로는

《東洋思想事典》·《東洋思想體系》·《東洋思想論集》·
《東西思想論集》·《儒道思想論集》·《社會問題論集》·
《民俗問題論集》·《國字問題論集》·《救世方署論集》·
《說文字典》·《啓蒙要典》·《易經新講》·《孟子新講》·
《論語新講》·《禮記新講》·《二千字文》 等이 있다.

발행 2004년 4월 20일   값 10,000원

● 講述者 : 柳   正   基
● 發行者 : 南   溶
● 發行所 : 一信書籍出版社

주 소 : 121-110
　　　　서울 마포구 신수동 177-3
등 록 : 1969. 9. 12. No. 10-70
전 화 : 703-3001~6
FAX : 703-3009
대체구좌 / 012245-31-2133577

✻ 잘못된 책은 바꿔 드립니다.
ISBN 89-366-0654-9